本书系司法部国家法治与法学理论研究部级科研项目成果

高 飞 ◎ 著

乡村振兴战略下
承包地三权分置的法实现研究

XIANGCUN ZHENXING ZHANLÜEXIA
CHENGBAODI SANQUAN FENZHI DE FA SHIXIAN YANJIU

 中国政法大学出版社

2022·北京

图书在版编目（ＣＩＰ）数据

乡村振兴战略下承包地三权分置的法实现研究/高飞著.—北京:中国政法大学出版社,2022.10

ISBN 978-7-5764-0585-9

Ⅰ.①乡… Ⅱ.①高… Ⅲ.①农村土地承包法－研究－中国 Ⅳ.①D922.324

中国版本图书馆CIP数据核字(2022)第210753号

出 版 者	中国政法大学出版社
地　　址	北京市海淀区西土城路 25 号
邮寄地址	北京 100088 信箱 8034 分箱　邮编 100088
网　　址	http://www.cuplpress.com (网络实名：中国政法大学出版社)
电　　话	010-58908435(第一编辑部) 58908334(邮购部)
承　　印	固安华明印业有限公司
开　　本	720mm×960mm　1/16
印　　张	19.5
字　　数	350 千字
版　　次	2022 年 10 月第 1 版
印　　次	2022 年 10 月第 1 次印刷
定　　价	66.00 元

序

承包地"三权分置"是我国在新时代对农村基本经营制度作出的重大改革。党和国家先后出台了一系列政策文件不断丰富承包地"三权分置"的政策内涵，并积极推动立法跟进。2018 年 12 月 29 日《农村土地承包法》完成修法，承包地"三权分置"的农村土地权利结构正式入法；2020 年 5 月 28 日《民法典》通过，土地经营权正式入典，彰显了土地经营权的重要地位和时代价值。尽管自党和国家提出承包地"三权分置"政策伊始，经济学界、管理学界和法学界围绕该政策形成了一大批富有创见的理论成果，并为该政策入法提供了诸多可供选择的理论方案，但因这些理论成果和入法方案在一些制度关键点上未能达成基本共识，从而出现了较大的认识分歧。这些分歧在承包地"三权分置"政策入法时并没有得到妥当解决，使得学者在解读新《农村土地承包法》和《民法典》确立的"三权分置"农村土地权利结构时依然莫衷一是，对于承包地"三权分置"的法实现也产生了极其不利的影响。因此，承包地"三权分置"仍是值得研究的重要课题。本书就是承包地"三权分置"政策入法后，系统、深入研究承包地"三权分置"的法实现的重要著作，也是高飞教授在土地法律制度研究方面的又一力作。

本书自觉采用解释论路径展开研究，以乡村振兴战略实施与承包地"三权分置"的法实现之制度关联为基础，对承包地"三权分置"政策的形成、演进及其入法和法实现路径进行了系统探究，尤其是结合大量实证素材和统计数据的细致分析，归纳出了土地经营权入法后承包地"三权分置"制度运行中应当解决的真问题，如现行法律制度关于承包地"三权分置"的规则设计及其实施存在哪些缺憾与遗漏、承包地"三权分置"的法实现应当采用何种路径、承包地"三权分置"制度中各种权利运行可能产生的风险以及如何应对等。本书专注于这些真问题，遵循市场规律、法律逻辑和国情农情民意，着力解决承包地"三权分置"政策及其入法后相关法律规则的系统性、整体性、协同性，提出了妥帖的承包地"三权分置"法实现方案，为承包地"三权分置"制度实施及其风险防范提供了理论支撑和实践指导。

从理论创新与发展来看，本书还具有如下特点：第一，严格区分政策话语和法律话语，坚守制度解读在法律逻辑上的自洽，从而为承包地"三权分置"政策的法律表达作出了准确定位；第二，将承包地"三权分置"规则置于整个农村土地权利体系进行研究，拓展了研究视野，为承包地"三权分置"规则与其他农村土地权利实现制度对接和共享制度价值奠定了理论基础；第三，针对承包地"三权分置"制度研究中"重利用、轻所有"的现状，结合《民法典》的相关规范细致探索了"落实集体所有权"的具体举措，补全补强了新《农村土地承包法》所设计的"三权分置"规则体系之缺漏。此外，在分析承包地"三权分置"制度实施风险时不囿于当下流行观点，提出土地经营权流转关系中双方均有亟待制度保护的弱势，明确应当避免农村土地流转中过度市场化，强调土地利用非受经济效益的单一驱动等，这些对进一步深入探讨承包地"三权分置"的法实现都具有重要的参考价值。

高飞教授长期关注农村土地法律制度，并持续发力，取得了丰富而具有创新性的研究成果，得到了学术界的高度认可，先后获得全国百篇优秀博士论文奖（2010）、中国法学会优秀成果二等奖（2015）、吴玉章人文社会科学青年奖（2017）、第八届高等学校科学研究优秀成果奖（人文社会科学）二等奖等奖项。在《农村土地承包法》修法过程中，高飞教授多次参与相关草案的专家咨询论证，提出了若干具有建设性的意见和建议，本书便是他在这一过程中对承包地"三权分置"政策入法和入法后制度运行可能存在的问题及应对之策的思考之总结。本书目标导向鲜明、问题核心显要、研究方法妥当，不仅理清了承包地"三权分置"政策入法及其实现的制度机理，而且注重政策之规则建构、法实现的整体性和协同性，有助于对新《农村土地承包法》和《民法典》相关制度作出准确理解和适用。当然，由于承包地"三权分置"入法时间不长，有关制度实施风险的研究还较为薄弱，本书对该问题的研究虽有诸多启示，但在当前复杂的农村社会环境下仍有进一步的提升空间。希望高飞教授以本书研究为基础，继续思考和深化研究，在土地法律制度研究方面取得更丰富的研究成果。

2022 年 8 月 31 日

缩略语表

简　　称	全　　称
《宪法》	《中华人民共和国宪法》（1982 年 12 月 4 日第五届全国人民代表大会第五次会议通过，根据 1988 年 4 月 12 日、1993 年 3 月 29 日、1999 年 3 月 15 日、2004 年 3 月 14 日和 2018 年 3 月 11 日通过的《中华人民共和国宪法修正案》修正）
《民法通则》	《中华人民共和国民法通则》（1986 年 4 月 12 日第六届全国人民代表大会第四次会议通过，根据 2009 年 8 月 27 日《关于修改部分法律的决定》修正，2021 年 1 月 1 日起废止）
《担保法》	《中华人民共和国担保法》（1995 年 6 月 30 日第八届全国人民代表大会常务委员会第十四次会议通过，2021 年 1 月 1 日起废止）
《物权法》	《中华人民共和国物权法》（2007 年 3 月 16 日第十届全国人民代表大会第五次会议通过，2021 年 1 月 1 日起废止）
《民法总则》	《中华人民共和国民法总则》（2017 年 3 月 15 日第十二届全国人民代表大会第五次会议通过，2021 年 1 月 1 日起废止）
《农村土地承包法》（2002 年）	《中华人民共和国农村土地承包法》（2002 年 8 月 29 日第九届全国人民代表大会常务委员会第二十九次会议通过，根据 2009 年 8 月 27 日第十一届全国人民代表大会常务委员会第十次会议《关于修改部分法律的决定》修正，将第 16 条和第 59 条中的"征用"修改为"征收、征用"）
《农村土地承包法修正案（草案）》	《中华人民共和国农村土地承包法修正案（草案）》（2017 年 10 月 31 日）
现行《农村土地承包法》	《中华人民共和国农村土地承包法》（2018 年 12 月 29 日第十三届全国人民代表大会常务委员会第七次会议第二次修正）
《村民委员会组织法》	《中华人民共和国村民委员会组织法》（1998 年 11 月 4 日第九届全国人民代表大会常务委员会第五次会议通过，2010 年 10 月 28 日修订，根据 2018 年 12 月 29 日第十三届全国人民代表大会常务委员会第七次会议《关于修改〈中华人民共和国村民委员会组织法〉〈中华人民共和国城市居民委员会组织法〉的决定》修正）

简　称	全　称
《土地管理法》（1998 年）	《中华人民共和国土地管理法》（1998 年 8 月 29 日第九届全国人民代表大会常务委员会第四次会议修订）
现行《土地管理法》	《中华人民共和国土地管理法》（根据 2019 年 8 月 26 日第十三届全国人民代表大会常务委员会第十二次会议《关于修改〈中华人民共和国土地管理法〉、〈中华人民共和国城市房地产管理法〉的决定》第三次修正）
《农业法》	《中华人民共和国农业法》（1993 年 7 月 2 日第八届全国人民代表大会常务委员会第二次会议通过，2002 年 12 月 28 日修订、根据 2009 年 8 月 27 日第十一届全国人民代表大会常务委员会第十次会议《关于修改部分法律的决定》第一次修正、根据 2012 年 12 月 28 日第十一届全国人民代表大会常务委员会第三十次会议《关于修改〈中华人民共和国农业法〉的决定》第二次修正）
《民法典》	《中华人民共和国民法典》（2020 年 5 月 28 日第十三届全国人民代表大会第三次会议通过）
十八届三中全会《决定》	《中共中央关于全面深化改革若干重大问题的决定》（2013 年 11 月 12 日）
十八届四中全会《决定》	《中共中央关于全面推进依法治国若干重大问题的决定》（2014 年 10 月 23 日）
党的十九大报告	《决胜全面建成小康社会 夺取新时代中国特色社会主义伟大胜利——在中国共产党第十九次全国代表大会上的报告》（2017 年 10 月 18 日）
1982 年中央一号文件	《全国农村工作会议纪要》（1982 年 1 月 1 日）
1984 年中央一号文件	《中共中央关于一九八四年农村工作的通知》（1984 年 1 月 1 日）
《农业和农村经济发展的政策措施》	《中共中央、国务院关于当前农业和农村经济发展的若干政策措施》（1993 年 11 月 5 日）
2014 年中央一号文件	《关于全面深化农村改革加快推进农业现代化的若干意见》（2014 年 1 月 19 日）
2015 年中央一号文件	《中共中央、国务院关于加大改革创新力度 加快农业现代化建设的若干意见》（2015 年 2 月 1 日）

简　称	全　称
2016 年中央一号文件	《中共中央、国务院关于落实发展新理念加快农业现代化实现全面小康目标的若干意见》（2015 年 12 月 31 日）
2017 年中央一号文件	《中共中央、国务院关于深入推进农业供给侧结构性改革 加快培育农业农村发展新动能的若干意见》（2016 年 12 月 31 日）
2018 年中央一号文件	《中共中央、国务院关于实施乡村振兴战略的意见》（2018 年 1 月 2 日）
2019 年中央一号文件	《中共中央、国务院关于坚持农业农村优先发展做好"三农"工作的若干意见》（2019 年 1 月 3 日）
《关于引导土地经营权流转的意见》	《关于引导农村土地经营权有序流转发展农业适度规模经营的意见》（2014 年 11 月 20 日）
《深化农村改革综合性实施方案》	《深化农村改革综合性实施方案》（2015 年 11 月 2 日）
《关于完善三权分置办法的意见》	《中共中央办公厅、国务院办公厅关于完善农村土地所有权承包权经营权分置办法的意见》（2016 年 10 月 30 日）

目　录

导　论 ·· 1

第一章　承包地三权分置的政策演进考察 ················· 8

第一节　承包地三权分置政策的缘起与地方探索 ········· 8

第二节　十八届三中全会《决定》剖析 ··················· 22

第三节　承包地三权分置的政策文本阐释 ··············· 51

本章小结 ·· 73

第二章　承包地三权分置政策入法的争点分析 ············ 75

第一节　承包地三权分置政策入法争点梳理 ············· 75

第二节　承包地三权分置政策入法争点之生成根源 ····· 95

第三节　承包地三权分置政策入法的争点之抉择 ······ 106

本章小结 ··· 138

第三章　承包地三权分置政策入法的法理检视 ··········· 141

第一节　承包地三权分置制度设计：以《农村土地承包法》为中心 ······· 141

第二节　承包地三权分置制度设计：以《民法典》为中心 ··· 162

第三节　承包地三权分置政策之法律表达评判 ········ 178

本章小结 ··· 189

第四章　承包地三权分置制度的法实现路径 ··············· 191

第一节　落实集体土地所有权的法治路径 ··············· 191

第二节　土地承包经营权的体系定位及其法治保障 ··· 207

第三节　农村集体经济组织成员权构建及土地承包权实现 ··· 220

第四节　土地经营权性质界定及其实现方式 ··········· 240

本章小结 ··· 254

第五章 承包地三权分置制度实施风险及其防范 ·················· 256

第一节 承包地三权分置制度实施风险类型 ·············· 256

第二节 承包地三权分置政策实施风险的生成根源 ········ 266

第三节 承包地三权分置制度实施风险的防范措施 ········ 272

本章小结 ·· 282

结束语 ·· 284

参考文献 ·· 286

致谢（代后记） ·· 302

导　论

一、问题的缘起

在我国，农村土地制度的核心在于土地的归属和利用，即土地的所有权和土地的经营方式，国家以法律的形式对两者加以规定后，就形成了农村土地所有权制度和农村集体土地（耕地）经营制度。[1] 从 1978 年以来，我国开始在农村地区推行家庭联产承包责任制，逐步形成了被称为"两权分离"的农村土地权利结构，即农民集体在集体土地上设定土地承包经营权，由农民集体继续享有土地的所有权，农户则享有土地承包经营权。"两权分离"的农村土地权利结构正好使土地所有权制度和农村土地（耕地）经营制度的功能在农村土地上得到了充分的发挥。

"两权分离"的农村土地权利结构建立在家庭联产承包责任制的基础上，其是以家庭经营的主体地位来取代农村集体土地统一经营制度，改变了农村土地经营方式，提高了农业用地效益。一些经济学家以计量经济方法为分析工具，分离出各项对中国农业生产具有积极影响的重要因素的贡献份额，尽管其中存在着些许分歧，但无不认为家庭联产承包责任制是其中最主要的贡献因素之一。例如，林毅夫运用生产函数方法得出的估计是，家庭责任制改革使 1978~1984 年农业产出增长了 46.89%；麦克米伦等利用丹尼森式测算技术得出的估计是，家庭责任制改革使总要素生产率增长了 78%，使农业产出增长了 67%；文贯中使用的供给函数方法估计出的数据是，家庭责任制改革使生产率增长了 31%，使总产出增长了 51%。[2] 经过四十多年的发展，尤其是 2007 年颁布施行的《物权法》将"土地承包经营权"作为用益物权进行专章规定，"两权分离"的农村土地权利结构终于以法律规则的形式稳固下来。

在"两权分离"的农村土地权利结构不断发展和完善的过程中，对其能否保

---

〔1〕 参见陈锡文、罗丹、张征：《中国农村改革 40 年》，人民出版社 2018 年版，第 14 页。

〔2〕 参见刘守英："制度理论与中国现行农地制度"，载陈昕主编：《社会主义经济的制度结构——上海三联书店 1992 年经济学论文选》，三联书店 1993 年版，第 204 页。

持初期的制度贡献的质疑一直没有间断。家庭联产承包责任制的推行，使 1979~1984 年中国的农业产出年均增长 7.7%，超出了所有人的意料，但 1985 年后中国的农业发展出现连续多年徘徊，一些人认为这是土地承包经营权制度的局限性所致，从而希望能够对农业用地的利用制度再次作出改革，以便推动农业继续前进。尽管有人对此持有不同看法，[1] 但国家在农村土地利用制度改革之路上却一直未曾停息。

根据"两权分离"制度，农户以家庭为单位与农民集体签订土地承包合同，取得农村土地的承包经营权，同时按照承包合同确定的时间和数量上交所分担的国家税收任务及集体提留，余下的农业收入由作为劳动财富创造者的农民享有，这就是一般说的"交够国家的，留足集体的，剩下都是自己的"的分配原则。[2] 然而，我国农村人口众多，土地资源相对较少，人均耕地在世界上处于低水平，不及世界人均耕地 0.25 公顷的 47%；人均耕地大于 0.13 公顷的 12 个省（自治区）主要分布在东北和西北，人均耕地小于 0.067 公顷的有 3 个直辖市和南方 4 个省；全国有 666 个县（市、区）人均耕地低于 0.053 公顷，其中有 463 个低于 0.033 公顷。[3] 受资源禀赋所限，迫于粮食短缺和农村社会的普遍贫穷，家庭联产承包责任制实行之初较为重视土地对农民的生存保障功能，在分配土地时优劣搭配并按人口均分，以致土地严重细碎化，而且土地的承包期限经常调整。[4] 此后，党和国家政策一直以各种措施力促农村土地承包期限长期不变，确保"增人不增地，减人不减地"的政策能够落地见效，这些政策精神最后被《农村土地承包法》（2002 年）和《物权法》吸纳、转化为法律规范，但土地过于细碎的问题并没有因此而得到根本解决。

"两权分离"的农村土地权利结构解决了人民公社时期土地制度激励机制无效的弊端，[5] 但因此次农村改革起始于计划经济体制，而且更多是为了满足解决农民温饱的底线要求，故既没有让农村彻底踏上市场经济之路，也没有能够打破"城乡分治，一国两策"的制度困境。2013 年 11 月 12 日，党的十八届三中全会通过的被视为新一轮农村制度改革之政治宣言的《中共中央关于全面深化改

---

〔1〕　有学者认为，1985 年后我国农业发展出现连续多年徘徊之问题的关键不是土地承包制潜力已尽，而是政府过度发钞并管制粮价。参见周其仁：《收入是一连串事件》，北京大学出版社 2006 年版，第 37~40 页。如果这种观点能够成立，则土地承包制无疑成为 1985 年后我国农业发展停滞问题的"替罪羊"。

〔2〕　参见高飞：《集体土地所有权主体制度研究》，中国政法大学出版社 2017 年版，第 96 页。

〔3〕　参见刘江主编：《21 世纪初中国农业发展战略》，中国农业出版社 2000 年版，第 63~64 页。

〔4〕　参见温铁军：《"三农"问题与制度变迁》，中国经济出版社 2009 年版，第 304~305 页。

〔5〕　参见石磊：《中国农业组织的结构性变迁》，山西经济出版社 1999 年版，第 59~61 页。

革若干重大问题的决定》，提出了推进我国农村土地制度改革向纵深迈进的新思路。不少参与政策起草或对政策制定有重大影响的专家，将该决定中的这种新思路概括为以"三权分置"重构农村土地权利结构的构想，即以"两权分离"为基础，将土地承包经营权分设为承包权与经营权，实行所有权、承包权、经营权的"三权分置"。2014 年中央一号文件首次明确了"在落实农村土地集体所有权的基础上，稳定农户承包权、放活土地经营权"的"三权分置"举措。此后，党和国家以一系列政策文件进一步阐明了承包地"三权分置"的具体内容。

承包地"三权分置"政策以"两权分离"制度为基础，适应了新时代农村土地制度改革的客观要求，被认为是农村改革的又一次重大制度创新。[1] 党的十八大以来，针对农业农村发展的新进展、新情况、新问题，提出了一系列方针政策和重大决策部署，将这些政策及时转化为法律以指导实践至关重要，故承包地"三权分置"政策入法成为当时农村土地法律制度完善的主要内容。从 2015年初全国人大农业与农村委员会牵头组织起草《农村土地承包法修正案（草案）》开始，历时近 4 年，2018 年 12 月 29 日第十三届全国人民代表大会常务委员会第七次会议通过了《关于修改〈中华人民共和国农村土地承包法〉的决定》；同时，在《物权法》的基础上，《民法典》物权编也遵循承包地"三权分置"政策精神，对集体所有权制度和土地承包经营权制度作出了相应的修改。至此，承包地"三权分置"政策在争议声中正式入法。

尽管随着承包地"三权分置"政策入法，现行《农村土地承包法》和《民法典》中确立了"三权分置"的农村土地权利结构，但这种新的农村土地权利结构并没有完全取代"两权分离"的农村土地权利结构，两种农村土地权利结构并存于现行法律规范之中。[2] 在承包地"三权分置"政策入法尘埃落定之后，结合该政策发展演进和 2018 年《农村土地承包法》修正、《民法典》编纂历程，对该政策精神是否已被法律制度作出了准确表达进行分析，并在此基础上对现行《农村土地承包法》和《民法典》中的农村土地权利结构加以解读，明晰该农村土地权利结构所涉各种权利的具体内容及其相互之间的意义脉络，是当前学界应承担的主要任务。因此，全面梳理现行《农村土地承包法》和《民法典》中有

---

〔1〕　2013 年底召开的中央农村工作会议对承包地"三权分置"政策在农村改革中的地位作出了定位，该次会议明确指出："顺应农民保留土地承包权、流转土地经营权的意愿，把农民土地承包经营权分为承包权和经营权，实现承包权和经营权分置并行，这是我国农村改革的又一次重大创新。"

〔2〕　参见刘振伟："关于《中华人民共和国农村土地承包法修正案（草案）》的说明——2017 年 10月 31 日在第十二届全国人民代表大会常务委员会第三十次会议上"，载《中华人民共和国全国人民代表大会常务委员会公报》2019 年第 1 期。

关农村土地权利制度之新规则，以深化农村土地制度改革之制度目标对之予以检视，探明现行法律制度规则设计及其实施中存在的缺憾与遗漏，为选择承包地"三权分置"的法实现路径、整理各种权利运行可能产生的风险、确定应对风险的具体对策提供理论指导，具有重要的现实意义。

二、研究背景

2017 年 10 月 18 日，习近平总书记在党的十九大会议上作了题为《决胜全面建成小康社会夺取新时代中国特色社会主义伟大胜利》的报告，首次提出了"实施乡村振兴战略"，而"巩固和完善农村基本经营制度，深化农村土地制度改革，完善承包地'三权'分置制度"是其中的重要内容之一。2018 年中央一号文件对实施乡村振兴战略作出了顶层设计，且明确提出"实施乡村振兴战略，必须把制度建设贯穿其中，要以完善产权制度和要素市场化配置为重点，激活主体、激活要素、激活市场，着力增强改革的系统性、整体性、协同性"。根据该文件的规定，"巩固和完善农村基本经营制度""深化农村土地制度改革""深入推进农村集体产权制度改革"和"完善农业支持保护制度"，是"推进体制机制创新，强化乡村振兴制度性供给"的主要组成部分。

党的十八大以来，我国在农村土地法治建设中一直强调，"全面贯彻党的十八大、十九大和历次中央全会精神，围绕处理好农民和土地的关系这条主线，坚持农村基本经营制度不动摇，进一步赋予农民充分而有保障的土地权利，为提高农业农村现代化水平，推动实施乡村振兴战略和城乡融合发展，保持农村社会和谐稳定提供制度保障。"[1] 由于承包地"三权分置"是继家庭联产承包责任制后农村改革的重大制度创新，是"两权分离"的农村土地权利结构的发展，故实现承包地"三权分置"政策的制度化、法律化，是新时代巩固和完善农村基本经营制度的核心内容。从制度性供给要求出发，2018 年中央一号文件明确"巩固和完善农村基本经营制度"应当主要包含以下具体内容："落实农村土地承包关系稳定并长久不变政策，衔接落实好第二轮土地承包到期后再延长 30 年的政策，让农民吃上长效'定心丸'。全面完成土地承包经营权确权登记颁证工作，实现承包土地信息联通共享。完善农村承包地'三权分置'制度，在依法保护集体土地所有权和农户承包权前提下，平等保护土地经营权。农村承包土地经营权可以

---

〔1〕　参见刘振伟："关于《中华人民共和国农村土地承包法修正案（草案）》的说明——2017 年 10 月 31 日在第十二届全国人民代表大会常务委员会第三十次会议上"，载《中华人民共和国全国人民代表大会常务委员会公报》2019 年第 1 期。

依法向金融机构融资担保、入股从事农业产业化经营。实施新型农业经营主体培育工程，培育发展家庭农场、合作社、龙头企业、社会化服务组织和农业产业化联合体，发展多种形式适度规模经营。"可见，承包地"三权分置"政策入法只是巩固和完善农村基本经营制度的重点领域，从改革的系统性、整体性、协同性出发，该政策入法的成功与否及制度实施的成效如何，均须将 2018 年中央一号文件规定的上述其他相关内容作为重要的考量因素。

乡村振兴是一个系统工程，实施的时间跨度长，内容广泛且任务繁重，"实施乡村振兴战略事关全面小康目标的达成，事关共同富裕承诺的兑现，事关现代化强国蓝图的实现。落实乡村振兴战略目标，归结起来就是要立足国情农情，遵循乡村发展规律，扎实推进新时代'三农'发展，为城乡融合发展创造条件，既要统筹推进农村经济建设、政治建设、文化建设、社会建设、生态文明建设和党的建设，加快推进乡村治理体系和治理能力现代化，更要从制度层面着手，大力推进体制机制创新，强化乡村振兴制度性供给，推动农业全面升级、农村全面进步、农民全面发展。"[1] 由于巩固和完善农村基本经营制度是乡村振兴战略的重要基础支撑，而现行《农村土地承包法》和《民法典》也是在这样的制度氛围中构建的承包地"三权分置"规则体系，故对承包地"三权分置"的法实现进行探讨，必须紧扣乡村振兴战略实施的政策环境，这样才能对相关法律制度进行准确理解，并促使其发挥出立（修）法时预设的制度功能。

三、研究的基本思路和方法

当前，承包地"三权分置"政策入法已经完成，对现行《农村土地承包法》和《民法典》中相关法律规则进行解释及总结，是探究承包地"三权分置"的法实现之困境与成效的基础。因此，本书将坚持目标导向，以问题的引导为基础，以问题的解决为重心，在解释论的研究范式中遵循"政策演进及其文本解读——立法争点梳理与评释——法律规则评判与法理检视——权利定位与实现路径选择——实施风险及其应对之策探寻"的研究思路。

在研究过程中，本书将坚持由表及里、由点到面的原则，探寻新时代乡村振兴与承包地"三权分置"的法实现之意义脉络，通过对承包地"三权分置"政策转化而来的法律规则进行规范实证诊断、理论梳理剖析、制度价值审视、实施风险研判，理清现行《农村土地承包法》和《民法典》中设计的"三权分置"

---

〔1〕　吴肇光、刘祖军、陈泽镕："强化乡村振兴制度性供给研究"，载《福建论坛（人文社会科学版）》2018 年第 4 期。

之农村土地权利结构，综合考量与承包地"三权分置"相关的各种公私法因素，明晰该制度之法实现的应然路径，并针对该制度实施风险提出可操作性的应对之策。

鉴于承包地"三权分置"政策入法的主要立法工作已经完成，根据研究思路的特点，本书将主要采取以下研究方法：

1. 实证分析方法。以历史实证方法对承包地"三权分置"政策入法的演进过程进行细致分析，以规范实证方法对承包地"三权分置"法律规则进行客观解读，以社会实证方法对调研素材和统计数据进行深度评释，通过全面评估承包地"三权分置"制度的实然运行效果，发现承包地"三权分置"之法律表达的制度得失。

2. 体系分析方法。现行《农村土地承包法》与《民法典》已经共同构建了一个较为完整的承包地"三权分置"规则体系，因承包地"三权分置"的法实现与农村集体经济组织成员资格认定、耕地保护、粮食安全和农业支持保护制度等具有密切联系，故利用体系分析方法对承包地"三权分置"的法实现问题与上述相关制度进行系统探讨，可以明确承包地"三权分置"的法实现之有利因素和不利条件，为实践中承包地"三权分置"法律规则的顺畅运行奠定理论基础。

3. 价值分析方法。以乡村振兴与深化农村土地制度改革之制度目标为价值标杆，对承包地"三权分置"政策及现行《农村土地承包法》和《民法典》中的相关法律规则进行价值评判，明晰承包地"三权分置"法律规则的应然功能，从解读思路、争点抉择、实施效果等层面为承包地"三权分置"的法实现提供补全补强之建设性方案。

四、研究的基本框架

依据本书的研究思路及采用的主要研究方法，在研究目标和研究问题的导引下，本书将采用如下结构展开研究：导论、承包地三权分置的政策演进考察（第一章）、承包地三权分置政策入法的争点分析（第二章）、承包地三权分置政策入法的法理检视（第三章）、承包地三权分置制度的法实现路径（第四章）、承包地三权分置制度实施风险及其防范（第五章）和结束语。

基于上述研究设计，本书的研究框架及技术路线图如图 0-1 所示。

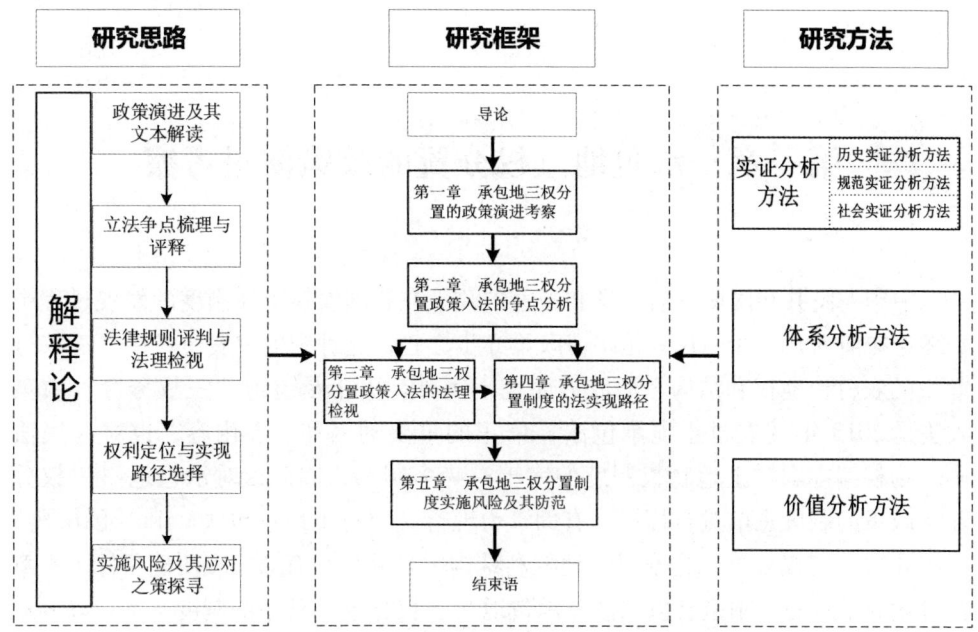

图 0-1　本书的研究框架及技术路线图

第一章　承包地三权分置的政策演进考察

中华人民共和国成立后，党和国家的政策在我国农村土地制度的发展过程中始终走在前列，法律往往只是跟着政策亦步亦趋，这种制度发展模式在"三权分置"的农村土地权利结构之形成方面也不例外。由于承包地"三权分置"政策入法是 2018 年《农村土地承包法》修正的重要动因和主要内容，也对《民法典》物权编中农村土地物权制度的完善有诸多制约，因此，对承包地"三权分置"政策的制度意蕴进行探讨，有助于为现行《农村土地承包法》和《民法典》中设计的"三权分置"之农村土地权利结构中各种权利有效实现明确目标。本章将对党的十八届三中全会以来涉及承包地"三权分置"政策的制度文本予以客观解读，剖析承包地"三权分置"政策的制度意蕴，以便为从法理视角检视该政策的法律转化成效奠定基础。

第一节　承包地三权分置政策的缘起与地方探索

长期以来，我国在农村土地法律制度的发展方面形成了一个基本规律，其"可归结为实践先行、政府指导和法律兜底的'三部曲'模式：农民基于基层实践的制度创新获得国家政权认可后，通过政策文件进行指导和推广，在实践中不断完善后交由法律文本作出最终提炼和回应。"[1] 承包地"三权分置"政策的提出再次证明，这一制度发展轨迹现今仍然是我国农村土地法律制度发展的通常模式。本节将对承包地"三权分置"政策正式提出之前的相关地方规范性文本进行梳理，并以之作为阐释党和国家出台的承包地"三权分置"政策文本的先见和认识起点。

一、承包地"三权分置"地方探索的制度基础

在承包地"三权分置"政策提出之前，对于一个制度文本是否规定了承包地

---

〔1〕 陈小君："我国农村土地法律制度变革的思路与框架——十八届三中全会《决定》相关内容解读"，载《法学研究》2014 年第 4 期。

"三权分置"没有明确的判断标准。当前，一般学者都是从土地承包经营权流转的实践出发，认为"只要发生土地承包经营权的流转，在农户保留承包资格，流转承包地的经营权的情况下，承包权和经营权就会在承包经营期限内发生分离"。[1] 这种情形就是当下通常所谓的承包地"三权分置"。其实，1984 年中央一号文件早就对承包地流转作出了明确规定，即"鼓励土地逐步向种田能手集中。社员在承包期内，因无力耕种或转营他业而要求不包或少包土地的，可以将土地交给集体统一安排，也可以经集体同意，由社员自找对象协商转包，但不能擅自改变集体承包合同的内容。转包条件可以根据当地情况，由双方商定。在目前实行粮食统购统销制度的条件下，可以允许由转入户为转出户提供一定数量的平价口粮"。这是我国第一次在党和国家政策中明确允许承包地转包。尽管囿于当时的制度环境，承包地转包在实践中受到种种限制，但 1984 年中央一号文件中规定的承包地转包在制度形式上却与当下所谓的承包地"三权分置"大体相同，而其时"两权分离"制度在我国都尚未正式确立，可见，不能简单地将承包地"三权分置"与承包地流转制度等同起来。

1985 年我国遭遇家庭联产承包责任制实行以来农业主产品大幅度下降的状况，致使农村土地制度改革推进路径在 1986 年备受争议。为了给农村基本经营制度的完善和创新提供实践经验，1987 年 1 月 22 日，中共中央政治局通过了《把农村改革引向深入》（中发〔1987〕5 号），该文件不仅继续支持在实践中实行承包地转包制度，[2] 而且提出有计划地建立改革试验区。[3] 之后，国务院先后批准贵州湄潭、广东南海、江苏苏南地区、山东平度、北京顺义、湖南怀化、陕西延安等地市县重点进行土地制度完善与财产制度创新的改革试验。为了克服家庭承包制的局限性，该时期不少地方政府也实行了"所有权、承包权、经营

---

〔1〕 刘恒科：《承包地"三权分置"的权利结构和法律表达研究》，中国政法大学出版社 2018 年版，第 13 页。

〔2〕《把农村改革引向深入》（中发〔1987〕5 号）规定："长期从事别的职业，自己不耕种土地的，除已有规定者外，原则上应把承包地交回集体，或经集体同意后转包他人。"

〔3〕《把农村改革引向深入》（中发〔1987〕5 号）规定："充分相信群众，让亿万农民参加改革，是我国农村改革的一个特点和优点，但这绝不意味着改革可以完全自发和自流地进行，新的体制可以自然地长成。改革愈深入，愈需要领导者加强调查研究，到第一线去熟悉改革，提高指导水平。在改革的深入阶段，可在一个市（地区）、一个县的范围内，按照改革方案进行实际试验，主要目的是，由领导和群众相结合，在试验的基础上制定相应的章程和法规，使党和政府的政策具体化、完善化。试验区不宜过多。在试验区可以进行综合改革试验，也可以进行某一方面的专项试验；不同的试验区可以有不同的改革方案。应在一般条件下选点，保持其典型性。要充分发挥群众、干部的首创精神，中央各有关部门对试验区要适当放权，允许突破某些现行政策和体制，以利试验与探索。试验区的选择和确定，由中央与省的有关部门共同商定。"

权"三权分置的改革试验，此时在表述上一般将这种改革称为"三权分离"。例如，浙江省乐清县在 1988 年年初明确提出"三权分离"政策，湖北省枣阳市实行了"三权分离"的改革试验，当时广东省的"股份合同制"和浙江省的"集体粮库制度"也是"三权分离"的典型形态。[1] 其中，枣阳市顺城村通过实行"三权分离"的农村土地制度改革试验，完善了土地制度，发展了规模经营，重组了生产要素，保护了土地资源，其主要做法是，"坚持土地集体所有，对农户的承包土地，在原承包户承包权不变的情况下，对务工经商户或无经营能力户的土地，由集体出面协调，让其转让出承包土地的经营权，由新接包户与集体签订经营合同。新接包户服从集体统一的计划，自主经营。合同期满，根据三方意见，可以由新接包户继续经营，可以由集体转包他人，也可以由原承包户收回土地的经营权。"[2] 在我国改革开放过程中，地方试验在农村土地制度领域作出了很大的贡献。[3]

经济学界一直重视农村土地制度改革，并为此提供了诸多智识支持。在 20 世纪 90 年代左右，一些学者在从经济学视角研究农村土地制度时，提出了以"三权分置"的农村土地权利结构来改革农村土地制度的思路。为了促进农用土地集中形成规模经济，夏振坤主张在农村实行"三权分离"的改革，即"将所有权、承包权、经营权予以分离。所有权归'农工商合作公司'或'村土地合作社'（这种合作社只管理土地，不干预农户的经济活动）；承包权归原承包户，长期不变，可实行长子继承制；经营权可实行有偿（按级差地租Ⅱ）自由租赁制"。[4] 为了通过农地代营促进土地流转和集中，田则林等主张将承包权独立出来，"坚持劳动农民共享的集体所有权，稳定农户承包权，提倡流转经营权"。[5] 冯玉华等认为，农村土地的"三权分离"是当时在我国农村已经出现的一种特殊的产权结构，表现为"土地所有权、承包权和使用权三者的分离。其中，土地所有权属于集体，承包权由原来向集体承包土地的农户持有，使用权则转移到土地的实际耕种者手中"。[6]

---

〔1〕 参见管洪彦："'三权分置'立法表达的核心争点与破解之道"，载房绍坤主编：《承包地"三权分置"的法律表达与实效考察》，中国人民大学出版社 2018 年版，第 16 页。

〔2〕 王新国、陈晓峰："从顺城村的实践看'三权分离'"，载《湖北社会科学》1990 年第 10 期。

〔3〕 在我国，事前未经国家授权的地方自发探索"试点试验"是否成功、是否合法（合宪），与该试点成果能否得到国家认可并最终被推广，不存在必然的联系。参见王廷勇、杨遂全、邹联克：《中国土地制度"试点试验"研究》，科学出版社 2018 年版，第 89 页。

〔4〕 夏振坤："再论农村的改革与发展"，载《中国农村经济》1989 年第 8 期。

〔5〕 田则林、余义之、杨世友："三权分离：农地代营——完善土地承包制、促进土地流转的新途径"，载《中国农村经济》1990 年第 2 期。

〔6〕 冯玉华、张文方："论农村土地的'三权分离'"，载《经济纵横》1992 年第 9 期。

他们认为，上述改革思路中确立的"三权分离的土地权利结构，可以满足现阶段不同主体的各自不同的经济利益追求：坚持了土地集体所有制，避免了农村生产关系的大变动；部分非农产业户解除了土地经营羁绊而又保留了经营退路；务农劳力可以扩大经营规模，增加经济收入"，[1] 故而顺应了承包地流转日益频繁的实践需求。

二、地方规范性文本梳理

从 20 世纪 80 年代末期开始，我国农村地区不仅开始出现承包地"三权分置"的地方实践探索，而且为了给承包地"三权分置"的地方实践探索提供制度上的依据，不少地方颁布了相关的规范性文件，具体如表 1-1 所示：[2]

表 1-1 承包地"三权分置"政策萌生期之地方规范性文件一览表

序号	发布单位	文件名称	相关内容	说明
1	江苏省苏州市人民政府	《关于稳定完善农村土地承包关系发放经营权证书的意见》（苏发〔1998〕9 号）	"三权"分离就是要在明确土地所有权和稳定土地承包权的基础上，积极搞活土地使用权，促进土地流转机制的形成。	"三权"为土地所有权、土地承包权和土地使用权。

---

〔1〕 田则林、余义之、杨世友："三权分离：农地代营——完善土地承包制、促进土地流转的新途径"，载《中国农村经济》1990 年第 2 期。

〔2〕 有学者对国家层面正式出台承包地"三权分置"政策之前有关"三权分置"的地方规范性文件进行了整理，此处参考了这些成果。参见高海：《农用地"三权分置"研究》，法律出版社 2017 年版，第 15～20 页；庄斌：《土地承包权与经营权分置制度研究：改革逻辑与立法选择》，中国社会科学出版社 2018 年版，第 53～56 页。

序号	发布单位	文件名称	相关内容	说明
2	上海市农业委员会	《关于印发〈上海郊区开展延长土地承包期工作稳定和完善土地承包经营制度的意见〉的通知》（沪农委〔1999〕78号）	坚持"三权"分离，土地使用权可以有偿转让的原则。在明确土地所有权和稳定土地承包权的基础上，积极引导土地合理流转，搞活土地使用权。在实行适度规模经营的地方，可以采取"确权不确田"的办法，通过规范流转合同和建立土地使用权有偿流转的价格机制，保护农民土地承包权益，促进农业发展。	(1)"三权"为土地所有权、土地承包权和土地使用权。 (2)规定"坚持农民享有土地承包权的原则。即村（村民小组）范围内凡符合政策规定的在册农业户口都享有土地承包权"。
3	宁夏回族自治区人民政府办公厅	《转发自治区农业厅关于全面完成新一轮土地承包工作进一步稳定和完善土地承包关系的意见的通知》（宁政办发〔2000〕24号）	要在坚持土地所有权、稳定土地承包权和搞活土地经营权的原则基础上，积极引导土地使用权的合理流转和有序流动。	(1)"三权"为土地所有权、土地承包权和土地经营权。 (2)规定"要坚决把中央'土地承包期一定30年不变'的政策落到实处，在与农户签订承包合同的同时把30年的《土地经营权证书》发到农户手中，真正使农民吃上'定心丸'"，可见，该通知中所谓的"土地经营权"实质是指"土地承包经营权"。

序号	发布单位	文件名称	相关内容	说明
4	中共浙江省委办公厅、浙江省人民政府办公厅	《关于积极有序地推进农村土地经营权流转的通知》（浙委办〔2001〕53号）	推进农村土地经营权流转的指导思想是：……按照"稳制活田、三权（所有权、承包权、经营权）分离，自主自愿、形式多样，市场契机、政府保障，加强管理、稳步推进"的方针，优化土地资源配置，实现规模化、集约化生产，努力提高土地利用率、产出率和农业劳动生产率，促进农业结构战略性调整和效益农业的发展，促进农业产业化经营水平的提高，促进农村劳动力向二、三产业的转移，推进农业和农村现代化建设进程。	（1）"三权"为所有权、承包权、经营权。（2）规定"土地经营流转以后，原承包农户的土地承包权不变，村级收益分配到户政策不变，享受乡（镇）、村的公益福利待遇不变。"由其中提及各地土地经营权流转的主要形式（转包、反租倒包、股份合作和租赁）来看，基本上采用的是债权性流转方式。
5	中共四川省委、四川省人民政府	《关于做好农村土地使用权合理流转工作促进农村经济发展的意见》（川委发〔2002〕6号）	建立农村土地使用权合理流转机制的基本前提是坚持土地所有权，稳定土地承包权，在此基础上充分放活农村土地的使用权。	"三权"为土地所有权、土地承包权和农村土地的使用权。

续表

序号	发布单位	文件名称	相关内容	说明
6	泉州市人民政府办公室	《关于做好农村土地承包经营权流转工作的意见》（泉政办〔2003〕98号）	坚持"稳制活田，三权分离"的原则。在稳定家庭承包责任制的前提下，依法实行土地集体所有权、家庭承包权和土地经营权的分离，建立土地经营权流转机制，逐步形成农业用地要素市场。[1]	（1）"三权"为土地集体所有权、家庭承包权和土地经营权。 （2）规定"坚持农户土地承包权30年不变原则。坚持农村家庭承包责任制长期不变政策，是保护农民当前和长远利益的根本保证，也是确保农村稳定的基础"。
7	中共湖北省武汉市委办公厅、武汉市人民政府办公厅	《关于引导农村土地承包经营权流转推进土地规模经营的意见》（武办发〔2007〕1号）	坚持"稳制活田、三权分离"的原则。在稳定农村土地承包经营制度的前提下，推进农村土地集体所有权、家庭承包经营权和农村土地使用权"三权"分离，放活农村土地使用权，探索建立农村土地承包经营权流转机制，逐步形成农业用地要素市场。	（1）"三权"为农村土地集体所有权、家庭承包经营权和农村土地使用权。 （2）规定"探索建立农村土地承包经营权流转机制"，其中既有物权性流转方式，也有债权性流转方式。 （3）未采用"土地经营权流转"或"农村土地使用权流转"的表述，但规定了"土地经营权入股"。

---

〔1〕 江西省抚州市崇仁县航埠镇人民政府印发的《关于开展农村土地承包经营权流转工作的实施方案》（航府发〔2005〕1号）和中共杭州市萧山区委办公室、杭州市萧山区人民政府办公室印发的《关于进一步健全土地经营权流转机制推进土地适度规模经营的意见》（萧委办〔2006〕37号）作出了与此相同或基本相同的表述。

序号	发布单位	文件名称	相关内容	说明
8	广西壮族自治区南宁市兴宁区人民政府	《兴宁区农村集体农用地经营权集中流转奖励和管理试行办法》（南兴办〔2007〕104号）	坚持"稳制活田，三权分离"的原则。在稳定家庭承包责任制的前提下，实行农村土地集体所有权、承包权和经营权"三权分离"，放活土地经营权，建立土地经营权流转机制。	"三权"为农村土地集体所有权、承包权和（土地）经营权。
9	浙江省嘉兴市人民政府办公室	《关于加快推进农村土地承包经营权流转的意见》（嘉政办发〔2007〕106号）	坚持农村基本经营制度。以家庭承包责任制为基础的统分结合的双层经营体制，是党在农村的一项基本制度，推进土地承包经营权的流转，不得改变农村土地家庭承包经营制度。鼓励农村集体土地的所有权、承包权、经营权相分离，稳定承包权，搞活经营权，规范土地承包经营权的流转。	（1）"三权"为农村集体土地的所有权、承包权和经营权。（2）强调不得以各种原因"收回承包权"。（3）采用"土地承包经营权流转"作为"搞活经营权"的制度运行方式。
10	重庆市人民政府办公厅	《关于加快农村土地流转促进规模经营发展的意见（试行）》（渝办发〔2007〕250号）	稳制、分权、放活的原则。农村土地流转和发展规模经营，要稳定家庭承包经营体制，在不改变土地承包关系的前提下，实行土地所有权、承包权和土地使用权分离，创新流转机制，探索有效形式，放活土地使用权。	"三权"为土地所有权、承包权和土地使用权。

续表

序号	发布单位	文件名称	相关内容	说明
11	中共云南省委、云南省人民政府	《关于进一步深化改革的决定》（云发〔2008〕6号）	坚持和完善以家庭承包经营为基础、统分结合的双层经营体制，稳定完善土地承包关系，切实保障农民的土地权益。明确所有权、稳定承包权、搞活经营权，按照依法、自愿、有偿的原则，健全土地承包经营权流转市场，促进农村土地经营权流转，发展农业适度规模经营。	"三权"为所有权、承包权和经营权。
12	浙江省宁波市余姚市人民政府办公室	《关于加快推进农村土地承包经营权流转和农业规模经营意见的通知》（余政办发〔2008〕77号）	坚持稳定承包权、放活经营权的原则。在稳定农村土地家庭承包经营制度和土地承包关系的前提下，实行土地所有权、承包权和经营权分离，鼓励各地创新土地承包经营权流转机制和流转形式，促进土地合理配置、有效使用。[1]	（1）"三权"为土地所有权、承包权和经营权。（2）采用"土地承包经营权流转"作为"放活经营权"的制度运行方式。（3）出现了"土地承包权流转"的表述。
13	四川省成都市金堂县人民政府	《关于印发推进农用地规模经营实施意见的通知》（金堂府发〔2008〕13号）	坚持"稳制活田、三权分离"原则。在坚持农村家庭承包经营制的基础上，放活土地使用权，完善土地使用权流转机制，推进农村土地集体所有权、使用权和承包经营权"三权分离"，逐步完善农用地要素市场。	"三权"为农村土地集体所有权、使用权和承包经营权。

---

〔1〕 浙江省宁波市委办公厅、宁波市人民政府办公厅发布的《关于做好农村土地承包经营权流转工作提高土地规模经营水平的意见》（甬党办〔2008〕5号）是本通知的制定依据，故两者有关"三权分置"的规定在表述上相同。

序号	发布单位	文件名称	相关内容	说明
14	安徽省合肥市人民政府	《关于农村土地承包经营权流转的意见》（合政〔2008〕93号）	坚持稳定土地承包关系。推进农村土地承包经营权流转，应当坚持在稳定农村土地家庭承包经营制度不变的基础上，鼓励农村集体土地的所有权、承包权、经营权相分离，采取转包、转让、出租、互换、入股等形式进行流转。	（1）"三权"为农村集体土地的所有权、承包权和经营权。（2）在肯定农业经营主体可以获得"承包经营权"的同时，出现了"土地经营权流转"的表述。
15	陕西省中共安康市委、安康市人民政府	《关于加快农村土地经营权流转的指导意见》（安发〔2008〕14号）	坚持"稳制活田，三权分离"的原则。在稳定家庭承包责任制的前提下，实行农村土地集体所有权、承包权和经营权"三权分离"，坚持所有权、稳定承包权、搞活经营权，加快土地经营权流转，促进农民分工分业。	（1）"三权"为农村土地集体所有权、承包权和经营权。（2）规定的土地承包经营权流转既包括物权性流转，又包括债权性流转。（3）对土地经营权的再流转作出了细致规定，即"土地受让方所取得的土地经营权，与原承包方享有的权责一致，流转期限内的再流转，须经原承包方同意。流转合同到期后，受让方不再续签流转合同而退还土地的，由流转双方实地踏勘后，办理退还手续，土地上的附着物按原流转合同的约定处置；需续签流转合同的，原受让者在同等条件下有优先权"。

序号	发布单位	文件名称	相关内容	说明
16	浙江省台州市黄岩区人民政府	《关于印发加快农村土地承包经营权流转推进农业规模经营的意见》（黄政发〔2009〕29号）	坚持稳定和完善家庭承包制原则。加快土地流转和推进规模经营，要在稳定农村土地家庭承包经营制度和土地承包关系的前提下，实行土地所有权、承包权和经营权分离，不得改变土地所有权性质、不得改变土地农业用途，流转期限不得超过农户承包土地的剩余承包期。	（1）"三权"为土地所有权、承包权和经营权。（2）主要对"土地承包经营权流转"作出了规定，但出现了"土地经营权流转"的表述。
17	河南省洛阳市人民政府	《关于加强农村土地承包经营权流转工作的意见》（洛政〔2009〕57号）	坚持稳定土地承包关系原则。在稳定农村土地家庭承包经营制度不变的基础上，鼓励农村集体土地的所有权、承包权、经营权相分离，采取转包、转让、出租、互换、入股等形式进行流转。	（1）"三权"为农村集体土地的所有权、承包权和经营权。（2）规定的土地承包经营权流转既有物权性流转方式，也有债权性流转方式。
18	河南省新乡市人民政府	《关于推进农村土地承包经营权流转的意见》（新政〔2009〕14号）	坚持"明确土地所有权、稳定承包权、放活经营权"的原则；坚持"依法、自愿、有偿"的原则；坚持"集中、规模、增效"的原则；坚持因地制宜、循序渐进的原则；坚持培育市场和规范管理相结合的原则。	"三权"为土地所有权、承包权和经营权。
19	四川省人民政府办公厅	《关于进一步规范有序进行农村土地承包经营权流转的意见》（川办发〔2009〕39号）	坚持"稳制、分权、搞活"的原则。在稳定土地家庭承包经营制的前提下，实行土地所有权、承包权和经营权相分离，坚持集体所有权、稳定农户承包权、放活经营使用权。	（1）"三权"为土地所有权、（农户）承包权和经营权。（2）在以股份合作方式进行土地流转的方式中，明确规定入股的是"土地承包经营权的收益权"。

续表

序号	发布单位	文件名称	相关内容	说明
20	安徽省滁州市人民政府	《关于印发滁州市促进农村土地承包经营权流转发展农业适度规模经营实施意见的通知》（滁政〔2009〕83号）	坚持稳定承包权、放活经营权的原则。在稳定农村土地家庭承包经营制度和土地承包关系的前提下，实行土地所有权、承包权和经营权分离，鼓励农户采取转包、出租、入股、转让、互换等多种方式流转土地，促进土地合理配置、有效使用。	"三权"为土地所有权、承包权和经营权。

三、地方规范性文件的主要特征

表1-1是对有关承包地"三权分置"的地方规范性文件的不完全列举，这些文件属于不同层级的地方规范性文件，均制定于国家层面的承包地"三权分置"政策正式出台之前。在这些地方规范性文件中，有些采用了"三权分离"的表述，有些则仅仅提出了与承包地"三权分置"政策相似的农村土地权利结构。进一步分析可以发现，这些地方规范性文件主要有如下内容需要特别加以强调。

（一）有关"三权"种类的归纳及用语极为混乱

关于"三权"的表述，这些地方规范性文件一般将其概括为所有权、承包权和经营权，但在具体表述方面却呈现出混乱状态：

1. 关于所有权的表述有"所有权""土地所有权""土地集体所有权"和"农村土地集体所有权"等。

2. 关于承包权的表述有"承包权""土地承包权""家庭承包权"和"农户承包权"等。

3. 关于经营权的表述有"经营权""土地使用权""土地经营权""农村土地的使用权"和"经营使用权"等。

此外，有的地方规范性文件所归纳的"三权"不包含"承包权"或与之类似的权利。例如：《关于引导农村土地承包经营权流转推进土地规模经营的意见》（武办发〔2007〕1号）中规定的"三权"为农村土地集体所有权、家庭承包经营权和农村土地使用权；《关于印发推进农用地规模经营实施意见的通知》（金堂府发〔2008〕13号）中规定的"三权"是农村土地集体所有权、使用权和承包经营权。

（二）有关"三权"的内涵及其相互关系的规定大相径庭

这些地方规范性文件在"三权"的表述上存在差异，大多没有对各用语的内涵进行界定，如果对用语的具体内容予以分析可知，同一用语在内涵上未必相同，而且其中部分用语存在导致概念混淆的可能。以下择其要者而述之：

1.《转发自治区农业厅关于全面完成新一轮土地承包工作进一步稳定和完善土地承包关系的意见的通知》（宁政办发〔2000〕24 号）规定，"要坚决把中央'土地承包期一定 30 年不变'的政策落到实处，在与农户签订承包合同的同时把 30 年的《土地经营权证书》发到农户手中，真正使农民吃上'定心丸'"，可见，该通知中所谓的"土地经营权"，实质是指"土地承包经营权"。

2.《关于引导农村土地承包经营权流转推进土地规模经营的意见》（武办发〔2007〕1 号）规定，"推进农村土地集体所有权、家庭承包经营权和农村土地使用权'三权'分离，放活农村土地使用权，探索建立农村土地承包经营权流转机制"，其中"家庭承包经营权"应当就是"土地承包经营权"，但"农村土地使用权"与"家庭承包经营权（土地承包经营权）"如何分离以及两者在内涵上存在何种区别，却不甚明了；同时，该意见中还规定了"土地经营权入股"和"土地承包经营权入股"，这些用语使得"家庭承包经营权（土地承包经营权）""土地经营权"和"农村土地使用权"之间如何界分变得更加复杂。

3.《关于印发推进农用地规模经营实施意见的通知》（金堂府发〔2008〕13 号）规定，"推进农村土地集体所有权、使用权和承包经营权'三权分离'"，其中"使用权"与"承包经营权"如何分离也不得而知。

4.《关于进一步规范有序进行农村土地承包经营权流转的意见》（川办发〔2009〕39 号）规定，"实行土地所有权、承包权和经营权相分离，坚持集体所有权、稳定农户承包权、放活经营使用权"，其中"放活经营使用权"的表述有将"经营使用权"与"经营权"作为同一概念之意。

5. 地方规范性文件中表述较为普遍的"经营权""土地使用权""土地经营权""农村土地的使用权"和"经营使用权"等，与土地承包经营权之间存在何种关系也不明晰，从而有待相关部门作出更明确的规定。

（三）地方规范性文件的制定目的基本一致

尽管这些地方规范性文件中有关"三权"的用语混乱，相同或相似用语在内涵方面也具有较为显著的差异，但却普遍强调文件的制定是为了"坚持农村土地家庭承包经营制度""稳定土地承包关系""推进农村土地流转，规范流转行为"和"优化土地资源配置，实现规模化、集约化生产"等，可见，它们在制定目标方面大致相同。

"两权分离"的农村土地权利结构在《农村土地承包法》（2002年）中被正式表达为法律规范，在《物权法》制定时得到进一步确认和强化。将"两权分离"的农村土地权利结构由政策转化为法律的目的在于，"稳定和完善以家庭承包经营为基础、统分结合的双层经营体制，赋予农民长期而有保障的土地使用权，维护农村土地承包当事人的合法权益，促进农业、农村经济发展和农村社会稳定"。[1]在该种权利结构以法律规则固定下来后，"今后工作的重点之一就是土地经营权流转的管理。规范土地承包经营权流转，使其有序地进行，有利于推动农业产业化经营与农村经济结构调整，也有利于维护农村土地承包关系的长期稳定。"[2]

由于这些地方规范性文件都制定于我国"两权分离"的农村土地权利结构形成和发展时期，制度生成的社会时空环境及其面对的待解决的问题也大体相同，故早期有关承包地"三权分置"的地方规范性文件与"两权分离"的农村土地权利结构仅仅是一种制度模式的竞争，只是承包地"三权分置"处于地方的"试点试验"探索阶段，其成败得失需要总结和研究。

（四）地方规范性文件的内容突破了法律规定

在我国农村土地制度运行过程中，政策的作用在很多方面比法律起到更大的作用，这不是存在于部分政府官员意识中的一种流行观念，而是当下中国涉农制度推行时面对的不争事实。[3]

在《农村土地承包法》（2002年）施行前，我国法律对土地承包经营权流转只有零散规定，因此，在实践探索过程中，有的地方政府制定了有关承包地"三权分置"的地方规范性文件，且这些规范性文件制定的主要依据是党和国家政策。[4]从当时农村土地法律制度落后的现实出发，这种状况的出现无可非议，甚至可以视之为一种进步表现。然而，在《农村土地承包法》（2002年）颁布施行后，不少地方政府为了加强对承包地流转的规范而制定地方规范性文件时，还

〔1〕　这是《农村土地承包法》（2002年）第1条关于立法目的的规定。

〔2〕　柳随年："关于《中华人民共和国农村土地承包法（草案）》的说明——2001年6月26日在第九届全国人民代表大会常务委员会第二十二次会议上"，载《中华人民共和国全国人民代表大会常务委员会公报》2002年第5期。

〔3〕　参见高飞：《集体土地所有权主体制度研究》，中国政法大学出版社2017年版，第110页注释1。

〔4〕　例如，1998年10月14日，党的十五届三中全会通过的《中共中央关于农业和农村工作若干重大问题的决定》明确规定："稳定完善双层经营体制，关键是稳定完善土地承包关系""土地使用权的合理流转，要坚持自愿、有偿的原则依法进行，不得以任何理由强制农户转让。"

有意无意地忽视该法中的相关法律规范，且在《物权法》颁布后这种状况仍然继续存在，以致地方规范性文件在内容上常常突破了法律的明确规定，此时这种现象则很难再被视为正常。

第二节　十八届三中全会《决定》剖析

党的十八届三中全会《决定》于 2013 年 11 月 12 日通过，"对一些长期以来议论较多但始终没有触及的改革有了明确提法，对一些过去虽有涉及但意见并不明确又事关重大的问题有了突破性、开创性的改革意见，在理论和政策上取得了一系列新的重大突破，具有鲜明的时代特征"，[1] 其中有关涉农问题的决定关系到农村土地制度的变革之路，被视为新一轮农村制度改革的政治宣言。[2] 一般认为，十八届三中全会《决定》拉开了土地承包权与土地经营权分置改革的序幕，[3] 故对其内涵进行分析可以帮助厘清承包地"三权分置"政策的制度意蕴。

一、十八届三中全会《决定》的主要内容

十八届三中全会《决定》的内容十分丰富，在农村土地制度改革方面也着力颇多，其中与农村土地制度改革有关的具体内容如表 1-2 所示：

表 1-2　十八届三中全会《决定》中农村土地制度改革内容一览表

改革领域	具体内容	说明
完善产权保护制度	产权是所有制的核心。健全归属清晰、权责明确、保护严格、流转顺畅的现代产权制度。公有制经济财产权不可侵犯，非公有制经济财产权同样不可侵犯。 国家保护各种所有制经济产权和合法利益，保证各种所有制经济依法平等使用生产要素、公开公平公正参与市场竞争、同等受到法律保护，依法监管各种所有制经济。	（1）产权保护制度与集体土地所有制的实现密切相关。 （2）完善集体土地所有权制度是其重要组成部分。

〔1〕　冯海发："为全面解决'三农'问题夯实基础——对十八届三中全会《决定》有关农村改革几个重大问题的理解"，载《农民日报》2013 年 11 月 18 日，第 1 版。

〔2〕　参见陈小君："我国农村土地法律制度变革的思路与框架——十八届三中全会《决定》相关内容解读"，载《法学研究》2014 年第 4 期。

〔3〕　参见庄斌：《土地承包权与经营权分置制度研究：改革逻辑与立法选择》，中国社会科学出版社 2018 年版，第 3 页。

改革领域	具体内容	说明
建立城乡统一的建设用地市场	在符合规划和用途管制前提下，允许农村集体经营性建设用地出让、租赁、入股，实行与国有土地同等入市、同权同价。缩小征地范围，规范征地程序，完善对被征地农民合理、规范、多元保障机制。扩大国有土地有偿使用范围，减少非公益性用地划拨。建立兼顾国家、集体、个人的土地增值收益分配机制，合理提高个人收益。完善土地租赁、转让、抵押二级市场。	（1）规定了农村集体经营性建设用地入市改革和土地征收制度改革。 （2）规定了土地增值收益分配机制改革。
加快构建新型农业经营体系	坚持家庭经营在农业中的基础性地位，推进家庭经营、集体经营、合作经营、企业经营等共同发展的农业经营方式创新。坚持农村土地集体所有权，依法维护农民土地承包经营权，发展壮大集体经济。稳定农村土地承包关系并保持长久不变，在坚持和完善最严格的耕地保护制度前提下，赋予农民对承包地占有、使用、收益、流转及承包经营权抵押、担保权能，允许农民以承包经营权入股发展农业产业化经营。鼓励承包经营权在公开市场上向专业大户、家庭农场、农民合作社、农业企业流转，发展多种形式规模经营。鼓励农村发展合作经济，扶持发展规模化、专业化、现代化经营，允许财政项目资金直接投向符合条件的合作社，允许财政补助形成的资产转交合作社持有和管护，允许合作社开展信用合作。鼓励和引导工商资本到农村发展适合企业化经营的现代种养业，向农业输入现代生产要素和经营模式。	（1）规定了农村土地集体所有权和土地承包经营权，强调发展壮大集体经济。 （2）规定了承包地流转制度改革，为承包地融资制度改革指明了方向。 （3）鼓励发展多种形式规模经营，为新型农业经营主体经营提供了制度保障。

改革领域	具体内容	说明
赋予农民更多财产权利	保障农民集体经济组织成员权利，积极发展农民股份合作，赋予农民对集体资产股份占有、收益、有偿退出及抵押、担保、继承权。保障农户宅基地用益物权，改革完善农村宅基地制度，选择若干试点，慎重稳妥推进农民住房财产权抵押、担保、转让，探索农民增加财产性收入渠道。建立农村产权流转交易市场，推动农村产权流转交易公开、公正、规范运行。	（1）规定了农民集体经济组织成员权利。 （2）规定了农村宅基地制度改革。 （3）规定了农民住房财产权融资制度改革。

可见，在十八届三中全会《决定》中，有关农村土地制度改革的规定主要体现在"完善产权保护制度""建立城乡统一的建设用地市场""加快构建新型农业经营体系"和"赋予农民更多财产权利"等方面。除此之外，该决定在"推进城乡要素平等交换和公共资源均衡配置""完善城镇化健康发展体制机制""健全自然资源资产产权制度和用途管制制度""划定生态保护红线"和"实行资源有偿使用制度和生态补偿制度"等方面，也对与推进农村土地制度改革有关的内容作出了必要的规定。

二、十八届三中全会《决定》的法理解读

（一）"两权分离"的农村土地权利结构之制度缺陷

作为"两权分离"的农村土地权利结构之基础，家庭联产承包责任制确立了家庭经营的主体地位，打破了农村集体统一经营的土地制度，对农业用地效益的提高贡献卓著。然而，"两权分离"制度在农村经济濒临崩溃时被推行，是为了解决农民温饱问题而采取的应急之策，因而其从产生时起就存在一定的局限性，时至今日这些局限性仍然未得到有效弥补。为了克服"两权分离"制度的缺陷，十八届三中全会《决定》为提出"三权分置"政策这一改革思路指明了方向。系统而细致地反思"两权分离"的农村土地权利结构的缺陷，是理解"三权分置"政策的逻辑起点，并将为"三权分置"政策的法律制度建构奠定厚实的基础。从家庭联产承包责任制确立后农村土地法律制度的发展状况来看，"两权分离"的农村土地权利结构之缺陷主要体现在三个方面。

1. 制度理念重效率、轻公平。"理念是制度系统中重要的组成部分，理念指向的不同将直接导致制度功能定位的差异。制度价值就是体现制度之所以为制度、制度之所以应该是制度的进步理念。"〔1〕法律作为一种具体的制度形式，体现了一种价值追求，而广泛认同的预见和期望的法律价值关系运动的方向和前途，在人们的法律实践中具有重要的指引和导向作用。〔2〕公平与效率是法律所要实现的两项基本价值。

中华人民共和国成立初期，我国在农村土地制度的建构方面贯彻了以完成政治任务为中心、以实现国家工业化为目标、以苏联法的规范理念为指导的思想，〔3〕致使我国农村地区仅实行了短暂的土地私有和互助合作制度，就在1956年以法律形式取消了农民私人的土地所有权，确立了高级社集体土地所有权，并进一步发展成人民公社集体土地所有权。作为对人民公社时期流行的平均主义分配观和农业生产的低效率之矫正的"两权分离"之制度变革，在农村经济发展中不负众望，以农村土地集体所有、分户经营的方式打破了分配中的平均主义，激发了农民的生产积极性，提高了农村土地生产率，解决了粮食短缺和农民温饱难题。

尽管"两权分离"打破了农业生产中的"大锅饭"，但是"在家庭承包制推行初期，承包期一般是二三年一调整"，〔4〕以维持农民对承包地的公平分配。由于"两权分离"成功地提升了农村土地的利用效率，故在将提高土地利用效率奉为圭臬的政策导向下，农村土地法律制度的建构就是推动"两权分离"政策的法律化。为了激励土地经营的效率，党和国家促使"两权分离"制度"一直沿着稳定农民土地使用权的方向演变，以增强农民信心、激励农民生产积极性，进而鼓励农民增加对土地的保护性投入、促进土地资源可持续利用和农业生产可持续发展"。〔5〕1993年11月，党的十四届三中全会通过《中共中央关于建立社会主义市场经济体制若干问题的决定》，提出个人收入分配要"体现效率优先、兼顾公平"，而注重彰显农地利用效率的"两权分离"制度的精神正与上述政策的指导思想相吻合，遂逐渐被《土地管理法》（1998年）、《农村土地承包法》（2002

---

〔1〕辛鸣：《制度论——关于制度哲学的理论建构》，人民出版社2005年版，第221页。

〔2〕参见谢鹏程：《基本法律价值》，山东人民出版社2000年版，第18页。

〔3〕有关中华人民共和国成立后农村土地制度变迁之成因的详细分析，参见高飞：《集体土地所有权主体制度研究》，中国政法大学出版社2017年版，第51～59页。

〔4〕温铁军：《"三农"问题与制度变迁》，中国经济出版社2009年版，第305页。

〔5〕黄季焜等：《中国的农地制度、农地流转和农地投资》，格致出版社、上海三联书店、上海人民出版社2012年版，第10页。

年）和《物权法》以法律形式固定下来。

"效率优先、兼顾公平"的政策精神的确促进了农业生产的发展和农民生活水平的提高，但也在农村社会引发了不少问题，其中最突出的问题就是人地矛盾加剧。在"两权分离"制度中，土地承包经营权实质上是对农村集体所有权的分割，承包期限越长，土地承包经营权对农村集体所有权的分割程度就越高。[1]农业税费的免除，意味着集体土地所有权主体——农民集体不能够再获取任何地租，所有权的收益权能受到极大的限制。[2] 原本应由农民集体作为所有者享有的土地收益通过承包制由全体土地承包经营权人分享，故土地承包经营权人名义上行使的是土地承包经营权，实际上不仅获得了基于土地承包经营权产生的全部收益，而且还获取了作为农民集体的成员应分享的基于土地所有权产生的收益。因此，在农村不享有土地承包经营权而成为无地人口的农民集体成员，则既不能享有基于土地承包经营权产生的收益，也不能分享基于土地所有权而产生的收益。

可见，"两权分离"的农村土地权利结构蕴含的"重效率、轻公平"之制度理念，虽具有历史合理性，但"误解了社会发展的目的性，将效率、物质财富而不是人本身作为社会发展的终极目的性"，[3] 已经成为农民集体及其成员之土地权利实现的桎梏，也使农村社会的公平分配问题日益凸显。[4]

2. 制度体系重利用、轻所有。"两权分离"的农村土地权利结构确立后，尽管各时期的农业政策一再强调坚持农村土地集体所有制，并在《民法通则》、1986 年颁布及之后至 2004 年期间历次修改的《土地管理法》、《农村土地承包法》（2002 年）和《物权法》等法律中明确规定了集体土地所有权制度，但集体

---

〔1〕 参见中国（海南）改革发展研究院编：《中国农村土地制度的变革与创新》，南海出版公司 1999 年版，第 59 页。

〔2〕 参见邵彦敏："'主体'的虚拟与'权利'的缺失——中国农村集体土地所有权研究"，载《吉林大学社会科学学报》2007 年第 4 期。

〔3〕 高兆明：《政治正义：中国问题意识》，人民出版社 2014 年版，第 237~238 页。

〔4〕 例如，有学者在江苏省姜堰市和甘肃省渭源县对四村 1000 农户进行了调查，对两省四村农户土地承包差异情况进行了分析：自 1998 年开始第二轮土地承包、实行"一包 30 年不变"和"增人不增地、减人不减地"政策以来，各地农户间的人均土地承包面积，已经发生了较大分化；从总体上看，家有无地人口的农户，已经占到被调查农户总数的 47%，无地人口已经占到被调查农户人口总数的 19%；无地人口占家庭人口一半以上的农户，占被调查农户总数的 13%，完全无地的农户，占被调查农户总数的 0.7%。参见杜吟棠："农村土地的社会保障功能分析——以江苏、甘肃两地四村的农户调查为例"，载中国社会科学院农村发展研究所网：http://rdi.cass.cn/show_News.asp? id=20634&key=杜吟棠，最后访问日期：2016 年 2 月 2 日。上述调查结果表明，未能公平分享集体土地所有权之利益的农民数额很大，已经成为一个不能被忽视的群体。

土地所有权制度在法律规范层面沦为坚持农村土地集体所有制的一个符号，没有发挥作为一切财产权基础的所有权的制度功能。[1] 加之农村土地集体所有制基本上与"大锅饭"、平均主义相伴而生，似乎成为低效率的象征，而"两权分离"后的土地承包经营权制度又发挥了异乎寻常的高效率，从而使集体土地所有权制度受到立法部门和民法学界的冷遇。

尽管在"两权分离"制度中集体土地所有权和土地承包经营权不分轩轾，理应相携而行，《宪法》第 8 条第 1 款也明确了"农村集体经济组织实行家庭承包经营为基础、统分结合的双层经营体制"，但国家政策和法律却始终以土地承包经营权的完善为依归。党和国家的政策一般仅明确坚持农村集体土地所有制不变，而对于土地承包经营权制度的发展却呵护备至，以使之取得更大的经济效益。从法律规范来看，现行集体土地所有权制度源于 1982 年《宪法》第 10 条第 2 款，随着我国经济体制改革的深入，1988 年、1993 年、1999 年和 2004 年、2018 年先后五次对现行《宪法》予以修正，但修正内容均未涉及集体土地所有权制度。与之相反，1988 年、1993 年、1999 年通过的《中华人民共和国宪法修正案》都对土地承包经营权制度的改革成果作出了肯定。宪法规范在土地承包经营权制度和集体土地所有权制度中所表现出厚此薄彼的现象，同样体现在《民法通则》、1986 年颁布及之后至 2004 年期间历次修改的《土地管理法》和《农村土地承包法》（2002 年）中。可见，"两权分离"的农村土地权利结构的法律确认，不是为了保证集体土地所有权制度和土地承包经营权制度平衡发展，而是希冀通过加强土地承包经营权制度建设，使农村土地的利用效率达到一个个新的高峰。无视集体土地所有权制度的停滞而促使土地承包经营权制度单边发展，对于《宪法》确立的"统分结合的双层经营体制"而言，只能是"完成了一半的改革"。[2]

在"政社合一"的人民公社时期，集体土地的统一经营乏善可陈。在实行"两权分离"制度后，法学界未对人民公社时期集体统一经营土地之效率低下的深层根源进行剖析，就以从"归属（所有）"到"利用"的物权法理念为指导，撇开对集体土地所有权制度的细致研究，力图以土地承包经营权制度的完善代替

---

〔1〕 如有学者认为："在社会经济生活中，农村土地集体所有制度主要是一种政治上的产权安排，更多的意义在于意识形态而非实际的经济利益"。参见赵阳：《共有与私用：中国农地产权制度的经济学分析》，生活·读书·新知三联书店 2007 年版，第 67 页。这种观点具有广泛的代表性，是集体土地所有权制度萎缩的重要原因之一。

〔2〕 参见张路雄：《耕者有其田：中国耕地制度的现实与逻辑》，中国政法大学出版社 2012 年版，第 104 页。

集体土地所有权制度的系统建构,[1] 这正好成为我国国家政策和农地立法蕴含的"重效率、轻公平"之制度理念的注脚。然而,重视"物的归属"与实现物的充分利用并不矛盾,而忽视"物的归属"却往往弱化了所有权人的利用方式,减少了集体土地的经营模式,使得充分利用物的可能性降低。

　　必须强调的是,在土地承包经营制度已经实行了三十多年的今天,农村集体土地的统一经营模式并未消失。根据"我国农村集体经济有效实现的法律制度研究"课题组于 2010 年 7 月至 8 月在 12 个省份的 72 个村对 432 个农户进行的调查(以下简称"2010 年 12 省实地调研"),[2] 在面对"我国宪法规定'农村集体经济组织实行家庭承包经营为基础、统分结合的双层经营体制',在您所在的集体(村集体或村民小组集体)是采用哪种方式经营土地的"这一问题时,如表 1-3 所示,有 55.30% 的受访农户表示所在集体采用分散经营方式,有 15.30% 的受访农户表示所在集体采用统一经营方式,还有 26.90% 的受访农户表示所在集体采用分散经营与统一经营相结合的方式,另有 2.50% 的受访农户则表示所在的集体采用的是其他经营方式。在访谈中,我们发现,其他经营方式主要是反租倒包(如山西省)和集资建厂房(如广东省)两种方式。可见,尽管当前农村地区的土地经营方式呈现出多样性,其中分散经营仍然是主要的经营方式,但统一经营方式也较为普遍(B+C=42.20%),山东、河南、江苏和广东四省的受访农户分别有 50.00%、66.66%、61.10% 和 69.40% 反映所在集体采用统一经营或部分统一经营的模式。[3] 就农村土地制度实践而言,"集体土地所有权统一经营是我国农村集体土地所有制的重要实现形式,是农村双层经营体制的重要组成部分"。[4]"统分结合"中的"统"就是农民集体直接使用农地,尽管现在集体土地以家庭分户经营为主,但农民集体很大程度上还在对农地行使经营权。[5] 河南的南街村、江苏的华西村等,都是统一经营集体土地的典范。"两权分离"制度一味地强化土地承包经营权,致使当前对农村土地采用统一经营的农民集体在实践中无法得到法律的规范与指导,该状况已经对农村经济的发展和

---

〔1〕 参见高圣平、严之:"'从长期稳定'到'长久不变':土地承包经营权性质的再认识",载《云南大学学报(法学版)》2009 年第 4 期。

〔2〕 此次调研在湖北、山东、黑龙江、山西、陕西、河南、四川、贵州、广东、河北、安徽、江苏等 12 个省份的 72 个村展开,其中每省选择 3 个名村、3 个普通村,共计调查 36 个全国名村(含 4 个经济发展状况较好的普通村)、36 个普通村;然后每村随机选择 6 户农民进行调查。课题组在对受访农户进行问卷调查和访谈后,共收回有效问卷 432 份,整理农户访谈笔录 72 份和基层政府管理人员访谈笔录 36 份。

〔3〕 参见高飞:《集体土地所有权主体制度研究》,中国政法大学出版社 2017 年版,第 161~162 页。

〔4〕 祝之舟:《农村集体土地统一经营法律制度研究》,中国政法大学出版社 2014 年版,第 7 页。

〔5〕 参见申惠文:"农地三权分离改革的法学反思与批判",载《河北法学》2015 年第 4 期。

农村社会的稳定产生了极为不利的影响。

表 1-3　农村土地经营运作之方式分布表　单位：%

	黑龙江	河北	陕西	山西	山东	河南	安徽	江苏	湖北	四川	贵州	广东	平均值[1]
A	62.20	66.70	66.67	50.00	38.90	33.33	83.30	38.90	71.40	69.40	55.56	27.80	55.30
B	10.80	2.80	27.77	19.40	30.60	33.33	2.80	25.00	0.00	2.80	2.77	25.00	15.30
C	27.00	30.60	5.56	13.90	19.40	33.33	13.90	36.10	28.60	27.80	41.67	44.40	26.90
D	0.00	0.00	0.00	16.70	11.10	0.00	0.00	0.00	0.00	0.00	0.00	2.80	2.50

资料来源：2010 年 12 省实地调研的调查成果。

说明：A 代表"分散经营（分田到户、家庭承包经营）"；B 代表"统一经营（由集体统一安排耕种或提供农业生产、销售、农资、农技服务等）"；C 代表"分散经营与统一经营结合"；D 代表"其他"。

3. 权利设计重土地承包经营权、轻其他农地使用权。"两权分离"制度不仅无视集体土地所有权，而且在农村土地使用权中也只偏爱土地承包经营权，其他农地使用权在"两权分离"的土地权利结构中同样未能得到发展。通过对我国农村土地权利进行整合，可知在"各种农地权利中，集体土地所有权为原权利，这是第一层次的权利，处于农地权利体系的核心。以集体土地所有权为基础，将派生出土地承包经营权，集体建设用地使用权，宅基地使用权，自留地、自留山使用权和债权性农地使用权，这是第二层次的权利，是农地权利体系的基础。同时，由集体土地所有权衍生出征收征用补偿权、农民的社会保障权和成员权、土地发展权等是第一、二层次各种农地权利实现的保障，其处于农地权利体系的第三层次，是农地权利体系的外围支柱"。[2] 上述所谓第二层次的权利，就是通常所说的农地使用权，除此处已经明确提及的集体建设用地使用权、宅基地使用权、自留地（山）使用权外，还应当包括地役权，但"两权分离"制度并未对土地承包经营权以外的农地使用权表现出应有的重视。

建设用地包括国有建设用地和集体建设用地，其中国有建设用地使用权在《物权法》中作为一种重要的用益物权类型进行了较为系统的规范，但《物权法》第 151 条规定："集体所有的土地作为建设用地的，应当依照土地管理法等法律规定办理"，从而将集体建设用地使用权排除在物权法规定的用益物权之外，

---

〔1〕　需要说明的是，本书各表中的"平均值"是根据调研收回的有效问卷的每一选项的实际选择农户数与总样本量之比计算所获得的数据。

〔2〕　陈小君等：《农村土地问题立法研究》，经济科学出版社 2012 年版，第 51 页。

以至于其是否属于用益物权在学界都无共识。[1] 而 2019 年修正前的《土地管理法》关于集体建设用地使用权的规定又极为简单，导致实践中相关制度供给严重不足。同时，因《物权法》通过转介条款将集体建设用地使用权的规制依据指向公法性质的《土地管理法》，而《土地管理法》的相关规定没有体现私法的权利本位，影响了农民集体及其成员对基于该权利产生的利益的公平享有，[2] 也限制了该权利的财产价值的实现。

宅基地使用权在《土地管理法》中是作为集体建设用地使用权的一种类型予以规定的，《物权法》虽然对集体建设用地使用权的性质不置一词，却将宅基地使用权从集体建设用地使用权中剥离出来，作为一种用益物权加以规定。不过，《物权法》关于宅基地使用权的规定只有四个条文，对于实践中"一户多宅"、宅基地流转的隐形市场、宅基地闲置等突出问题均未加以规范，"明显不能对错综复杂、利益交织的宅基地使用权进行全面、有效的规范"，[3] 致使实践中的宅基地使用权制度流于失序状态。

自留地（山）使用权是在进行农业社会主义改造和推进农村合作化过程中，将部分集体土地留给农民自用和自由支配的一种农地利用权。与土地承包经营权相比，自留地（山）使用权更稳定，而且国家也未在该权利之上设定任何负担。《宪法》第 10 条第 2 款规定，自留地、自留山属于集体所有；《物权法》第 184 条规定，自留地、自留山不得抵押。除此之外，关于自留地（山）使用权的规范在法律中基本是空白，学界对该制度也鲜有研究，实践中的相关难题无从解决。

地役权是权利人按照合同约定，利用他人的不动产来提高自己不动产的效益的用益物权，我国《物权法》以法律的形式首次确立了该项权利。地役权最初产生于罗马农业经济生活的需要，集中体现为乡村地役权，以提高需役地所有主的农业生产和活动的效益为特点。[4] 在我国农村社会实践中，地役权问题的解决主要有三种方式：其一，以相邻权之名行地役权之实；其二，以集体所有制下的公共道路通行权、水利设施利用权以及土地承包经营权的流转与调整来替代实现

---

　　〔1〕　如韩松主张应根据物权法定原则，以修改《物权法》的方式确立集体建设用地使用权的用益物权属性。参见韩松："论农村集体经营性建设用地使用权"，载《苏州大学学报（哲学社会科学版）》2014 年第 3 期。而房绍坤则认为《物权法》第 151 条已经确立了集体建设用地使用权的用益物权性质。参见房绍坤："农村集体经营性建设用地入市的几个法律问题"，载《烟台大学学报（哲学社会科学版）》2015 年第 3 期。

　　〔2〕　参见陈小君等：《农村土地问题立法研究》，经济科学出版社 2012 年版，第 47 页。

　　〔3〕　陈小君、蒋省三："宅基地使用权制度：规范解析、实践挑战及其立法回应"，载《管理世界》2010 年第 10 期。

　　〔4〕　参见黄风：《罗马私法导论》，中国政法大学出版社 2003 年版，第 223~225 页。

地役权的功能；其三，以基于利益关系相对简单、权利意识相对淡漠而出现的非权利（法制）化途径，如感情通融消解地役权制度的适用空间。[1] 从民事立法方面来看，中华人民共和国成立后到《物权法》颁布前，《民法通则》只是确认了与地役权相类似的相邻关系，并未明文确立地役权制度；在《物权法》中也没有如同德、法等国对地役权的具体类型加以规定，致使我国当时有关地役权制度的法律规范不能准确反映社会现实，也无法有效规范社会秩序。[2]

可见，在农村土地法律制度建构中，"两权分离"制度的演进生发出了一个权利内容不对称发展和权利主体利益极度失衡的制度结构，实践中强调"分"而无视"统"，已经严重影响到农民财产利益和农村集体经济的有效实现。在城乡融合发展的新时期，"重新审视公平与效率的关系，把公平放在优先的位置上，有助于缓和社会矛盾，最大限度地激发人民群众的劳动热情，从根本上促进社会效率的提高，推动经济社会的协调发展"。[3] 1978 年以来农村经济体制改革的巨大成功使农村社会摆脱了昔日困境，为农村土地法律制度建构中"重效率、轻公平"的制度理念的转变提供了契机。十八届三中全会《决定》设计出"三权分置"的农村土地权利结构，顺应了农村土地制度建构理念革新的趋势，为解决"两权分离"的农村土地权利结构的制度难题指明了方向，也为 2018 年《农村土地承包法》修法和 2020 年《民法典》的编纂确定了相应的任务。

（二）十八届三中全会《决定》中"三权分置"政策解读之法律审视

为了解决"两权分离"制度的缺陷，十八届三中全会《决定》以"三权分置"作为未来农村土地权利结构的新布局，吹响了农村土地法律制度新一轮革新的号角，为合理设计农村土地权利结构提供了机遇。但是，对十八届三中全会《决定》中"三权分置"政策的诸多解读，在法理层面并不成熟，致使国家一些涉农新政策的出台反倒引起了农地制度建构的混乱。理清十八届三中全会《决定》中"三权分置"政策的内容，对"三权分置"政策的流行解读进行法理建构，实乃当务之急。

1. "三权分置"政策既有解读之疏失。为了深化农村土地制度变革，十八届三中全会《决定》明确提出："坚持农村土地集体所有权，依法维护农民土地承包经营权，发展壮大集体经济。稳定农村土地承包关系并保持长久不变，在坚持

---

〔1〕 参见陈小君等：《农村土地问题立法研究》，经济科学出版社 2012 年版，第 48 页。

〔2〕 参见耿卓："比较法视野下的我国乡村地役权及其立法"，载《当代法学》2011 年第 5 期。

〔3〕 王常柱、武杰："试论现阶段公平对于效率的优先性——对'效率优先、兼顾公平'原则的反思"，载《伦理学研究》2010 年第 1 期。

和完善最严格的耕地保护制度前提下，赋予农民对承包地占有、使用、收益、流转及承包经营权抵押、担保权能，允许农民以承包经营权入股发展农业产业化经营"。不少政策起草和执行部门的专家以该表述为主要依据，对"三权分置"的制度框架进行了提炼，认为"三权分置"就是在集体土地所有权和土地承包经营权相分离的前提下，进一步将土地承包经营权分设为承包权和经营权，实行所有权、承包权、经营权的"三权分置"。时任中央农村工作领导小组副组长、办公室主任陈锡文，中共中央政策研究室农村局局长冯海发，农业部产业政策与法规司司长张红宇和国务院发展研究中心农村经济研究部部长叶兴庆均持此种观点。[1] 将"三权分置"解读为所有权、承包权、经营权三权并立的农村土地权利结构，在当时面临着法规范和农村土地经营实践的拷问。

（1）法律意义上的承包权应被包含于集体土地所有权主体制度中，无法从土地承包经营权中分离出来。在《农村土地承包法》于 2018 年修正之前，我国农村土地法律制度中并未明确规定承包权，然而，有立法部门的专家认为《农村土地承包法》（2002 年）第 5 条[2]是关于承包权的规定，并提出在理解承包权时需注意三点：①农村集体经济组织成员有权承包农民集体所有的土地以及国家所有依法由农民集体使用的农村土地；②有权承包农村集体经济组织发包的土地的是本集体经济组织的成员；③本农村集体经济组织成员是指本农村集体经济组织内的所有成员。[3] 由此可知，承包权是农村集体经济组织成员承包土地的资格，是该农村集体经济组织成员初始取得承包地的资格，有此资格则有权在本农村集体经济组织发包土地时承包土地。主张所有权、承包权、经营权"三权分置"的专家对承包权的理解与该种观点基本一致。如张红宇认为，"农村土地承包权的取得，需要具备一定的主体资格条件。根据农村土地承包法的规定，承包权的取得是与集体经济组织成员资格挂钩的"。[4] 再如，叶兴庆提出，"承包权属于成

〔1〕 参见冯华、陈仁泽："农村土地制度改革，底线不能突破——专访中央农村工作领导小组副组长、办公室主任陈锡文"，载《人民日报》2013 年 12 月 5 日，第 2 版；冯海发："为全面解决'三农'问题夯实基础——对十八届三中全会《决定》有关农村改革几个重大问题的理解"，载《农民日报》2013 年 11 月 18 日，第 1 版；张红宇："从'两权分离'到'三权分离'——我国农业生产关系变化的新趋势"，载《人民日报》2014 年 1 月 14 日，第 7 版；叶兴庆："从'两权分离'到'三权分离'——我国农地产权制度的过去与未来"，载《中国党政干部论坛》2014 年第 6 期。

〔2〕 《农村土地承包法》（2002 年）第 5 条规定："农村集体经济组织成员有权依法承包由本集体经济组织发包的农村土地。任何组织和个人不得剥夺和非法限制农村集体经济组织成员承包土地的权利。"2018 年修正《农村土地承包法》时，该条内容被保留。

〔3〕 参见胡康生主编：《中华人民共和国农村土地承包法通俗读本》，法律出版社 2002 年版，第 22 页。

〔4〕 张红宇："从'两权分离'到'三权分离'——我国农业生产关系变化的新趋势"，载《人民日报》2014 年 1 月 14 日，第 7 版。

员权，只有集体经济组织成员才有资格拥有，具有明显的社区封闭性和不可交易性"，划断农户承包权，"就是要界定集体成员资格、锁定集体成员范围，在起点公平的基础上落实'长久不变'，并对承包权的权能边界进行清晰界定"[1]。可见，根据这些推动"两权分离"制度向所有权、承包权、经营权三权分离转变的观点，由于包含在土地承包经营权中的承包权专属于农村集体经济组织成员，不能被转让，从而成为土地承包经营权流转的障碍，因此需要将土地承包经营权分离为承包权和经营权。这种观点显然是误读承包权的性质所导致的。

既然根据《农村土地承包法》（2002 年）第 5 条的规定和主张所有权、承包权、经营权"三权分置"的观点，所谓承包权，是由农村集体经济组织的成员初始取得该农村集体经济组织发包土地的土地承包经营权的一种资格，那么，这种承包权就明显不属于土地承包经营权的内容，而是外在于土地承包经营权的一种权利，其反映的是农村集体经济组织成员与其所属的农村集体经济组织之间的关系，也就不存在从土地承包经营权中分离出来的问题。诚如谢怀栻先生所言，"民法中的社团的成员（社员）基于其成员的地位与社团发生一定的法律关系，在这个关系中，社员对社团享有的各种权利的总体，称为社员权"。[2] 尽管在《民法总则》颁布之前关于农村集体经济组织在民法上的地位缺少共识，但自高级社集体土地所有权确立时起，《高级农业生产合作社示范章程》和《农村人民公社工作条例修正草案》均明确其成员为社员。《农村土地承包法》（2002 年）第 5 条和《物权法》第 59 条没有采纳"社员"的称谓，而是称农民为所在集体的"成员"，此处的"成员"应是法律上所谓的"社员"，农村集体经济组织成员对该农村集体经济组织享有的各种权利也就是民法上的社员权。作为社员权（成员权）的承包权是集体土地所有权主体制度的内容之一，不属于土地承包经营权制度的组成部分。

有观点认为，在农村土地流转频繁的情况下，土地承包权主体与经营权主体发生分离的现象日趋普遍，故将土地承包经营权分置为承包权和经营权具有实践需求。[3] 从法理上看，对土地承包经营权的这种理解不符合《物权法》的规定。《物权法》第 125 条规定，"土地承包经营权人依法对其承包经营的耕地、林地、草地等享有占有、使用和收益的权利，有权从事种植业、林业、畜牧业等农业生

---

〔1〕 叶兴庆："从'两权分离'到'三权分离'——我国农地产权制度的过去与未来"，载《中国党政干部论坛》2014 年第 6 期。

〔2〕 谢怀栻：《民法总则讲要》，北京大学出版社 2007 年版，第 67~68 页。

〔3〕 参见冯海发："为全面解决'三农'问题夯实基础——对十八届三中全会《决定》有关农村改革几个重大问题的理解"，载《农民日报》2013 年 11 月 18 日，第 1 版。

产"。可见，土地承包经营权强调的是权利人对已经承包的农地进行经营的权利，而承包是土地承包经营权的取得方式之一，承包资格是农村集体经济组织成员初始享有土地承包经营权的条件，故土地承包经营权中的承包是指这种权利的形成原因。在农村集体经济组织成员通过承包取得土地承包经营权后，无论是自己经营还是流转给他人经营，经营该承包地的人都是土地承包经营权人，该权利人不必仍为原发包农地的农村集体经济组织的成员。土地承包经营权流转的实践也证实了这一点。例如，根据笔者 2015 年 7 月至 8 月在 7 个省份进行的调查（以下简称"2015 年 7 省实地调研"），[1] 在面对"您认为，如果把承包地流转出去后仍是本村村民的，在三轮延包时是否还应享有承包经营权"这一问题时，如表 1-4 所示，有 84.72% 的受访农户表示"应享有"，有 15.28% 的受访农户认为"不应享有"；而且，各省绝大多数受访农户均表示"应享有"。在访谈中，受访农户普遍认为只要自己是本农民集体的成员，就当然享有第三轮延包的权利。可见，农户也是从农村集体经济组织之成员的角度主张土地承包经营权的，他们并不认为将自己的承包地流转后就丧失了所谓的承包权利。

表 1-4　受访农户对承包地流转后的本村村民应否享有延包权之认知状况表　单位：%

	山东	湖北	贵州	河南	广东	黑龙江	浙江	平均值
A	83.33	83.33	75.00	66.67	93.06	91.67	100.00	84.72
B	16.67	16.67	25.00	33.33	6.94	8.33	0.00	15.28

资料来源：2015 年 7 省实地调研的调查成果。

说明：A 代表"应享有"；B 代表"不应享有"。

综上，主张从土地承包经营权中分离出承包权是对政策的一种教条化解读，而非法律性解读；所以，在解读"三权分置"时，切忌对土地承包经营权这一法律术语作出望文生义之解释。

（2）在土地承包经营权的法律建构中，能够充分实现试图从土地承包经营权中分离出来的经营权拟实现的制度功能，从而使得从土地承包经营权中分离出所谓的经营权成为不必要。在对十八届三中全会《决定》进行解读时，不少观点强调将土地承包经营权分解为承包权和经营权的目的是强化承包地的流转。如叶兴庆认为，由于土地承包经营权是承包权和经营权的混合体，在人口不流动、土地不流转的情形下，这样两种差异较大的权利可以浑然一体、相安无事，但在承包

---

〔1〕　此次调研于 2015 年 7 月至 8 月在湖北、山东、贵州、河南、广东、黑龙江和浙江 7 省的 21 个县（市、区）42 个乡（镇）84 个村展开，每村随机调研 6 个农户，共收回有效问卷 504 份，访谈 84 份。

农户外出务工增多、土地流转加快、土地融资需求扩张的新形势下，承包权与经营权继续混为一体会带来法理上的困惑和政策上的混乱。[1] 然而，将土地承包经营权流转中存在的问题归因于土地承包经营权中含有承包权的内容，明显找错了病因，当然也就不能对症下药。

在《民法通则》颁布实施之前，土地承包经营权基于农村集体经济组织与其成员之间的承包合同而产生，此时土地承包是农村集体经济组织经营农村土地的一种形式，土地承包经营权更多地以债权形式体现出来，政策与法律也对土地承包经营权的流转采取了较为谨慎的态度。1995 年 3 月 28 日，《国务院批转农业部关于稳定和完善土地承包关系意见的通知》（国发〔1995〕7 号）首次从政策上提出"建立土地承包经营权流转机制"，要求"在坚持土地集体所有和不改变土地农业用途的前提下，经发包方同意，允许承包方在承包期内，对承包标的依法转包、转让、互换、入股"。党和国家政策自此不断地推进土地承包经营权的流转。

最早规定土地承包经营权的《民法通则》对该权利的流转未予以规定，但最高人民法院《关于审理农村承包合同纠纷案件若干问题的意见》[2] 却规定："承包人将承包合同转让或转包给第三者，必须经发包人同意，并不得擅自改变原承包合同的生产经营等内容，否则转让或转包合同无效"。最高人民法院《关于贯彻执行〈中华人民共和国民法通则〉若干问题的意见（试行）》第 95 条也规定："承包人未经发包人同意擅自转包或者转让的无效。"上述两个司法解释虽然确认了土地承包经营权可以流转，但从其将"经发包人同意"作为前提条件观之，这是一种普通债权的转让方式。但即便是这种对土地承包经营权流转限制较为严格的状况，土地承包经营权也仍然被认定为是一种较为纯粹的财产权，并不含有影响流转的具有身份性内容的承包权。此后，《农村土地承包法》（2002 年）第二章"家庭承包"用专节规定了"土地承包经营权的流转"，这一内容为《物权法》所承袭。从《民法通则》的施行到《农村土地承包法》（2002 年）和《物权法》的颁布，土地承包经营权流转制度得到了长足发展，而且法律对土地承包经营权流转的限制越来越少。政策和法律均未将农户初始取得土地承包经营权的资格与土地承包经营权捆绑在一起。

---

〔1〕 参见叶兴庆："从'两权分离'到'三权分离'——我国农地产权制度的过去与未来"，载《中国党政干部论坛》2014 年第 6 期。

〔2〕 该司法解释于 1986 年 4 月 14 日颁布，1999 年 6 月 28 日被废止。

表1-5 受访农户所在村承包地流转方式表 单位:%

	山东	湖北	贵州	河南	广东	黑龙江	浙江	平均值
A	65.28	56.94	65.28	45.83	66.67	65.28	62.50	61.11
B	51.39	93.06	68.06	77.78	73.61	68.06	90.28	74.60
C	4.17	1.39	2.78	1.39	0.00	23.61	4.17	5.36
D	6.94	43.06	47.22	25.00	19.44	31.94	36.11	29.96
E	43.06	80.56	73.61	38.89	34.72	54.17	81.94	58.13
F	8.33	4.17	15.28	6.94	6.94	31.94	13.89	12.50
G	0.00	0.00	0.00	0.00	0.00	2.78	0.00	0.40
H	1.39	5.56	1.39	2.78	9.72	1.39	0.00	3.17

资料来源：2015年7省实地调研的调查成果。

说明：A代表"转包"；B代表"出租"；C代表"抵押"；D代表"转让（买卖）"；E代表"互换"；F代表"入股"；G代表"其他"；H代表"没有流转"。

根据2015年7省实地调研，在面对"在你们村承包地流转有哪些方式（可多选）"这一问题时，如表1-5所示，除3.17%的受访农户表示"没有流转"外，分别有61.11%、74.60%、5.36%、29.96%、58.13%和12.50%的受访农户表示其所在的村承包地的流转有转包、出租、抵押、转让（买卖）、互换和入股的方式，还有0.40%的农户表示采用了其他流转方式。在面对"您会在什么情况下把承包地流转出去（可多选）"这一问题时，如表1-6所示，表示影响因素是"种田收益不是主要收入来源""流转收益比较高""自己家里没人种"和"土地太少，自己种不划算"的受访农户分别有61.90%、70.44%、77.98%和72.42%，还有2.58%的受访农户表示是否流转出承包地受其他因素影响。面对"您希望承包地流转采用哪些方式（可多选）"这一问题时，如表1-7所示，除1.59%的受访农户表示"不希望承包地流转"外，分别有65.28%、81.75%、53.97%、40.67%、61.71%和60.12%的受访农户希望承包地流转采用的方式是"转包""出租""抵押""转让（买卖）""互换"和"入股"，其中希望承包地能够"抵押"的受访农户超过了半数，还有0.79%的受访农户希望能够采用其他流转方式。根据此次调研情况可知，在上述被采用的各种流转方式中，土地承包经营权抵押、转让、互换、入股属于物权性流转，没有受访农户认为以这些方式流转承包地受到了所谓的具有身份性内容的承包权的限制。在访谈中，即使提示受访农户有承包权的存在，他们也不认为该权利对流转承包地有影响，只是由于法律明确禁止土地承包经营权抵押，使得土地承包经营权抵押的潜在需求未能得到满足。可见，《农村土地承包法》（2002年）和《物权法》构建的土地承包经营权流转制度尽管不无缺憾，但在农村土地经营实践中，所谓的承包权并没有对土地承包经营权流转造成负面效应。

表1-6 承包地流转影响因素表 单位:%

	山东	湖北	贵州	河南	广东	黑龙江	浙江	平均值
A	62.50	76.39	73.61	36.11	55.56	45.83	83.33	61.90
B	68.06	79.17	94.44	62.50	58.33	43.06	87.50	70.44
C	75.00	87.50	83.33	73.61	77.78	63.89	84.72	77.98
D	76.39	70.83	84.72	56.94	66.67	68.06	83.33	72.42
E	0.00	8.33	1.39	2.78	1.39	4.17	0.00	2.58

资料来源：2015年7省实地调研的调查成果。

说明：A代表"种田收益不是主要收入来源"；B代表"流转收益比较高"；C代表"自己家里没人种"；D代表"土地太少，自己种不划算"；E代表"其他"。

表1-7 受访农户对承包地流转方式的需求表 单位:%

	山东	湖北	贵州	河南	广东	黑龙江	浙江	平均值
A	69.44	63.89	69.44	41.67	84.72	63.89	63.89	65.28
B	69.44	98.61	86.11	80.56	84.72	72.22	80.56	81.75
C	38.89	70.83	63.89	23.61	63.89	66.67	50.00	53.97
D	23.61	69.44	50.00	18.06	41.67	43.06	38.89	40.67
E	48.61	94.44	75.00	33.33	63.89	45.83	70.83	61.71
F	51.39	76.39	72.22	38.89	63.89	44.44	73.61	60.12
G	0.00	0.00	0.00	0.00	0.00	2.78	2.78	0.79
H	0.00	0.00	1.39	5.56	0.00	4.17	0.00	1.59

资料来源：2015年7省实地调研的调查成果。

说明：A代表"转包"；B代表"出租"；C代表"抵押"；D代表"转让（买卖）"；E代表"互换"；F代表"入股"；G代表"其他"；H代表"不希望承包地流转"。

其实，土地承包经营权流转的客体就是土地承包经营权本身。主张将经营权从土地承包经营权中分离出来以利于承包地流转的专家学者中，大多也不否认当前承包地流转越来越普遍化、常态化，这也证明其时的土地承包经营权流转不存在他们所说的障碍。即使创造出所谓的经营权，在法律性质和权利内涵方面也很难与原有的土地承包经营权进行实质上的区分；同时，该种经营权的制度功能完全可以通过当时法律中规定的土地承包经营权来实现，试图从土地承包经营权分解出经营权作为流转的客体欠缺法律上的必要性。

总之，由于所谓的承包权是农村集体经济组织的成员初始取得承包地的资格，其属于集体土地所有权主体制度的组成部分，而作为用益物权的土地承包经营权不包含该种所谓的承包权的内容，故在回避对集体土地所有权制度进行变革的情形下，将土地承包经营权分解为承包权和经营权，实行所有权、承包权、经营权并存的"三权分置"之农村土地权利框架，在法律逻辑上根本不能成立。对十八届三中全会《决定》中"三权分置"政策的这种解读，不利于该政策的制度化、法律化，应坚决予以摈弃。

2."三权分置"政策既有解读疏失的根源及弊害。在十八届三中全会《决定》出台后，一些专家提出该决定构建了所有权、承包权、经营权分置的农村土地权利结构，主要目的是加强承包地流转，而通过推行"三权分置"加强土地承包经营权抵押融资，则是其中最受重视的一个任务。张红宇认为："经营权独立之后，可以在不影响土地承包权及其收益的前提下，以土地经营权来设定抵押，为农业发展提供金融支持。"[1] 陈锡文认为："按照现行法律，农民对承包地只享有占有、使用、收益的权利，并没有处分权，所以土地承包经营权是不允许抵押、担保的……但是，现实中农民发展现代农业，又需要资金，商业银行每一笔贷款都必须有有效抵押物，而农民又缺乏，造成了贷款难。所以这次中央就把经营权从承包经营权中单独分离出来，允许抵押担保，但承包权作为物权依然不许抵押。"[2] 根据这种观点，所谓的承包权成为当前土地承包经营权不能抵押的"替罪羔羊"。

---

〔1〕 张红宇："从'两权分离'到'三权分离'——我国农业生产关系变化的新趋势"，载《人民日报》2014年1月14日，第7版。

〔2〕 冯华、陈仁泽："农村土地制度改革，底线不能突破——专访中央农村工作领导小组副组长、办公室主任陈锡文"，载《人民日报》2013年12月5日，第2版。陈锡文认为，承包权作为物权不许抵押，故要从土地承包经营权中分离出经营权来抵押。这种看法说明陈锡文对土地承包经营权抵押制度的认识存在不足，也表明其将土地承包经营权分解为承包权和经营权的主张及意图有进一步检视的必要。

　　事实上，土地承包经营权不得抵押的根源在于我国《担保法》第 37 条第 2 项[1]和《物权法》第 184 条第 2 项[2]的规定，但这一规定备受非议。土地承包经营权的转让和设定抵押都是权利人对土地承包经营权的一种法律上的处分，以土地承包经营权为抵押物的抵押权的实现，在本质上就是土地承包经营权的转让，但实现该种抵押权导致的土地承包经营权转让以"债务人不履行到期债务或者发生当事人约定的实现抵押权的情形"为前提，在土地承包经营权转让为法律所允许和政策所鼓励的情况下，只对土地承包经营权抵押加以禁止，违背基本法理。正如有学者所指出的，"依'举重明轻'规则，既然允许了限制程度较重的土地承包经营权的转让，自应允许限制程度较轻的土地承包经营权的抵押。"[3]既然土地承包经营权转让不存在因所谓承包权和经营权混杂而引发的障碍，土地承包经营权抵押自然也不会受到所谓承包权、经营权不分的影响。认可土地承包经营权转让而不允许土地承包经营权抵押，是制度设计的缺陷，试图以所有权、承包权、经营权"三权分置"来解决土地承包经营权抵押问题，显然开错了药方。

　　制度演化存在一种称为路径依赖的规律性现象，其基本含义是今天的制度演化受以往制度的影响。将十八届三中全会《决定》中的"三权分置"政策解读为所有权、承包权、经营权"三权分置"的农村土地权利结构，正是基于"两权分离"制度的路径依赖而造成的。该主张将土地承包经营权分解为承包权、经营权，是为了进一步促进承包地流转，因为"农地流转无疑对扩大经营规模和提高劳动生产率等产生积极的影响"。[4]经营权独立出来后，"则通过在更大范围内流动，提高有限资源的配置效率，并由此发展新型经营主体和多元化土地经营

---

　　[1]《担保法》第 37 条规定："下列财产不得抵押：（一）土地所有权；（二）耕地、宅基地、自留地、自留山等集体所有的土地使用权，但本法第三十四条第（五）项、第三十六条第三款规定的除外；（三）学校、幼儿园、医院等以公益为目的的事业单位、社会团体的教育设施、医疗卫生设施和其他社会公益设施；（四）所有权、使用权不明或者有争议的财产；（五）依法被查封、扣押、监管的财产；（六）依法不得抵押的其他财产。"

　　[2]《物权法》第 184 条规定："下列财产不得抵押：（一）土地所有权；（二）耕地、宅基地、自留地、自留山等集体所有的土地使用权，但法律规定可以抵押的除外；（三）学校、幼儿园、医院等以公益为目的的事业单位、社会团体的教育设施、医疗卫生设施和其他社会公益设施；（四）所有权、使用权不明或者有争议的财产；（五）依法被查封、扣押、监管的财产；（六）法律、行政法规规定不得抵押的其他财产。"

　　[3]高圣平：《中国土地法制的现代化——以土地管理法的修改为中心》，法律出版社 2014 年版，第 136 页。

　　[4]　黄季焜等：《中国的农地制度、农地流转和农地投资》，格致出版社、上海三联书店、上海人民出版社 2012 年版，第 248 页。

方式"。[1] 该主张尽管提倡所有权、承包权、经营权"三权分置",却将集体土地所有权制度弃于一边不予理睬,对土地承包经营权之外的其他农地使用权制度也依然熟视无睹,在本质上是"两权分离"的农村土地权利结构的翻版,仍然受重效率、轻公平的理念指导,是一种重利用、轻所有的制度体系,实行的是重土地承包经营权、轻其他农地使用权的制度设计。当然,承包权的提出对于农村土地法律制度的构建具有相当的启发意义,遗憾的是,有关论述仅仅局限于对承包权的探讨,遮蔽了政策阐释得以展开的研究视野。而认为承包权的内容包含于土地承包经营权之中,则更是将十八届三中全会《决定》描绘的"三权分置"政策的法律实现过程引入了迷途。

(三) 十八届三中全会《决定》中"三权分置"政策的再解读及其制度价值

如果对十八届三中全会《决定》描绘的整个农村土地制度发展的宏伟蓝图进行整体解读,而不囿于其中关于土地承包经营权制度完善的部分内容,即可发现:针对"两权分离"制度已经显现出来的缺陷,该决定不是简单地将土地承包经营权分离为承包权和经营权,实行所谓的所有权、承包权、经营权之"三权分置"制度,而是从我国农村发展理念转型的大视野出发,在集体土地所有权制度中着力打造主体制度,并致力于落实农村集体经济组织成员的成员权(社员权),同时冲破长期以来在农地利用制度中土地承包经营权单线发展的羁绊,推动各种农地使用权齐头并进、共同发展,以形成所有权、成员权、农地使用权"三权分置"的新的农村土地权利结构。所有权、成员权、农地使用权"三权分置"的农村土地权利结构的建立具有重要意义。

1. 突出集体土地所有权的制度功能,以促进农村集体经济的有效实现。自农村经济体制改革以来,农村土地集体所有、分户经营在推行家庭联产承包责任制的浪潮下迅猛发展,一时间将包干到户理解为"土地还家""分田单干"的呼声甚嚣尘上,农村集体经济组织在土地经营方面难有作为。然而,回避集体土地所有权制度并不能解决农地使用权遇到的各种问题,"'农地承包制'只解决了集体所有下的经营形式问题,而并没有解决财产权本身的定位问题。……即便是在法律上彻底地完善了农地承包制度,也并不能彻底解决农村土地在经营方面的

---

[1]　张红宇:"从'两权分离'到'三权分离'——我国农业生产关系变化的新趋势",载《人民日报》2014年1月14日,第7版。冯海发也认为,"由所有权和承包经营权'两权并行分置'向所有权、承包权、经营权'三权并行分置'发展,这有利于进一步完善农村土地权能和权益关系,提高农地资源配置和生产经营效率。"冯海发:"为全面解决'三农'问题夯实基础——对十八届三中全会《决定》有关农村改革几个重大问题的理解",载《农民日报》2013年11月18日,第1版。

问题，因此仅靠农地承包制度，当然更不可能解决集体所有在法律上的定位问题"。[1] 何况，对农村土地的利用并不仅限于承包地，还包括宅基地和集体建设用地等，而关于充分实现"物的利用"的种种理论与规则皆是围绕所有权问题而顺利展开的，故没有充实的集体土地所有权制度，包括土地承包经营权在内的各种农地使用权制度的完善将欠缺厚实根基。有赞同土地制度应顺应从强调"所有"向强调"使用"转变的学者认为："土地承包经营权并非一种纯粹为利用他人土地而在土地所有权之上设定的用益物权，而是一种集'享有'与'使用'于一体的定限物权"。[2] 该观点事实上表明现行土地承包经营权中含有所有权的部分内容，这正是我国"两权分离"制度的现状，也显现出加强集体土地所有权制度完善的问题不可回避。

为了改变农村集体经济组织在农地分户经营中的尴尬地位，1991 年 11 月党的十三届八中全会通过的《中共中央关于进一步加强农业和农村工作的决定》提出：在农村逐步建立起统分结合的双层经营体制，使集体统一经营的优越性和农户承包经营的积极性都得到发挥，同时不断完善统分结合的双层经营体制，包括完善家庭承包经营和集体统一经营，逐步壮大集体经济实力，并要在稳定家庭承包经营的基础上，逐步充实集体统一经营的内容。1999 年 3 月，"实行家庭承包经营为基础、统分结合的双层经营体制"被写入《宪法》。由于家庭承包经营改变了集体化时代以来农村集体经济组织经营土地的方式，农村集体经济组织在新土地经营模式下缺少发挥作用的经验，"统分结合的双层经营体制"入宪也未能真正促进农村集体经济的发展，故 2007 年 10 月党的十七大报告进一步提出要"探索集体经济有效实现形式"。"农村集体经济的有效实现是指，一方面，集体经济通过有效的经营运作发展壮大，增加集体财富；另一方面，又能确保增加的财富惠及全体成员，实现集体利益与成员个人利益的双赢"。[3] 十八届三中全会《决定》在强调"坚持家庭经营在农业中的基础性地位"时，也提出推进"集体经营"等共同经营的农业经营方式创新；同时，该决定明确指出"产权是所有制的核心"，"坚持农村土地集体所有权，依法维护农民土地承包经营权，发展壮大集体经济"。这是党和国家政策首次以集体土地所有权取代集体土地所有制的表述，并将集体土地所有权与壮大集体经济相挂钩，也是对"两权分离"制度确立

---

〔1〕　渠涛：《民法理论与制度比较研究》，中国政法大学出版社 2004 年版，第 368~369 页。

〔2〕　朱广新："土地承包权与经营权分离的政策意蕴与法制完善"，载《法学》2015 年第 11 期。

〔3〕　耿卓："农民土地财产权保护的观念转变及其立法回应——以农村集体经济有效实现为视角"，载《法学研究》2014 年第 5 期。

以来政策和法律虚化集体土地所有权制度的矫正。该情形充分说明党中央已经认识到，要发展壮大农村集体经济、真正将统分结合的双层经营体制落到实处，必须重视集体土地所有权制度。

表1-8　受访农户对发展壮大的农民集体的应然作用之认知表　单位:%

	山东	湖北	贵州	河南	广东	黑龙江	浙江	平均值
A	93.06	100.00	100.00	100.00	95.83	98.61	95.83	97.62
B	94.44	98.61	97.22	100.00	94.44	94.44	95.83	96.43
C	77.78	94.44	95.83	100.00	84.72	79.17	91.67	89.09
D	59.72	68.06	72.22	80.56	75.00	77.78	73.61	72.42
E	65.28	72.22	86.11	97.22	69.44	70.83	65.28	75.20
F	56.94	75.00	75.00	65.28	65.28	62.50	63.89	66.27
G	70.83	86.11	88.89	91.67	79.17	79.17	88.89	83.53
H	0.00	0.00	0.00	0.00	0.00	0.00	0.00	0.00

资料来源：2015年7省实地调研的调查成果。

说明：A代表"加强道路、水利、饮用水等公益事业建设"；B代表"改善村文化、环境卫生设施"；C代表"保障农村社会稳定和减少社会治安纠纷"；D代表"适当补贴失地、无地的村集体成员"；E代表"投资村办企业"；F代表"村干部和其他管理人员管理费的补贴"；G代表"为成员（农民）提供社保经费补助"；H代表"其他"。

应当注意的是，不仅我国农村还存在一定数量的农民集体实行集体土地的统一经营模式，而且农民对农村集体经济组织的发展壮大也有较为强烈的需求。根据2015年7省实地调研，在面对"您认为发展壮大的农民集体应该在本村发挥哪些作用（可多选）"这一问题时，如表1-8所示，分别有97.62%、96.43%、89.09%、72.42%、75.20%、66.27%和83.53%的受访农户表示发展壮大的农民集体在本村可以"加强道路、水利、饮用水等公益事业建设""改善村文化、环境卫生设施""保障农村社会稳定和减少社会治安纠纷""适当补贴失地、无地的村集体成员""投资村办企业""村干部和其他管理人员管理费的补贴"和"为成员（农民）提供社保经费补助"。在面对"您认为农村土地是以组集体（村民小队）所有还是以村集体所有对农民利益维护和集体经济发展更为有利"这一问题时，如表1-9所示，有38.10%的受访农户选择了"组集体所有"，有61.90%的受访农户选择了"村集体所有"；其中只有河南（38.89%）和贵州（48.61%）两省选择"村集体所有"的受访农户未超过半数。大多数受访农户更加认可村集体所有的一个重要原因是，他们认为村集体的经济实力比组集体强，且村集体比组集体更有管理能力。可见，在实践中，农村集体经济组织在农民心目中并不是可有可无的，他们对自己所在的农民集体均寄予厚望，集体土地所有权制度的完善具有广泛的民意支持。

表1-9　受访农户对村、组集体的管理能力认知表　单位:%

	山东	湖北	贵州	河南	广东	黑龙江	浙江	平均值
A	15.28	41.67	51.39	61.11	45.83	13.89	37.50	38.10
B	84.72	58.33	48.61	38.89	54.17	86.11	62.50	61.90

资料来源：2015年7省实地调研的调查成果。

说明：A代表"组集体所有"；B代表"村集体所有"。

其实，除农村实践的需求外，土地承包经营权的健康发展也需要一个健全的集体土地所有权制度作为基础。未来推进宅基地使用权、集体建设用地使用权等制度建设，也必将得益于一个科学、务实的集体土地所有权制度的建构。十八届三中全会《决定》从政策视角发出了着力打造集体土地所有权制度的先声，说明农村土地法律制度中"重利用、轻归属（所有）"的制度体系开始消解。

2. 明晰农村集体经济组织成员的法律地位，以强化农民成员权利的保障和分配公平的实现。农民是农村集体经济组织的成员，依法享有相应的成员权利，该权利在法律上称为社员权。《高级农业生产合作社示范章程》和《农村人民公社工作条例修正草案》均对农民的社员权进行了较为详细的规定。在实行家庭联产承包责任制并确立"两权分离"制度后，随着集体土地所有权制度被忽视，农民的社员权也从法律上消失，直到2007年《物权法》颁布，农民的社员权方始显露，但是完整的农村集体经济组织成员享有的社员权制度还远远没有建立。十八届三中全会《决定》明确提出"保障农民集体经济组织成员权利"，为立法上细致规定农村集体经济组织成员的社员权树立了航标。

农村集体经济组织成员的社员权是集体土地所有权主体制度的核心成分，具有明显的人法性，而将成员权在制度上设计为农村土地权利结构的组成部分，则需要相应的理论和实践支撑。在财产权中镶嵌人法内容，这在民事立法中存有先例，如我国《物权法》第70条明确将"共同管理的权利"规定为业主的建筑物区分所有权的组成部分，此处的"共同管理的权利"即为具有人法属性的"成员权"。在业主的建筑物区分所有权中，"通过成员权的行使和相应义务的承担，和谐的共同生活秩序始可能得以营造。为是，成员权虽在区分所有权诸权利中居于末位，且因专有权和共有权而产生，但其对区分所有权利益之圆满实（现）至关重要"。[1] 可见，在物权制度方面，对财产的支配在因主体共同生活而受到"人合"关系的限制与制约时，有必要调整或改变"各人自扫门前雪，不管他家瓦上霜"的传统观念或生活习惯，建立一套含人法内容的合理而有效率的财产权规范体系。[2] 在我国农村土地法律制度中，从集体土地所有权制度中分离出成员权并强调成员权的独立性，与业主的建筑物区分所有权确认"共同管理的权利"的独立性具有类似的制度技术。

由于"现代民法为权利本位的法律，一切私法关系，皆为就权利关系而为规定，既如前述。故为私法关系之中心者，即为权利关系的中心，自不待言。权利必有所附丽，始能存在，是以权利关系之中心，即为所谓权利主体"，[3] 因此，完善集体土地所有权制度必须将其主体制度的构建作为重要一环，而我国现行集体土地所有权主体制度却存在概念内涵模糊、缺位和利益虚化的缺陷。[4] 要弥补集体土地所有权主体制度的上述缺陷，必须重新建立农村集体经济组织成员的社员权制度。对农村集体经济组织法律人格的赋予，"不仅明晰了法律关系，使社会生活井然有序，而且提高了生活效率。正是作为独立的法律主体，团体才可以自己的名义进行各种经济活动和生活交往，从根本上说，这是人的基本权利得到法律认可和尊重的表现。或者说，法律团体主体制度的设计更有利于自然人实现其基本权利"。[5] 可见，打造集体土地所有权主体制度，具有保护其成员即农民的基本权利的价值。

同时，因集体土地所有权的主体制度存在缺陷，致使作为该农民集体成员的农民没有行使社员权的动力。我国法律规定集体土地所有权的行使主体为村民委员会或者农村集体经济组织，在各地的农村集体经济组织普遍缺失的情况下，村民委员会成为最主要的行使主体，这是没有委托人的"代理人"。法律对于集体土地所有权的该行使主体难以进行合理规范，实践中也无法对其进行有效监督，导致"所谓土地集体所有实际上成了乡村干部的小团体所有，有的甚至成为个别

---

〔1〕 韩松、姜战军、张翔：《物权法所有权编》，中国人民大学出版社 2007 年版，第 221 页。此处疑遗漏"现"字，故补上。

〔2〕 参见韩松、姜战军、张翔：《物权法所有权编》，中国人民大学出版社 2007 年版，第 220~221 页；王泽鉴：《民法物权》，北京大学出版社 2010 年版，第 161 页。

〔3〕 李宜琛：《民法总则》，中国方正出版社 2004 年版，第 46 页。

〔4〕 参见高飞：《集体土地所有权主体制度研究》，中国政法大学出版社 2017 年版，第 88~97 页。

〔5〕 彭诚信：《主体性与私权制度研究——以财产、契约的历史考察为基础》，中国人民大学出版社 2005 年版，第 120 页。

乡、村干部的个人所有"。[1] 农村集体经济组织的成员因与其所属集体除土地承包外没有任何利益关联，缺乏对所在农村集体经济组织的基本身份认同，往往在集体土地所有权不规范运行时置身事外。"身份是社会成员在社会中的位置，其核心内容包括特定的权利、义务、责任、忠诚对象、认同和行事规则，还包括该权利、责任和忠诚存在的合法化理由。"[2] 确立农村集体经济组织成员的社员权，是加强农村集体经济组织成员的身份认同的重要举措。在被明确赋予社员权后，农村集体经济组织的成员将更加关注集体土地所有权的运行状况。

在农村集体经济组织中，作为其成员的农民就是社员，社员的权利义务统称为社员权，"因其系以社员的资格为基础，故具有身份权的性质，但社员得基于自益权，受领或享受财产利益，故亦具有财产权的性质，可认为系兼具身份权及财产权性质的特殊权利"。[3] 社员权包含共益权和自益权：共益权指以完成法人所担当的社会作用为目的而参与其事业的权利，如表决权、请求或自行召集社员大会之权、请求法院撤销社员大会决议之权；自益权指专为社员个人的利益所有之权，如利益分配请求权、剩余财产分配请求权及社团设备利用权。[4] 就农村集体经济组织而言，农民社员权中的共益权是参与农村集体经济组织事业的权利，而自益权就是受领或享受财产利益的权利。根据 2015 年 7 省实地调研，面对"您认为作为集体成员应对村（组）集体享有哪些成员权利或利益（可多选）"这一问题时，如表 1-10 所示，分别有 93.25%、91.47%、87.70%、86.90%、92.46%、75.40%、90.48%和 81.55%的受访农户表示其应享有"选举、监督、罢免集体经济组织管理者""参与集体事务表决""集体盈利分配""从集体获得社保经费补助、补贴""承包集体土地""分配自留山、自留地""依法申请宅基地"和"对侵害集体利益的行为提起诉讼"的权利。可见，在农民看来，他们作为农村集体经济组织的成员应当享有诸多成员权利。而所谓的承包权只是其中一种，其属于集体经济组织成员的自益权范畴。我国法律制度未对农村集体经济组织成员的成员权利进行系统规范，致使相关内容散见于不同规范性文件之中，一定程度上影响了农村集体经济组织成员权利的实现。农村集体经济组织成员的社员权制度的建立和完善，将成为农民享有基于农村集体经济组织而产生的各种财产权利的桥梁。

---

〔1〕 王卫国：《中国土地权利研究》，中国政法大学出版社 1997 年版，第 99 页。

〔2〕 张静："身份：公民权利的社会配置与认同"，载张静主编：《身份认同研究：观念、态度、理据》，上海人民出版社 2006 年版，第 4 页。

〔3〕 王泽鉴：《民法总则》，北京大学出版社 2009 年版，第 182 页注释 1。

〔4〕 参见王泽鉴：《民法总则》，北京大学出版社 2009 年版，第 182 页。

表 1-10　受访农户对农民集体成员的应然权益之认知表　单位:%

	山东	湖北	贵州	河南	广东	黑龙江	浙江	平均值
A	79.17	100.00	94.44	98.61	93.06	90.28	97.22	93.25
B	81.94	97.22	88.89	100.00	91.67	86.11	94.44	91.47
C	66.67	98.61	88.89	98.61	93.06	70.83	97.22	87.70
D	72.22	98.61	87.50	94.44	81.94	76.39	97.22	86.90
E	81.94	100.00	88.89	100.00	94.44	83.33	98.61	92.46
F	52.78	79.17	86.11	86.11	83.33	47.22	93.06	75.40
G	73.61	100.00	88.89	100.00	88.89	84.72	94.44	90.48
H	51.39	93.06	88.89	94.44	80.56	66.67	95.83	81.55
I	0.00	0.00	1.39	0.00	0.00	13.89	0.00	2.18

资料来源：2015 年 7 省实地调研的调查成果。

说明：A 代表"选举、监督、罢免集体经济组织管理者"；B 代表"参与集体事务表决"；C 代表"集体盈利分配"；D 代表"从集体获得社保经费补助、补贴"；E 代表"承包集体土地"；F 代表"分配自留山、自留地"；G 代表"依法申请宅基地"；H 代表"对侵害集体利益的行为提起诉讼"；I 代表"其他"。

　　集体土地所有权在我国源于作为社会主义公有制的表现形式之一的集体土地所有制。在公有制中，个人具有二重性质，既是独立的个体又是公有制经济组织的一员。"一方面，他是所有者，无论从法律意义上还是从经济意义上说，共同占有的权利，是任何个人所拥有的那一部分所有权和其他人所同时拥有的所有权共同构成的；如果每个人都没有所有权，也就谈不上什么公有权。但在另一方面，他又不是所有者，因为他作为个人所拥有的公有权只有同其他一切人的所有权相结合、共同构成公有权的时候才有效，才能发挥作用；作为个人，他既没有特殊的所有权决定资本的使用，也不能根据特殊的所有权索取总收入中的任何一个特殊份额。同时，他也没有什么属于他个人的所有权与他人相交换。"[1] 这是一些经济学家对公有制中的利益关系的一种表达。尽管这种关于个人在公有制经济组织中的二重性质的阐释有助于厘清公有制经济组织与该组织中的个人之间的关系，但其中却透露出对法律制度中公有制及其所有权形式存在一定的误解。这是因为，在公有制经济中的个人，并不是一定要拥有该组织财产的所有权才能实现其权益，成员权就是兼顾公有制经济组织和其中个人之利益的一种可选择的法

―――――――――

〔1〕 樊纲等：《公有制宏观经济理论大纲》，上海三联书店、上海人民出版社 1999 年版，第 24 页。

律方式。作为一种公有产权，集体土地所有权也应落到实处，"使每一个相关成员都能有效地行使主人的权利，并公平地分享其收益，而不能在模糊之下事实上嬗变为部分人的所有物"。[1] 在农村集体经济组织中，"一个人成为集体的一员，就可以从集体获得一份土地的利用权或者分享集体利益，从而得到集体为其提供的生存保障"。[2] 在农村土地制度方面，社会主义公有制的特殊性不应当成为"做空"集体土地所有权、加速集体土地所有权人的利益虚化、剥夺农民集体的成员分享基于集体土地所有权产生的利益的理由。十八届三中全会《决定》对此有极为清醒的认识，其为保障农民的成员权利实现，提出"积极发展农民股份合作，赋予农民对集体资产股份占有、收益、有偿退出及抵押、担保、继承权"。可见，农民享有基于集体资产产生的利益，完全是因为其具有该农村集体经济组织的社员身份，即便其暂时不享有土地承包经营权，也不影响其他财产权利的实现。从作为公平分配集体资产的依据来看，构建农村集体经济组织成员的社员权，也是对"重效率、轻公平"的现有制度理念的修正。

3. 整合农地使用权体系，以促使包括土地承包经营权在内的各种农地使用权制度完善。"近代以降，体系化一直被视为科学和理性之标志，在多个知识领域彰显其重要价值，其对于知识的掌握和利用发挥着特殊功能：借其可以实现对以往知识的鸟瞰和更好掌握；借助于体系化，可以科学地思考或处理问题，并验证在思考或者处理问题中所取得的知识。自近代以来，法学领域日渐受自然科学思维模式影响，自然科学方法开始引入法律学及法律实务，具体表现为模仿自然科学的方法将法律规范体系化，体系思维也渐渐深入法学内部"。[3] 十八届三中全会《决定》除对集体土地所有权制度给予前所未有的关注和继续保持对土地承包经营权制度的重视外，也对其他农地使用权制度的发展提出了要求，即"在符合规划和用途管制前提下，允许农村集体经营性建设用地出让、租赁、入股，实行与国有土地同等入市、同权同价""保障农户宅基地用益物权，改革完善农村宅基地制度，选择若干试点，慎重稳妥推进农民住房财产权抵押、担保、转让，探索农民增加财产性收入渠道"。该《决定》以政策的形式，第一次将集体建设用地使用权制度、宅基地使用权制度与土地承包经营权制度相提并论，这是体系化思维在农地使用权制度建设中的体现。

---

〔1〕 高兆明：《政治正义：中国问题意识》，人民出版社 2014 年版，第 223 页。

〔2〕 韩松："论成员集体与集体成员——集体所有权的主体"，载《法学》2005 年第 8 期。

〔3〕 舒国滢、王夏昊、梁迎修等：《法学方法论问题研究》，中国政法大学出版社 2007 年版，第 432~433 页。

就十八届三中全会《决定》出台时我国农地使用权的类型看，除农地租赁权属于债权性使用权外，其他农地使用权基本可以被归入物权范畴。而"一个国家现有的物权体系，应该首先具有完整性，能够满足实践的要求；其次它还应该是一个和谐统一的整体"。[1] 在其时的农村土地制度中，就农地使用权体系而言，土地承包经营权制度一枝独秀，其他农地使用权规范零零碎碎，既不能满足实践需求，也与农地使用权制度的体系化建构相去甚远。"缺乏体系化意味着作为一种可识别的秩序模式的私法的消失。"[2] 十八届三中全会《决定》契合了农村土地法律制度的体系化构建要求，在农地使用权制度方面，除了对土地承包经营权制度一如既往地给予关注外，也对集体建设用地使用权、宅基地使用权等农地使用权制度的发展路径进行了勾勒。因此，该决定要求"建立农村产权流转交易市场，推动农村产权流转交易公开、公正、规范运行"，就不能仅限于土地承包经营权流转市场，而应同时将集体建设用地使用权流转、宅基地使用权流转纳入其中，从而为农民集体及其成员享有的土地权利的实现提供更多的渠道。不过，该《决定》对乡村地役权制度、自留地（山）使用权制度的未来走向不置一词，只能留待之后适时加以完善。

三、十八届三中全会《决定》的主要特征

以党的十一届三中全会为起点，我国开启了改革开放的新时期，极大地解放和发展了生产力，取得了巨大的成就。"站在历史新起点，为进一步推动改革纵深全面发展，十八届三中全会绘制了全面深化改革的新蓝图，吹响了中国特色社会主义事业继续前进的号角。"[3] 我国的改革开放从农村开始，农村土地法律制度体系在改革中得以建立，十八届三中全会《决定》仍然将农村土地制度改革作为重要内容之一，这为农村土地法律制度的发展和完善创造了新机遇。在该决定中，农村土地制度改革表现出以下主要特征：

（一）勾勒了农村土地权利体系协同建构蓝图

农村土地权利结构是农村土地法律制度的核心内容。尽管"两权分离"制度在农村经济发展中的贡献有目共睹，但其在农村土地法律制度建构过程中的积极效应递减且开始呈现出停滞状态，对之进行改革已经刻不容缓。然而，"注重系

---

〔1〕 孙宪忠：《中国物权法总论》，法律出版社 2018 年版，第 142 页。

〔2〕 Ernest J. Weinrib, *The Idea of Private Law*, Oxford University Press, 2012, p. 9.

〔3〕 刘先春、王小鹏："十八届三中全会以来关于全面深化改革研究的综述"，载《探索》2014 年第 6 期。

统性、整体性、协同性是全面深化改革的内在要求，也是推进改革的重要方法。改革越深入，越要注意协同，既抓改革方案协同，也抓改革落实协同，更抓改革效果协同，促进各项改革举措在政策取向上相互配合、在实施过程中相互促进、在改革成效上相得益彰，朝着全面深化改革总目标聚焦发力。"[1]

为了推进农村土地制度改革向纵深迈进，十八届三中全会《决定》创造性地设计了集体土地所有权、成员权、农地使用权"三权分置"的新的农村土地权利结构。由于这种农村土地权利结构是对农村土地权利体系的完整式归纳，其所涉制度建构领域包含并远远超越了承包地"三权分置"、农村集体经营性建设用地入市和农村宅基地等制度改革的范围，因此，可将之称为农村土地"三权分置"政策。以农村土地"三权分置"政策取代"两权分离"制度，以便将所有农村土地权利作为一个整体进行法制建构，实为党中央为解决"三农"问题而未雨绸缪的英明之举。

（二）强化了集体土地所有权制度的应有地位

在我国，集体土地所有权是在一系列政治运动的推动下形成的，从中华人民共和国成立后经济社会发展的历程来看，该制度的产生具有历史合理性。在十八届三中全会《决定》确立农村土地"三权分置"政策时，作为所有权的一种具体类型，我国《宪法》《民法通则》《土地管理法》《农业法》《农村土地承包法》和《物权法》等均对集体土地所有权作出了确认和规范。除宪法根据其规范特点对集体土地所有权的界定较为抽象、概括外，其他法律对集体土地所有权的界定已趋于统一，即集体土地所有权之主体为农民集体，具体有乡镇农民集体、村农民集体、村内（农村集体经济组织的）农民集体即村民小组农民集体三种形式。[2] 遗憾的是，尽管"两权分离"的农村土地权利结构赋予了集体土地所有权重要地位，但集体土地所有权制度却一直未能得到充分的发展。

十八届三中全会《决定》在以"三权分置"的农村土地权利结构取代"两权分离"的农村土地权利结构时，就完善产权保护制度提出了一些具体措施，此举是对我国在物权立法中长期坚持从"归属"到"利用"的观念的矫正，也为集体土地所有权制度在农村土地法律制度中回归到应有的法律地位提供了助力。

（三）彰显了集体成员的土地权益之实现路径

由我国当下国情所决定，集体土地所有权既不能被改造为农民私人土地所有

〔1〕 习近平：《习近平谈治国理政》（第二卷），外文出版社 2017 年版，第 109 页。
〔2〕 参见高飞：《集体土地所有权主体制度研究》，中国政法大学出版社 2017 年版，第 88 页。

权，也不能被改造为国家土地所有权，而非法人团体自身又不能成为土地所有权的主体，因此，从我国法律所确认的民事主体形式来看，唯一的选择就是将集体土地所有权改造成为一种法人所有的单独所有权形态。[1] 由于农村集体经济组织是农民集体在法律主体上的表现形式，[2] 而《民法总则》第 99 条将"农村集体经济组织"规定为特别法人的一种具体类型，故集体土地所有权主体是一种社会组织已经不存在任何疑问，且这种社会组织的成员由农民组成也是各界共识。《民法典》编纂时完全接受了《民法总则》对农村集体经济组织在民事主体制度中作出的定位。

在农村土地权利构建过程中，必须着眼于农民个体的成员权与集体土地所有权之间的关系，对存在于集体财产权之上的双重主体的制度关联加以考虑：没有农民集体，农民个体的成员身份就无从谈起，故成员权制度的构建必然要在农民集体的主体性框架内完成；没有成员权利，农民集体难免为少数人所控制并成为他们谋取私利的工具，因此，二者在制度建构中不可偏废。[3] 由此可见，成员权本为集体土地所有权主体制度的构成要素，但将该权利从集体土地所有权制度中分离出来具有重大意义：一方面，可以通过强化农村集体经济组织成员的身份认同，避免出现集体土地所有权主体缺位现象，并促使其依法行使所有权以发展壮大农村集体经济；另一方面，成员权的确立可以使农村集体经济组织成员分享集体利益的渠道畅通，实现农村集体经济组织成员享有的公平分配权。

（四）优化了农地使用权制度的系统整合方案

在民事法律制度领域，体系化与系统化是其内在要求，民法体系化有助于在整个民法典的体系制度中充分贯彻民法的基本价值观念，减少和消除民事法律制度之间的冲突与矛盾。[4]

十八届三中全会《决定》在设计农村土地利用制度的完善方案时，没有像以往一样仅仅致力于推动土地承包经营权制度的发展，而是从农村土地制度全域出发，将农地使用权整合为一个整体进行综合、全面地考虑。农地使用权体系化的构建目标使得对农村土地的利用不再由土地承包经营权制度一叶障目，也更便于督促各种农地使用权制度共同完善。在集体土地所有权、成员权、农地使用权中，集体土地所有权是基础，成员权是农村集体经济和农村集体经济组织成员利

---

〔1〕　参见高飞：《集体土地所有权主体制度研究》，中国政法大学出版社 2017 年版，第 194 页。

〔2〕　参见李适时主编：《中华人民共和国民法总则释义》，法律出版社 2017 年版，第 311~312 页。

〔3〕　参见陈小君："我国农民集体成员权的立法抉择"，载《清华法学》2017 年第 2 期。

〔4〕　参见王利明："序言"，载许中缘：《体系化的民法与法学方法》，法律出版社 2007 年版。

益之有效实现的桥梁，农地使用权则是实现上述目标的制度工具。

第三节　承包地三权分置的政策文本阐释

在党的十八届三中全会通过《中共中央关于全面深化改革若干重大问题的决定》后，为了贯彻该决定确定的新一轮农村土地制度改革精神，党和国家陆续出台了一系列政策推动承包地"三权分置"的农村土地权利结构得以落实。这些政策文本是承包地"三权分置"法制化建构的主要政策来源，在承包地"三权分置"政策入法后也是准确解读法律制度中承包地"三权分置"之法律规则的基础，因而有必要对其基本内容予以阐释。

一、承包地"三权分置"政策话语的缘起

1978 年以后，我国农村进行了一场"静悄悄的革命"，实现了农村土地制度从集体种植到分户经营即家庭联产承包责任制的根本性转变。"实行家庭联产承包责任制改革主要是放松了对农业内部土地资源配置的控制，让农民可以根据经济价值来调整种植结构，从而大幅度提高了劳动收益率，农业总产量和劳均产量并没有很大的变化。也就是说，这一改革在农业内部并没有完全实现劳动力要素与土地资源的合理配置，大量劳动力依然不得不'过密化'地留在农业内部，因此农业劳动生产力依然不能得到大幅度提升。"[1] 而且，受人多地少这一基本国情矛盾的制约，在实行家庭联产承包责任制时不得不强调按人均分土地，使土地承担农民的生存保障功能，以此来维护农村社会的稳定。

家庭联产承包责任制推行的初期，承包地的流转受到较为严格的限制。1980 年 9 月 14 日至 22 日，各省、市、自治区党委第一书记座谈会纪要《关于进一步加强和完善农业生产责任制的几个问题》提出，"对于包产到户的社队，应当经过工作，通过群众讨论，做到以下几点：……（2）重申不准买卖土地，不准雇工，不准放高利贷；……"1980 年 9 月 27 日，中共中央印发《关于进一步加强和完善农业生产责任制的几个问题》给各省、市、自治区党委，各大军区、省军区、野战军党委，中央各部委，国家机关各部委党组，军委各总部、各军兵种党委，各人民团体党组，要求"及时组织传达讨论，澄清思想，统一认识，结合当地具体情况贯彻执行"。1982 年中央一号文件强调，"社员承包的土地，不准买

---

〔1〕　赖涪林：《过剩人口与农村土地制度变迁——基于"过密化"与全球化视角的历史反思》，立信会计出版社 2010 年版，第 101 页。

卖，不准出租，不准转让，不准荒废，否则，集体有权收回；社员无力经营或转营他业时应退还集体。"通过政策限制承包地流转的制度精神被1982年《宪法》明确规定下来，即"任何组织或者个人不得侵占、买卖、出租或者以其他形式非法转让土地。"[1] 由于政策和法律严格限制承包地流转，加之当时农民较少有从事非农就业的机会，务农是绝大多数农民的主要生活来源，故该时期农民只能被束缚在土地上。家庭联产承包责任制的发展最终被法律以"两权分离"的农村土地权利结构所固定。

随着家庭联产承包责任制的推行，我国乡镇企业开始崛起。乡镇企业起源于人民公社时期的社队（即人民公社、生产大队和生产队）自办企业。到1978年年底，全国的社队企业已经有15214万家，拥有固定资产22915万元。1979年9月28日，党的十一届四中全会通过的《中共中央关于加快农业发展若干问题的决定》要求，"社队企业要有一个大发展，逐步提高社队企业的收入占公社三级经济收入的比重。凡是符合经济合理的原则，宜于农村加工的农副产品，要逐步由社队企业加工"。1980年中共中央印发的《关于进一步加强和完善农业生产责任制的几个问题》强调，"要充分发挥各类手工业者、小商小贩和各行各业能手的专长，组织他们参加社队企业和各种集体副业生产；少数要求从事个体经营的，可以经过有关部门批准，与生产队签订合同，持证外出劳动和经营。要继续鼓励社员发展家庭副业，以活跃繁荣农村经济"。此后，1982年中央一号文件、[2] 1983年中央一号文件（即《当前农村经济政策的若干问题》）[3] 和1984年中央一号文件[4]都对社队企业比较关注，并对社队企业的发展提出了新的要求。1984年3月1日，中共中央、国务院转发农牧渔业部和部党组《关于开创社队企业新局面的报告》，同意将社队企业的名称改为乡镇企业，肯定了"乡镇企业〔即社（乡）队（村）举办的企业、部分社员联营的合作企业，其他形式的合作工业和个体企业〕，是多种经营的重要组成部分，是农业生产的重要支柱，

---

〔1〕　1982年《宪法》第10条第4款。

〔2〕　1982年中央一号文件规定："对现有社队企业必须进行整顿，改善经营管理和民主管理，进一步办好。"

〔3〕　1983年中央一号文件规定："现有的社队企业，不但是支持农业生产的经济力量，而且可以为农民的多种经营提供服务，应在体制改革中认真保护，勿使削弱，更不得随意破坏、分散。社队企业也是合作经济，必须努力办好，继续充实发展。要认真进行调整和整顿，加强民主管理和群众监督，建立多种形式的生产责任制。"

〔4〕　1984年中央一号文件规定："允许农民和集体的资金自由地或有组织地流动，不受地区限制。鼓励农民向各种企业投资入股；鼓励集体和农民本着自愿互利的原则，将资金集中起来，联合兴办各种企业，尤其要支持兴办开发性事业。国家保护投资者的合法权益。"

是广大农民群众走向共同富裕的重要途径，是国家财政收入新的重要来源"。家庭联产承包责任制的改革，解放了大量农村剩余劳动力，这些劳动力以"离土不离乡"的方式进入乡镇企业务工，为乡镇企业的崛起与发展奠定了必要基础。

与此同时，禁止承包地流转的做法开始在政策上出现松动，促进规模经营也开始提上议事日程，如 1984 年中央一号文件为承包地转包开了一个口子。此后，党和国家政策逐步转向允许农民在承包期内依法、自愿、有偿流转承包地，并规定"在京、津、沪郊区、苏南地区和珠江三角洲，可分别选择一两个县，有计划地兴办具有适度规模的家庭农场或合作农场，也可以组织其他形式的专业承包，以便探索土地集约经营的经验"。[1] 自 20 世纪 90 年代开始，我国开始大规模参与国际市场，全球资本大规模进入，城市经济大幅度增长，又吸收了大量"离土离乡"的农民工。[2] 在这种社会时空环境下，承包地流转越来越频繁，而为了对土地承包经营权有序流转进行规范，以推动农业产业化经营和农业农村经济结构调整，并维护农村土地承包关系的长期稳定，《农村土地承包法》（2002 年）第二章"家庭承包"第五节以 12 个条文对以家庭承包方式取得的土地承包经营权之流转作出了规范，同时，该法第三章"其他方式的承包"对通过招标、拍卖、公开协商等方式取得的土地承包经营权之流转进行了规定。《物权法》承继了《农村土地承包法》（2002 年）的制度精神，于第 128 条[3]、第 129 条[4]对土地承包经营权的流转规则作出了明确规定。

家庭联产承包责任制在我国的产生是农民的创举，该制度的完善是一个循序渐进的过程。在我国农村地区，通过推行家庭联产承包责任制，实行了土地所有权与土地承包经营权的分离，重建了农民家庭的土地财产权；突破了高度集中的土地经营体制，重新确立了家庭经营的主体地位，形成了统分结合的双层经营体制；创立了按劳动者创造的最终为社会承认的劳动效益予以分配的原则，调动了农民的生产积极性；加速了人民公社"政社合一"体制的解体。[5] 尽管家庭联产承包责任制的积极作用显而易见，但其消极影响也是有目共睹：承包地按照人口均分，且好地、差地搭配，造成土地分割细碎，不仅造成了土地的浪费，也不

---

〔1〕《把农村改革引向深入》（中发〔1987〕5 号）。

〔2〕参见黄宗智：《中国的隐性农业革命》，法律出版社 2010 年版，第 72 页。

〔3〕《物权法》第 128 条规定："土地承包经营权人依照农村土地承包法的规定，有权将土地承包经营权采取转包、互换、转让等方式流转。流转的期限不得超过承包期的剩余期限。未经依法批准，不得将承包地用于非农建设。"

〔4〕《物权法》第 129 条规定："土地承包经营权人将土地承包经营权互换、转让，当事人要求登记的，应当向县级以上地方人民政府申请土地承包经营权变更登记；未经登记，不得对抗善意第三人。"

〔5〕参见王琢、许浜：《中国农村土地产权制度论》，经济管理出版社 1996 年版，第 155~162 页。

利于农事作业和日常管理，阻碍了农业生产效率的提高；[1] 同时，农民提供公共物品的积极性降低，农田基础设施建设和生产条件改善受到极其严重的制约，水利等农田基础设施基本靠吃过去的老本，年久失修，设施老化，已逐渐威胁到农业生产；水利系统效益下降使农户的灌溉成本增加，抗灾能力明显下降。[2] 即便后来家庭联产承包责任制在制度上得以完善，以之为基础在法律上确立了"两权分离"的农村土地权利结构，同时放宽了有关土地承包经营权流转的限制，并力推农村土地的适度规模经营，这种消极影响也没有能够被完全克服。因此，对"两权分离"的农村土地权利结构进行变革而使之更加完善的呼声越来越高。

在"两权分离"制度的缺陷尚未弥补的情形下，随着工业化、城镇化进程的加快，农村社会又出现了新现象，即党和政府千方百计引导农民外出务工、就地就近就业和返乡创业，农民工数量从 2012 年的 2.62 亿人增加到 2017 年的 2.87 亿人，其中外出农民工从 1.63 亿人增加到 1.72 亿人；同时，经营性收入的比重下降，工资性收入成为农民家庭的"顶梁柱"，其中经营性收入由 2012 年的 44.6% 下降到 2017 年的 37.43%，而农民工的月均收入从 2012 年 2290 元增加到 2017 年的 3485 元。[3] 由于众多农民"离土"选择非农就业，家庭联产承包责任制初期由承包农户耕种自己承包的土地的情形发生了变化，具体表现为承包农户将土地流转给其他主体耕种，承包农户与承包地的实际耕种者出现了身份上的分离，"对承包经营权进行再分割，实行所有权、承包权、经营权'三权分置'，赋予经营权相对独立的权能的主张被提出来"。[4]

2013 年 7 月，习近平总书记在武汉视察时指出，"深化农村改革，完善农村基本经营制度，要好好研究农村土地所有权、承包权、经营权三者之间的关系"。[5] 同年 12 月 23 日，习近平总书记在中央农村工作会议上强调："完善农村基本经营制度，需要在理论上回答一个重大问题，就是农民土地承包权和土地经营权分离问题。今年七月下旬，我到武汉农村综合产权交易所调研时就提出，深化农村改革，完善农村基本经营制度，要好好研究农村土地所有权、承包权、经营权三者之间的关系。改革前，农村集体土地是所有权和经营权合一，土地集

---

〔1〕 参见廖洪乐：《中国农村土地制度六十年——回顾与展望》，中国财政经济出版社 2008 年版，第 89~90 页；温铁军：《"三农"问题与制度变迁》，中国经济出版社 2009 年版，第 304~306 页。

〔2〕 参见廖洪乐：《中国农村土地制度六十年——回顾与展望》，中国财政经济出版社 2008 年版，第 90~92 页；王琢、许浜：《中国农村土地产权制度论》，经济管理出版社 1996 年版，第 177~178 页。

〔3〕 参见韩俊主编：《实施乡村振兴战略五十题》，人民出版社 2018 年版，第 185~186 页。

〔4〕 韩长赋主编：《新中国农业发展 70 年·政策成就卷》，中国农业出版社 2019 年版，第 98 页。

〔5〕 韩俊主编：《实施乡村振兴战略五十题》，人民出版社 2018 年版，第 236 页。

体所有、集体统一经营。搞家庭联产承包制，把土地所有权和承包经营权分开，所有权归集体，承包经营权归农户，这是我国农村改革的重大创新。现在，顺应农民保留土地承包权、流转土地经营权的意愿，把农民土地承包经营权分为承包权和经营权，实现承包权和经营权分置并行，这是我国农村改革的又一次重大创新。这将有利于更好坚持集体对土地的所有权，更好保障农户对土地的承包权，更好用活土地经营权，推进现代农业发展。"[1] 在习近平总书记讲话精神和十八届三中全会《决定》的基础上，2014 年中央一号文件明确规定，"在落实农村土地集体所有权的基础上，稳定农户承包权、放活土地经营权"，从而在国家政策层面第一次正式提出了承包地"三权分置"的农村土地权利结构，也就是通常所谓的承包地"三权分置"政策。

应当特别说明的是，承包地"三权分置"与十八届三中全会《决定》中蕴藏的农村土地"三权分置"是两个不同层面的政策，具有不同的制度意蕴。农村土地"三权分置"是对整个农村土地权利结构的制度构建作出的顶层设计，其不仅包括承包地"三权分置"政策，也包括 2018 年中央一号文件所确立的宅基地"三权分置"政策，故农村土地"三权分置"政策有更宽广的视野和更宏大的目标，而承包地"三权分置"政策则致力于解决当前农村土地"三权分置"政策中的重点问题和突出矛盾。本书主要聚焦于承包地"三权分置"的制度内容与风险防范之研究。[2]

二、党和国家政策文本梳理

从 2014 年中央一号文件提出承包地"三权分置"的农村土地权利结构后，党和国家又先后出台了一系列政策来推进该农村土地权利结构的完善，并加速了承包地"三权分置"政策入法的步伐。在党和国家出台的政策中，有关承包地"三权分置"政策的表述受到学界的高度关注，而且，该政策的表述也被作为相关法律制度完善的基本指针，最直接的表现就是其基本决定了此次《农村土地承包法》修正时所作出的法律表达。承包地"三权分置"政策入法不仅体现在2018 年修正的《农村土地承包法》中，而且该政策也对《民法典》物权编中"集体所有权"制度、"土地承包经营权"制度有所触动，因此，对 2014 年中央

---

〔1〕　中共中央党史和文献研究院编：《习近平关于"三农"工作论述摘编》，中央文献出版社 2019 年版，第 52~53 页。

〔2〕　本书严格区分"农村土地'三权分置'"和"承包地'三权分置'"的表述，除直接引用相关文献的表述外，"农村土地'三权分置'"或"农地'三权分置'"均意指十八届三中全会《决定》对整个农村土地权利结构作出的制度设计，是指集体土地所有权、成员权、农地使用权"三权"并置。

一号文件公布至《民法典》颁布之前与承包地"三权分置"有关的政策文本进行梳理，分析各政策文本的具体表述，对于探究承包地"三权分置"的法实现及其实施过程中可能产生的风险极为重要。在这一时期，党和国家公布的相关政策文本较多，主要政策文本的基本内容如表1-11所示：

表1-11　关于承包地"三权分置"的主要党和国家政策及基本内容一览表

序号	发布单位	文件名称	主要表述	说明
1	中共中央、国务院（2014年1月19日）	《中共中央、国务院印发〈关于全面深化农村改革加快推进农业现代化的若干意见〉》（2014年中央一号文件）	稳定农村土地承包关系并保持长久不变，在坚持和完善最严格的耕地保护制度前提下，赋予农民对承包地占有、使用、收益、流转及承包经营权抵押、担保权能。在落实农村土地集体所有权的基础上，稳定农户承包权、放活土地经营权，允许承包土地的经营权向金融机构抵押融资。	（1）尚未归纳出承包地"三权分置"的表述，但确立了农村土地集体所有权、农户承包权、土地经营权"三权"并存的格局；（2）重点强调了"承包经营权抵押、担保权能"。
2	中共中央办公厅、国务院办公厅（2014年11月20日）	《中共中央办公厅、国务院办公厅印发〈关于引导农村土地经营权有序流转发展农业适度规模经营的意见〉》（中办发〔2014〕61号）	【指导思想】坚持农村土地集体所有，实现所有权、承包权、经营权三权分置，引导土地经营权有序流转，坚持家庭经营的基础性地位，积极培育新型经营主体，发展多种形式的适度规模经营，巩固和完善农村基本经营制度。【基本原则】坚持农村土地集体所有权，稳定农户承包权，放活土地经营权，以家庭承包经营为基础，推进家庭经营、集体经营、合作经营、企业经营等多种经营方式共同发展。	（1）专门规范"农村土地经营权流转"的规范性文件；（2）首次提出"所有权、承包权、经营权三权分置"；（3）以引导农村土地（指承包耕地）经营权有序流转、发展农业适度规模经营，对"稳定完善农村土地承包关系""规范引导农村土地经营权有序流转""加快培育新型农业经营主体""建立健全农业社会化服务体系"等作出了较为细致的规定。

续表

序号	发布单位	文件名称	主要表述	说明
3	中共中央、国务院（2015年2月1日）	《中共中央、国务院关于加大改革创新力度加快农业现代化建设的若干意见》（2015年中央一号文件）	完善相关法律法规，加强对农村集体资产所有权、农户土地承包经营权和农民财产权的保护。抓紧修改农村土地承包方面的法律，明确现有土地承包关系保持稳定并长久不变的具体实现形式，界定农村土地集体所有权、农户承包权、土地经营权之间的权利关系，保障好农村妇女的土地承包权益。统筹推进与农村土地有关的法律法规制定和修改工作。抓紧研究起草农村集体经济组织条例。	（1）提出完善相关法律法规，将承包地"三权分置"政策入法；（2）加强对"农户土地承包经营权"的保护是本意见的一项重要内容；（3）在"推进农村金融体制改革"部分提到"做好承包土地的经营权和农民住房财产权抵押担保贷款试点工作"，其中"承包土地的经营权"表述含糊，具体权利指向不明。
4	国务院（2015年8月10日）	《国务院关于开展农村承包土地的经营权和农民住房财产权抵押贷款试点的指导意见》（国发〔2015〕45号）	按照所有权、承包权、经营权三权分置和经营权流转有关要求，以落实农村土地的用益物权、赋予农民更多财产权利为出发点，深化农村金融改革创新，稳妥有序开展"两权"抵押贷款业务，有效盘活农村资源、资金、资产，增加农业生产中长期和规模化经营的资金投入，为稳步推进农村土地制度改革提供经验和模式，促进农民增收致富和农业现代化加快发展。	（1）明确"承包土地的经营权"为承包地"三权分置"政策中的"土地经营权"；（2）强调保证农户承包权为实现抵押权时处置抵押物的前提。

序号	发布单位	文件名称	主要表述	说明
5	中共中央办公厅、国务院办公厅（2015年11月2日）	《中共中央办公厅、国务院办公厅深化农村改革综合性实施方案》（中办发〔2015〕49号）	【基本原则】把握好土地集体所有制和家庭承包经营的关系，现有农村土地承包关系保持稳定并长久不变，落实集体所有权，稳定农户承包权，放活土地经营权，实行"三权分置"。坚持家庭经营在农业中的基础性地位，创新农业经营组织方式，推进家庭经营、集体经营、合作经营、企业经营等共同发展。【深化农村土地制度改革】坚守土地公有性质不改变、耕地红线不突破、农民利益不受损"三条底线"，防止犯颠覆性错误。深化农村土地制度改革的基本方向是：落实集体所有权，稳定农户承包权，放活土地经营权。落实集体所有权，就是落实"农民集体所有的不动产和动产，属于本集体成员集体所有"的法律规定，明确界定农民的集体成员权，明晰集体土地产权归属，实现集体产权主体清晰。稳定农户承包权，就是要依法公正地将集体土地的承包经营权落实到本集体组织的每个农户。放活土地经营权，就是允许承包农户将土地经营权	（1）设置了深化农村土地制度改革的"三条底线"，并明确了深化农村土地制度改革的基本方向；（2）强调坚持家庭经营在农业中的基础性地位；（3）首次阐释了"落实集体所有权""稳定农户承包权""放活土地经营权"的具体内涵；（4）同时使用了"农户承包权"和"土地承包权"的表达，二者内涵相同。

序号	发布单位	文件名称	主要表述	说明
			依法自愿配置给有经营意愿和经营能力的主体，发展多种形式的适度规模经营。【健全城乡发展一体化体制机制】切实维护进城落户农民的土地承包权、宅基地使用权、集体收益分配权。	
6	中共中央（2015 年 10 月 29 日）	《中共中央关于制定国民经济和社会发展第十三个五年规划的建议》	稳定农村土地承包关系，完善土地所有权、承包权、经营权分置办法，依法推进土地经营权有序流转，构建培育新型农业经营主体的政策体系。培养新型职业农民。深化农村土地制度改革。	（1）要求完善土地所有权、承包权、经营权分置办法；（2）提出构建培育新型农业经营主体的政策体系。
7	全国人民代表大会常务委员会（2015 年 12 月 27 日）	《全国人大常委会关于授权国务院在北京市大兴区等 232 个试点县（市、区）、天津市蓟县等 59 个试点县（市、区）行政区域分别暂时调整实施有关法律规定的决定》	授权国务院在北京市大兴区等 232 个试点县（市、区）行政区域，暂时调整实施《中华人民共和国物权法》、《中华人民共和国担保法》关于集体所有的耕地使用权不得抵押的规定；……	（1）通过授权暂时调整实施有关法律规定为集体所有的耕地使用权抵押排除法律障碍；（2）"集体所有的耕地使用权"不是严格的法律术语，从该决定的表述来看，似乎可以是"土地经营权"，也可以是"土地承包经营权"。

序号	发布单位	文件名称	主要表述	说明
8	中共中央、国务院（2015年12月31日）	《中共中央、国务院关于落实发展新理念加快农业现代化实现全面小康目标的若干意见》（2016年中央一号文件）	【推动城乡协调发展，提高新农村建设水平】维护进城落户农民土地承包权、宅基地使用权、集体收益分配权，支持引导其依法自愿有偿转让上述权益。【深入推进农村改革，增强农村发展内生动力】稳定农村土地承包关系，落实集体所有权，稳定农户承包权，放活土地经营权，完善"三权分置"办法，明确农村土地承包关系长久不变的具体规定。继续扩大农村承包地确权登记颁证整省推进试点。依法推进土地经营权有序流转，鼓励和引导农户自愿互换承包地块实现连片耕种。研究制定稳定和完善农村基本经营制度的指导意见。	（1）同时使用了"农户承包权"和"土地承包权"的表达，二者内涵相同；（2）确定完善"三权分置"办法；（3）要求研究制定稳定和完善农村基本经营制度的指导意见；（4）上述两个重点目的均在于落实《中共中央关于制定国民经济和社会发展第十三个五年规划的建议》。
9	国务院（2016年10月17日）	《国务院关于印发全国农业现代化规划（2016—2020年）的通知》（国发〔2016〕58号）	稳定农村土地承包关系并保持长久不变，落实集体所有权，稳定农户承包权，放活土地经营权，完善"三权"分置办法。加快推进农村承包地确权登记颁证，力争2018年底基本完成。在有条件的地方稳妥推进进城落户农民土地承包权有偿退出试点。健全县乡农村经营管理体系，加强土地流转和规模经营的管理服务。	（1）要求加快推进农村承包地确权登记颁证，以便为承包地"三权分置"制度的落实创造条件；（2）布置推进农民土地承包权退出试点任务。

序号	发布单位	文件名称	主要表述	说明
10	中共中央办公厅、国务院办公厅（2016年10月30日）	《中共中央办公厅、国务院办公厅关于完善农村土地所有权承包权经营权分置办法的意见》（中办发〔2016〕67号）	【重要意义】现阶段深化农村土地制度改革，顺应农民保留土地承包权、流转土地经营权的意愿，将土地承包经营权分为承包权和经营权，实行所有权、承包权、经营权（以下简称"三权"）分置并行，着力推进农业现代化，是继家庭联产承包责任制后农村改革又一重大制度创新。【总体要求】围绕正确处理农民和土地关系这一改革主线，科学界定"三权"内涵、权利边界及相互关系，逐步建立规范高效的"三权"运行机制，不断健全归属清晰、权能完整、流转顺畅、保护严格的农村土地产权制度，优化土地资源配置，培育新型经营主体，促进适度规模经营发展，进一步巩固和完善农村基本经营制度，为发展现代农业、增加农民收入、建设社会主义新农村提供坚实保障。【逐步形成"三权分置"格局】完善"三权分置"办法，不断探索农村土地集体所有制的有效实现形式，落实集体所有权，稳定农户承包权，放活土地经营权，充	（1）本意见是关于承包地"三权分置"政策最全面的规定；（2）明确提出将土地承包经营权分为承包权和经营权；（3）完善承包地"三权分置"办法的目标是"进一步健全农村土地产权制度，推动新型工业化、信息化、城镇化、农业现代化同步发展"；（4）本意见的基本原则是"尊重农民意愿""守住政策底线""坚持循序渐进""坚持因地制宜"；（5）为确保承包地"三权分置"有效实施，提出"扎实做好农村土地确权登记颁证工作""建立健全土地流转规范管理制度""构建新型经营主体政策扶持体系""完善'三权分置'法律法规"；（6）同时使用了"农户承包权"和"土地承包权"的表达，二者内涵相同。

序号	发布单位	文件名称	主要表述	说明
			分发挥"三权"的各自功能和整体效用，形成层次分明、结构合理、平等保护的格局。	
11	中共中央、国务院（2016年12月31日）	《中共中央、国务院关于深入推进农业供给侧结构性改革加快培育农业农村发展新动能的若干意见》（2017年中央一号文件）	【积极发展适度规模经营】大力培育新型农业经营主体和服务主体，通过经营权流转、股份合作、代耕代种、土地托管等多种方式，加快发展土地流转型、服务带动型等多种形式规模经营。积极引导农民在自愿基础上，通过村组内互换并地等方式，实现按户连片耕种。完善家庭农场认定办法，扶持规模适度的家庭农场。【深化农村集体产权制度改革】落实农村土地集体所有权、农户承包权、土地经营权"三权分置"办法。	（1）将"经营权流转"与"股份合作""代耕代种""土地托管"等并列规定，造成"经营权"流转的内涵与以往的表述出现差异；（2）将落实承包地"三权分置"办法排在"深化农村集体产权制度改革"中诸多事项的首位。
12	中共中央、国务院（2018年1月2日）	《中共中央、国务院关于实施乡村振兴战略的意见》（2018年中央一号文件）	【巩固和完善农村基本经营制度】落实农村土地承包关系稳定并长久不变政策，衔接落实好第二轮土地承包到期后再延长30年的政策，让农民吃上长效"定心丸"。全面完成土地承包经营权确权登记颁证工作，实现承包土地信息联通共享。完善农村承包地"三权分置"制度，在依法保护集	（1）将巩固和完善农村基本经营制度作为推进实施乡村振兴战略的一项重要制度安排；（2）完善农村承包地"三权分置"制度是推进体制机制创新，强化乡村振兴制度性供给的重要内容。

序号	发布单位	文件名称	主要表述	说明
			体土地所有权和农户承包权前提下，平等保护土地经营权。农村承包土地经营权可以依法向金融机构融资担保、入股从事农业产业化经营。实施新型农业经营主体培育工程，培育发展家庭农场、合作社、龙头企业、社会化服务组织和农业产业化联合体，发展多种形式适度规模经营。	
13	中共中央、国务院（2019年1月3日）	《中共中央、国务院关于坚持农业农村优先发展做好"三农"工作的若干意见》（2019年中央一号文件）	【深化农村土地制度改革】保持农村土地承包关系稳定并长久不变，研究出台配套政策，指导各地明确第二轮土地承包到期后延包的具体办法，确保政策衔接平稳过渡。完善落实集体所有权、稳定农户承包权、放活土地经营权的法律法规和政策体系。在基本完成承包地确权登记颁证工作基础上，开展"回头看"，做好收尾工作，妥善化解遗留问题，将土地承包经营权证书发放至农户手中。健全土地流转规范管理制度，发展多种形式农业适度规模经营，允许承包土地的经营权担保融资。	（1）强调研究出台保持农村土地承包关系稳定并持久不变的配套政策，以便为第二轮土地承包到期后延包提供指导；（2）要求完善承包地"三权分置"制度的法律法规和政策体系。

序号	发布单位	文件名称	主要表述	说明
14	中共中央、国务院（2020年1月2日）	《中共中央、国务院关于抓好"三农"领域重点工作确保如期实现全面小康的意见》（2020年中央一号文件）	【抓好农村重点改革任务】完善农村基本经营制度，开展第二轮土地承包到期后再延长30年试点，在试点基础上研究制定延包的具体办法。鼓励发展多种形式适度规模经营，健全面向小农户的农业社会化服务体系。制定农村集体经营性建设用地入市配套制度。严格农村宅基地管理，加强对乡镇审批宅基地监管，防止土地占用失控。扎实推进宅基地使用权确权登记颁证。以探索宅基地所有权、资格权、使用权"三权分置"为重点，进一步深化农村宅基地制度改革试点。全面推开农村集体产权制度改革试点，有序开展集体成员身份确认、集体资产折股量化、股份合作制改革、集体经济组织登记赋码等工作。探索拓宽农村集体经济发展路径，强化集体资产管理。	（1）承包地"三权分置"制度问题已经不再是农村重点改革任务；（2）农村集体产权制度改革涉及承包地"三权分置"制度中"落实集体所有权"之问题，但本意见没有在两者之间建立直接的连接。

三、党和国家政策的内涵特性

表1-11列举了《民法典》颁布之前党和国家政策中有关承包地"三权分置"的主要表述，从中可以看出承包地"三权分置"的农村土地权利结构的形成过程，"三权"的内容也逐步丰富。对这些党和国家政策的内容进行分析可以发现，承包地"三权分置"的政策内涵主要具有以下特性：

（一）用语统一与概念含糊并存

在 2014 年中央一号文件发布后，党和国家政策在承包地"三权分置"的表述上趋于统一，基本结束了地方规范性文件用语较随意所形成的混乱局面。然而，"政策通常具有通俗易懂性，并不以精确的概念表达为追求，在内容上往往表现出纲领性、方向性和宣示性的特点，因而具有更强的变动性、模糊性；政策往往是针对某一领域或某一新情况、新问题的及时反应，以便为政策的落实提供必要的自由裁量空间。"〔1〕政策的此种固有属性和话语风格在承包地"三权分置"的内容表述方面得到了充分的体现。

尽管党和国家政策中没有出现部分地方规范性文件中使用的"三权分离"一语，而是统一使用"三权分置"的表述，且对于"三权"意指集体土地所有权、土地承包权、土地经营权也基本不存在分歧，然而，对于"三权"的具体表述仍然未采用唯一的用语，不同政策文件的表述中还是具有一些细微差异。如关于所有权的表述有"所有权""农村土地集体所有权""集体所有权""土地所有权""集体土地所有权"；关于承包权的表述有"承包权""农户承包权""土地承包权"；关于经营权的表述有"经营权""土地经营权"。但是，使用"集体所有权""农户承包权"和"土地经营权"的用语是主流，而且大多数政策文本都采用这种表述来指代"三权"；同时，这些政策文本中对"三权"进行简称时一般使用的是"所有权""承包权""经营权"的术语。

虽然承包地"三权分置"政策中的用语基本统一，但却不能掩盖这些"术语"的含义在不同的政策文件中存在较为重大的差异。例如，"稳定农户承包权"与"现有农村土地承包关系保持稳定并长久不变"密切相关，其中《深化农村改革综合性实施方案》规定，"切实维护进城落户农民的土地承包权、宅基地使用权、集体收益分配权"；2016 年中央一号文件规定，"维护进城落户农民土地承包权、宅基地使用权、集体收益分配权，支持引导其依法自愿有偿转让上述权益"；《关于完善三权分置办法的意见》在"严格保护农户承包权"部分规定，"农村集体土地由作为本集体经济组织成员的农民家庭承包，不论经营权如何流转，集体土地承包权都属于农民家庭。任何组织和个人都不能取代农民家庭的土地承包地位，都不能非法剥夺和限制农户的土地承包权"。根据这些政策文件中有关"农户承包权"的表述，难以辨明农户承包权的性质，即该权利到底是纯粹的财产权还是一种承包集体土地的资格，抑或该权利是兼具身份属性的财产

---

〔1〕耿卓："承包地'三权分置'政策入法的路径与方案——以《农村土地承包法》的修改为中心"，载《当代法学》2018 年第 6 期。

权。再如，在 2014 年中央一号文件提出后相当长一个时期，尽管承包地"三权分置"制度已经被各种政策文件反复使用，但土地经营权如何产生却一直没有明确的表述，直到《关于完善三权分置办法的意见》规定，"将土地承包经营权分为承包权和经营权"，才使土地经营权的来源初露端倪，而如何"分"依然有待政策完善和理论阐析；同时，《关于完善三权分置办法的意见》规定，"在土地流转中，农户承包经营权派生出土地经营权"，然而，该意见中的土地流转方式包括转让、互换、出租（转包）、入股或其他方式，由于这些流转方式存在性质上的区别，使得土地经营权产生了到底是物权还是债权，抑或既可以是物权也可以是债权的疑问，但这个问题在上述政策文本中同样很难找到确定的答案。

在法律制定过程中，"准确性是立法语言的灵魂和生命，也是立法政策和立法意志记载、表达和传递的第一要义。立法政策记载得不准确，表达得不精确，必然会使传递的信息具有先天的缺陷。"[1] 党和国家政策中有关承包地"三权分置"的用语趋于统一，为研究该政策的制度意蕴并推动该政策入法提供了一个前提性条件，但政策话语的含糊性在为承包地"三权分置"政策转化为法律带来能动空间的同时，也因基本共识的缺乏造成在具体概念的理解和具体规则内容的确定方面障碍重重。

（二）政策的预定目标重点明确

根据表 1-11 所示，承包地"三权分置"主要被规定在全面深化农村改革、推进农业现代化、引导承包地有序流转、发展农业适度规模经营、开展农村土地的经营权抵押贷款、推进农业供给侧结构性改革、培养农业农村发展新动能、实施乡村振兴战略、坚持农业农村优先发展等政策中。这些政策确立的任务都是承包地"三权分置"制度或直接或间接的目标，只是这些目标过于抽象概括，而且也显得较为宏大。从这些政策的内容及其试图解决的现实问题来看，承包地"三权分置"政策的预定目标极为明确，具体包括以下三个方面：

1. 解决农村人口向城镇流动导致的农村高素质劳动力日益不足的问题。在我国农村地区，人多地少是基本国情，这就决定了农业本身只可能是一个有待扶持的弱势产业。进入 21 世纪后，由于工农业长期失衡积累的"三农"问题已经成为严重的社会问题，工农和城乡的矛盾亟待解决；同时，进入工业化中期的中国具备了较强的工业自生能力和相当的财政实力，"工业反哺农业、城市支持农村"的条件基本成熟；此外，加入 WTO 后作出的承诺、面临的规则约束以及全

---

〔1〕 孙潮：《立法技术学》，浙江人民出版社 1993 年版，第 65 页。

球一体化贸易根据，要求国家加快调整与改革农业补偿政策。[1] 因此，我国不仅积极进行农业税费改革，甚至 2006 年在全国取消了农业税和农业特产税，使延续了 2600 多年农民种地交税的历史终结，农民承受的负担得到明显减轻。不仅如此，党和国家还在探索实践的基础上，建立了农业补偿政策体系，共实施具体农业补贴政策 50 多项，不仅包括对农作物和养殖业的生产补贴、农民收入支持补贴、农业保险补贴，而且包括农业生产技术推广、资源和生态补贴以及农民生活补贴等政策，惠及几乎所有重要农产品和农业生产者。[2] 不过，取消农业税和实行农业补贴政策并没有改变城乡发展不平衡、农村发展不充分、城乡居民收入差距较大等问题，当然也就无法扭转外出务工的农民工数量持续增长的状况。

在农村人口大量流入城镇的同时，我国的城镇化进程却并不彻底：尽管工业化发展需要来自农村的劳动力，农民自己也希望能够就此变为市民，从而产生了农村劳动力的绝对数量和相对比重都大幅下降的结果，但是，大量农村人口进入城市只是实现了职业的转换和居住地的转移，他们的身份依然无法转变或者难以转变，这就使得在农业经营中兼业经营成为普遍现象。[3] 同时，中国农村人多地少，以家庭承包方式对土地进行均分是维持社会稳定的一个基本措施，这种状况也导致农民因务农收入较低被迫外出打工，而外出打工的风险又反过来迫使农民依赖承包的小规模土地作为保险，[4] 以致对农业经营采兼业经营方式成为农民的一种理想选择。

既然现在农村高素质劳动力短缺，那么，改变承包地的经营方式就显得尤为重要。"坚持家庭经营在农业中的基础性地位，推进家庭经营、集体经营、合作经营、企业经营等共同发展的农业经营方式创新"，这是党的十八届三中全会作出的重要决定。在维持家庭经营这一农村基本经营制度底色的基础上，以家庭农场、合作社、龙头企业为代表的各种类型的新型农业经营主体在我国开始涌现，他们在农村地区已经成为开展规模经营、提供社会化服务和发展现代农业的重要力量。[5] 如表 1-11 所示，承包地"三权分置"政策极为重视对新型农业经营主体的培育，各种政策文本中也一再重申这种观念，而从当下农村人口流转的趋势及其对农业经营的影响来看，新型农业经营主体作为我国应对农村劳动力不足

---

〔1〕　参见韩长赋主编：《新中国农业发展 70 年·政策成就卷》，中国农业出版社 2019 年版，第 330 页。
〔2〕　参见韩长赋主编：《新中国农业发展 70 年·政策成就卷》，中国农业出版社 2019 年版，第 332 页。
〔3〕　参见张红宇：《新型城镇化与农地制度改革》，中国工人出版社 2014 年版，第 210 页。
〔4〕　参见黄宗智：《中国的隐性农业革命》，法律出版社 2010 年版，第 72~73 页。
〔5〕　参见孔祥智等：《乡村振兴的九个维度》，广东人民出版社 2018 年版，第 216 页。

的一个关键措施，在未来能够发挥出的巨大功效必不会辜负各方期待。

2. 推动承包地流转以实现适度规模经营。发展农业适度规模经营是我国政策的长期追求，2014 年 11 月我国为此专门出台了《关于引导土地经营权流转的意见》，该意见规定，"伴随我国工业化、信息化、城镇化和农业现代化进程，农村劳动力大量转移，农业物质技术装备水平不断提高，农户承包土地的经营权流转明显加快，发展适度规模经营已成为必然趋势。实践证明，土地流转和适度规模经营是发展现代农业的必由之路，有利于优化土地资源配置和提高劳动生产率，有利于保障粮食安全和主要农产品供给，有利于促进农业技术推广应用和农业增效、农民增收，应从我国人多地少、农村情况千差万别的实际出发，积极稳妥地推进"。有学者对此持有不同看法，认为各地区把农业适度规模经营作为改善农业生产率的抓手，有违中国的国情和历史；中国推动小农经济发展，确定以小农经济发展为中心的农业现代化思路，对于当下的农业发展是必要的，但推动小农经济进步的首要举措不是上规模，而是改善农业基础设施等条件和提高、推广、普及农业生产技术；同时，充分发挥互联网和大数据给农户经济发展带来的优势，并抓住中国百姓消费结构升级的时代机遇。[1] 然而，这种观点中对农业适度规模经营的积极效应的质疑部分在实践中基本被无视，对党和国家制定涉农涉土政策的影响也极为有限。为了适应新型农业经营主体从事农业经营的发展态势，在我国有关承包地"三权分置"的政策文件中，始终将实现适度规模经营作为一项重要任务。

新型农业经营主体进入农业经营给人的直观印象是："培育新型农业经营主体，就是把小农户掌握的土地资源集中到农业大户、家庭农场、农民合作社和农业企业手中，或者直白地说，就是在农业生产经营领域由新型农业经营主体取代小农户。"[2] 其实，如果新型农业经营主体以违背农民意愿的方式取得承包地，实现土地资源的集中，即便达成了农业适度规模经营的目标，有助于推动农业发展的现代化，这也不是承包地"三权分置"政策所追求的结果，因为《深化农村改革综合性实施方案》明确规定，"坚守土地公有性质不改变、耕地红线不突破、农民利益不受损'三条底线'，防止犯颠覆性错误"，而在土地集中过程中违背农民意愿，对于农民利益的保护必定是有害无益的。

---

〔1〕 参见隋福民："规模经营对中国现阶段的农业发展重要吗？"，载《毛泽东邓小平理论研究》2017 年第 5 期。

〔2〕 徐祥临："深化农业改革，谁来种地，如何种好地——培育新型农业经营主体之理念与对策"，载《人民论坛》2017 年第 3 期。

土地作为一种重要的生产要素，在我国实行以家庭承包经营为基础、统分结合的双层经营体制下，既要做到尊重农户意愿，又要实现适度规模经营，无疑需要进一步完善承包地流转制度，即通过承包农户自愿将承包地流转给新型农业经营主体，将分散经营的承包地集中起来实行适度规模经营。正如习近平总书记所强调："创新农业经营体系，放活土地经营权，推动土地经营权有序流转，是一项政策性很强的工作。要把握好土地经营权流转、集中、规模经营的度，要与城镇化进程和农村劳动力转移规模相适应，与农业科技进步和生产手段改进程度相适应，与农业社会化服务水平提高相适应，不能片面追求快和大，不能单纯为了追求土地经营规模强制农民流转土地，更不能人为垒大户。要尊重农民意愿和维护农民权益，把选择权交给农民，由农民选择而不是代替农民选择，不搞强迫命令、不刮风、不一刀切。"[1] 因此，有关承包地"三权分置"的政策文件均将推动承包地流转作为"主攻方向"，只是其在政策中被称为"放活土地经营权"，其目的显然是为新型农业经营主体实现土地的适度规模经营疏浚制度通道。

3. 通过清除法律障碍为农业经营主体提供融资途径。现代农业发展需要大量资本的密集投入，金融支持是其重要保障和有力支撑。"传统金融机构的营利性定位和农村金融市场的较大不确定性，导致了'三农'领域的金融服务成本高、风险大。因此，传统金融机构不仅没能有效满足'三农'领域的资金需求，而且作为'抽水机'将农村闲散富余资金输送到城镇非农业领域"。[2] 对家庭承包经营来说，缺乏资金对农户分散经营的顺利开展构成了制约，导致一些农户选择了闲置、抛荒承包地；[3] 对于新型农业经营主体而言，"融资难"情况更为严重，因为他们是农村金融市场中需求最旺盛的群体，同时也是金融需求满足程度最低的群体。[4] 金融机构不愿意为农业发展提供足够的金融支持，肯定具有极为多样且复杂的原因，但农村土地资源不能有效发挥担保物的功能，也是其中一个极为重要的方面。

根据《担保法》第 37 条和《物权法》第 184 条的规定，以家庭承包方式取得的土地承包经营权不得抵押，但以其他方式承包取得的土地承包经营权可以抵押，只是根据《农村土地承包法》（2002 年）第 49 条的规定，该种土地承包经

---

〔1〕 中共中央党史和文献研究院编：《习近平关于"三农"工作论述摘编》，中央文献出版社 2019 年版，第 54 页。

〔2〕 参见孔祥智等：《乡村振兴的九个维度》，广东人民出版社 2018 年版，第 282 页。

〔3〕 参见唐烈英："论农地'三权'融资之最佳担保方式"，载卢代富主编：《农村土地"三权分置"法治保障研究》，法律出版社 2018 年版，第 80 页。

〔4〕 参见张红宇：《新型城镇化与农地制度改革》，中国工人出版社 2014 年版，第 219 页。

营权抵押以"经依法登记取得土地承包经营权证"为前提。在《物权法》制定过程中，学界曾经对是否应当允许在土地承包经营权上设定抵押产生过较大的争议，最后考虑到全面放开土地承包经营权抵押的条件尚不成熟，希望在相关制度建立和完善的基础上逐步放开对土地承包经营权抵押的限制。[1] 正是认识到当时法律制度存在的制度性障碍，十八届三中全会《决定》提出，"赋予农民对承包地占有、使用、收益、流转及承包经营权抵押、担保权能"，并同时要求"保障金融机构农村存款主要用于农业农村"。自此，国家开始在政策层面为土地承包经营权抵押融资开禁。2014 年中央一号文件更是明确规定，"允许承包土地的经营权向金融机构抵押融资。有关部门要抓紧研究提出规范的实施办法，建立配套的抵押资产处置机制，推动修订相关法律法规"。正是在这些政策的推动下，为了给土地承包经营权人之外的农地耕作者以承包地融资担保提供法律依据，完善土地权利担保制度被提上了议事日程。

在我国城乡二元体制之下，农民长期游离于国家的社会保障体系之外，承包地成为农民赖以生存、就业以及养老等保障的主要物质财富，从而使土地承包经营权承载了一定的社会保障功能。这是我国法律制度禁止土地承包经营权抵押的一个关键理由。承包地"三权分置"政策试图绕过具有社会保障功能的土地承包经营权，另行创设一个不承担农民社会保障功能的新型农地权利——土地经营权，以便为承包地作为担保物清除法律上的障碍。这样的话，无论是农户分散经营，还是新型农业经营主体适度规模经营，均能够以土地经营权向金融机构抵押融资获得从事农业生产所必要的资金，缓解其融资困境，从而对"进一步健全农村土地产权制度，推动新型工业化、信息化、城镇化、农业现代化同步发展"[2]有所助益。

总之，承包地"三权分置"政策从解决农村劳动力短缺而引出的"谁来种地"的问题出发，致力于培养新型农业经营主体以促进农业经营方式创新；通过引导农村土地经营权流转来优化土地资源配置，以实现适度规模经营；开禁土地经营权担保融资以有效盘活农村资源、资金、资产，拓宽农户和新型农业经营主体的资金筹集渠道，从而促进农民增收致富和农业现代化发展步伐。可见，承包地"三权分置"政策的预定目标极其明确，为该政策的法律表达提供了清晰的制度设计思路。

---

〔1〕 参见王利明：《物权法研究》（下卷），中国人民大学出版社 2007 年版，第 421~422 页。

〔2〕 《关于完善三权分置办法的意见》。

（三）对待法律与立法的态度矛盾

在我国，政策与法律是社会治理的两种重要制度形式，两者的关系随着不同历史时期的国家任务和制度环境的变化而发生改变：中华人民共和国成立后，党和国家面临着社会全方位的恢复和重建困境，"旧法统"被打破，在建立新社会法制的过程中，党的政策就是法律的生命线，法律是无产阶级专政的工具，国家法律以党的政策为总遵循，并构成政策的规范延伸；十一届三中全会后，尤其是随着社会主义市场经济体制的逐步确立，催生出更大的法制需求，国家大规模立法活动在社会各领域渐次展开，经济领域的立法取得显著成效，指令性计划逐渐让位于市场化配置，国家治理方式开始从主要由政策规制逐步向主要由法制规制转变；进入 21 世纪后，政策和法律的关系之定位日渐明晰，作为国家和社会治理的两种方式，可以通过规范转换实现各自的价值与追求，并最终实现具有中国特色的社会主义法治之目标。[1] 根据我国国家与社会治理的历史变迁轨迹可知，政策与法律的关系之变化没有明显的时间界限，政策内容中反映出的两者关系也往往较为复杂和含糊，这在承包地"三权分置"政策中有较为明显的体现。尽管我国在农村土地制度改革中素来坚持"政策先导，立法跟进"的法制建设路径，但政策与法律的关系在国家和社会治理实践中发生了变化，导致农村土地制度改革在对待现有法律和推动未来立法的态度方面出现了分歧。

承包地"三权分置"政策是以"两权分离"制度为基础的改革，这种改革最终需要将该政策以法律规则的形式表达出来。在我国，改革决策总体上居于主导地位且优先于立法，后者或者消极确认前者的成功经验，或者积极围绕着前者开展工作，从而形成了法的稳定性与改革决策的探索性和风险性之间的巨大张力，以致出现"良性违宪""良性违法"等法律虚无主义的现象。[2] 这种现象在 2013 年之前表现得尤为突出，对当前承包地"三权分置"政策的推行仍然有着残余的影响，其主要体现就是：政策在土地承包经营权流转规则方面，作出了与法律法规不一致的规定。

在《农村土地承包法》（2002 年）的制度设计中，土地承包经营权的流转方式包括转包、出租、互换、转让或者其他方式。而且，根据该法第 33 条的规定，"土地承包经营权流转应当遵循以下原则：（一）平等协商、自愿、有偿，任何组织和个人不得强迫或者阻碍承包方进行土地承包经营权流转；（二）不得改变

---

〔1〕　参见周祖成、万方亮："党的政策与国家法律 70 年关系的发展历程"，载《现代法学》2019 年第 6 期。

〔2〕　参见石佑启："论立法与改革决策关系的演进与定位"，载《法学评论》2016 年第 1 期。

土地所有权的性质和土地的农业用途；（三）流转的期限不得超过承包期的剩余期限；（四）受让方须有农业经营能力；（五）在同等条件下，本集体经济组织成员享有优先权"。无论以何种方式流转土地承包经营权都必须遵循上述原则。除此之外，该法第 37 条对土地承包经营权的转让作出了特别限制，即"采取转让方式流转的，应当经发包方同意"。同时，2005 年 3 月 1 日开始施行的《农村土地承包经营权流转管理办法》第 6 条规定："承包方有权依法自主决定承包土地是否流转、流转的对象和方式。任何单位和个人不得强迫或者阻碍承包方依法流转其承包土地。"该办法第 35 条第 1 款也对土地承包经营权转让进行了界定，即"本办法所称转让是指承包方有稳定的非农职业或者有稳定的收入来源，经承包方申请和发包方同意，将部分或全部土地承包经营权让渡给其他从事农业生产经营的农户，由其履行相应土地承包合同的权利和义务。转让后原土地承包关系自行终止，原承包方承包期内的土地承包经营权部分或全部灭失"。从上述法律法规的内容可知，在承包地"三权分置"政策入法前，尽管土地承包经营权的转让受到了法律规范的限制，但无论是《农村土地承包法》（2002 年）还是《农村土地承包经营权流转管理办法》，都没有将受让人限于本农村集体经济组织成员。与法律法规的明确规定不同，《关于引导土地经营权流转的意见》规定，"以转让方式流转承包地的，原则上应在本集体经济组织成员之间进行，且需经发包方同意"，从而以政策的形式更改了法律法规的内容。虽然该意见的规定没有完全否定法律法规的规定，但这种非常正式的"官方"态度在事实上改变了实践中的做法，而且使得在理解土地承包经营权的法律性质时再现纷争。更重要的是，对土地承包经营权的不同界定，使承包地"三权分置"的农村土地权利结构之建构不再是对承包地"两权分离"的农村土地权利结构的修修补补，而是成为了农村土地法律制度领域的一个巨大变革，其理论意义和实践价值都值得深思。

尽管承包地"三权分置"政策在内容上与当时的法律法规存在矛盾，但这种现象不是政策的主流。十八届四中全会《决定》强调，"实现立法和改革决策相衔接，做到重大改革于法有据、立法主动适应改革和经济社会发展需要。实践证明行之有效的，要及时上升为法律。实践条件还不成熟、需要先行先试的，要按照法定程序作出授权。对不适应改革要求的法律法规，要及时修改和废止。"该《决定》理顺了立法与改革的关系，更是对未获得授权时大力推行的与法律制度存在冲突的政策的否定。这也是为什么在推行承包地"三权分置"制度的政策文件中一再提出要"完善相关法律法规"、《全国人大常委会关于授权国务院在北京市大兴区等 232 个试点县（市、区）、天津市蓟县等 59 个试点县（市、区）

行政区域分别暂时调整实施有关法律规定的决定》为集体所有的耕地使用权抵押排除法律障碍的直接原因。可见，承包地"三权分置"政策必须借助于立法来实现，也就是要通过立法将该政策所涉内容提炼为法律规则。

习近平总书记曾指出："我们要坚持改革决策和立法决策相统一、相衔接，立法主动适应改革需要，积极发挥引导、推动、规范、保障改革的作用，做到重大改革于法有据，改革和法治同步推进，增强改革的穿透力。对实践证明已经比较成熟的改革经验和行之有效的改革举措，要尽快上升为法律。对部门间争议较大的重要立法事项，要加快推动和协调，不能久拖不决。对实践条件还不成熟、需要先行先试的，要按照法定程序作出授权，既不允许随意突破法律红线，也不允许简单以现行法律没有依据为由迟滞改革。对不适应改革要求的现行法律法规，要及时修改或废止，不能让一些过时的法律条款成为改革的'绊马索'。"[1] 习近平总书记的重要论述，对推行承包地"三权分置"政策具有重要的指导意义，而在该政策正式入法之前，必须尊重有效的法律法规，无疑是其中应有之义。

本章小结

从历史制度主义的视角来看，"每一个制度背后都存在支撑其存在的特定思想观念在促动着制度（正式的和非正式的）规范、诱导和改变着参与者的行为逻辑，提供适合的意义说明和合法性。"[2] 承包地"三权分置"政策的产生和发展符合制度演进的基本规律。

承包地"三权分置"源于我国 20 世纪 80 年代末期的地方制度探索，是各地方政府在应对承包地流转时采用的不同试验性举措，而且不少地方还出台了推进和规制此项试点改革的地方规范性文件。由于没有全国性法律和政策的指导，当时的地方制度探索具有明显的试错性质，故各地出台的地方规范性文件对于"三权"的用语之使用存在差异且极为混乱，关于"三权"的内涵及其相互关系的规定也大相径庭。同时，这些有关承包地"三权分置"的不同层级之地方规范性文件，具有大致相同的制度目标，只是从内容方面来看，不少地方规范性文件没有遵循已有法律法规已经作出的明确规定。这种情形对相关法律规范在实践中的实效具有何种影响，基本没有能够引起各界的关注。

从国家层面推动承包地"三权分置"改革始于十八届三中全会《决定》。不

---

〔1〕 习近平：《论坚持全面依法治国》，中央文献出版社 2020 年版，第 38 页。
〔2〕 罗罡辉：《深圳市合法外土地的管理政策变迁研究》，海天出版社 2014 年版，第 29 页。

过，不少专家学者在解读该《决定》中有关农村土地制度改革的内容时存在疏失，尤其是一些参与政策起草或对政策制定有重大影响的专家在解读时，未能展示该《决定》中有关农村土地制度改革的内容之全貌，从而使得以之为指导来完善农村土地法律制度的成效被大打折扣。从十八届三中全会《决定》的内容来看，其以弥补"两权分离"的农村土地权利结构之弊端为主旨，确立了集体土地所有权、成员权、农地使用权的农村土地"三权分置"的农村土地权利结构，以便致力于推动整个农村土地权利体系向纵深发展，承包地"三权分置"改革和宅基地"三权分置"改革引起的农村土地权利结构之发展和完善，只是其中两个问题较为突出的重要领域。

为贯彻落实十八届三中全会《决定》，并照应农村社会中承包农户与承包地实际耕种者的身份分离越来越普遍之现实，2014 年中央一号文件首次在党和国家的政策层面提出了承包地"三权分置"的农村土地权利结构。此后，为了完善承包地"三权分置"政策并为该政策入法提供指引，党和国家先后出台了一系列与承包地"三权分置"相关的政策。党和国家政策在承包地"三权分置"的农村土地权利结构之制度构建的用语上取得了初步共识，但这些用语的概念内涵却较为含糊；承包地"三权分置"政策的预定目标逐渐明晰，这为该政策的法律表达及规则设计提供了清晰的指向；此外，承包地"三权分置"政策与当时的法律法规在土地承包经营权流转的规则设计方面存在冲突，这种情形与"做到重大改革于法有据"的法治要求不完全吻合，从而亟待以立法的方式来消除承包地"三权分置"政策与相关法律之间的冲突和矛盾。

第二章　承包地三权分置政策入法的争点分析

"法治是一个国家发展的重要保障，是治国理政的基本方式，依法治国是我们党领导人民治理国家的基本方略"，[1] 十八届四中全会《决定》强调，"全面推进依法治国，总目标是建设中国特色社会主义法治体系，建设社会主义法治国家"。因此，党和国家在提出承包地"三权分置"政策后，及时推动该政策入法，从而将新一轮农村制度改革纳入法治（制）轨道成为各界的共识。相对于"两权分离"制度来说，承包地"三权分置"政策入法是对农村土地权利结构的重大变革。尽管以法律语言表达承包地"三权分置"的农村土地权利结构已经因2018年《农村土地承包法》修正和2020年《民法典》的通过而结束，但深入分析这一过程中存在的各种重要立法争点，明晰各争点之生成根源及其对此后立法决策之影响，对于促进承包地"三权分置"的法实现仍有诸多助益。

第一节　承包地三权分置政策入法争点梳理

早在20世纪90年代，一些学者已经开始对承包地"三权分置"问题进行研究，不少地方还就相关制度展开了改革试点试验，但这些研究成果并没有在学界引起足够的关注，相关试点试验经验也没有得到充分的探讨和总结。十八届三中全会《决定》通过后，承包地"三权分置"政策迅速成为学界的研究热点，相关研究成果层出不穷。从国家层面推行承包地"三权分置"的农村土地权利结构的改革，始于十八届三中全会，且对承包地"三权分置"中的"两权"即土地承包权和土地经营权作出法律表达，不仅是2018年《农村土地承包法》修正应承担的重点任务，而且也是我国《民法典》编纂在集体土地所有权制度完善方面不可推卸的重要责任，故本节主要以十八届三中全会《决定》通过至《民法典》颁布期间的研究文献为基础，对承包地"三权分置"政策入法过程中的主要立法争点进行梳理和剖析。

---

〔1〕　中共中央党校组织编写：《以习近平同志为核心的党中央治国理政新理念新思想新战略》，人民出版社2017年版，第85页。

一、承包地"三权分置"的肯定与否定之争

无论是法学学者还是农业经济学学者和管理学学者，都对承包地"三权分置"问题的研究投入了大量的智慧，提出了不少极具启迪意义的见解，但是，对于承包地"三权分置"能否在法律制度中实现逻辑自洽，学界并非没有分歧，且对于承包地"三权分置"在法律逻辑上是否能够成立，农业经济学、管理学学者的观点与法学学者的观点存在根本不同。

（一）农业经济学界和管理学界的基本观点

由于承包地"三权分置"政策的提出是农业经济学学者和管理学学者所主倡，该学科领域的学者也较多且更深入地参与了我国经济体制方面的改革实践，一些具有该学科领域知识背景的实务部门专家甚至直接参与了承包地"三权分置"政策文件的起草，故农业经济学学者和管理学学者对承包地"三权分置"政策的推行基本没有分歧。

十八届三中全会《决定》通过后，尽管该决定中没有出现承包地"三权分置"或与之类似的表述，但熟悉党和国家政策制定的实务部门专家在解读该决定时却认为，"家庭经营、集体经营、合作经营、企业经营共同发展，能有效完善农地权能结构，推动农地制度创新发展。即由所有权和承包经营权'两权并行分置'向所有权、承包权、经营权'三权并行分置'发展，这有利于进一步完善农村土地权能和权益关系，提高农地资源配置和生产经营效率"。[1] 在 2014 年中央一号文件公布后，承包地"三权分置"的提法得以正式确立。可以说，农业经济学界和管理学界对承包地"三权分置"能够成立基本没有质疑的声音。

同时，农业经济学界和管理学界的学者对承包地"三权分置"政策的法律化也非常乐观。他们普遍认为，承包地"三权分置"改革已经经过了较长时期的理论铺垫，其法律化具有社会现实基础，而且党和国家政策文件对承包地"三权分置"政策入法提出了明确要求，故法学界和立法部门应当加快实现承包地"三权分置"的法律表达，从而保证农村土地制度改革顺利进行。[2] 当然，在承包地"三权分置"政策的制度意蕴之阐释方面，农业经济学界和管理学界的学者还是存在一些不同的观点。

---

〔1〕 冯海发："为全面解决'三农'问题夯实基础——对十八届三中全会《决定》有关农村改革几个重大问题的理解"，载《农民日报》2013 年 11 月 18 日，第 1 版。

〔2〕 参见房绍坤主编：《承包地"三权分置"的法律表达与实效考察》，中国人民大学出版社 2018 年版，第 15~17 页。

（二）法学界的基本观点

相对于农业经济学界和管理学界多从政策角度来阐释承包地"三权分置"不同，法学界更加关注承包地"三权分置"政策是否能够顺畅融入我国法律制度，以及该政策在入法后能否实现法理逻辑和农村土地权利体系的自洽性。在从法学视角解读承包地"三权分置"政策的过程中，法学学者就该政策在法律逻辑上能否成立有否定与赞成两种截然不同的观点，而且各自持之有据。

1. 否定承包地"三权分置"的观点梳理。承包地"三权分置"政策刚刚被提出时，法学界一些学者在对该政策进行法理检视后表达了质疑的态度，他们否定承包地"三权分置"政策的理由各不相同，甚至相互之间存在一定的矛盾和冲突。

对持否定态度的学者观点进行整理可知，他们认为，从法律视角来看承包地"三权分置"不能成立的理由主要有：①同一土地上过多的权利设置会造成体系的混乱和权利内容间的龃龉，是人为地将法律关系复杂化，且在存在物权和债权区分的情况下，这种安排是立法技术的倒退；所谓的承包权和经营权分离，不过是承包地的租赁经营方式，而债权性的租赁经营权并不具备成为抵押权客体之条件，在土地承包经营权可以转让的情况下，刻意分离出所谓的"经营权"实无必要。〔1〕②以所有权权能分离论证"三权分离"的正当性，不符合他物权设立的基本法理；将土地承包经营权分离为土地承包权和土地经营权，缺乏法理支撑；"三权分离"论曲解了稳定土地承包关系与土地承包经营权流转之间的关系；"三权分离"后无法说明和体现土地承包权的内容。因此，以"三权分离"论建构农地产权的结构，无法在法律上得以表达。〔2〕③承包地"三权分置"理论不符合法律逻辑，因为依据权能分离理论，对土地的直接占有、使用只能集于一人，土地所有权派生出土地承包经营权之后，无法再生发具有他物权性质的"土地经营权"，可见，"三权分置"不符合他物权的生成逻辑；同时，遵循"一物一权"原则，土地承包经营权与"土地经营权"作为性质与内容相冲突的两项他物权，于同一宗土地上既不能同生，也无法并存。〔3〕④农村土地三权分离是经济学主导土地改革政策的形象表述；农地所有权是法律概念，土地承包权和土地经营权不是法律术语，三者不处于同一逻辑关系；土地经营权不是独立的民事

〔1〕　参见陈小君："我国农村土地法律制度变革的思路与框架——十八届三中全会《决定》相关内容解读"，载《法学研究》2014年第4期。

〔2〕　参见高圣平："新型农业经营体系下农地产权结构的法律逻辑"，载《法学研究》2014年第4期。

〔3〕　参见单平基："'三权分置'理论反思与土地承包经营权困境的解决路径"，载《法学》2016年第9期。

权利，农地所有权包含土地经营权，土地承包经营权也包括土地经营权；土地承包权和土地经营权属于典型的经济学概念，更多是对土地的产权结构的阐述，它们不能当然转化为法律权利并据此制定相应的法律规范。[1] ⑤将土地承包经营权分置为土地承包权和土地经营权的法律逻辑是混乱的；因同一客体上不许有不相容之物权并存，将土地经营权视为用益物权的观点无法成立；认为土地承包经营权不仅具有财产功能，而且具有社会保障功能，这是制度运作的表象，不是实质；承包地"三权分置"制度是忽视集体土地所有权的制度功能而将视野仅仅局限于土地承包经营权制度造成的。[2] 还有一些学者从承包地"三权分置"政策之法律转化在具体法律规则设计中存在的缺陷出发，表达了否定承包地"三权分置"的观点，此处不再一一赘述。

这些观点基本上都产生于承包地"三权分置"政策提出之初，都没有否定承包地"三权分置"政策拟实现的制度目标，而主要是从反对形式化地理解承包地"三权分置"政策的内涵展开。在《农村土地承包法》修正和《民法典》编纂过程中，这些观点对应当如何以法律语言科学地表达承包地"三权分置"政策发挥了一定的警示作用。

2. 赞成承包地"三权分置"的观点梳理。相对于少数学者对承包地"三权分置"能否成立表现出质疑的态度，更多的法学学者明确对承包地"三权分置"政策表示赞同。有学者认为，"纯粹法律逻辑的解读与农村土地经营制度的发展过程并不符合，农村土地流转的实际和政策的推动总是走在法律制度修正的前面，在农地流转的实践已经超出了现行《物权法》和《农村土地承包法》规范的制度框架背景下，同时相关中央文件不断强化'三权分置'政策，法学理论有必要对'三权分置'法律关系的逻辑加以阐释，以明确在法律解释论上的合理权利结构，同时对立法的修正给予建议"。[3] 这种观点较有代表性，其不是对承包地"三权分置"政策的内容从形式上加以肯定，而是比较重视从法理上对该政策内容进行分析，并尽量将其置于农村土地法律制度体系之中予以同情地理解。由此可见，法学学者对承包地"三权分置"政策的肯定与农业经济学界、管理学界的学者之观点还是具有明显的区别。

随着党和国家在政策文件中对承包地"三权分置"的内容表述越来越清晰，

---

［1］ 参见申惠文："农地三权分离改革的法学反思与批判"，载《河北法学》2015年第4期；申惠文："法学视角中的农村土地三权分离改革"，载《中国土地科学》2015年第3期。

［2］ 参见吴义龙："'三权分置'论的法律逻辑、政策阐释及制度替代"，载《法学家》2016年第4期。

［3］ 李国强："论农地流转中'三权分置'的法律关系"，载《法律科学（西北政法大学学报）》2015年第6期。

更关键的是推动该政策入法已经变成一件无需加以讨论的事实后，在承包地"三权分置"政策推行之初持否定态度的一些学者开始改弦更张，并逐渐转变研究思路，从立法技术方面为承包地"三权分置"政策入法献计献策。不过，需要说明的是，对待承包地"三权分置"政策的态度发生转变，不意味着这些学者放弃了自己最初的坚持。严格来说，他们不再强烈否定承包地"三权分置"政策入法，采取的是一种以退为进的研究策略，希望能够通过转换思路为承包地"三权分置"政策被科学展现于农村土地法律制度体系之中尽一份力量。正如陈小君教授所言："对农地'三权分置'政策的内涵进行解读，既要尊重经济学、管理学等学科的已有成果，领会他们对中国'三农'现实背景的解读与担忧，理解他们基于其学科范畴的限度，但切不可抛却法学科立场不加独立思考地盲从、简单地顺应甚至直接机械地转化为法制度。可以说，到目前为止，农地'三权分置'还只是一种政策话语，其丰富的政策意蕴和问题导向毋容置疑，但其是否能够转化以及如何转化为可操作的法律制度，还需要法学者结合中国农地权利的实际运行状况进行学理砥砺和制度构筑的科学回应。"[1] 可见，承包地"三权分置"政策入法问题不是一个简单地执行政策文本的问题，最终能否取得成功还取决于其如何被科学地转化为法律制度，故法学学者应当坚守自身的专业立场，认真研究承包地"三权分置"政策的制度意蕴，以作出自己的智识贡献。

总之，虽然法学界最终从形式上就赞成承包地"三权分置"政策入法取得了共识，但不同学者所赞成的承包地"三权分置"政策却是不同的，甚至可以说，他们心目中的承包地"三权分置"政策存在着天壤之别。法学学者有关承包地"三权分置"的农村土地权利结构和"三权"内涵之争，正好可以作为学者们之间存在的分歧之佐证。不过，对承包地"三权分置"政策入法在形式上达成共识，还是加深了法学界对该政策的研究深度和广度，从而为《农村土地承包法》修改和《民法典》编纂中相关农村土地权利的法律表达提供了多种可供选择的方案。

二、承包地"三权分置"的农村土地权利结构之争

2014 年中央一号文件公布后，承包地"三权分置"政策所设计的新的农村土地权利结构成为探讨的焦点问题。在党和国家政策文本中，尽管所谓的承包地"三权分置"是指集体所有权、土地承包权、土地经营权并行分置，但法学界不同学者由于对相关政策文本在理解上的差异以及选取的研究进路不同，在承包地"三权分置"政策的法律表达之建议中提出了多种版本的农村土地权利结构。对

---

〔1〕 陈小君："'三权分置'与中国农地法制变革"，载《甘肃政法学院学报》2018 年第 1 期。

法学界有关承包地"三权分置"的农村土地权利结构的研究文献进行整理可知，较具代表性的观点主要有：

（一）结构一：所有权+（身份性）成员权+用益物权

在 2014 年中央一号文件公布后不久，郑志峰博士就提出"农地集体所有权+土地承包权+经营权"说，认为：①坚持集体所有，稳定承包权，其实质是延续农地负载的国家治理和社会保障的公法功能，而放活经营权，容许经营权抵押，则是为了更好地发挥农地市场效用的私法功能，满足市场需求；②承包权与经营权再分离是农地负载的公法功能与私法功能之间的现实博弈，是对农地承包经营权制度多年经验与逻辑的反思总结，也是满足农民生存和发展不同层次需求的形象阐释；③承包权与经营权分离，目的是让两权各自发挥应有的功能，满足不同群体农民的不同层次的需求，而因承包经营权的权利架构发生根本性的变化，分离为承包权与经营权，故有必要对农地流转进行重构。在这种观点中，土地承包权与经营权应当是统属在土地承包经营权概念下的两种子权利，"两权"不同于权利的权能，而都有其存在的独立性；土地承包权是农户享有的承包集体所有的土地的权利，是一种身份性质的权利，属于成员权范畴；经营权则为对集体所有土地占有、使用、收益的权利，是从事农业生产获得经济收益的权利，属于财产性权利，是典型的用益物权。土地承包权与经营权互相补充，其中前者是后者的基础，后者是前者的必然延伸。[1]

（二）结构二：所有权+承包资格（+用益物权）+次级用益物权

以我国法律法规为基础，在分析承包地"三权分置"政策中的土地承包权和土地经营权分离的政策意蕴后，朱广新教授认为，土地承包权虽名曰权利，实则是一种以集体经济组织成员资格为前提的承包土地的资格，即其本质上是集体经济组织成员权在农地分配或承包上的一种行使结果，因此，土地承包权是一种分配权与资格权，且具有强烈的身份属性，不是一种可持续和长久行使的财产权利；农民个体只要属于某集体经济组织的成员，在分包土地时即可享有承包土地的资格，法律没有必要对土地承包权作出特别规定；土地经营权应是指土地承包经营权，是权利人对承包地享有占有、使用、收益的权利，在立法完善方面，可将实际经营土地的权利看作一种在土地承包经营权之上设立的次级土地承包经营权；从权利性质上讲，土地承包权与土地经营权不仅是天然分离的，而且是相互

---

〔1〕　参见郑志峰："当前我国农村土地承包权与经营权再分离的法制框架创新研究——以 2014 年中央一号文件为指导"，载《求实》2014 年第 10 期。

排斥的，因为土地承包权实际上是集体经济组织成员权在土地承包上的一种具体化，是土地经营权取得的一种中介，目的是设定土地经营权，故从法律技术上讲，所谓土地承包权与土地经营权的分离，可能是一个虚假命题，除非这两个概念被赋予一种有别于既有规定的新内涵。[1] 可见，朱广新教授从承包地"三权分置"政策中解读出了四个权利，即所有权、土地承包权、土地承包经营权、次级土地承包经营权，其中土地承包权是一种承包资格，土地承包经营权和次级土地承包经营权都属于用益物权，该次级土地承包经营权的客体是土地。

（三）结构三：所有权+用益物权+权利用益物权

蔡立东教授等主张，因应我国农地制度的局限及现实约束，在农地法律制度层面，承包地"三权分置"政策选择将集体所有权与土地承包经营权分置的"二元权利结构"演变为所有权、承包权、经营权并置的"三元权利结构"。承包权与经营权分置后，土地的集体所有权并未改变，农村一定社区的成员集体仍然在对本集体土地不可分割的共同所有基础上实现成员的个人利益；土地承包经营权则分置为承包权和经营权，其中承包权这种取决于农民身份的权利与农民集体成员资格同其命运，保障农民与土地的法权联系，承载着"平均地权"的功能负载；而经营权则为财产权，可以自由处分，并可以成为抵押权的客体，这将在制度上革除对农地财产权利流转的束缚，为集约利用土地和土地权利金融化提供制度支持。[2] 在这种观点中，党和国家政策中所谓的农户承包权即为现行法中的土地承包经营权（包括派生出土地经营权的土地承包经营权），为财产权而非身份权；依据权利行使的用益物权发生逻辑，土地经营权是土地承包经营权人行使其权利而设定的次级用益物权，承包权与经营权的法构造为"用益物权—次级用益物权"，囿于物权法定原则，在我国未来的法律中应当将土地经营权上升为法定的用益物权，进而实现土地经营权的法定化。[3]

（四）结构四：所有权+用益物权+用益物权

在解读承包地"三权分置"的法律关系形成机理后，李国强教授认为："三权分置"中集体所有权有别于传统集体所有权，虽然同为集体所有权，但功能已经发生变化，其将专司最终所有权的功能，表现出很强的公法色彩，且权能集中表现为处分权能，即设定承包权，或者在承包权、经营权消灭时对农地进行全面支配；"三权分置"中的"承包权"与《农村土地承包法》（2002 年）和《物权

〔1〕　参见朱广新："土地承包权与经营权分离的政策意蕴与法制完善"，载《法学》2015 年第 11 期。
〔2〕　参见蔡立东、姜楠："承包权与经营权分置的法构造"，载《法学研究》2015 年第 3 期。
〔3〕　参见蔡立东、姜楠："农地三权分置的法实现"，载《中国社会科学》2017 年第 5 期。

法》中规定的"土地承包经营权"相对应，只是按照"三权分置"的观点不完全等同于土地承包经营权，因为该权利在某种程度上具有一种归属的功能，替代集体所有权对应近代个人主义的所有权明确土地在私权主体中的归属，而且该权利具有一定的身份属性；"三权分置"的经济目的在于把"三权"在私权的范围内于同一层次上一体保护，也就是在制度上要把经营权作为一种物权来对待，而且经营权在功能上也的确符合用益物权的性质。[1] 应当注意的是，尽管李国强教授将土地承包权与土地承包经营权相对应，并将其定性为用益物权，但这种用益物权不同于传统民法所表达的用益物权，因为该权利具有一些所有权的功能，也具有身份属性；而土地经营权却应当规定为用益物权，其也更接近传统民法中所表达的用益物权。

（五）结构五：所有权+（二元性）成员权+用益物权

丁文教授赞同承包地"三权分置"的农村土地权利结构是"集体土地所有权+土地承包权+土地经营权"，认为：土地承包经营权包含土地承包权造成了理论上的混乱与纷争，导致土地承包经营权的功能超载，妨碍了土地承包经营权的有序流转，不利于对承包人土地权益的保护，故土地承包权与土地承包经营权必须分离。[2] 在承包地"三权分置"制度中，土地承包权不应被解读为受经营权限制的土地承包经营权，也不宜被当作是农村集体经济组织成员权，而应当将其定位为一种具有财产性的成员权；土地承包权的主体既包括个体的集体经济组织成员，也包括团体的集体经济组织成员的农户，前者是土地承包权的配置主体，体现公平的价值取向，后者是土地承包权的行使主体，承载效率的目标定位。[3] 从法理层面上看，承包地"三权分置"中的土地经营权，是指土地经营权人对其依合同取得的耕地在一定期限内依法享有占有、使用和收益的权利；土地经营权既包括农户通过承包合同直接获得的以承包土地为客体的原始土地经营权，也包括受让方基于土地流转合同间接取得的以流转土地为客体的继受土地经营权；基于制度目的以及物权法理等要素之考量，土地经营权应被定性为"不动产用益物权"；土地经营权的权利构造，既要有对现行法中土地承包经营权相关内容的合理承继，又应当有因应"放活土地经营权"政策目标的新的续造，故应包括占有

---

[1] 参见李国强："论农地流转中'三权分置'的法律关系"，载《法律科学（西北政法大学学报）》2015 年第 6 期。

[2] 参见丁文："论土地承包权与土地承包经营权的分离"，载《中国法学》2015 年第 3 期。

[3] 参见丁文："论'三权分置'中的土地承包权"，载《法商研究》2017 年第 3 期。

权、使用权、收益权以及处分权等权能。[1] 可见，在该种观点中，土地承包权兼具身份性和财产性，而《农村土地承包法》（2002 年）和《物权法》中的土地承包经营权也属于土地经营权的范畴。

（六）结构六：所有权＋"自物权"＋权利用益物权

在推行承包地"三权分置"的农村土地权利结构模式的过程中，需要克服一些思想认识、法律规则和修法方案等方面的障碍，而为了解决这些障碍，孙宪忠教授提出了"所有权＋土地承包经营权＋耕作权或耕作经营权"的农村土地权利结构方案。其中，由于法律规定落后于现实，一些地方的农民自己采取的确定农民成员权的做法不尽合理，问题已经越来越多，因而在推行"三权分置"模式的时候，应当注意保护农民在集体之中的成员权；农民的土地承包经营权，是根据自己在集体中的成员权取得的地权，该权利与传统民法中的用益物权完全不一样，因为农民的土地承包经营权，是他们行使自己的权利的一种方式，农民家庭或个人对于土地的权利，本质上是一种"自物权"；承包地"三权分置"的模式，核心是在农民的土地承包经营权之上建立另外一个"经营权"，该权利将以农耕地作为客体，在农民集体的土地所有权、农民家庭或个人的土地承包经营权之外，形成针对农村耕作地的第三个权利，如果从法律上进行界定，该权利就是指现有的集体、现有承包人之外的其他人依法取得农村耕作地并开展耕作性经营活动的权利，其在立法上应确定为物权，且可以命名为"耕作权"或"耕作经营权"。[2] 尽管孙宪忠教授明确指出，耕作权以农耕地为客体，但又提出该权利是设立在土地承包经营权之上的用益物权，似乎与一些学者所谓的权利用益物权在理解上是一致的，故耕作权应当可以被认定为属于权利用益物权；同时，该种农村土地权利结构中所讨论的土地承包经营权，就是承包地"三权分置"政策中所谓的"土地承包权"。

（七）结构七：所有权＋承包资格（＋用益物权）＋债权

借鉴比较法上的功能主义分析路径，楼建波教授提出了"三权分置的四权实现"方案，该方案在农村土地权利结构上的表现为"所有权＋承包权＋土地承包经营权＋经营权"。楼建波教授认为：①虽然理论上对集体土地所有权的性质有争议，但因其属性在法律中有明确规定，故集体土地所有权在法律上的实现没有问题；②承包权似乎不应被理解为农地流转后承包经营权的剩余权利，该权利是农

---

〔1〕 参见丁文："论'三权分置'中的土地经营权"，载《清华法学》2018 年第 1 期。
〔2〕 参见孙宪忠："推进农地三权分置经营模式的立法研究"，载《中国社会科学》2016 年第 7 期。

民基于集体成员的身份而享有的承包经营集体所有土地的专有资格；③三权分置中的经营权是一种可以抵押的债权，其权源是承包经营人的承包经营权；承包经营的农户流转其承包经营的农地后，依流转方式的不同，承包经营权由原承包人或者接受流转的机构或个人享有；未取得流转期间的承包经营权的接受流转机构或个人在流转期间，享有经营权；经营权除可以通过流转产生外，还可能通过抵押产生；④承包经营权是一种物权。上述四种权利的不同组合为集体农地流转、抵押提供了两权分离所不能提供的灵活性，又为在法律上表彰各种权利提供了便利。[1]

（八）结构八：所有权+用益物权+债权

温世扬教授等认为，在"三权分置"的法律架构下，集体土地所有权和土地承包经营权的内涵和性质均有实定法根据，惟"土地经营权"不是现行法上的既有用语，需要在物权法领域中明确该权利的法律制度符号；在土地承包权"物权化"的立法设计下，"土地经营权"作为土地承包权的权能可以与土地承包权（人）发生分离，在此情形下，土地承包权人并不丧失其土地承包权合同当事人（承包人）身份及用益物权主体地位，只是将其承包土地通过一定法律形式交由第三人"经营"（占有、使用、收益），在二者之间形成特定的债权债务关系，而第三人作为土地的实际"经营人"获得了土地的占有、使用、收益权能，但并未取得土地承包权合同当事人（承包人）身份及用益物权人地位，其对土地享有的"经营权"属"债权利用权"范畴；"土地经营权"与承包土地租赁权的不同，只能通过立法从效力上对二者加以区分，即赋予"土地经营权"超出债权（对人权）范畴的特殊效力，将其塑造为一种如同物权一样具有自由处分（再流转）权能的权利，而在土地承包权租赁关系中，承租人并不享有任意处分权（转租权）。[2]尽管温世扬教授等没有明确土地承包权与土地承包经营权的关系及性质，但从其分析问题时的表述来看，土地承包权就是土地承包经营权，该权利不仅是财产权，而且具有一定的身份属性。

（九）结构九：所有权+用益物权+用益物权或债权

赖丽华研究员认为，在"集体所有，农户承包"的"两权分离"农村土地制度中，因农村土地承包经营权基于集体成员的身份性质产生，严重制约了农村

---

〔1〕参见楼建波："农户承包经营的农地流转的三权分置——一个功能主义的分析路径"，载《南开学报（哲学社会科学版）》2016年第4期。

〔2〕参见温世扬、吴昊："集体土地'三权分置'的法律意蕴与制度供给"，载《华东政法大学学报》2017年第3期。

土地流转，这是承包地"三权分置"政策出台的主要原因；在"三权分置"情况下，土地经营权从土地承包经营权中分离出来成为单独的一项民事权利，为使法律概念清晰化并厘清法律概念之间的逻辑，应将农村土地"两权分离"二元权利结构下的"土地承包经营权"更名为"承包权"；在"三权分置"的农村土地权利结构中，应当将土地经营权构造成物权化和债权化并置的二元农村土地经营权制度，其中经过登记公示的为物权性土地经营权，未登记公示的为债权性土地经营权。[1] 可见，根据承包地"三权分置"政策，赖丽华研究员构建了"所有权+承包权+土地经营权"的农村土地权利结构，其中承包权即为土地承包经营权，而土地经营权以登记与否来确定其属于物权还是债权。张毅等构造的农村土地权利结构与此相仿，不过其根据土地承包经营权流转方式的性质来确定土地经营权的法律性质，即在土地承包经营权转包、出租和入股方式流转条件下取得的土地经营权属于债权性质，在转让和互换流转条件下取得的土地经营权属于物权性质。[2]

（十）结构十：所有权+成员权+债权

李伟伟副研究员赞同承包地"三权分置"政策中确立的"所有权+土地承包权+土地经营权"的农村土地权利结构，认为：土地承包经营权是承包农户作为农村集体经济组织成员，享有的对承包地占有、使用、收益以及流转等权利，该权利是土地承包权与土地经营权"合二为一"的权利；在土地承包经营权未流转时，承包农户既作为农村集体经济组织成员，享有"成员权"具体体现的承包权，又作为承包地的实际经营者，享有对土地占有、使用等经营权；土地经营权是流转情形下独立于承包权的一项权利；在土地承包经营权流转（主要指出租）情形下，第三方经营者通过合同的形式取得土地经营权，该权利在性质上属于债权，但随着今后对实际耕作者保护的重视，土地经营权物权化的属性可以得到加强，只是其债权的"底色"和本质不会变。[3] 叶兴庆研究员持有基本相同的观点，其提出，要尊重农村集体经济组织在占有、处分方面的权能，发挥农村集体经济组织在处理土地撂荒方面的监督作用和在平整和改良土地方面的主导作用，并使其在促进土地适度规模经营方面起到桥梁作用；同时，叶兴庆研究员主张承

---

〔1〕 参见赖丽华："基于'三权分置'的农村土地经营权二元法律制度构造"，载《西南民族大学学报（人文社会科学版）》2016年第11期。

〔2〕 参见张毅、张红、毕宝德："农地的'三权分置'及改革问题：政策轨迹、文本分析与产权重构"，载《中国软科学》2016年第3期。

〔3〕 参见李伟伟："'三权分置'中土地经营权的性质及权能"，载《中国党政干部论坛》2016年第5期。

包权是农村集体经济组织成员平等拥有的一种成员权，但其在土地经营权的性质到底是物权还是债权这个问题上却语焉不详。[1] 这种农村土地权利结构模式在内容上与承包地"三权分置"政策的表述最为接近。

此外，有学者提出典权制度与承包地"三权分置"实效存在契合，"农户家庭依法获得农村土地承包经营权后，即取得对法律上属于集体所有的农地的'典权'，对于所承包的土地依法享有占有、使用和收益以及依法处分的民事权利。进一步，可通过转典制度来实现土地流转，原典权人转让土地融资时并不丧失典权，即依然保有既有的土地承包权益，受让人则取得了对典物即集体土地的利用权，从而在实效上实现了土地承包权和土地经营权的分离。农村集体经济组织可凭借出典人的身份行使对典物的回赎权，以实现对土地用途的监督。农地流转的'典权模式'即为将中国农村土地流转中涉及权利的取得、流转、抵押、监督等分别对应典权制度的出典、转典、抵押、回赎等环节，从而在实效上实现所有权、承包权、经营权之分离"。[2] 有学者从明清时期地权秩序的构造获得启示，认为："三权分置"改革在法律逻辑层面出现的解释困境，源头便在于大陆法系"所有权——他物权"的物权观念与结构定式，对比明清时期的地权秩序可以发现，"'三权分置'的改革思路与一田二主制有异曲同工之妙。从结构上观察，'农户承包权'类似一田二主制中的田底，权利人依'集体成员'身份而享有'初始分配'得到的土地权益，不能随意流转，通过身份维持、分离对价请求、征收补偿获取以及有偿退出等权利实现相应的生存保障机能，针对经营权人的分离对价请求权，功能上等同于田底主向田面主收取的大租；'土地经营权'则起到了一田二主制中田面的作用，隔离了成员权等非私权因素，性质上被界定为纯粹的财产权，可以自由处分和流转"。[3] 还有学者借鉴罗马法上永久租赁制度，"在承包权、经营权、成员权和集体所有权共同构建的当代中国农地权利体系中，原土地承包经营权的用益物权内涵由'承包'经营方式所继承，经营权则囊括了'承包'之外的其他经营方式，强调对农地的经营和利用，而成员权则作为一项取得'承包'的资格，依附于集体所有权之中，以落实集体农地制度中的保障、公平等功能。……坚持集体土地所有权的基础上，我国后续立法应通过承包权落实农地的公平分配，并以租赁权为基础形成多种经营形式，进而实现农村集体经

---

〔1〕 参见叶兴庆："从'两权分离'到'三权分离'——我国农地产权制度的过去与未来"，载《中国党政干部论坛》2014年第6期。

〔2〕 李显冬、倪淑颖："'典权入典'与农地流转'三权分置'之契合"，载《中共青岛市委党校·青岛行政学院学报》2016年第4期。

〔3〕 汪洋："明清时期地权秩序的构造及其启示"，载《法学研究》2017年第5期。

济、农村集体经济组织的成员利益和经营人的经济利益"。[1] 这些借助于中外传统法学资源分析承包地"三权分置"政策的成果，对于在我国法律制度中完善承包地"三权分置"的农村土地权利结构均具有参考价值。

三、承包地"三权分置"政策入法争点中的关键问题

承包地"三权分置"政策提出后，受到各界广泛的关注和研究，对于如何推动该政策入法，还存在诸多其他方面的争点，但这些争点基本都体现在上文所述的 10 种农村土地权利结构之中。因此，本部分主要结合学界有关承包地"三权分置"的农村土地权利结构之分歧，对相关争点问题进行具体分析。

表 2-1 承包地"三权分置"政策入法中的主要争点简表[2]

	集体土地所有权	土地承包经营权	土地承包权	土地经营权
结构一	负载公法功能。		1. 负载公法功能； 2. 具有身份性，属于成员权； 3. 源于土地承包经营权的分离，是土地承包经营权的子权利。	1. 属于财产权，是用益物权； 2. 源于土地承包经营权的分离，是土地承包经营权的子权利。
结构二		1. 事实上具有土地私有制国家或地区的土地所有权的法律地位； 2. 是一种集"享有"与"使用"于一体的定限物权； 3. 负载有保障功能。	1. 名曰权利，实为承包资格； 2. 一种分配权与资格权，具有身份属性； 3. 只是集体经济组织成员权在土地分配上的一种特定化，不是一种独立的权利类型； 4. 与土地经营权天然分离。	1. 应指土地承包经营权，为次级土地承包经营权； 2. 设立于土地承包经营权之上，客体是土地； 3. 与土地承包权天然分离。

---

〔1〕 李俊："罗马法上的农地永久租赁及其双重影响"，载《环球法律评论》2017 年第 4 期。

〔2〕 本表主要参考前文"二、承包地'三权分置'的农村土地权利结构之争"中各种结构在整理时所引用的相应文献，部分内容在前文的代表性农村土地权利结构之中未予以归纳。特此说明。

	集体土地所有权	土地承包经营权	土地承包权	土地经营权
结构三	1. 土地的集体所有权并未改变； 2. 成员权的认定关涉集体土地所有权主体范围的确定，属于"落实所有权"的范畴。	1. 承包权取决于农民身份并与农民集体成员资格同命运，承载着"平均地权"的功能； 2. 土地承包经营权是以农地为客体创设的用益物权； 3. 土地承包经营权的主体应为村集体的成员，农户只是其形式主体； 4. 农户承包权即为现行法中的土地承包经营权（包括派生出土地经营权的土地承包经营权）； 5. 农户承包权为财产权而非身份权。		1. 为纯粹的财产权，可以自由处分； 2. 土地承包经营权人在其权利上设定经营权后，依然享有土地承包经营权； 3. 是以土地承包经营权为客体创设的用益物权，属于权利用益物权。
结构四	1. 不能在市场经济的法律制度中起到所有权的作用； 2. "两权分置"下具有身份属性； 3. 将专司最终所有权的功能，表现出很强的公法色彩。	1. 不是真正功能属性上的"用益物权"； 2. 不能在市场经济的法律制度中起到用益物权的作用； 3. 不是自由流转的权利，具有身份属性； 4. 某种程度替代集体所有权对应近代个人主义的所有权明确土地在私权主体中的归属。	1. 具有两权分置下所有权和土地承包经营权的部分权能； 2. 分置后的承包权在现行法制意义上是土地承包经营权，是因土地承包经营权的部分权能让渡于经营权而产生的新的权利内容，不是纯承包土地的权利资格； 3. 按照"三权分置"的观点不完全等同于土地承包经营权； 4. 具有身份属性。	1. 具有土地承包经营权的部分权能； 2. 分置后的经营权是土地承包经营权的派生权利； 3. 在功能上符合用益物权的性质。

	集体土地所有权	土地承包经营权	土地承包权	土地经营权
结构五	不是"三权分置"的着力点。	1. 是"三权分置"的着力点，主体不应具有成员身份属性的限制； 2. 除处分权能受到较多限制，已与所有权区别不大； 3. 具有的社会保障功能和经济功能存在着严重冲突； 4. 土地承包权分置后，土地承包经营权应去"身份性"而回归于真正的用益物权。	1. 是土地承包经营权的固有内容； 2. 是具有财产性质的成员权； 3. 具有请求权性质，亦可称为土地承包请求权，是取得土地承包经营权的前提和基础，包含一定的所有权成分； 4. 集体经济组织成员是该权利的配置主体，农户是该权利的行使或实现主体； 5. 权利内容源于集体所有权以及现行土地承包经营权中应予分离的权能。	1. 集体经济组织和农户签订的"农地承包合同"，是农户取得"土地经营权"的根据；"流转方"与"受让方"订立的"农地流转合同"，是受让方享有"土地经营权"的原因； 2. 是一种以农地为客体的不动产用益物权； 3. 未来立法应使用"土地经营权"的法律名称，弃用"土地承包经营权"的概念。
结构六	1. 农村土地集体所有权在立法上和现实中有重大差异； 2. 推行"三权分置"模式，应注意保护农民的成员权。	1. 土地承包权就是土地承包经营权； 2. 在"三权分置"体制中事实上处于核心地位； 3. 主体必须是农村集体经济组织的成员，客体是耕作性土地； 4. 属于用益物权。		1. 在集体土地所有权、土地承包经营权外形成的针对农村耕作地的第三个权利； 2. 是设立在土地承包经营权之上的用益物权； 3. 可以命名为"耕作权"或者"耕作经营权"。

	集体土地所有权	土地承包经营权	土地承包权	土地经营权
结构七	1. 明确界定农民的集体成员权； 2. 明晰集体土地产权归属； 3. 实现集体产权主体清晰。	1. 一种土地物权； 2. 健全土地承包经营权登记制度，推进土地承包经营权确权登记颁证工作，以稳定完善农村土地承包关系。	1. 稳定农户承包权就是依法公正地将集体土地的承包经营权落实到本集体组织的每个农户； 2. 是一种农村集体经济组织成员专有的、承包经营集体所有的农地的资格； 3. 不同于承包经营权的身份权或资格。	1. 权源是承包经营权人的承包经营权； 2. 是一种可抵押的债权； 3. 放活土地经营权是允许承包农户将土地经营权依法自愿配置给有经营意愿和经营能力的主体，发展多种形式的适度规模经营。
结构八	1. 类似于"总有"的新型所有权； 2. 集体成员通过自益权实现其收益，通过共益权来行使集体所有权。	1. 土地承包权就是土地承包经营权； 2. 是财产权，具有一定的身份属性； 3. 设立与存续规则有待完善。		1. 是土地承包权的实体内容（权能）； 2. 派生于土地承包权，是具有特殊效力的债权性权利； 3. 与承包土地租赁权不同。
结构九		1. 土地承包经营权简称土地承包权； 2. 基于集体成员的身份性质产生； 3. "三权分置"情况下应将农村土地"两权分离"二元权利结构下的"土地承包经营权"更名为"承包权"。		1. 在现行法律框架下不是独立民事权利，只具有债权性质； 2. 在"三权分置"情况下，是从土地承包经营权中分离出来的一项民事权利； 3. 经过登记公示的为物权性土地经营权，未登记公示的为债权性土地经营权； 4. 另一方案：根据土地承包经营权流转方式的性质确定土地经营权的法律性质。

续表

集体土地所有权	土地承包经营权	土地承包权	土地经营权
结构十　1. 要尊重集体经济组织在占有、处分方面的权能；2. 发挥集体经济组织在处理土地摞荒方面的监督作用、在平整和改良土地方面的主导作用、在促进土地适度规模经营方面的桥梁作用。	1. 是土地承包权和土地经营权"合二为一"的权利；2. 主体是作为集体经济组织的承包农户；3. 未流转时，承包农户既享有"成员权"具体体现的承包权，又作为承包地的实际经营者享有对土地占有、使用等经营权。	1. 是集体经济组织成员平等拥有的一种成员权；2. 要界定集体成员资格、锁定集体成员范围，在起点公平的基础上落实"长久不变"，并对承包权的权能边界进行清晰界定。	1. 在流转情况下，是独立于承包权的一项权利；2. 在土地承包经营权流转（主要指出租）情况下，第三方经营者通过合同的形式取得土地经营权，性质是债权而不是物权；3. 土地经营权物权化属性可以得到加强，只是其债权的"底色"和本质不会变；4. 要适应承包主体与经营主体分离的新趋势，对实际从事农业生产的经营者给予更多支持和保护。

如表 2-1 所示，关于承包地"三权分置"政策入法的主要争点，不同学者除所设计的农村土地权利结构存在重大差异外，在以下方面也存在明显的分歧。

（一）关于集体土地所有权

一般认为，承包地"三权分置"的农村土地权利结构与"两权分离"的农村土地权利结构的主要区别不在于集体土地所有权，而在于将"两权分离"情形下的土地承包经营权分置为土地承包权和土地经营权；同时，在研究承包地"三权分置"政策入法时，如何对《农村土地承包法》（2002 年）进行修改，以便将该政策融入其中，是各界关注的重点，而对集体土地所有权进行规范本就不是《农村土地承包法》的主要任务。因此，从学界提出的各种代表性结构模式来看，在集体土地所有权的法律表达方面存在的争议问题较少，即便一些学者针对集体土地所有权制度表达了些许不满，或者针对承包地"三权分置"情形下的集体土地所有权制度的完善提出了一些建议，所涉及的问题也是长期以来备受争议的问题，与承包地"三权分置"政策的提出或入法较少有直接的关系。

在上述代表性结构模式之外，有些学者结合承包地"三权分置"政策专门对集体土地所有权制度展开了探讨，[1] 尽管在研究中所涉问题大多为"陈年痼疾"，就这些问题提出的制度完善建议也基本没有被现行《农村土地承包法》和《民法典》所采纳，但必须承认的是，对于我国《民法典》物权编中的集体所有权制度的完善而言，这些意见和建议都具有极为重要的参考价值。

（二）关于土地承包经营权

从党和国家的政策来看，承包地"三权分置"的农村土地权利结构不包含土地承包经营权，但其又与土地承包经营权之间具有难以割舍的内在联系。土地承包经营权的此种尴尬地位，使其在承包地"三权分置"政策入法中引发了不少争点，主要内容包括：

第一，对"两权分离"的农村土地权利结构中的土地承包经营权性质的理解。根据《农村土地承包法》（2002 年）和《物权法》的规定，土地承包经营权是用益物权，但有学者认为该权利具有身份属性，[2] 有学者否认该权利具有身份属性，[3] 也有学者强调该权利具有自物权的属性，[4] 还有学者认为该权利具有"准所有权"的性质。[5] 可见，学界之间对于土地承包经营权的性质之认识存在较大分歧。对这个问题的回答与土地承包经营权流转是否或应否受到限制具有密切关系，甚至有学者以此为由提出在承包地"三权分置"政策入法时应当弃用该权利名称，以便理顺各种农村土地权利之间的逻辑关系。[6]

第二，对土地承包经营权分设为土地承包权和土地经营权的理解。从各种代

---

〔1〕 参见高海："论'三权分置'与集体土地所有权的坚持"，载《中国农村观察》2019 年第 3 期；管洪彦、孔祥智："'三权分置'下集体土地所有权的立法表达"，载《西北农林科技大学学报（社会科学版）》2019 年第 2 期；李戈："'三权分置'下集体土地所有权的运行困境与完善"，载《经济问题》2018 年第 8 期。

〔2〕 参见李国强："论农地流转中'三权分置'的法律关系"，载《法律科学（西北政法大学学报）》2015 年第 6 期；温世扬、吴昊："集体土地'三权分置'的法律意蕴与制度供给"，载《华东政法大学学报》2017 年第 3 期；李伟伟："'三权分置'中土地经营权的性质及权能"，载《中国党政干部论坛》2016 年第 5 期。

〔3〕 参见蔡立东、姜楠："农地三权分置的法实现"，载《中国社会科学》2017 年第 5 期。

〔4〕 参见孙宪忠："推进农地三权分置经营模式的立法研究"，载《中国社会科学》2016 年第 7 期；朱广新："土地承包权与经营权分离的政策意蕴与法制完善"，载《法学》2015 年第 11 期。

〔5〕 参见叶兴庆："从'两权分离'到'三权分离'——我国农地产权制度的过去与未来"，载《中国党政干部论坛》2014 年第 6 期。

〔6〕 参见赖丽华："基于'三权分置'的农村土地经营权二元法律制度构造"，载《西南民族大学学报（人文社会科学版）》2016 年第 11 期。

表性结构模式中可以看出，对于土地承包经营权能否分置为土地承包权和土地经营权存在较大争议，既有认为土地承包经营权是土地承包权和土地经营权"合二为一"的权利的观点，[1] 也有主张土地承包经营权是一个独立的不可分的权利的看法，[2] 这两种观点可谓是针锋相对。

第三，对土地承包经营权主体的理解。严格说来，这个争点由来已久。有学者认为土地承包经营权的主体是农村集体经济组织成员[3]；也有学者认为土地承包经营权的主体是农村集体经济组织的农户[4]；还有学者认为土地承包经营权的主体是村集体的成员，但农户是形式主体[5]。在承包地"三权分置"政策入法过程中，这些不同的观点对构建土地承包权制度和土地经营权制度均将产生重要的影响。

（三）关于土地承包权

土地承包权是由承包地"三权分置"政策设计的一种重要权利，在《农村土地承包法》（2002 年）和《物权法》中都没有出现此种权利类型和法律术语。在研究承包地"三权分置"政策的过程中，围绕土地承包权问题产生的争议主要表现在以下三个方面：

第一，关于土地承包权的来源。从承包地"三权分置"政策的规定来看，土地承包权应当是土地承包经营权分置的后果，其中以《关于完善三权分置办法的意见》的表述最为直接、明确，有学者采纳了政策中的此种制度设计方案；[6] 也有学者主张土地承包权来源于集体土地所有权。[7]

第二，关于土地承包权的性质。就土地承包权的性质来看，大多数学者都认

---

〔1〕　参见李伟伟："'三权分置'中土地经营权的性质及权能"，载《中国党政干部论坛》2016 年第 5 期；叶兴庆："从'两权分离'到'三权分离'——我国农地产权制度的过去与未来"，载《中国党政干部论坛》2014 年第 6 期。

〔2〕　参见朱广新："土地承包权与经营权分离的政策意蕴与法制完善"，载《法学》2015 年第 11 期；楼建波："农户承包经营的农地流转的三权分置——一个功能主义的分析路径"，载《南开学报（哲学社会科学版）》2016 年第 4 期。

〔3〕　参见孙宪忠："推进农地三权分置经营模式的立法研究"，载《中国社会科学》2016 年第 7 期。

〔4〕　参见李伟伟："'三权分置'中土地经营权的性质及权能"，载《中国党政干部论坛》2016 年第 5 期。

〔5〕　参见蔡立东、姜楠："承包权与经营权分置的法构造"，载《法学研究》2015 年第 3 期。

〔6〕　参见李伟伟："'三权分置'中土地经营权的性质及权能"，载《中国党政干部论坛》2016 年第 5 期；叶兴庆："从'两权分离'到'三权分离'——我国农地产权制度的过去与未来"，载《中国党政干部论坛》2014 年第 6 期；李国强："论农地流转中'三权分置'的法律关系"，载《法律科学（西北政法大学学报）》2015 年第 6 期；郑志峰："当前我国农村土地承包权与经营权再分离的法制框架创新研究——以 2014 年中央一号文件为指导"，载《求实》2014 年第 10 期。

〔7〕　参见朱广新："土地承包权与经营权分离的政策意蕴与法制完善"，载《法学》2015 年第 11 期。

为其为承包资格或成员权，具有身份属性。除了这种主流观点之外，有学者认为土地承包权是具有财产性质的成员权；[1] 也有学者认为土地承包权属于用益物权；[2] 还有学者认为土地承包权不是一种独立的权利类型。[3]

第三，关于土地承包权与土地承包经营权的关系。对于土地承包权与土地承包经营权之关系主要存在两种看法：其一，土地承包权就是土地承包经营权，两者是同一种权利；[4] 其二，土地承包权是从土地承包经营权中分离出来的一种权利，其中有的学者认为该权利与土地经营权同时分离出来，[5] 有的学者主张土地承包经营权只能分离出土地承包权，而不能同时分离出土地经营权。[6]

（四）关于土地经营权

土地经营权是承包地"三权分置"政策设计的另一种重要的新型权利，也被认为是该政策推行的重点。[7] 有关法律应当如何规范土地经营权的问题，学界主要聚焦于以下争点：

第一，关于土地经营权的来源。根据承包地"三权分置"政策的规定，土地承包经营权人流转承包地是土地经营权产生的原因，这是学界的基本共识，但是如何理解此处所谓的流转，学界的分歧较大。有学者认为流转主要指出租；[8] 有学者认为各种流转方式都可以产生土地经营权；[9] 也有学者认为土地经营权

---

〔1〕　参见丁文："论'三权分置'中的土地承包权"，载《法商研究》2017年第3期。

〔2〕　参见孙宪忠："推进农地三权分置经营模式的立法研究"，载《中国社会科学》2016年第7期。

〔3〕　参见朱广新："土地承包权与经营权分离的政策意蕴与法制完善"，载《法学》2015年第11期。

〔4〕　参见蔡立东、姜楠："承包权与经营权分置的法构造"，载《法学研究》2015年3月；孙宪忠："推进农地三权分置经营模式的立法研究"，载《中国社会科学》2016年第7期；温世扬、吴昊："集体土地'三权分置'的法律意蕴与制度供给"，载《华东政法大学学报》2017年第3期；赖丽华："基于'三权分置'的农村土地经营权二元法律制度构造"，载《西南民族大学学报（人文社会科学版）》2016年第11期。

〔5〕　参见郑志峰："当前我国农村土地承包权与经营权再分离的法制框架创新研究——以2014年中央一号文件为指导"，载《求实》2014年第10期；李伟伟："'三权分置'中土地经营权的性质及权能"，载《中国党政干部论坛》2016年第5期；叶兴庆："从'两权分离'到'三权分离'——我国农地产权制度的过去与未来"，载《中国党政干部论坛》2014年第6期。

〔6〕　参见丁文："论土地承包权与土地承包经营权的分离"，载《中国法学》2015年第3期。

〔7〕　参见孔祥智："'三权分置'的重点是强化经营权"，载《中国特色社会主义研究》2017年第3期。

〔8〕　参见郑志峰："当前我国农村土地承包权与经营权再分离的法制框架创新研究——以2014年中央一号文件为指导"，载《求实》2014年第10期；李伟伟："'三权分置'中土地经营权的性质及权能"，载《中国党政干部论坛》2016年第5期。

〔9〕　参见张毅、张红、毕宝德："农地的'三权分置'及改革问题：政策轨迹、文本分析与产权重构"，载《中国软科学》2016年第3期。

是设定在土地承包经营权之上的权利。[1] 此外，还有学者认为土地经营权既可以设定于集体土地所有权之上，也可以由土地承包经营权流转获得。[2]

第二，关于土地经营权的性质。土地经营权是一种财产权，学界对于这个问题基本没有争议，但存在典型用益物权说[3]、次级土地承包经营权说[4]、权利用益物权说[5]、债权说[6]、物权与债权二元说[7]。

第三，关于土地经营权与土地承包权的关系。根据承包地"三权分置"政策文件的规定，土地承包权与土地经营权应当都源于土地承包经营权之分置，故可将两者视为土地承包经营权的子权利。[8] 但是，也有学者主张土地经营权与土地承包权天然分离。[9]

第四，关于土地经营权与土地承包经营权的关系。除主张土地经营权源于土地承包经营权分置或流转外，也有学者主张土地经营权就是土地承包经营权。[10]

第二节　承包地三权分置政策入法争点之生成根源

有关承包地"三权分置"政策入法的争点问题众多，导致分歧产生的原因也各不相同。总体说来，无论是有关承包地"三权分置"的肯定与否定之争，还是

---

〔1〕　参见朱广新："土地承包权与经营权分离的政策意蕴与法制完善"，载《法学》2015年第11期；蔡立东、姜楠："承包权与经营权分置的法构造"，载《法学研究》2015年第3期；孙宪忠："推进农地三权分置经营模式的立法研究"，载《中国社会科学》2016年第7期。

〔2〕　参见丁文："论'三权分置'中的土地经营权"，载《清华法学》2018年第1期。

〔3〕　参见郑志峰："当前我国农村土地承包权与经营权再分离的法制框架创新研究——以2014年中央一号文件为指导"，载《求实》2014年第10期；李国强："论农地流转中'三权分置'的法律关系"，载《法律科学（西北政法大学学报）》2015年第6期。

〔4〕　参见朱广新："土地承包权与经营权分离的政策意蕴与法制完善"，载《法学》2015年第11期。

〔5〕　参见蔡立东、姜楠："承包权与经营权分置的法构造"，载《法学研究》2015年第3期；孙宪忠："推进农地三权分置经营模式的立法研究"，载《中国社会科学》2016年第7期。

〔6〕　参见楼建波："农户承包经营的农地流转的三权分置——一个功能主义的分析路径"，载《南开学报（哲学社会科学版）》2016年第4期；温世扬、吴昊："集体土地'三权分置'的法律意蕴与制度供给"，载《华东政法大学学报》2017年第3期；李伟伟："'三权分置'中土地经营权的性质及权能"，载《中国党政干部论坛》2016年第5期。

〔7〕　参见赖丽华："基于'三权分置'的农村土地经营权二元法律制度构造"，载《西南民族大学学报（人文社会科学版）》2016年第11期；张毅、张红、毕宝德："农地的'三权分置'及改革问题：政策轨迹、文本分析与产权重构"，载《中国软科学》2016年第3期。

〔8〕　参见郑志峰："当前我国农村土地承包权与经营权再分离的法制框架创新研究——以2014年中央一号文件为指导"，载《求实》2014年第10期。

〔9〕　参见朱广新："土地承包权与经营权分离的政策意蕴与法制完善"，载《法学》2015年第11期。

〔10〕　参见丁文："论'三权分置'中的土地经营权"，载《清华法学》2018年第1期。

有关承包地"三权分置"的农村土地权利结构之争，以及在上述分歧基础上产生的对于各种具体农村土地权利的性质、内容及其相互关系的理解差异，均主要是由下列三个原因所造成：

一、政策话语之法律表达的选择

土地是人类维持生存的重要物质基础，在科学还没有能够找到和发明不利用土地就可以大规模、经济地制造人类所需要的食品的技术之前，土地在农业生产中具有不可替代的特殊地位，可见，土地不仅是农民的"命根子"，而且也是国家的"生命线"。"我国历代统治者在政治、经济、文化等方面，无不因土地权能的合理配置、利用而昌盛，同样，也因土地权能的盲目分割和扭曲而衰败"[1]，中华人民共和国成立以来，为了解决我国的"三农"问题，党和政府都对农村土地问题极为关注。有学者在考察我国 1949 ~ 2007 年"三农"制度变迁历程后发现，"'三农'制度的阶段性演变（积极与消极），主要原因是由政府追求的政策目标所导致，政府是'三农'制度变迁的主导力量，'三农'制度变迁是一种政府主导型变迁方式，且政府主导型制度变迁方式经历了由强至弱的演变过程，并最终向'适度主导型'方向发展。"[2] 这种政府主导型制度变迁方式也是中华人民共和国成立以来农村土地制度的发展模式，时至今日，这种模式都没有发生根本性改变。此次承包地"三权分置"的农村土地权利结构改革同样是由党和国家政策率先启动。

农村土地问题从来就不是一个纯粹的法律问题，其还是一个政治问题、经济问题和社会问题，因而农村土地问题的牵扯面极广、内容也十分复杂。从我国农村土地改革的过程来看，党和国家政策在其中发挥着主导作用，法律往往随着政策变动而立改废，以致法律制度存在非常严重的滞后性。更为关键的是，党和国家的各项政策，必须经国家立法机关通过立法程序制定为国家法律予以颁布，使党和国家的政策法律化、具有了法律的规范性和强制性，才能要求全体国民一体遵循，才能作为法院裁判案件的根据（即"法源"）。[3] 为了理顺法律制度与改革的关系，十八届四中全会《决定》强调，应当"实现立法和改革决策相衔接，做到重大改革于法有据、立法主动适应改革和经济社会发展需要"，[4] 此举

---

〔1〕 陈小君等：《农村土地法律制度研究——田野调查解读》，中国政法大学出版社 2004 年版，序言。

〔2〕 彭新万：《我国"三农"制度变迁中的政府作用研究：1949—2007 年》，中国财政经济出版社 2009 年版，第 31 ~ 32 页。

〔3〕 参见梁慧星：《梁慧星谈民法》，人民法院出版社 2017 年版，第 372 页。

〔4〕 十八届四中全会《决定》。

使得承包地"三权分置"政策入法的进展被提速。根据相关数据显示，改革的开展和法律制定存在时间差，在被转化为法律的各项有关改革的政策中，有50%以上要经历11年以上的时间，[1] 但从十八届三中全会召开到《农村土地承包法》于2018年12月29日完成修正，中间仅仅间隔了5年时间，即便认定承包地"三权分置"政策入法完成于《民法典》的通过，所用时间也不到7年。由此可见，党和国家对承包地"三权分置"政策入法极为重视，相关立法工作的展开也十分及时。

然而，法律话语不同于政策话语，如何将政策话语用法律语言表达出来，这在承包地"三权分置"政策入法过程中存有不同的选择。从上文对承包地"三权分置"政策入法的主要争点的整理可知，部分学者在法律术语的选择方面过于追求与政策话语的表达保持一致，从而使得其提出的建议难以与我国实践中运行的农村土地法律制度体系相融合。例如，按照承包地"三权分置"政策的表述，土地承包经营权由土地承包权和土地经营权构成，在流转承包地产生土地经营权后，只剩下土地承包权，而土地承包经营权也因此被分解。少数学者提出的承包地"三权分置"的农村土地权利结构就是按照这样的思路设计的，2017年10月31日第十二届全国人民代表大会常务委员第三十次会议上提出的《农村土地承包法修正案（草案）》也采纳了该种思路，在该草案第6条第1款中，对以家庭承包方式取得的土地承包经营权在流转中分为土地承包权和土地经营权作出了形式化的直观表达。[2] 这种观点在该草案公开征求意见时遭受到了较为有力的批评。[3] 有学者认为，以此种方式实现承包地"三权分置"政策的法律化，属于"体系再造"的立法表达模式，这种模式放弃了"两权分离"模式下的现有法律制度体系，同时根据政策中确立的承包地"三权分置"的农村土地权利结构和模式对各方当事人之间的利益关系进行了全新表达，故需要通过法律认可或创造更多的法律概念。[4] 采用"体系再造"模式的后果，就是彻底颠覆我国已经运行多年并被实践证明行之有效的农村土地法律制度体系，这对整个物权法律制度体

〔1〕　参见史卫民：《"政策主导型"的渐进式改革——改革开放以来中国政治发展的因素分析》，中国社会科学出版社2011年版，第647~651页。

〔2〕　关于政策话语直接被"照抄"在《农村土地承包法修正案（草案）》中还有较多反映，如该草案第26条第2款。在以法律规则表达承包地"三权分置"政策时采用典型的政策话语，是立法者紧扣政策表述的突出表现，但从法理视角观之，此种表述的妥当性实在不宜赞同。

〔3〕　参见高圣平："论农村土地权利结构的重构——以《农村土地承包法》的修改为中心"，载《法学》2018年第2期。

〔4〕　参见房绍坤主编：《承包地"三权分置"的法律表达与实效考察》，中国人民大学出版社2018年版，第23页。

系都会造成极其严重的冲击。

　　与"体系再造"的立法表达模式不同，大多数学者主张坚持以我国实践中运行的农村土地法律制度体系为主，将承包地"三权分置"政策融入该体系之中。在此种情形下，对于概念术语的使用更多是从现有土地法律制度体系出发加以选择和创造，不一定会使用政策的表达方式。因为"当政策意蕴明晰，目标指向具体时，法律的接应或强调落实应依循该政策理念精神全面引领立法，而非亦步亦趋地对政策语言体系机械认同、同步复制，这是中国特色社会主义法治健全与动态发展的必然诉求。政策与法律是不同的两条思维路径和两套话语体系，若丢却法治思维、法律逻辑、立法体系及其语言特点，全整刻板套用政策用语，结果必定是出现逻辑混乱的制度缝隙，欲速则不达。"[1] 因此，在将政策转化为法律时，应强调准确解读相关规范性文本，明晰其制度意蕴，以便从中寻找出该政策拟解决的真问题，并在此基础上对实践中运行的农村土地法律制度进行修改、完善，至于立（修）法过程中使用的概念术语是否与政策的表述一致，则不应成为考虑的重点，甚至在一定程度上为避免政策话语的变动性、含糊性等特征，还须使用与政策表达不一致的法律语言来精确表达政策蕴含的制度意蕴。如表 2-1 所示，在承包地"三权分置"政策入法过程中，大多数学者采用了这种立法表达模式，他们没有固守政策话语的表达，而是在政策转化为法律时突出制度设计在法律逻辑上的自洽，这是法学界在农村土地立法中坚持法学独立性的表现。

　　政策被转化法律时，如果说"立法的表现技术是服务于立法政策的构思和设计，服务于一般社会关系上升、抽象为特殊的观念中的法律关系的话，那么，立法的表达技术则是服务于立法政策的文字准确表达与立法思想和精神的传播。"[2] 而语言的学习是一个长期的过程，"语言的学习必须经过若干人的共同实践，并在社会交往中达成一致。它一切的词义、内容联系和使用规则都是在某个语言群体的'群体意识'中逐渐累积起来的"，[3] 法律语言的学习也是如此，因此，"如果概念所涉及的只是事实本身，那么对概念的确定就纯粹是一个是否符合立法目的的问题。……不过必须避免不清楚的、容易引起误解的新词语或定义。因为它们对法学和法律实践都是有害的。"[4] 可见，承包地"三权分置"政策入法时的概念选择不是一个可以随意为之的事情，其中对新概念的接纳必须

---

〔1〕 陈小君："土地改革之'三权分置'入法及其实现障碍的解除——评《农村土地承包法修正案》"，载《学术月刊》2019 年第 1 期。

〔2〕 孙潮：《立法技术学》，浙江人民出版社 1993 年版，第 60 页。

〔3〕 ［德］伯恩·魏德士：《法理学》，丁小春、吴越译，法律出版社 2003 年版，第 74 页。

〔4〕 ［德］伯恩·魏德士：《法理学》，丁小春、吴越译，法律出版社 2003 年版，第 94 页。

慎之又慎。如果对实践中运行的农村土地法律制度体系加以修改，便能够达成承包地"三权分置"政策拟实现的制度目标，那么，放弃以"体系再造"的立法表达模式取代实践中运行的农村土地法律制度体系，显然更具有合理性。

二、两大法系财产权结构的取舍

我国农村土地制度的发展由党和国家政策主导，其中对于农村土地政策的形成，经济学界的影响远远超过了法学界。就农村土地法律制度的发展来看，法学提供的智识贡献较为有限，我国一般都是先由农民在实践中自发探索，政府主管部门以此为基础展开试点并逐步形成党的文件，之后便以经济学界和管理学界为主导启动法律的制定与修改。[1] 十八届三中全会《决定》通过后，在党和国家政策明确提出承包地"三权分置"的农村土地权利结构之前，不少学者就已经从西方产权经济学视角出发，将该《决定》中推动农村土地制度改革的举措归纳为推行承包地"三权分置"政策。西方产权经济学以"权利束"理论作为分析财产权的基础，该理论的法律表达与英美法系的财产法制度正相吻合。

英美法系学者一般把财产定义为与物有关的"权利束"（a bundle of rights），然后根据权利性质给组成权利束的"木条"（sticks）命名，[2] 即便将其中的一根或数根"木条"抽走，财产权人仍然会保留剩余的"木条"。[3] 从权利束视角对财产权进行界定呈现出一个发展趋势，即权利束的内容变得越来越广，既包含传统的排他性的占有权、使用权、收益权和转让权，也包含财产的管理权、安全权和剩余索取权等，并且随着交易的展开，财产权细分的各项权利束归属不同的权利主体。[4] 根据英美财产法理论，这些组成"权利束"的"木条"本身也是一个"权利束"，同样是由另外一些"木条"所组成。

在大陆法系国家，与英美法系财产法相类似的制度是物权制度。根据物权法定原则，大陆法系各国（或地区）法律中的物权类型及每一种类型的物权的内容均由法律加以规定，且各种类型的物权都不是由"木条"组成的"权利束"，而是具有各不相同的权能。物权的权能是该物权的权利作用的体现，无法单独让

---

〔1〕　参见高圣平："新型农业经营体系下农地产权结构的法律逻辑"，载《法学研究》2014年第4期。

〔2〕　参见［美］约翰·G. 斯普兰克林：《美国财产法精解》，钟书峰译，北京大学出版社2009年版，第4~5页。

〔3〕　参见王洪平：《违法建筑的私法问题研究》，法律出版社2014年版，第51页。

〔4〕　参见李胜兰、于凤瑞："农民财产权收入的土地财产权结构新探——权利束的法经济学观点"，载《广东商学院学报》2011年第4期。

与，也没有相对的义务观念存在，[1] 故不能将物权的权能视为一个个独立的权利。同时，每种物权虽然具有各种权能，但却不是这些权能的集合，而是各该权能所由派生的一个浑然整体的权利。[2] 可见，英美法系财产法制度中"权利束"理论在大陆法系的物权制度中无用武之地。

不过，西方产权经济学和英美法系财产法奉行的"权利束"的财产权观，对我国承包地"三权分置"政策的法律表达产生了重要影响。在该种财产权观语境下，我国政策将土地承包经营权当作一个"权利束"对待，认为该权利由"土地承包权"和"土地经营权"两根"木条"组成，如《关于完善三权分置办法的意见》指出："现阶段深化农村土地制度改革，顺应农民保留土地承包权、流转土地经营权的意愿，将土地承包经营权分为承包权和经营权。"由于"政策是法律的依据和内容，法律是政策的规范化（法律化）"，[3] 因而《农村土地承包法修正案（草案）》第 6 条第 1 款在"权利束"的财产权观之基础上规定："以家庭承包方式取得的土地承包经营权在流转中分为土地承包权和土地经营权。"由此可知，该草案在以法律语言表达承包地"三权分置"政策时，确认"土地承包权"和"土地经营权"是组成土地承包经营权的两根"木条"，且作为独立的财产权利的"土地承包权"和"土地经营权"也各自具有不同的权能。[4] 因此，在我国推动承包地"三权分置"政策入法时，拥有不同学科背景的学者对于采用何种农村土地权利结构没有共识，其中应当对两大法系财产权理论作出何种取舍并以之作为制度构建的理论基础至关重要。

对于英美法系财产法将财产想像为"一束权利"与大陆法系物权制度将物权界定为"一个权利"的立法理念之差异，我们很难简单地认定哪一种财产权利结构观念更具有科学性与合理性，因为两者都是在各自的历史中产生的，均形成了各式各样的法律概念和规则体系，在各自国家（或地区）也起到了确认、保护财产权并充分发挥物的效用的功能。因此，从纯粹理论的角度来看，将承包地"三权分置"政策语境中的土地承包经营权认定为"一束权利"或"一个权利"，只是一个关于其权利结构的法律表述之选择问题，无所谓孰优孰劣，但如果从我国农村土地权利体系的法律构造出发，则应当放弃英美法系"权利束"的财产权

---

〔1〕 参见林诚二：《民法总则》（上册），瑞兴图书股份有限公司 2005 年版，第 110~111 页。

〔2〕 参见谢在全：《民法物权论》（上册），中国政法大学出版社 2011 年版，第 109 页

〔3〕 梁慧星：《梁慧星谈民法》，人民法院出版社 2017 年版，第 372 页。

〔4〕 参见刘振伟："关于《中华人民共和国农村土地承包法修正案（草案）》的说明——2017 年 10 月 31 日在第十二届全国人民代表大会常务委员会第三十次会议上"，载《中华人民共和国全国人民代表大会常务委员会公报》2019 年第 1 期。

观。其主要理由如下：

第一，将土地承包经营权以"权利束"的财产权观进行改造，与我国物权制度产生抵牾。我国《物权法》及其以该法为基础编纂的《民法典》物权编是调整民事财产关系的基本法律，其明确规定了包括土地承包经营权在内的主要物权类型。由于我国物权制度采用大陆法系的立法模式，大陆法系的法律理念也为我国立法所继受，故每一种类型的物权均作为"一个权利"予以构造，且作为"一个权利"不存在将其内容予以分割的问题，如不动产的所有权人在其物上为他人设定他物权后，再将该物予以出卖，并为预告登记时，该所有权的使用、收益、处分等权能或者已经尽归他人享有，或者受到了限制，其将因裸体化（虚有化）而徒有所有权之名，但此种情形下所有权仍然是所有权，其作为所有权的性质并不会因已裸体化而受到影响，[1] 这种特性是所有权作为"一个权利"的整体性的表现。在"两权分离"制度中，尽管集体土地所有权上设立有土地承包经营权，而土地承包经营权的存在无疑限制了集体土地所有权的行使，但集体土地所有权的属性并没有因土地承包经营权的设立而改变。《物权法》第 125 条[2] 明确了土地承包经营权的权能，虽然有关该条规定的土地承包经营权权能之理解存在诸多分歧，[3] 但其作为用益物权的一个具体类型，应如同所有权一样，是"一个权利"且具有整体性，这是我国继受大陆法系的物权制度使然。如果《农村土地承包法修正案（草案）》将土地承包经营权作为"一束权利"加以规范，并将其内容分割为"土地承包权"与"土地经营权"，则我国法律所确立的各种类型的物权作为体现整体性的"一个权利"的法律理念将被彻底摧毁，对土地承包经营权之外的其他物权的理解与适用也会出现混乱。

第二，以"权利束"的财产权观构建土地承包经营权的权利结构，将导致我国已有农村土地权利结构之法律表达面临困境。承包地"三权分置"政策是因应承包地流转而产生的，根据叶兴庆所言，如果人口不流动、承包地不流转，承包权与经营权虽然差异较大，但仍然可以浑然一体、相安无事；而随着越来越多的承包农户外出务工、承包地流转加快、土地融资的需求得以扩张，致使承包主体与经营主体的分离越来越频繁，承包权与经营权继续混为一体不仅会带来法理上

---

〔1〕　参见王泽鉴：《民法物权》，北京大学出版社 2010 年版，第 110 页。

〔2〕　《民法典》第 331 条完全保留了《物权法》第 125 条的内容。

〔3〕　参见高圣平：《中国土地法制的现代化——以土地管理法的修改为中心》，法律出版社 2014 年版，第 123~126 页。

的困惑，也会造成政策上的混乱。[1]但是，从《农村土地承包法修正案（草案）》的制度构建来看，根据承包地是否处于流转状况，确立了"两权分离"和"三权分置"两种农村土地权利结构，并对这两个农村土地权利结构中的土地承包经营权之权利结构分别采用了"一个权利"和"一束权利"的表达。[2]具体分析该种法律表达的制度意蕴可知，在"两权分离"制度设计的农村土地权利结构中，集体土地所有权上设立的土地承包经营权是"一个权利"，且此种情形下集体土地所有权的性质也不受影响；在承包地"三权分置"政策设计的农村土地权利结构中，土地承包经营权被分解为土地承包权与土地经营权，此时的土地承包经营权成为一个"权利束"。可见，《农村土地承包法修正案（草案）》中的土地承包经营权是"一词两义"，在内容方面也遵循着不同的法理，从而造成了法律概念之内涵界定的混乱，不利于法律适用的安定性之维护。同时，将土地承包经营权作为"一束权利"无法合理解释承包地未流转时的"两权分离"的农村土地权利结构，如果坚持将土地承包经营权界定为体现"浑然整体"的"一个权利"，则既可以继续合理解释"两权分离"的农村土地权利结构，也能够达成承包地流转所引发的"三权分置"的农村土地权利结构之制度目标，[3]故对土地承包经营权的内容以"权利束"的财产权观作出界定，不是《农村土地承包法》（2002年）修正应当采纳的较优选择。

　　第三，将土地承包经营权认定为"一束权利"，无谓地增加了制度变迁的成本。土地承包经营权制度是我国农村经济体制改革的产物，在《物权法》制定过程中，对于是否保留土地承包经营权的名称在法学界有较大争议，但因"任何法制的进步都是一个不断积累的渐进的过程，法律是过去实践的总结，一个法律上的约定俗成的概念的存在，都有其深厚的社会背景，不能够轻易地改变"，[4]而且在当前中国农民已经清楚了解了该概念的情形下，在立法上用其他概念取代该概念，反而容易在实践中造成理解上的混乱。[5]"社会其实是相互勾连的，对一

〔1〕参见叶兴庆："从'两权分离'到'三权分离'——我国农地产权制度的过去与未来"，载《中国党政干部论坛》2014年第6期。

〔2〕参见刘振伟："关于《中华人民共和国农村土地承包法修正案（草案）》的说明——2017年10月31日在第十二届全国人民代表大会常务委员会第三十次会议上"，载《中华人民共和国全国人民代表大会常务委员会公报》2019年第1期。

〔3〕参见高圣平："论农村土地权利结构的重构——以《农村土地承包法》的修改为中心"，载《法学》2018年第2期。

〔4〕王利明：《物权法研究》（典藏本，下卷），中国人民大学出版社2018年版，第50~51页。

〔5〕参见孙宪忠：《中国物权法总论》，法律出版社2018年版，第166页。

种权利的任何重新界定都可能牵动整个权利布局的改变",〔1〕因此,既然土地承包经营权来自我国农村土地制度改革的实践,其是一个约定俗成的概念也是基本共识,那么,对该权利内容的理解就不能望文生义,而必须专注于其法定内涵。在我国推行承包地"三权分置"政策入法过程中,土地承包经营权的内容主要由《物权法》和《农村土地承包法》(2002 年)规定,但这两部法律中的土地承包经营权均不包含所谓的"承包权能",更不是由"土地承包权"与"土地经营权"两个权利的内容集合而来。可见,尽管承包地"三权分置"政策是针对"两权分离"的农村土地权利结构中土地承包经营权的弊病而提出的改良举措,但也应避免将西方产权经济学的"权利束"理论作为直接构建新的农村土地权利结构的法律工具,否则就是主动抛弃了我国物权法律制度对当下农村土地权利结构的精确表达,增加了制度变革的成本。

总之,承包地"三权分置"政策的提出遵循了西方产权经济学的"权利束"理论,其在法律表达上完全与英美法系的财产法之立法模式相契合,不失为一种构建土地承包经营权之权利结构的路径。同时,英美法系的财产法制度与大陆法系的物权制度在法律功能上异曲同工,在我国土地承包经营权制度完善方面,采用何种制度理念也是一个难分轩轾的立法选择问题。然而,从我国已经继受了大陆法系的物权制度模式和改革开放以来的农村土地制度变迁历程出发,坚持将土地承包经营权界定为具有整体性的"一个权利"的法律规范,既有利于节约立法成本,也有益于保持我国物权体系的协调,还有助于将之融入农村社会的实践。

三、研究视野的体系化思维差异

承包地"三权分置"政策入法主要涉及《农村土地承包法》(2002 年)的修改和《民法典》中有关农村土地问题的法律制度之编纂,从法律规范的性质来看,大多数规范都属于民法规范的范畴。在当代社会生活中,为了给民事主体提供几乎全部的可供裁判的行为规范,民法拥有数量极其庞大的规范群,这些规范全体不是像一麻袋土豆一样毫无关联地堆积在一起,而是按照科学的逻辑形成一个统一且和谐的整体,这就是自古以来立法者、司法界和法学界一直共同追求的民法体系化目标。〔2〕细致分析有关承包地"三权分置"政策的法律表达之研究成果可以发现,民事立法中的体系化思维被绝大多数学者或有意或无意地遵循,这种情形表明,体系化思维的运用在承包地"三权分置"政策入法过程中已经成

---

〔1〕　苏力:《道路通向城市:转型中国的法治》,法律出版社 2004 年版,第 127 页。

〔2〕　参见孙宪忠:《权利体系与科学规范:民法典立法笔记》,社会科学文献出版社 2018 年版,第 63 页。

为各界的共识。

由于研究视野的差异，对民法规范体系的认识涉及不同的规范群，从而导致关注的规范体系会在不同层面展开。就承包地"三权分置"政策入法而言，不仅可以从整个民法规范体系的视角进行研究，也可以从物权规范体系的视角进行研究，还可以仅仅研究承包地"三权分置"中"三权"之间的逻辑关联。这三种研究都可以满足民事立法中体系化思维的要求，但却会因为研究视野的不同、关注规范群的不同等影响到所设计的制度建构方案。从农业经济学和管理学视角研究的学者，其成果较多表现出以"三权"为中心加以考察的特点，尽管他们提出的建议方案对解决承包地"三权分置"政策引出的疑难问题有所帮助，但从民事立法的层面来看，这些成果终归受研究视野较为偏狭的限制而未能实现与其他民法规范群的有效衔接。大多数法学学者的研究成果是将承包地"三权分置"政策入法置于物权规范体系进行研究，而且对该政策入法所涉债法规范群也有所关注，故其提出的可供选择的制度设计方案与实践中运行的民法规范的制度对接显然显得更为成功，这可以说是因研究视野较为开阔而获得的成果。

遗憾的是，很多法学学者的研究成果存在一个较为明显的缺陷。他们虽然将承包地"三权分置"政策中的"三权"置于物权规范体系进行探讨，并关注到其与相关债法规范群的制度连接，但却在农村土地法律制度体系研究方面出现了研究盲点，这就是没有将承包地"三权分置"政策入法与其他农地权利结合起来进行分析。因此，从农村土地权利体系的视野出发，有关承包地"三权分置"政策入法的诸多方案还是存在"头痛医头，脚痛医脚"的弊端。

一般认为，十八届三中全会《决定》开启了以承包地"三权分置"推进我国农村土地制度改革的新举措，但是，在农村土地权利体系中，需要立法者储备充足的法律制度资源对该决定的改革方案进行法规则建构，且所涉内容极为广泛，包括集体土地所有权、土地承包经营权、宅基地使用权和集体成员房屋财产权、集体经营性建设用地使用权、集体成员权、农村土地股份合作社、土地征收补偿权利等，[1] 其中集体土地所有权和土地承包经营权是与承包地"三权分置"政策联系最为密切的内容，但这两个权利显然只是农村土地权利体系的一部分。2014 年中央一号文件首次提出了承包地"三权分置"中的"三权"，但该文件中有关"深化农村土地制度改革"的内容非常丰富，包括"完善农村土地承包政策""引导和规范农村集体经营性建设用地入市""完善农村宅基地管理制度"

---

[1]　参见陈小君："我国农村土地法律制度变革的思路与框架——十八届三中全会《决定》相关内容解读"，载《法学研究》2014 年第 4 期。

"加快推进征地制度改革"，而"三权"属于"完善农村土地承包政策"的内容。可见，承包地"三权分置"中的"三权"与整个农村土地权利体系之间的关系，是部分与整体的关系。

波普尔认为："一切批判讨论的准则是：我们应当盯住我们的问题，如果可能还应加以细分，力求一次只解决一个问题，尽管我们当然也总是可以推进到一个补充的问题，或代以更好的问题。"〔1〕从微观的具体的批判性思维活动的角度来看，波普尔的看法是合理的、有益的，但从全局观之却不合理，甚至有害。脱离农村土地权利体系中的其他各种权利，仅就承包地"三权分置"中的"三权"进行研究，即便是以体系化思维为指导，所设计的制度方案也不可避免会存在漏洞。例如，2018 年中央一号文件强调"探索宅基地所有权、资格权、使用权'三权分置'，落实宅基地集体所有权，保障宅基地农户资格权和农民房屋财产权，适度放活宅基地和农民房屋使用权"，正式确立了农村宅基地"三权分置"的新的农村土地权利结构，而该文件中确立的农村宅基地"三权分置"与承包地"三权分置"在农村土地权利结构方面具有何种逻辑关联？同时，集体经营性建设用地使用权、集体土地征收等制度的完善，与承包地"三权分置"和农村宅基地"三权分置"两种新型农村土地权利结构之间，是否或如何实现法律价值理念的和谐一致？对于这些问题，研究承包地"三权分置"政策入法的学者均较少进行综合性的分析。

在研究过程中，"经常要遇到部分与整体，或局部与全局这样一个关系问题。科学地处理好部分与整体的关系，有利于我们从全局出发，全面、系统地认识事物，把握事物的本质，防止对事物形成'只见树木，不见森林'或是'不见树木，只见森林'的片面认识。"〔2〕以承包地"三权分置"政策中的"三权"为重点，同时将"三权"和集体经营性建设用地使用权、宅基地使用权及土地征收制度作为一个整体进行研究，这不失为一种既突出关键问题的解决，又强调解决方案与相关权利之间相互协调贯串的务实做法，从而能够避免"按下葫芦浮起瓢"的问题。因此，将十八届三中全会《决定》中农村土地制度改革新举措概括为农村土地"三权分置"，将 2014 年中央一号文件及其之后党和国家政策文件中确立的"落实集体所有权、稳定农户承包权、放活土地经营权"称为承包地"三权分置"，并使前者包含承包地"三权分置"、农村宅基地"三权分置"、集

---

〔1〕　[英]卡尔·波普尔：《猜想与反驳——科学知识的增长》，傅季重等译，上海译文出版社 2005 年版，第 342 页。

〔2〕　孙小礼主编：《科学方法中的十大关系》，学林出版社 2004 年版，第 74 页。

体经营性建设用地入市和集体土地征收等制度改革的内容，[1] 必将有助于全整推动涉及上述内容的政策入法，并构建一个内在和谐一致的农村土地权利体系。

综上，为了妥当处理承包地"三权分置"政策入法中所涉关键性争点问题，需要明辨政策话语与法律话语的不同特点，以探寻承包地"三权分置"的农村土地权利结构的合理法律表达模式；同时，在沿袭大陆法系财产制度的立法传统的基础上，继续坚持大陆法系的形式理性，果断采纳大陆法系财产权利结构，将承包地"三权"及相关农村土地权利作为一个整体置于物权规范体系之中予以系统研究，并注意保持承包地"三权"与物权规范之外的相关民法制度的对接，从而得出一个体现共同法律价值理念的综合解决方案。当然，根据党和国家政策的要求，承包地"三权分置"政策入法是这个综合解决方案要走的第一步。

第三节　承包地三权分置政策入法的争点之抉择

承包地"三权分置"政策入法中的争点较多，其中有关土地承包经营权的定位、土地承包权与土地经营权分设的正当性、土地承包权和土地经营权的权利性质及内容等方面的分歧最为显著。本节拟以《农村土地承包法修正案（草案）》中的承包地"三权分置"制度设计为基础，对该草案中所涉承包地"三权分置"政策入法的争点之抉择进行剖析，从而为准确解读现行农村土地法律制度体系提供参考。

一、土地承包经营权制度之解读及其定位

从农村土地权利结构来看，承包地"三权分置"与"两权分离"的主要区别在于，前者以集体土地所有权和土地承包经营权的分离为基础，将土地承包经营权进一步分为土地承包权和土地经营权。《农村土地承包法修正案（草案）》以法律规则的形式对承包地"三权分置"政策作出了细致的表达。尽管土地承包经营权的概念在该草案中得以保留，但土地承包经营权的制度定位却在该草案确立的农村土地权利体系中发生迷失。因此，以承包地"三权分置"政策的法律转化为线索，探寻土地承包经营权在承包地"三权分置"制度中的准确定位，能够

---

〔1〕　有学者在评论《民法典各分编（草案）》时提出：在编纂物权编时，"不应当仅将'三权分置'的理论限于在土地承包经营权和宅基地使用权，而是应当将这种做法扩张到所有的土地使用权"。席志国："民法典编纂中的土地权利体系再构造——'三权分置'理论的逻辑展开"，载《暨南学报（哲学社会科学版）》2019 年第 6 期。这种观点与此处提出的"农村土地'三权分置'"的农村土地权利结构在体系化思维视野方面是相吻合的。

为推动我国农村土地权利结构改革向纵深发展提供理论支持。

（一）土地承包经营权的权利性质：财产权抑或兼具身份属性

在《农村土地承包法》（2002 年）颁布实施前，各界对土地承包经营权的法律性质的理解就存在重大分歧，最具影响的观点是物权说与债权说。《物权法》明确规定土地承包经营权是一种用益物权，从而使土地承包经营权的法律性质之争终结。随着承包地"三权分置"政策的出台，有关土地承包经营权的权利性质之理解再次发生分歧，此次争议集中在作为用益物权的土地承包经营权是否具有身份属性。主张土地承包经营权含有身份属性的学者所持的主要理由是：①土地承包经营权的身份属性由取得该权利的主体须具有特定身份所决定；②土地承包经营权的身份属性源于该权利内含的社会保障功能；[1]③土地承包经营权的内容包含具有身份属性的土地承包权，从而使之亦具有了身份属性。[2]但是，从其时的法律法规来看，土地承包经营权作为用益物权是一种纯粹的财产权，其并不具有身份属性，认为土地承包经营权具有身份属性的观点，值得商榷：

1. 取得土地承包经营权需具有特定的身份，不等于基于该特定身份取得的土地承包经营权必然具有身份属性。在我国以家庭承包经营为基础、统分结合的双层经营体制下，以家庭承包方式取得土地承包经营权的权利主体具有身份属性，而根据《农村土地承包法》（2002 年）第 5 条第 1 款的规定，取得土地承包经营权的主体的身份属性表现为其必须是农村集体经济组织的成员。对土地承包经营权之取得主体的身份属性作出此种理解，被一些持承包地"三权分置"观点的专家所赞成。如张红宇认为，根据《农村土地承包法》（2002 年）的规定，具备一定的主体资格条件，是土地承包经营权取得的前提，具体而言，土地承包经营权的取得须与农村集体经济组织的成员资格挂钩。[3]再如，叶兴庆提出，只有农村集体经济组织的成员才有资格拥有承包权，因为承包权属于成员权。[4]其实，正是因为农村集体经济组织成员这一身份属性的存在，我国才在《农村土地承包法》（2002 年）和《物权法》中对家庭承包与其他方式的承包作出了不同的规范。尽管土地承包经营权人在取得该权利时须具有特定资格，但这并不表明

---

〔1〕 参见肖鹏："农村土地'三权分置'下的土地承包权初探"，载《中国农业大学学报（社会科学版）》2017 年第 1 期。

〔2〕 参见丁文："论'三权分置'中的土地承包权"，载《法商研究》2017 年第 3 期。

〔3〕 参见张红宇："从'两权分离'到'三权分离'——我国农业生产关系变化的新趋势"，载《人民日报》2014 年 1 月 14 日，第 7 版。

〔4〕 参见叶兴庆："从'两权分离'到'三权分离'——我国农地产权制度的过去与未来"，载《中国党政干部论坛》2014 年第 6 期。

基于该身份属性的权利而取得的财产权同样具有身份属性。在法律制度上，有不少财产权的取得都与财产权取得人的身份有关，如股东权作为社员权兼具有财产权和身份权的双重性质，但基于股东身份享有的股息或基于红利分配请求权取得的股息或红利，则是一种纯粹的财产权，该股息或红利并不因股东权的身份属性而亦具有了身份属性。在农村集体经济组织中，"成员享有的承包权或承包资格应是成员权中的集体利益分配请求权，即请求集体分配财产利益的权利"，[1] 该种承包资格在本质上是集体土地所有权主体制度的组成部分，属于成员权的范畴，是成员权中的自益权。基于承包资格取得的土地承包经营权是一种用益物权，这为我国法律所明确规定，将农村集体经济组织成员取得土地承包经营权的前提与结果混为一谈，无疑是对我国法律制度的曲解。

2. 赋予土地承包经营权身份属性不是实现土地承包经营权的社会保障功能的唯一途径。在农村土地制度改革初期，由于受人多地少之基本矛盾的制约而不得不强调公平地按照人均分配土地，且承包期一般是二三年调整一次，体现了承包地对农民的生存保障功能。[2] 这种做法与当时急于解决粮食短缺和农民温饱难题密切相关。为了使土地的社会保障功能得以充分体现，承包地的流转为当时的政策法规所禁止。在农业生产获得了创纪录的丰收而解决了农民的温饱问题后，承包地调整逐步受到限制。1984 年中央一号文件规定，一般情形下土地承包期应在 15 年以上，同时开始鼓励土地向种田能手集中，开启了农村土地制度理念从公平向效率的转变。此后，1993 年《农业和农村经济发展的政策措施》"为了稳定土地承包关系，鼓励农民增加投入，提高土地的生产率"，明确规定耕地承包期到期后，再延长 30 年不变；同年，《中共中央关于建立社会主义市场经济体制若干问题的决定》提出，在个人收入分配方面应当"体现效率优先、兼顾公平的原则"；1995 年 5 月，国务院批转农业部《关于稳定和完善土地承包关系的意见》，强调"提倡在承包期内实行'增人不增地、减人不减地'""建立土地承包经营权流转机制"，自此，注重彰显农地利用效率的"两权分离"制度之精神正式确立。不过，"增人不增地、减人不减地"、承包地"延长三十年不变"和构建土地承包经营权流转制度等政策，使土地承包经营权的社会保障功能之发挥在形式上出现了重大变化，即承包地从农民生存的实物保障变为价值保障，土地承包经营权的财产属性完全取代了其社会保障功能，土地承包经营权基于承包地的社会保障功能而附加的身份属性就此荡然无存，这可从《土地管理法》《农

---

〔1〕　陈小君："我国农民集体成员权的立法抉择"，载《清华法学》2017 年第 2 期。

〔2〕　参见温铁军：《"三农"问题与制度变迁》，中国经济出版社 2009 年版，第 304～305 页。

村土地承包法》（2002 年）和《物权法》大力推行土地承包经营权流转制度得到印证。因此，仍然以家庭联产承包责任制推行初期的政策意蕴理解土地承包经营权之权利性质，实有刻舟求剑之嫌。

3. 认为土地承包经营权包含具有身份属性的土地承包权的内容，是对《物权法》第十一章的法律规则作出形式化地解读的结果。我国《物权法》第十一章是关于"土地承包经营权"的规范，有学者认为该章第 126 条第 2 款、第 130 条、第 131 条等内容体现出了身份属性，从而得出土地承包经营权的权利性质具有身份性的结论。[1] 对上述条文进行分析不难发现，它们是关于土地承包经营权人的续包权、承包地调整与收回规范的规定，都是为了在法律中固化"稳定土地承包关系"的政策精神而采取的具体举措。作为一种用益物权，土地承包经营权具有显著的财产属性，在承包期内调整或收回承包地，将在实质上侵害或剥夺土地承包经营权人享有的财产权利，故《物权法》对发包人调整和收回承包地的条件作出了严格的限定，这是所有权人受到土地承包经营权这种他物权之限制的表现，与土地承包经营权是否受到农村集体经济组织成员的身份之影响无关。在土地承包经营权的承包期限届满后，土地承包经营权人对承包地"继续承包"的权利在学理上被称为续包权（或延包权），其主要内容表现为承包期限届满后，土地承包经营权人有权依法对集体土地的同一地块继续承包，[2] 该权利显然具有身份属性。但是，继续承包以终止原有承包合同为基础，且必须重新签订一个承包合同，尽管新的承包合同与前一承包合同在内容方面没有发生变化，但前一承包合同却已经终止了，故继续承包并不是原有承包经营关系的继续。[3] 根据《物权法》的规定，续包权由土地承包经营权人享有，但该权利在性质上应当归属于农村集体经济组织成员权的范畴，是《农村土地承包法》（2002 年）第 5 条规定的承包资格意义上的承包权的延展，其强调的是，如果土地承包经营权人行使请求"按照国家有关规定继续承包"原承包地的权利，则发包人有义务将该承包地依旧发包给原承包人，从而由原土地承包经营权人再次享有原承包地的土地承包经营权。因此，尽管续包权被规定在《物权法》第十一章"土地承包经营权"中，但该权利应当被理解为是土地承包经营权制度所涉规范群的组成部分，其不是也不应当属于土地承包经营权的内容。可见，从《物权法》第 126 条

〔1〕　参见丁文："论土地承包权与土地经营权的分离"，载《中国法学》2015 年第 3 期。

〔2〕　参见肖鹏："农村土地'三权分置'下的土地承包权初探"，载《中国农业大学学报（社会科学版）》2017 年第 1 期。

〔3〕　参见王利明：《物权法研究》（典藏本，下卷），中国人民大学出版社 2018 年版，第 73 页。

第 2 款、第 130 条、第 131 条的内容出发，认定土地承包经营权具有身份属性，不具有说服力。

《农村土地承包法修正案（草案）》第 5 条第 1 款规定，"农村集体经济组织的成员，有权依法承包经营由本集体经济组织发包的土地，享有土地承包经营权"，分析该条内容可知，尽管农村集体经济组织成员享有土地承包经营权应当以具有成员资格为前提，但土地承包经营权本身却不包含彰显身份属性的内容。不过，《农村土地承包法修正案（草案）》第 6 条第 1 款、第 2 款规定，"以家庭承包方式取得的土地承包经营权在流转中分为土地承包权和土地经营权""土地承包权是指农村集体经济组织成员依法享有的承包土地的权利"，从而将土地承包经营权人享有农村集体经济组织的成员资格确定为土地承包经营权内容的构成要素。可见，《农村土地承包法修正案（草案）》中的土地承包经营权是在两种不同的意义上被使用，且该草案第 6 条为土地承包经营权抹上了身份色彩，使得土地承包经营权制度之定位出现错误，以致土地承包经营权流转制度遭"连根拔起"，而欠缺土地承包经营权流转制度的承包地"三权分置"政策的法律表达必将是不完整的。因此，对于土地承包经营权这一体现中国农村社会特质的土地权利，不能受该术语所含有的"承包"之名所累，而应根据该权利产生的历史背景及实践中的运行状况彰显其所具备的"经营"之实质内容，明确该权利不具有身份属性，而是一种纯粹的财产权。

（二）稳定土地承包关系的权利载体：土地承包经营权抑或农户承包权

在"两权分离"的农村土地权利结构中，稳定农村土地承包关系以土地承包经营权为权利载体，[1] 而在承包地"三权分置"政策中，稳定现有土地承包关系则是以农户承包权为权利载体。[2]《农村土地承包法修正案（草案）》第 4 条第 2 款规定，"国家依法保护农村土地承包关系稳定并长久不变"，且在制度设计中以土地承包权作为稳定现有土地承包关系的权利载体，此为该草案第 40 条第 1 款所规定。[3] 由于本农村集体经济组织的农户是家庭承包的承包方，因而草案第 40 条中的"承包方的土地承包权"就是政策中所说的农户承包权。尽管农户承包权较土地承包权在权利主体上发生了转变，但其却依然将享有农村集

---

〔1〕 参见 1993 年 11 月《农业和农村经济发展的政策措施》和 1997 年 8 月《中共中央办公厅、国务院办公厅关于进一步稳定和完善农村土地承包关系的通知》（中办发〔1997〕16 号）。

〔2〕 参见《关于完善三权分置办法的意见》。

〔3〕《农村土地承包法修正案（草案）》第 40 条第 1 款规定："承包方在一定期限内将部分或者全部承包土地的经营权流转给第三方后，承包方与发包方的承包关系不变，承包方的土地承包权不变。"

体经济组织的成员资格作为承包所属农民集体土地之前提。如果从成员的承包资格角度来理解"稳定农户承包权"中的土地承包权，则此种农户承包权长期以来都保持着稳定性，且为《农村土地承包法》（2002 年）所明确规定，故从承包资格意义来理解"稳定农户承包权"无法体现承包地"三权分置"政策的深意，也使得以此种农户承包权为稳定土地承包关系的权利载体，在法律规则设计方面只能原地徘徊。

根据我国有关承包地"三权分置"政策文件的内容与权威学者的观点，在承包地"三权分置"语境下，作为政策术语的农户承包权不是《农村土地承包法》（2002 年）第 5 条意义上的"土地承包权"，其实际上是指法律中所规定的"土地承包经营权"，[1] 只是"三权分置"政策中的"农户承包权"包含了派生出经营权的土地承包经营权，为了在实践中与"两权分离"制度下的土地承包经营权加以区分，农户承包权专指因流转而派生出经营权的土地承包经营权，故政策中一再强调的"稳定承包权"在法律上的表现就是对农户取得的土地承包经营权的物权属性予以确认和强化。[2] 可见，稳定土地承包关系的权利载体在承包地"三权分置"政策中叫"农户承包权"，而在法律制度中依然由"土地承包经营权"承担此一重任。既然"三权分置"政策与"两权分离"制度均将稳定土地承包关系寄希望于土地承包经营权制度的完善，那么，对法律制度中制约土地承包关系之稳定的因素加以探究，并有针对性地提出应对方案，是落实承包地"三权分置"政策中"稳定农户承包权"的前提和基础。

基于"两权分离"制度，我国主要在土地承包经营权制度中设计了如下法律规则来稳定土地承包关系：

第一，明确土地承包经营权为用益物权，并延长土地承包经营权的承包期限。为了巩固推行家庭联产承包责任制的农村经济体制改革成果，《民法通则》第五章第一节"财产所有权和与财产所有权有关的财产权"首次确立了（土地）承包经营权。尽管学界一般认为该节条文是关于物权制度的规范，但因该法规定（土地）承包经营权中"承包双方的权利和义务，依照法律由承包合同规定"，故主张（土地）承包经营权为债权的观点在学界也较为流行。同时，在土地承包经营权完成了解决农村温饱的阶段性任务后，我国在"效率优先"的制度理念的指导下，一方面强化土地承包经营权的物权性，另一方面赋予土地承包经营权更长的承包期限，希望以这些举措保持土地承包关系的稳定。其实，土地承包

---

〔1〕 参见高圣平："农地三权分置视野下土地承包权的重构"，载《法学家》2017 年第 5 期。

〔2〕 参见蔡立东、姜楠："农地三权分置的法实现"，载《中国社会科学》2017 年第 5 期。

经营权是物权还是债权，与土地承包经营权人的权利能否得到充分保护无关，也与土地承包经营权的承包期限之长短没有必然联系，而且拥有更长承包期限的土地承包经营权也不一定就更加稳定；当然，从理论上来说，明确土地承包经营权的物权性，对土地承包经营权的流转较为便利。[1] 尽管如此，我国 1984 年中央一号文件将第一轮农村土地承包的承包期确定为 15 年，1993 年《农业和农村经济发展的政策措施》指出在第一轮土地承包期到期之后，第二轮在第一轮分配的承包地基础上续包，此次承包期为 30 年。这些政策精神后来体现在《农村土地承包法》（2002 年）和《物权法》中。为了使土地承包关系长久不变，《物权法》第 126 条第 2 款规定承包期届满"由土地承包经营权人按照国家有关规定继续承包"，使得以土地承包经营权为权利载体的土地承包关系的稳定通过续包权的形式被彻底法定化。

第二，将土地承包经营权的主体由农民个体变为农户，实行"增人不增地、减人不减地"的政策。根据《民法通则》第 80 条第 2 款的规定，（土地）承包经营权主体限于公民（自然人）、集体。由于家庭经营既符合农业生产的特点，适应传统农业，可以与小生产相联系，实行小规模经营，也能够和采用先进科学技术和生产手段的现代农业相适应，与社会化大生产相联系，进行大规模经营和集约经营，[2] 故《民法通则》规定了"农村承包经营户"这一主体。然而，"因为农村承包经营是按照人口承包的，农村里每一个家庭成员都有土地承包经营权""农村承包经营户是集体经济的一种经营形式"，[3] 所以，在这一时期由农民个体享有土地承包经营权，但由农村承包经营户经营承包地。在第一轮土地承包期即将届满时，绝大多数农户的家庭人口与第一轮土地承包开始时相比发生了人口增减，如果继续以农民个体作为土地承包经营权的主体，则第二轮土地承包应根据已经变化了的人口状况对承包地进行调整。基于持续稳定土地承包关系的政策目标，在"效率优先"的制度理念指导下，第二轮土地承包采续包制度，每个农户享有的承包地在第一轮土地承包的基础上不变。为了解决第二轮土地承包时绝大多数农户的家庭成员已经发生变动的现实问题，并为第二轮土地续包时不以人口多少为标准调整土地确定法律依据，《农村土地承包法》（2002 年）第 15 条规定，"家庭承包的承包方是本集体经济组织的农户"，从而使土地承包经

---

〔1〕　参见高飞：《集体土地所有权主体制度研究》，中国政法大学出版社 2017 年版，第 164~167 页。

〔2〕　参见何宝玉主编：《〈中华人民共和国农村土地承包法〉释义及实用指南》，中国民主法制出版社 2002 年版，第 64 页。

〔3〕　顾昂然等：《中华人民共和国民法通则讲座》，中国法制出版社 2000 年版，第 97、95 页。

营权的主体完成了由农民个体到农户的转变，而《物权法》第126条第2款以此为基础进一步确定了续包权。"土地承包以户为单位进行，尽管户内人口有增有减，但农户这一单位却长期存在并相对稳定，通过农户内部的自我调节，在很大程度上消化和缓解了人地矛盾"。[1] 自此，"两权分离"制度下稳定土地承包关系的法律规则体系最终建成。

尽管当时我国法律通过上述规范群来稳定土地承包关系，但各种形式的承包地调整一直没有绝迹。根据中科院农村政策研究中心的调查，2000年之前发生过土地大调整的村有60%，而2000年之后发生了土地大调整的村也有7%，主要集中在2005年之前。[2] 2007年"农村土地问题立法研究"课题组在10省调研中提出"您认为'增人不增地，减人不减地'的农地政策好吗"这一问题，仅有25.90%的受访农户认为该政策好，而有56.03%的受访农户认为该政策不好，还分别有6.78%和8.89%的受访农户认为"增人不增地好，减人不减地不好"和"增人不增地不好，减人不减地好"。[3] 在2015年7省实地调研中，如表2-2所示，面对"自2003年《农村土地承包法》实施以来，您认为本村土地承包经营中主要问题是什么（限选三项以内）"这一问题，分别有6.15%、6.75%、22.82%、31.55%、49.80%、20.04%、19.84%和11.71%的受访农户表示主要问题是"发包方（村集体）不当干预承包""承包程序上存在问题""承包地流转问题""土地承包经营权无法抵押贷款的问题""承包地调整问题""承包地征收问题""抛荒严重"和"承包有纠纷未能得到解决"，还有13.29%的受访农户认为是其他问题，其中"承包地调整问题"位居首位。可见，承包地调整有着较为广泛的群众基础，稳定土地承包关系一直都面临着严峻的现实挑战。

---

〔1〕 张红宇：《新型城镇化与农地制度改革》，中国工人出版社2014年版，第180~181页。

〔2〕 参见张红宇：《新型城镇化与农地制度改革》，中国工人出版社2014年版，第175页。其实，这种观念在政府部门已经是一种普遍性认知，直到今日也没有改变，例如：2021年1月25日，"农业农村部对李叶红代表意见建议的答复"指出，"按照现行法律政策，农村土地承包采取集体经济组织内部的家庭承包方式，以农户为单位进行，在集体统一组织承包的时点上，本集体经济组织的农户平等地享有承包土地的权利，承包结果是公平的，农民群众是认可的。随着时间推移和家庭人口变化，会出现农户间人均承包地占有差异。但承包期内，作为本集体经济组织成员的农户家庭成员共同享有对承包地的占有、使用、收益权利，不存在新增家庭成员无地问题。按照家庭人员变化调整承包地，不符合国家农村土地承包法律政策，不利于保持土地承包关系稳定。"

〔3〕 参见高飞：《集体土地所有权主体制度研究》，中国政法大学出版社2017年版，第251页。

表 2-2　受访农户对农村土地承包经营中存在问题之认知表　单位:%

	山东	湖北	贵州	河南	广东	黑龙江	浙江	平均值
A	9.72	8.33	8.33	0.00	8.33	1.39	6.94	6.15
B	1.39	9.72	12.50	0.00	12.50	1.39	9.72	6.75
C	11.11	20.83	36.11	22.22	26.39	15.28	27.78	22.82
D	47.22	33.33	31.94	30.56	30.56	23.61	23.61	31.55
E	25.00	52.78	34.72	84.72	38.89	63.89	48.61	49.80
F	11.11	18.06	37.50	18.06	12.50	5.56	37.50	20.04
G	4.17	16.67	45.83	27.78	20.83	2.78	20.83	19.84
H	5.56	19.44	12.50	16.67	5.56	12.50	9.72	11.71
I	25.00	12.50	6.94	1.39	19.44	13.89	13.89	13.29

资料来源：2015 年 7 省实地调研的调查成果。

说明：A 代表"发包方（村集体）不当干预承包"；B 代表"承包程序上存在问题"；C 代表"承包地流转问题"；D 代表"土地承包经营权无法抵押贷款的问题"；E 代表"承包地调整问题"；F 代表"承包地征收问题"；G 代表"抛荒严重"；H 代表"承包有纠纷未能得到解决"；I 代表"其他"。

其实，"两权分离"的农村土地权利结构以"重效率、轻公平"为制度理念，具有历史的合理性。[1] 但是，刻板坚持该制度，在社会时空环境已经发生变化的情形下仍然拒绝对该制度加以适当调整，显得有些不合时宜。十八届三中全会《决定》明确提出"保障农民集体经济组织成员权利"，而赋予农民更多财产权利是一个关键性举措，其中使农民在本农村集体经济组织发包土地时获得承包地，并享有承包土地的土地承包经营权，这是作为农村集体经济组织成员的农民基于其成员权利应享有的重要财产权利。由于土地承包经营权是用益物权，在承包期内不得调整承包地是当然之理，但农村集体经济组织的每一个成员均应公平分享基于土地所有权产生的利益也同样无可厚非。不过，我国在法律制度中明显厚此薄彼，其基于效率导向以各种方式杜绝承包地的调整，同时却对无地少地的农村集体经济组织成员追求公平的呼声未在制度上及时作出回应。上述矛盾在农业税费免除后更加突出，使得以土地承包经营权为载体所追求的土地承包关系的稳定面临着巨大的压力，由此导致承包地"三权分置"政策反复强调要"稳定农户承包权"。

---

〔1〕　参见高飞："农村土地'三权分置'的法理阐释与制度意蕴"，载《法学研究》2016 年第 3 期。

在《农村土地承包法》（2002 年）和《物权法》及其相关政策肯定土地承包经营权为用益物权且推行续包制度的情形下，必须对农村土地制度进行如下变革，才能够克服稳定土地承包关系遭遇的障碍：①加速农村集体经济组织成员权制度之建构，确立并细化成员权的内容。在法律上，农村集体经济组织成员权属于社员权的范畴，其包括共益权和自益权。作为承包资格的土地承包权是农村集体经济组织成员享有的请求承包集体土地的权利，在性质上属于自益权，该权利的实现便是获得土地承包经营权。②重新明确土地承包经营权主体为农民个体，而不是农户，避免人地矛盾被"户"所掩盖。尽管根据《民法总则》第55条[1]的规定，农民个体取得土地承包经营权后，可以农村承包经营户为承包地的经营主体，但是承包地的家庭经营不应改变土地承包经营权为农民个体各自分享的性质。③夯实集体土地所有权的收益权能，明确缴纳承包费是土地承包经营权人应当承担的义务。在我国农村社会，农民具有双重角色，其既是农村集体经济组织的成员，又是土地承包经营权人，这两种角色之间的关系时而重合、时而分离；农业税费的免除，使农村集体经济组织作为集体土地所有权人应当获得的土地收益，通过承包制被土地承包经营权人分享，即土地承包经营权人在名义上行使的是土地承包经营权，但其却不仅获得了基于土地承包经营权产生的全部收益，而且获得了以农村集体经济组织成员为基础方可分享的基于土地所有权产生的收益；作为农村集体经济组织成员的农民，如果未能实际承包土地，则不仅无法获得以土地承包经营权为基础产生的收益，也不能分享以土地所有权为基础产生的收益，这正是引发承包地调整的制度根源。[2]重新规定土地承包经营权人缴纳承包费的义务，并以该承包费补偿未实际承包土地的农村集体经济组织成员，使他们获得基于土地所有权而产生的利益，不仅可以满足农村集体经济组织成员公平分享集体土地利益的正当要求，也使稳定土地承包关系以提高农村土地生产率有了充分的法律依据。

（三）土地承包经营权的流转制度：供给无效抑或需求错位

自十八届三中全会以来，承包地"三权分置"政策开始形成，《关于完善三权分置办法的意见》明确推行该政策的长远目标是实现"推动新型工业化、信息化、城镇化、农业现代化同步发展"，而培育新型农业经营主体以实现农地适度规模经营，开禁承包地担保以拓展农地权利的融资渠道来支持农业发展，则是达

---

〔1〕　即《民法典》第55条。

〔2〕　参见高飞："土地承包经营权稳定与承包地调整的冲突及其解决之道——一个社会实证的分析"，载耿卓主编：《土地法制科学》（第1卷），法律出版社2017年版，第190页。

成上述制度目的的主要措施。不过，无论是培育新型农业经营主体还是拓展承包地的担保融资渠道，都需要完善农村土地法律制度，以便适应承包地流转日益频繁的现状，并保障承包地流转顺畅的法律规范。只是"两权分离"制度下供给的是土地承包经营权流转制度，"三权分置"政策表达出的制度需求是"放活"从土地承包经营权中分离出的土地经营权，且该政策将赋予经营主体更有保障的土地经营权作为农村基本经营制度完善之关键。

为了将承包地"三权分置"政策中作为重点的"放活土地经营权"转化为法律，《农村土地承包法修正案（草案）》第 6 条在明确了土地经营权基于土地承包经营权流转而产生后，在该条第 3 款对土地经营权作出了明确的界定，同时在该草案第二章第五节对"土地经营权的保护和流转"进行了专门规定，而土地承包经营权流转制度却在该草案中消失。可见，以土地经营权流转制度取代土地承包经营权流转制度成为承包地"三权分置"政策之法律表达的主流观点。然而，无视《农村土地承包法》（2002 年）和《物权法》中已有的关于土地承包经营权流转制度的供给，盲目提出土地经营权流转制度这一新的制度需求，无助于我国农村土地权利制度的顺畅运行，也不利于实现承包地"三权分置"政策之制度目标。

其实，土地承包经营权流转制度能够达成推进承包地流转以实行农地的适度规模经营和培育新型农业经营主体的当代使命。由于我国农村高素质的、年轻的劳动力严重不足，承包地流转日趋增加，故培育新型农业经营主体、加快推进农地适度规模经营的步伐，具有重要的现实意义。为了因应农村劳动力外流将承包地流转给他人耕种的现状，一些学者在坚持土地承包经营权是承包权和经营权的混合体的基础上，提出土地承包经营权的流转将因承包权具有身份属性而受限，故他们将推动承包地流转的希望寄托于土地经营权流转制度的建构。正如前文所述，根据我国《农村土地承包法》（2002 年）和《物权法》的规定，土地承包经营权是一种纯粹的财产权，土地承包经营权的流转也没有受到所谓的身份性的制约。而且，在《农村土地承包法》（2002 年）和《物权法》规定的土地承包经营权流转方式中，除转包、互换因具有一定的特殊性而只能流转给同一农村集体经济组织的其他农户外，作为物权性流转之典型方式的转让和债权性流转之典型方式的出租，均未限定须流转给同一农村集体经济组织的其他农户，只是强调本农村集体经济组织成员在同等条件下享有优先权。[1] 即便有关政策置法律的明确规定于不顾，要求"以转让方式流转承包地的，原则上应在本集体经济组织

---

〔1〕 参见《农村土地承包法》（2002 年）第 33 条、《农村土地承包经营权流转管理办法》第 9 条。

成员之间进行，且需经发包方同意"，[1] 但该政策也并没有完全"堵死"以转让方式将承包地流转给本农村集体经济组织成员之外的主体的路径。同时，在当前农村社会实践中，"已有 30% 以上的承包农户在流转承包地，流转面积 4.79 亿亩。"[2] 而据原农业部统计，截至 2012 年年底，全国有 2.78 亿亩的家庭承包耕地流转，流转入企业、农民专业合作社和农户的分别占 9.2%、15.8% 和 64.7%；全国有 87.7 万个家庭农场，他们经营的耕地面积达到 1.76 亿亩，其中有 20.3 万个家庭农场的经营规模在 100 亩以上，有 1.65 万个家庭农场的经营规模在 1000 亩以上。[3] 这里所说的家庭农场、农业大户、农民专业合作社和农业企业等，就是我国农村政策要大力培育的新型农业经营主体。可见，推行承包地"三权分置"政策之前，我国法律规定的土地承包经营权流转制度，已经为新型农业经营主体的培育和适度规模经营的形成提供了法制路径。

当然，《农村土地承包法》（2002 年）和《物权法》中规定的土地承包经营权流转制度并不是尽善尽美，禁止土地承包经营权抵押以致于堵塞了承包地融资的渠道，就是一个备受各界关注的现实问题，但开禁土地承包经营权抵押仅仅需要将法律制度中相关禁止性法条加以修改即可。如果通过践行"三权分置"政策确认土地经营权具有担保融资功能，弥补土地承包经营权不能抵押融资之弊，这无疑是舍近求远之举。《农村土地承包法修正案（草案）》第 42 条同时确认了土地承包经营权和土地经营权的融资担保制度，正好表明以承包地融资担保无需凭借承包地"三权分置"政策的推行。

此外，针对《农村土地承包法》（2002 年）和《物权法》中规定的土地承包经营权流转制度的不足，尚需从以下方面对该制度加以完善：在法律中增加土地承包经营权流转方式，赋予土地承包经营权人更多的选择权；在土地承包经营权转让制度中，改"应当经发包人同意"为"须向发包人备案"，从而避免发包人对土地承包经营权流转的干预；[4] 取消转让人须"有稳定的非农职业或者有稳定的收入来源"的限制条件，以促进承包地经济效益得以发挥，且使土地承包

---

〔1〕　中共中央办公厅、国务院办公厅印发的《关于引导土地经营权流转的意见》。

〔2〕　刘振伟："关于《中华人民共和国农村土地承包法修正案（草案）》的说明——2017 年 10 月 31 日在第十二届全国人民代表大会常务委员会第三十次会议上"，载《中华人民共和国全国人民代表大会常务委员会公报》2019 年第 1 期。

〔3〕　参见张红宇：《新型城镇化与农地制度改革》，中国工人出版社 2014 年版，第 34 页。

〔4〕　参见高飞："土地承包经营权流转的困境与对策探析"，载《烟台大学学报（哲学社会科学版）》2015 年第 4 期。

经营权转让方式在实践中更具有可操作性；[1] 遵循不动产物权变动的一般规则，将上述法律中规定的土地承包经营权之设立与变动的登记对抗主义修改为登记要件主义。[2]

可见，在实现承包地"三权分置"政策确立的制度目标方面，尽管以《农村土地承包法》（2002 年）和《物权法》规定的土地承包经营权流转制度为基础的法制度供给略显不足，但并未呈现出制度供给无效的态势。根据上述法律的规定，土地承包经营权流转制度存有"小恙"是不可否认的现实，然而，这些问题在整个法规范体系中都能够得到合理的解决，没有必要撇开土地承包经营权流转制度，而以土地经营权流转制度作为达成承包地"三权分置"政策之制度目标的法律基础。以土地经营权流转制度取代土地承包经营权流转制度，这种"另起炉灶"的做法显然在制度需求方面产生了严重的错位，无异于是把"感冒"当作"癌症"施以"化疗"，不仅没有"对症施救"，而且还是"过度医疗"，即便暂不考虑此举是否能够实现预定的制度目标，就其在制度变革中将付出更大代价而言，也是应当极力避免的。

虽然完善《农村土地承包法》（2002 年）和《物权法》规定的土地承包经营权流转制度可以满足承包地"三权分置"政策确立的制度目标之需求，但以土地承包经营权制度为基础构建土地经营权制度也确有一定的必要性，只是应当对土地经营权的制度功能进行适当限制。因此，对于被承包地"三权分置"政策中的"三权"所遮掩的土地承包经营权，不仅应当在我国农村土地权利体系建构中保留其概念，更应在《农村土地承包法》（2002 年）修正和《民法典》编纂时对其稍加修改以完善该制度，以便为承包地"三权分置"的政策的制度目的之实现提供充分且成本较低的法律支撑。

二、土地承包权与土地经营权分设的法理反思

承包地"三权分置"政策入法需要解决一个难题，就是土地承包经营权如何分设为土地承包权与土地经营权，从而为积极推行"三权分置"的经营模式提供法律依据。然而，土地承包经营权能否分设为土地承包权与土地经营权，有必要从法理上予以审视，以便为在法律表达中处理好土地承包经营权与土地承包权、土地经营权的关系提供理论参考。

---

〔1〕 参见高圣平：《中国土地法制的现代化——以土地管理法的修改为中心》，法律出版社 2014 年版，第 129~130 页。

〔2〕 参见陈小君："'三权分置'与中国农地法制变革"，载《甘肃政法学院学报》2018 年第 1 期。

（一）土地承包权与土地经营权分设的制度目标考察

大多数赞同土地承包权与土地经营权分设的专家认为，根据《农村土地承包法》（2002 年）和《物权法》的规定，土地承包经营权流转制度存在缺陷，承包地"三权分置"政策出台的主要目的是弥补这些制度缺陷。其中所说的土地承包经营权流转制度之缺陷主要体现在三个方面：

1. 土地承包经营权流转因承包权与经营权混为一体而受限。随着我国经济社会的发展，大量农村劳动力涌入城镇就业，其中不少外出务工的农户将承包地流转，由他人耕种。主张将土地承包经营权分设为承包权和经营权的专家一般都强调土地承包经营权是承包权与经营权的混合体，而这两种权利的混合使土地承包经营权的流转受限。如叶兴庆认为，"承包权属于成员权，只有集体成员才有资格拥有，具有明显的身份依附性、社区封闭性和不可交易性"。[1] 刘守英也认为，农户为自耕农时，经营者拥有承包权，但随着农村劳动力离农化趋势加大，承包权与经营权发生事实上的分离，如果基层政府和集体组织强化经营权流转，往往会导致农民承包权的丧失；同时，承包农户因担心流转经营权导致土地承包权丧失，会限制其对流转相对方的选择，从而影响土地的经营效率。[2] 党国英则强调，农户的土地承包经营权实际是一种资格垄断的特别经营权，只能由村庄原住户获得，而村庄外人员不能获得。[3] 根据这些专家学者的理解，正是因为土地承包经营权中含有承包权的内容，为土地承包经营权的流转带来了障碍。

2. 新型农业经营主体的培育不力。基于城乡推拉之力尤其是城乡收益差异较大的心理预期，越来越多的农村劳动力暂时、长期或永久离开农村，村落过疏化乃至空心化现象日益严重，[4] 而且，进城务工的大多为高素质的、年轻的劳动力，以致我国农村劳动力呈现老龄化趋势。为了应对农村高素质劳动力严重不足的问题，十八届三中全会《决定》提出："鼓励承包经营权在公开市场上向专业大户、家庭农场、农民合作社、农业企业流转，发展多种形式规模经营。"在解读该政策时，韩长赋认为，在承包权与经营权分设后，可以"形成土地经营权

---

〔1〕　叶兴庆："从'两权分离'到'三权分离'——我国农地产权制度的过去与未来"，载《中国党政干部论坛》2014 年第 6 期。

〔2〕　参见刘守英："农村土地法律制度改革再出发——聚焦《中共中央关于全面深化改革若干重大问题的决定》"，载《法商研究》2014 年第 2 期。

〔3〕　参见党国英："农地'三权分置'改革究竟是什么意思？"，载《新京报》2016 年 6 月 9 日，第 A02 版。

〔4〕　参见田杨、崔桂莲："农村劳动力流动和新农村建设问题探析"，载《东岳论丛》2015 年第 8 期。

流转的格局，大力培育和扶持多元化新型农业经营主体"；[1] 张红宇将承包权与经营权的分设视为"培育实现多元经营的基本前提与必然选择"，既有利于培育和发展家庭农场、合作组织和农业企业等新型农业经营主体，也有利于培育新型职业农民；[2] 冯海发则强调各种新型农业经营主体参与的农业经营方式创新，可以有效推动形成"三权并行分置"的新型农地制度。[3] 可见，无论是为了解决农村劳动力老龄化问题，还是推行农地适度规模经营、推进农业科技创新、加速发展现代种业和农业机械化，新型农业经营主体都比小农经营主体具有便利的条件和优势。因此，主张土地承包权与土地经营权分设的专家，将培育新型农业经营主体作为建立农业可持续发展长效机制的重大政策支持，其言下之意即土地承包经营权流转制度无法胜任培养新型农业经营主体之重任。

3. 土地承包经营权融资的渠道不畅。土地承包经营权抵押为我国《物权法》明文禁止，导致农业经营主体融资难现象异常突出，故十八届三中全会《决定》明确提出："赋予农民对承包地占有、使用、收益、流转及承包经营权抵押、担保权能"，而土地承包权与土地经营权分设更是将承包地的抵押、担保权能付诸实施作为一个重要目标。张红宇认为，"经营权独立之后，可以在不影响土地承包权及其收益的前提下，以土地经营权来设定抵押，为农业发展提供金融支持。"[4] 陈锡文则把经营权从土地承包经营权中单独分离出来允许抵押担保，作为解决现实中农民发展现代农业面临的贷款难题的途径。[5] 叶兴庆也认为，从土地承包经营权中分离出独立的土地经营权，顺应了"扩大农村有效抵押物范围、缓解农业贷款难的需要"。[6] 对这些观点进行梳理可以发现，他们均主张土地承包经营权中含有土地承包权内容是阻碍承包地抵押、担保功能实现的"罪魁祸首"。

可见，土地承包权和土地经营权分设后拟达到的制度目标在一定程度上是我

〔1〕 李慧："让土地流转和规模经营健康发展——农业部部长韩长赋就《关于引导农村土地经营权有序流转发展农业适度规模经营的意见》答记者问"，载《光明日报》2014 年 10 月 18 日，第 2 版。

〔2〕 参见张红宇：《新型城镇化与农地制度改革》，中国工人出版社 2014 年版，第 215 页。

〔3〕 参见冯海发："为全面解决'三农'问题夯实基础——对十八届三中全会《决定》有关农村改革几个重大问题的理解"，载《农民日报》2013 年 11 月 18 日，第 1 版。

〔4〕 参见张红宇："从'两权分离'到'三权分离'——我国农业生产关系变化的新趋势"，载《人民日报》2014 年 1 月 14 日，第 7 版。

〔5〕 参见冯华、陈仁泽："农村土地制度改革，底线不能突破——专访中央农村工作领导小组副组长、办公室主任陈锡文"，载《人民日报》2013 年 12 月 5 日，第 2 版。

〔6〕 国务院发展研究中心农村经济研究部：《集体所有制下的产权重构》，中国发展出版社 2015 年版，第 16 页。

国现阶段农业经营追求的目标。然而，根据《农村土地承包法》（2002 年）和《物权法》的规定，针对土地承包经营权制度是否在达成现代农业经营模式方面无能为力，以致应将土地承包权和土地经营权分设作为新时代农村土地权利体系构建的必要前提的问题，上述专家均未从法律层面给出有说服力的理由，故对土地承包权与土地经营权分设的正当性加以验证至为重要。

（二）　土地承包权与土地经营权分设的正当性检视

法律制度的创新不能对已有制度置之不顾，也不能简单地以新制度替代现有制度，一种法律制度的创新能否得到尊重和承认，要看其是否能够弥补现有制度无法自愈之缺陷，并在法律观念上有所进步。因此，对土地承包经营权流转制度到底是予以完善还是分设，必须深刻剖析该制度之现实困境，并以此作为抉择的依据。

根据对土地承包权与土地经营权分设政策的理解，土地承包经营权因具有身份性而阻碍了土地承包经营权流转的推广，制约了我国农业产业现代化的转型，[1] 其中土地承包经营权的身份性特点表现为其含有承包权的内容。一般认为，《农村土地承包法》（2002 年）第 5 条确立了农村集体经济组织成员的承包权，即农村集体经济组织成员承包土地的资格，赞同土地承包权和土地经营权分设的专家对土地承包权的理解与此基本一致。[2] 根据 2015 年 7 省实地调研，如表 1-10 所示，面对"您认为作为集体成员应对村（组）集体享有哪些成员权利或利益（可多选）"的问题，受访农户作为农村集体经济组织成员，从应然层面其更加关注的权利主要有"选举、监督、罢免集体经济组织管理者"（93.25%）、"承包集体土地"（92.46%）、"参与集体事务表决"（91.47%）、"依法申请宅基地"（90.48%），因为超过 90% 的受访农户都认为他们应当享有这四项权利；此外，超过 80% 的受访农户认为应当享有的权利有三项，即"集体盈利分配"（87.70%）、"从集体获得社保经费补助、补贴"（86.90%）、"对侵害集体利益的行为提起诉讼"（81.55%）；"分配自留山、自留地"（75.40%）的权利在应有权利中的选择人数比例最低，但也有超过四分之三的受访农户认为应当享有该项权利。同时，如表 2-3 所示，面对"您认为作为集体成员在本村

---

〔1〕　参见马俊驹、丁晓强："农村集体土地所有权的分解与保留——论农地'三权分置'的法律构造"，载《法律科学（西北政法大学学报）》2017 年第 3 期。

〔2〕　参见张红宇："从'两权分离'到'三权分离'——我国农业生产关系变化的新趋势"，载《人民日报》2014 年 1 月 14 日，第 7 版；叶兴庆："从'两权分离'到'三权分离'——我国农地产权制度的过去与未来"，载《中国党政干部论坛》2014 年第 6 期。

（组）集体实际享有了哪些成员权利或利益（可多选）"的问题，分别有 90.67%、61.90%、86.71%、79.76%、79.17%、26.79%、22.02%、56.35%、33.33% 和 47.22% 的受访农户表示其实际享有了"选举集体经济组织管理者""监督、罢免集体经济组织管理者""承包集体土地""参与集体事务表决""依法申请宅基地""集体盈利分配""从集体获得社保经费补助""特殊人群（老年人、残疾人等）补贴""对侵害集体利益的行为提起诉讼"和"分配自留山、自留地"等权利。对比表 1-10 和表 2-3 可以发现，农户对于农村集体经济组织的成员资格有清晰的认识，也知晓农村集体经济组织成员的应有权利和实有权利之不同，而"承包集体土地"只是农村集体经济组织成员享有的多项权利中的一种，且受访农户表示农村集体经济组织成员的"承包集体土地"的应有权利和实有权利之间有一定的差距，调研数据显示分别占 92.46% 和 86.71%。由此可知，尽管受访农户普遍将农村集体经济组织成员资格与"承包集体土地"紧密联系在一起，但他们没有将这种成员资格作为土地承包经营权内容的组成部分，因为作为农村集体经济组织的成员即便有"承包集体土地"的资格，也未必能够实现"承包集体土地"的权利（即取得土地承包经营权），而不享有土地承包经营权也并不影响其具有农村集体经济组织的成员资格。

表 2-3　受访农户对农民集体成员的实然权益之认知表　单位:%

	山东	湖北	贵州	河南	广东	黑龙江	浙江	平均值
A	76.39	100.00	87.50	93.06	90.28	88.89	98.61	90.67
B	44.44	76.39	63.89	61.11	48.61	59.72	79.17	61.90
C	63.89	79.17	84.72	72.22	87.50	77.78	93.06	79.76
D	45.83	15.28	27.78	8.33	54.17	12.50	23.61	26.79
E	34.72	22.22	22.22	6.94	20.83	15.28	31.94	22.02
F	63.89	51.39	52.39	26.39	65.28	61.11	73.61	56.35
G	66.67	95.83	91.67	98.61	76.39	86.11	91.67	86.71
H	27.78	58.33	76.39	47.22	38.89	12.50	69.44	47.22
I	61.11	69.44	94.44	98.61	69.44	76.39	84.72	79.17
J	25.00	26.39	56.94	30.56	36.11	20.83	37.50	33.33
K	0.00	0.00	0.00	0.00	0.00	0.00	0.00	0.00

资料来源：2015 年 7 省实地调研的调查成果。

说明：A 代表"选举集体经济组织管理者"；B 代表"监督、罢免集体经济组织管理者"；

C 代表"参与集体事务表决";D 代表"集体盈利分配";E 代表"从集体获得社保经费补助;F 代表"特殊人群（老年人、残疾人等）补贴";G 代表"承包集体土地";H 代表"分配自留山、自留地";I 代表"依法申请宅基地";J 代表"对侵害集体利益的行为提起诉讼";K 代表"其他"。

然而，承包权与经营权分设的一个重要理由是，农村集体经济组织的成员资格是土地承包经营权流转的阻碍因素。为了考察这一论断的真实性，在 2015 年 7 省实地调研中，我们针对承包地在实践中实际存在的流转方式、影响农户流转承包地的因素以及农户希望法律制度供给哪些类型的承包地流转方式等问题进行了考察，如表 1-5、表 1-6、表 1-7 所示，根据调研结果发现：在实践中受访农户享有的土地承包经营权能够自由流转，农村集体经济组织的成员资格不构成流转的障碍，且他们也未将该成员资格看成是否将承包地流转出去的影响因素。但是，土地承包经营权融资渠道不畅在实践中是一个真正的问题。不过，就农村土地法律制度而言，土地承包经营权不能抵押并非由土地承包经营权中含有身份属性的承包权所导致，这从我国《农村土地承包法》（2002 年）和《物权法》准许土地承包经营权转让这种较土地承包经营权抵押限制程度较重的流转方式即可知晓，我国当时的法律禁止土地承包经营权抵押是制度设计上缺陷导致的;[1] 同时，既然土地承包经营权转让不存在因所谓土地承包权和土地经营权混杂引起的障碍，那么，所谓土地承包权、土地经营权不分，自然也不会对土地承包经营权抵押造成影响。

当前，土地承包经营权流转日益频繁，推动农地适度规模经营正当其时，但受农村高素质劳动力越来越缺乏的限制，培育各种新型农业经营主体愈加迫切。不可否认，培育新型农业经营主体的需要是应对农村高素质劳动力短缺的重要举措，也是实现农业现代化的关键环节。按照我国农村政策的提法，所谓新型农业经营主体包括农业大户、家庭农场、农民合作社和农业企业。[2] 据原农业部统计，在推行承包地"三权分置"政策前，土地承包经营权流转制度并未构成新型农业经营主体生成的阻碍。[3] 在承包地"三权分置"政策推行后，《农村土地承包法》于 2018 年修法完成前，如表 2-4 所示，2015～2017 年全国家庭承包耕地流转入专业合作社、企业等新型农业经营主体的面积也是逐年上升，这说明当

---

〔1〕 参见高圣平：《中国土地法制的现代化——以土地管理法的修改为中心》，法律出版社 2014 年版，第 135～137 页。

〔2〕 参见徐祥临："深化农业改革，谁来种地，如何种好地——培育新型农业经营主体之理念与对策"，载《人民论坛》2017 年第 3 期。

〔3〕 参见张红宇：《新型城镇化与农地制度改革》，中国工人出版社 2014 年版，第 34 页。

时的土地承包经营权流转制度同样能够满足新型农业经营主体生成的需要。其实，《农村土地承包法》（2002 年）第 33 条规定了土地承包经营权流转应当遵循的原则，在与这些原则不相违背的前提下，新型农业经营主体可以基于土地承包经营权流转而产生。因此，将新型农业经营主体发展不力归结为土地承包经营权具有身份属性造成其流转窒碍，进而以土地承包权与土地经营权分设作为应对措施，不是推动农村土地制度进一步改革的良方。

表 2-4　2015~2017 年全国家庭承包耕地流转去向状况表　单位：公顷、%

项目	2015 年		2016 年		2017 年	
	数量	比上年增减	数量	比上年增减	数量	比上年增减
流转入农户的面积	262062341	11.3	18651518	6.8	19631870	5.26
流转入专业合作社的面积	97369101	10.2	6893964	6.2	7751252	12.44
流转入企业的面积	42322082	9.0	3091704	9.6	3356682	8.57
流转入其他主体的面积	45080130	10.7	3310020	10.1	3401076	2.75

资料来源：中华人民共和国农业农村部网站数据中"中国农业农村统计资料 2015""中国农业农村统计资料 2016""中国农业农村统计资料 2017"的综合整理。

实践中，工商资本参与农地经营的现象越来越普遍，他们也是新型农业经营主体的重要形式。在 2015 年 7 省实地调研时，如表 2-5 所示，面对"您认为控制工商企业长期、大面积租赁农户承包地时，应重点注意哪些问题（限选二项以内）"的问题，受访农户中有 58.73%关注"不得改变租赁地的农业用途"，有 27.58%关注"对企业资格进行审查"，有 44.44%关注"对租赁地上从事的项目进行审核"，有 55.56%关注"建立农业风险保障金制度"，还有 4.17%关注其他问题。通过与受访农户访谈发现，他们最关注租金的实现问题；不少受访农户反映其所在村有工商企业在租赁承包地后仅支付了前几年的租金，后由于该企业经营少有营利，即便现在解除租赁合同，也将因该企业在承包地上修建了一些非农设施而无法复耕，故他们对"不得改变租赁地的农业用途"也较为关注；然而，在租金能够得到保障时，关注"不得改变租赁地的农业用途"的受访农户减少。还有一些受访农户表示关注"对企业资格进行审查"和"对租赁地上从事的项目进行审核",目的也是希望工商企业租赁承包地后能够有较为丰厚的利润,这样他们的租金更易于实现。据原农业部统计,截至 2012 年年底,全国农村土地流转到工商企业的耕地面积为 2800 万亩,比 2009 年增加 115%,占流转面积的 10.3%。[1] 可见,现行土地承包经营权流转制度完全能满足工商资本进入农业生产领域的需求,无碍于新型农业经营主体的培育。

表 2-5　受访农户对农民集体成员的实然权益之认知表　单位:%

	山东	湖北	贵州	河南	广东	黑龙江	浙江	平均值
A	66.67	47.22	30.56	47.22	81.94	83.33	54.17	58.73
B	27.78	47.22	43.06	9.72	27.78	12.50	25.00	27.58
C	40.28	51.39	45.83	48.61	48.61	33.33	43.06	44.44
D	51.39	70.83	69.44	58.33	43.06	51.39	44.44	55.56
E	2.78	5.56	2.78	8.33	0.00	0.00	9.72	4.17

资料来源:2015 年 7 省实地调研的调查成果。

说明:A 代表"不得改变租赁地的农业用途";B 代表"对企业资格进行审查";C 代表"对租赁地上从事的项目进行审核";D 代表"建立农业风险保障金制度";E 代表"其他"。

需要强调的是,我国《物权法》禁止土地承包经营权抵押的确影响了新型农业经营主体的融资需求,故解决土地承包经营权抵押(担保)问题迫在眉睫,但将土地承包经营权分设为土地承包权和土地经营权,从而在继续禁止土地承包经营权抵押的情形下确认土地经营权具有担保融资功能,无疑是走了弯路。相反,土地承包权与土地经营权分设,会使原本能够顺畅运行的土地承包经营权流转制度遇到如下新的桎梏:

第一,加剧了对土地承包经营权的法律属性的误读。有关土地承包经营权的法律属性的债权说和物权说之争由来已久,但《物权法》将土地承包经营权定性为用益物权,从而终结了纷争。在承包地"三权分置"政策出台后,主张将土地承包经营权分设为土地承包权和土地经营权,并强调土地承包经营权中包含承包权,又重新挑起了土地承包经营权的法律属性之争,只是此次分歧在于土地承包经营权是否包括承包权从而具有了身份属性。其实,在《物权法》将土地承包经营权明确规定为用益物权后,学者在理解土地承包经营权的内容时一般不认为该权利含有承包权,[2] 即使认为土地承包经营权"具有强烈的身份性质和社会属

---

[1]　参见张红宇:《新型城镇化与农地制度改革》,中国工人出版社 2014 年版,第 37 页。

[2]　参见王利明:《物权法研究》(典藏本,下卷),中国人民大学出版社 2018 年版,第 70~77 页。

性"的学者，也未将承包权归入土地承包经营权的内容之中。[1] 主张土地承包经营权包含土地承包权和土地经营权两个方面的内容，是对土地承包经营权这个体现我国制度特色的约定俗成的法律术语进行望文生义地解读的结果。同时，《农村土地承包法》（2002 年）第 41 条关于土地承包经营权转让制度的设计也说明其不含有身份属性，是一种纯粹的财产权。如表 1-5、表 2-4 所示，土地承包经营权的流转在农村社会是一种普遍现象，认为土地承包经营权中含有身份属性的承包权会影响农户将承包地流转是一种主观臆断。既然农村集体经济组织成员享有的承包集体土地的权利不曾被包含在土地承包经营权的内容之中，也就不存在从土地承包经营权中分离出来的问题，否则，无助于对土地承包经营权的法律性质的准确理解。

第二，造成了土地承包经营权内容理解上的混乱。为了对承包地"三权分置"政策中"稳定农户承包权"进行法律构造，有学者认为土地承包经营权的权能包含：①承包土地请求权；②承包土地收益权；③承包土地回收权；④承包土地占有、使用权；⑤土地经营收益权；⑥有限制的流转权，并主张前三项权能构成土地承包权。[2] 然而，从《物权法》第 125 条的规定来看，土地承包经营权并不包含"承包土地请求权"的权能。农村集体经济组织成员享有的承包权或承包资格，是请求参与集体财产利益分配的权利，在性质上应认定为成员权中的集体利益分配请求权，[3] 该权利是取得土地承包经营权的资格权，属于集体土地所有权主体的构成要素，而不是作为财产权的土地承包经营权的内容。去除"承包土地请求权"的权能后，其他五项权能都体现了土地承包经营权作为用益物权的财产属性，也就不存在将承包土地收益权和承包土地回收权独立出来作为土地承包权权能的依据。将"农户承包权"与土地承包经营权相等同也是一种较为流行的观点，[4] 但该观点并没有严格遵循土地承包权与土地经营权分设的"三权分置"政策思路；同时，尽管土地承包经营权制度存在一些细节上的缺陷，但《物权法》已经"确认并强化农户已取得的土地承包经营权的物权属性"，故该主张中的"稳定农户承包权"的制度目标失去了追求的现实意义。

总之，如果坚持将土地承包经营权分设为土地承包权与土地经营权的观念，无论是强行给土地承包经营权塞入本不包含的土地承包权的内容，还是以农户承

---

〔1〕 参见尹田：《物权法》，北京大学出版社 2013 年版，第 403~409 页。

〔2〕 参见马俊驹、丁晓强："农村集体土地所有权的分解与保留——论农地'三权分置'的法律构造"，载《法律科学（西北政法大学学报）》2017 年第 3 期。

〔3〕 陈小君："我国农民集体成员权的立法抉择"，载《清华法学》2017 年第 2 期。

〔4〕 蔡立东、姜楠："农地三权分置的法实现"，载《中国社会科学》2017 年第 5 期。

包权取土地承包经营权而代之，都只会在理论上造成有关土地承包经营权的法律性质与内容之理解的无谓争议。

三、土地承包权与土地经营权分设的法理回应

在将政策上升为法律时应当注意，政策语言与法律语言属于不同的话语体系，两者之间很难一一对应，故"贯彻中央文件必须首先贯彻其精神，不能拘束于个别词句。中央文件只是指明了改革的方向，但是法律上的操作措施必须稳妥可靠，必须考虑到现行法律制度本身的和谐统一等方面的规则"。[1] 尽管将土地承包经营权分设为承包权与经营权的政策表达不符合法律逻辑，但当前各种政策均明确了土地承包权与土地经营权拟实现的目标，故与其纠结于土地承包经营权应如何分设为土地承包权与土地经营权，不如根据农村土地立法变革的要旨，在保留土地承包经营权制度的合理规则之基础上，对土地承包权与土地经营权作出科学的制度构建。

（一）土地承包权的政策意蕴与权利定位

1. 土地承包权的政策意蕴。在 2018 年 12 月 29 日完成《农村土地承包法》修法之前，土地承包权不是我国法律制度规定的法定权利，承包地"三权分置"政策中的土地承包权是一种获得土地承包经营权的资格，具有身份性，《关于完善三权分置办法的意见》确认了这一点，只是该政策将土地承包权与基于土地承包权取得的经营承包地的财产权混杂在一起。不过，该意见一再强调土地承包权的身份属性，如其明确规定："不论经营权如何流转，集体土地承包权都属于农民家庭……不得以退出土地承包权作为农民进城落户的条件。"尽管承包地"三权分置"政策认为土地承包经营权是土地承包权与土地经营权的结合，但土地承包权的规范意旨却是以"稳定农户承包权"即稳定农村集体经济组织成员的土地承包资格为重心，故在将政策中土地承包权的复杂内容转化为法律规范时，不能仅以政策中描述的内容为依据，还必须考虑政策话语的法律构造是否能够保持法律制度的逻辑自洽。

在我国法律制度中，对农村集体经济组织成员之承包资格的规定较为零散，但对基于承包资格取得的经营承包地的财产权已以土地承包经营权制度作出了详细的规范。由于《农村土地承包法》（2002 年）和《物权法》中规定的土地承包经营权流转制度为各界所诟病，且将土地承包经营权流转制度之不足归之于该

---

〔1〕 孙宪忠："推进农地三权分置经营模式的立法研究"，载《中国社会科学》2016 年第 7 期。

权利具有身份属性，因此，如果以土地承包经营权作为具有身份属性的土地承包权的未来的制度载体，无疑将使土地承包经营权流转实践遭遇更多障碍，而将土地承包权作为独立于土地承包经营权的权利予以法律构造，显然是一个务实之举。

2. 土地承包权的应然定位。构建满足承包地"三权分置"政策预设的"稳定农户承包权"的政策目标的法律制度，首要前提是从法律体系方面对土地承包权作出准确的规范定位。因为保持基于承包资格获得的土地承包经营权的稳定一直为政策和法律制度所追求，且承包地"三权分置"政策中土地承包权是作为土地承包经营权的组成部分提出来的，故"稳定农户承包权"的政策目标不会是为了突出经营承包地的财产性权利。如果将"稳定农户承包权"中的土地承包权理解为承包资格，则这种土地承包权本来就是稳定的，"若土地承包经营权人为本集体经济组织成员，在承包期限届满之后，若无特殊情况可自动续期。而在土地承包经营权流转至本集体经济组织之外成员的情形下，承包期限届满之后不得自动续期，集体经济组织可收回土地进行重新配置"。[1] 根据 2015 年 7 省实地调研的情况来看，如表 1-4 所示，受访农户普遍认为依据延包政策，农村集体经济组织重新配置承包地的方式就是让仍具有其成员资格的原承包方继续承包。可见，从"稳定农户承包权"的政策目标来设计土地承包权仅具有拾遗补缺的作用，不符合党和国家推动农村土地立法改革大踏步前进的深意。

如果考虑到土地承包权的性质属于成员权，那么，将其纳入集体土地所有权主体制度中，无疑对于实现十八届三中全会《决定》强调的"保障农民集体经济组织成员权利"大有助益。在原农业部等六部门联合发布的《关于认真做好农村土地承包经营权确权登记颁证工作的意见》（农经发〔2015〕2 号）中，明确坚持稳定土地承包关系以"确权确地"为主，但也可以采用"确权确股不确地"的方式。其中"确权确股不确地"与学者所谓的体现土地承包权的创新实现方式的"确权确利不确地"在本质上是一致的，"'确权'，就是确认集体经济组织成员资格，取得资格的人有权享有集体土地承包权；'确利'，就是确定参与土地经营收益分配的具体方式；'不确地'，就是不将具体的地块分割到每家每户"。[2]我国长期以各种措施大力推行"稳定现有土地承包关系并保持长久不变"，而有承包资格的农村集体经济组织成员并非都能够实际取得承包地，此时推行"确权确股不确地"的利益分配方式，使每个具有承包资格的农村集体经济组织成员均

---

〔1〕 单平基："'三权分置'理论反思与土地承包经营权困境的解决路径"，载《法学》2016 年第 9 期。

〔2〕 国务院发展研究中心农村经济研究部：《集体所有制下的产权重构》，中国发展出版社 2015 年版，第 14 页。

以股份形式参与分享集体土地利益，实质已经超越土地承包权的制度空间而进入了成员权的制度范围。

尽管借构造土地承包权制度之机建构农村集体经济组织成员权制度，与承包地"三权分置"政策中的土地承包权的制度目标存有偏差，但此种"暗度陈仓"之举却能够取得强化保障农民集体成员权利和促进农民集体成员公平共享土地利益之效。如果在推行承包地"三权分置"政策时顺势确立农村集体经济组织成员权制度，规定土地承包经营权人需支付承包费，并将承包费作为农村集体经济组织的收益在其成员之间予以分配，以使未承包集体土地的成员也可分享集体土地所有权之收益；同时，因为土地承包经营权人为取得土地承包经营权支付了相应的对价，此时法律规定的保持承包关系长久不变的制度自然能够得以顺利实现。[1] 因此，仅仅完善土地承包权，并不能使承包地"三权分置"政策中的农户承包权得以稳定，由土地承包权出发加强农村集体经济组织成员权建构，才是"稳定农户承包权"的治本之策。

（二）土地经营权的权利来源与定性

1. 土地经营权的权利来源。《农村土地承包法》（2002 年）第 32 条规定了通过家庭承包取得的土地承包经营权的流转方式，该制度精神在《物权法》第128 条也得到了体现，[2] 其中转让、互换为物权性流转，即受让人享有的经营承包地的权利属于物权；出租、转包为债权性流转，即受让人享有的经营承包地的权利属于债权。[3] 在这两部法律中，土地承包经营权出租、转包时，受让人享有的经营承包地的债权性权利没有明确命名，但土地承包经营权转让、互换后，受让人享有的经营承包地的物权性权利在《物权法》第 129 条[4]中则仍然被称为"土地承包经营权"。

承包地"三权分置"政策是将"两权分离"制度中的土地承包经营权分设为土地承包权和土地经营权而形成，"从本质上看，土地流转就是承包权和经营权的分离，就是承包人把属于自己的经营权以有偿的方式让渡给他人的过程。"[5] 因

---

〔1〕 参见高飞："土地承包经营权稳定与承包地调整的冲突及其解决之道——一个社会实证的分析"，载耿卓主编：《土地法制科学》（第 1 卷），法律出版社 2017 年版，第 93~94 页。

〔2〕 在《物权法》中未列举"出租"的流转方式，但基于该法第 128 条规定有权将土地承包经营权采取转包、互换、转让"等方式"流转，此处的"等"应解释包含"出租"的流转方式。

〔3〕 参见朱继胜："'三权分置'下土地经营权的物权塑造"，载《北方法学》2017 年第 2 期。

〔4〕《物权法》第 129 条规定："土地承包经营权人将土地承包经营权互换、转让，当事人要求登记的，应当向县级以上地方人民政府申请土地承包经营权变更登记；未经登记，不得对抗善意第三人。"

〔5〕 孔祥智："'三权分置'的重点是强化经营权"，载《中国特色社会主义研究》2017 年第 3 期。

此，土地经营权是对我国法律制度中土地承包经营权流转后受让人享有的经营承包地的权利的称谓。《关于完善三权分置办法的意见》规定，"在依法保护集体所有权和农户承包权的前提下，平等保护经营主体依流转合同取得的土地经营权，保障其有稳定的经营预期"。由于该意见中的"流转合同"的具体类型并不明确，在语义上包括基于转包、出租、互换、转让等各种流转方式签订的合同，故受让人依这些流转合同取得的土地经营权在性质上也应该具有多样性，即既包括物权性的土地经营权，也包括债权性的土地经营权。

2. 土地经营权的权利定性。虽然认定经营权的法律构造应与承包地"三权分置"政策的精神保持一致，但政策话语不能取代法律逻辑，而且，对未来的土地经营权的权利性质作出妥当界定，是对该权利进行制度设计的逻辑起点。在承包地"三权分置"政策入法前，有关土地经营权的法律性质的立法建议主要有用益物权说和债权说两种观点，其中用益物权说具有明显的优势和制度合理性：

（1）有利于农村土地权利体系的协调。无论是《农村土地承包法》（2002年）和《物权法》关于土地承包经营权流转的规定，还是承包地"三权分置"政策关于土地经营权产生方式的规定，均确认受让人获得经营承包地的权利可以是物权，也可以是债权，但未来农村土地法律制度中的土地经营权仅包含受让人经营承包地的物权性权利则更为合理。如上文所述，在土地承包经营权人以转包、出租等方面流转承包地时，受让人获得的经营承包地的权利属于债权。因土地承包经营权的转包与出租没有本质区别，两者的分野主要是意识形态的影响所致，缺少充分的法律理论之基础，且对转包与出租分别规定不仅未丰富流转方式，还徒增理论与实践的混乱，故从与相关法律制度衔接的便宜性角度出发，在土地承包经营权的流转方式中应当删除"转包"而保留"出租"。[1] 如果在承包地"三权分置"政策入法时，通过立法将转包归并到出租之中，则受让人获得经营承包地的债权性权利的流转方式主要是出租，且受让人享有的这种债权性权利可以被称为土地租赁权，从而无需以"土地经营权"之名对其予以独立的制度建构。反之，明确受让人基于转让取得经营承包地的权利为土地经营权，并认可该权利为用益物权，既符合承包地多元化利用的时代趋势，又可以将承包地"三权分置"政策中的土地经营权融入农村土地权利制度中，从而有利于维持农村土地权利体系的和谐。

（2）有益于节约制度变迁的成本。任何一种制度变迁都必须付出代价，这不

─────────

〔1〕 参见陈小君等：《田野、实证与法理——中国农村土地制度体系构建》，北京大学出版社 2012年版，第68~71页。

以人的意志为转移，故在确定立法方案时，必须注意到不同的立法方案需要付出不同的成本。由于"制度变迁过程是人的自主实践过程，总是具有一定的目的性与计划性，总是具有某种程度的可选择性。……我们可以在不同代价、成本之间做出选择，以较小代价换取制度变迁的目的性实现。"[1] 我国以承包地"三权分置"政策取代"两权分离"制度而对所涉农村土地权利进行法律构造时，应当对各种立法方案的效益加以评估，选择代价最小的立法方案。根据土地承包经营权流转方式的不同性质，确认受让人基于出租取得的经营承包地的债权性权利为土地租赁权，并明确规定受让人基于转让取得的经营承包地的物权性权利为土地经营权，这种方案与 2018 年《农村土地承包法》修法前实践中运行的法律制度设计一脉相承，是最节省立法成本的设计方案。

（3）有助于承包地"三权分置"政策目标的实现。现代农业是以高投入追求高效率、高收益，大量资本投入是发展现代农业的重要条件。尽管新型农业经营主体是我国现代农业发展中最为活跃的生产要素，是农村金融市场中需求最旺盛的群体，但在我国法律禁止土地承包经营权抵押融资时，他们也成为金融需求满足程度最低的群体。[2] 承包地"三权分置"政策推行的目标之一就是赋予经营权抵押融资权能，而"物权性质的土地经营权，对于土地经营者具有期限更长、可以针对第三人主张权利、可以方便流转以至于设置抵押等法律制度上的优点"。[3] 因此，将受让人享有经营承包地的物权性权利以土地经营权之名固定下来，同时把受让人取得的经营承包地的债权性权利（即土地租赁权）排除在土地经营权之外，是解禁承包地抵押融资的制度目标实现的妥适途径。

作为用益物权，土地经营权属于在土地承包经营权之上设立的次级用益物权。有学者对土地经营权的用益物权之设计方案提出了反对意见，认为多层权利客体理论依据不够充分，其主要理由是：土地承包经营权与其派生的物权性经营权之客体的差异违反了"一物一权原则"；承认权利用益物权的国家只是基于历史传统等因素认可权利用益权，对用益权之外的用益物权往往禁止以权利为客体，这与我国将经营权打造成可以自由转让、抵押甚至继承的独立权利的制度目的不相吻合；此外，权利用益物权即使存在突破传统用益权的个别特例，也未必具有普适意义。[4] 其实，该观点对土地经营权的用益物权设计方案的质疑有失

---

〔1〕　高兆明：《政治正义：中国问题意识》，人民出版社 2014 年版，第 192 页。

〔2〕　参见张红宇：《新型城镇化与农地制度改革》，中国工人出版社 2014 年版，第 218~219 页。

〔3〕　孙宪忠："推进农地三权分置经营模式的立法研究"，载《中国社会科学》2016 年第 7 期。

〔4〕　参见高海："论农用地'三权分置'中经营权的法律性质"，载《法学家》2016 年第 4 期。

偏颇：其一，我国法律制度中没有规定"一物一权原则"，且主张确认土地经营权为用益物权也不违反"一物一权原则"。一般认为，"一物一权原则"是指一个物上只能成立一个所有权，一个所有权的客体通常为一个物。由于"一物一权原则"长期以来都仅适用于所有权制度，而不适用于物权整体制度，且自用益物权和担保物权产生后，一个特定物之上可以并存多个物权，这使得该原则易于引起歧义，还常常误导实践，[1] 因而我国《物权法》没有规定该原则。用"一物一权原则"否定土地承包经营权派生出土地经营权的合理性，超越了该原则的传统适用领域，结论自然不符合物权规则的制度逻辑。其二，基于多层权利客体理论，德国当代民法规定了下级地上权制度，也就是认可以地上权为本权再次设立地上权，其设立条件与地上权完全一样，只是该权利建立在地上权人的权利基础之上。[2] 地上权不属于用益物权中的用益权，以地上权为客体设立的下级地上权也不属于权利用益权，故从德国立法例来看，权利用益物权具有可资参考的国际经验。同时，土地经营权的权利用益物权设计方案本身不是为了追求所谓的"普适"意义，而"在于建立和保持一种可以大致确定的预期，以便利人们的相互交往和行为"。[3]

总之，在将承包地"三权分置"政策转化为法律时，确认土地经营权为用益物权，既便于实践中区分土地承包经营权与土地经营权的主体，也能够参照因他物权消灭而所有权恢复全面支配的圆满状态之弹力性原理，处理土地经营权到期后土地承包经营权人对承包地的支配关系，同时也满足了土地经营权可以自由转让、抵押甚至继承的制度目标，从而将"放活土地经营权"真正落到实处，故是具有可行性的法律构造方案。

四、《农村土地承包法修正案（草案）》中相关制度设计评析

《农村土地承包法修正案（草案）》是我国最早对承包地"三权分置"政策作出法律表达的尝试，其中很多表达方式直接来自各种政策文本的规定，也受到一些学者的支持，故对该草案中土地承包权与土地经营权的制度设计进行评析，对于理解现行《农村土地承包法》和《民法典》中的相关制度具有启发意义。

---

〔1〕 参见孙宪忠：《中国物权法总论》，法律出版社 2018 年版，第 280~281 页。

〔2〕 参见孙宪忠：《德国当代物权法》，法律出版社 1997 年版，第 228 页；［德］鲍尔、施蒂尔纳：《德国物权法·上册》，张双根译，法律出版社 2004 年版，第 652 页。

〔3〕 苏力：《法治及其本土资源》，中国政法大学出版社 1996 年版，第 7 页。

（一）《农村土地承包法修正案（草案）》的制度设计缺陷

《农村土地承包法修正案（草案）》秉承承包地"三权分置"的政策精神，对土地承包权与土地经营权分设的政策构想作出了法律表达，其促进土地承包经营权流转、加快新型农业经营主体培育和拓宽农业经营主体融资途径的企图极其明显，[1]其中于第 42 条明确规定无论是承包方还是通过土地承包经营权流转取得土地经营权的相对方，均有权以享有的土地财产权进行融资担保，弥补了土地承包经营权流转制度中最主要的制度缺陷；在关于流转方式的规定中，将转包归并到出租之中，也是本草案的一个亮点。然而，因为《农村土地承包法修正案（草案）》在对土地承包权与土地经营权分设进行制度设计时简单"复制"政策的表达，使该草案的制度设计存在以下缺陷：

1. 法律概念混乱。《农村土地承包法修正案（草案）》过于严格遵循将土地承包经营权分设为土地承包权和土地经营权的政策逻辑，以致使用的法律概念在内涵上有失严谨。其主要表现有二：

（1）"土地承包权"的概念在两种不同的意义上使用。《农村土地承包法修正案（草案）》第 6 条第 2 款规定，"土地承包权是指农村集体经济组织成员依法享有的承包土地的权利"，其表明土地承包权是农村集体经济组织成员取得土地承包经营权的资格权，与第 5 条的内容相吻合。但该草案第 6 条第 1 款又规定，土地承包权可以在以家庭承包方式取得的土地承包经营权流转时和土地经营权同时分离出来，此时的土地承包权是土地承包经营权中经营权流转出去后的剩余权，而由第二章第四节"土地承包权的保护和转让"的表述可知，该土地承包权是一种财产权。

（2）"土地经营权"与"土地承包经营权"的概念内涵交织在一起难以区分。根据《农村土地承包法修正案（草案）》第 5 条第 1 款的规定，农村集体经济组织成员因具有成员资格而享有土地承包经营权，但根据第 6 条第 3 款规定，"土地经营权是指一定期限内占用承包地、自主组织生产耕作和处置产品，取得相应收益的权利"，而对于土地经营权的此种界定也正是土地承包经营权应当包含的内容。因此，从内涵来看，土地承包经营权与土地经营权没有差别。

2. 法律逻辑错误。在我国，农村土地法律制度的制定深受相关政策的影响，

---

〔1〕　参见刘振伟："关于《中华人民共和国农村土地承包法修正案（草案）》的说明——2017 年 10 月 31 日在第十二届全国人民代表大会常务委员会第三十次会议上"，载《中华人民共和国全国人民代表大会常务委员会公报》2019 年第 1 期。

但法律对政策话语的表达绝不是机械的，更不是放弃法律自身知识体系而照搬照抄政策表达。《农村土地承包法修正案（草案）》形式化地表达"三权分置"政策，使制度设计出现了法律逻辑的失误。

（1）土地承包经营权如何在流转中变为土地经营权？土地承包经营权属于用益物权，根据该草案的规定，其流转方式仍区分为债权性流转和物权性流转，出租（转包）是债权性流转的主要方式，转让是物权性流转的主要方式。如果土地承包经营权人将承包地出租（转包）给他人，则此时在承包方（出租人）和承租人之间形成租赁关系，双方当事人根据租赁合同享有权利和履行义务，承包方仍然享有土地承包经营权，承租人享有土地租赁权，不存在将土地承包经营权分为土地承包权和土地经营权而出租土地经营权的问题。在土地承包经营权转让时，因为受让方取得的是经营承包地的物权性权利，其在实践中区分两种情况：其一，在承包方将部分剩余期限的土地承包经营权转让时，属于对该土地承包经营权在时间上加以分割，承包方与受让方各自享有一定期限的经营承包地的权利，而受让方经营承包地的权利期限届满，则被受让方分割享有的经营承包地的权利回复到承包方手中，此种情形完全能够借用所有权的弹力性原理加以解释。其二，在承包方将全部剩余期限的土地承包经营权转让时，承包方应该不再享有该土地承包经营权，但在其未丧失农村集体经济组织成员的身份时，可在农村集体经济组织开展下一轮土地发包过程中再次承包集体土地，从而享有土地承包经营权。考虑到我国现行农村土地政策精神，在第二轮土地承包期限届满后将继续适用延包方式确立土地承包关系，此种情形同样可以借鉴所有权权能分离理论，使承包方保留土地承包经营权而为受让人在土地承包经营权上设立经营承包地的物权性权利。这种权利可以称为土地经营权，从而与承包方享有的土地承包经营权相区别，同时可以在土地经营权期限届满时参照适用所有权的弹力性原理，让未失去农村集体经济组织成员身份的承包方继续延包。不过，即便土地承包经营权转让时有引入土地经营权概念的必要，这个土地经营权也不是为承包方原本所享有的一种权利类型，而是土地承包经营权转让的结果。

（2）土地承包经营权流转如何剩下土地承包权？上文已述，承包方对土地承包经营权的债权性流转不影响其继续享有土地承包经营权，从而不存在流转后剩下土地承包权的问题，故承包方流转土地经营权后剩下土地承包权应仅存在于物权性流转的情形。此处以承包方转让承包地为例分析之。土地承包经营权的转让既可以是"量"的转让，也可以是"质"的转让，其中"量"的转让是指承包方将对部分或全部承包地享有的土地承包经营权转让出去，此种转让不存在土地承包经营权的权能分离问题；"质"的转让是指承包方将其享有的承包地的土地承包经营权的部分权能转让出去。"量"的转让属于《农村土地承包法修正案（草案）》第二章第四节规定的"土地承包权"的转让。暂不论该规定是否科学，但此种情形承包方对转让的承包地也不再能够享有"土地承包权"，即该部分承包地上的土地承包经营权流转后没有给承包方剩下"土地承包权"。"质"的转让在《农村土地承包法修正案（草案）》中是否作出了规定存有疑问，这需要解释第二章第五节中"土地经营权"的流转方式才能明了。即便该草案对"质"的转让作出了规定，其规定承包方流转土地经营权后剩下的权利为"土地承包权"也会面临如下诘问：为什么在集体土地所有权分离出土地承包经营权后，集体土地所有权仍然是集体土地所有权，而土地承包经营权分离出土地经营权后，剩下的权利就变成了土地承包权？在德国，地上权之上可以依法设立地上权，即下级地上权，但此举并不导致原地上权的性质与名称发生转变。在土地承包经营权未派生出土地经营权时就是土地承包经营权，如果其派生出土地经营权就变为土地承包权，这种思路完全是政策转化为法律过程中削足适履的表现。

（3）具有身份属性的土地承包权如何转让？承包地"三权分置"政策出台的关键因素是政策制定者认为土地承包权具有身份属性，且土地承包经营权含有身份属性的土地承包权的内容。但是，《农村土地承包法修正案（草案）》在第二章第四节专门对土地承包权的转让作出了规定，似乎身份属性在土地承包权的转让中不是一个障碍，从而出现了一个极为奇特的现象：土地承包权具有身份属性，其单独转让没有问题，但土地承包经营权含有土地承包权，身份性的土地承包权内容是其转让的一个不利因素。其实，作为农村集体经济组织成员权（社员权）的土地承包权的确具有身份属性，其也并非没有财产价值，但因社员权基于社员资格而产生且与该种资格相始终，故社员权必须随同社员资格一同转让，[1]而农村集体经济组织具有社区性和封闭性，因而该草案第33条规定将承包地转让的对象限定为本农村集体经济组织的其他农户。既然土地承包权是一种承包集体土地的资格，本农村集体经济组织的其他农户也具有这种资格，那么，在资格权的意义上土地承包权的叠加对受让人没有任何意义，这与受让他人的民事权利能力一样荒唐。

3. 立法思想倒退。承包地"三权分置"政策的实施理应推进"两权分离"制度的发展，但事与愿违，《农村土地承包法修正案（草案）》在制度设计中出现了以下立法思想上的退步：

---

〔1〕　参见朱庆育：《民法总论》，北京大学出版社2016年版，第510页。

（1）土地承包经营权转让规则增加了丧失承包地的风险。《农村土地承包法修正案（草案）》第 33 条规定，"经发包方同意，承包方可以将全部或者部分承包的土地转让给本集体经济组织的其他农户，由该农户同发包方确立新的承包关系，原承包方与发包方在该土地上的承包关系即行终止。"由此可知，在承包方将承包的土地转让给本农村集体经济组织的其他农户时，其土地承包权一并转让，即承包方全部或部分丧失土地承包资格。因为该草案第 20 条第 2 款规定"耕地承包期届满后再延长三十年"的续包制度，故土地承包经营权转让后将导致承包方未来不能继续承包流转的承包地，这增加了承包方在土地承包经营权流转时丧失下一轮续包资格的担心，有可能造成日趋频繁的土地承包经营权转让现象萎缩。

（2）土地承包经营权的流转方式模糊了物权性流转与债权性流转的区分。在《农村土地承包法》（2002 年）中，土地承包经营权流转方式包含物权性流转与债权性流转，而不同性质的流转方式决定了流转相对方享有的经营承包地的权利的性质不同。在《农村土地承包法修正案（草案）》中，转包已被归并到出租之中，债权性流转方式主要是出租，此时承租人享有的经营承包地的权利无疑为土地租赁权，但草案却无视既有法律规则体系而将流转后相对方获得的经营承包地的权利一概称为"土地经营权"，使承包方与相对方之间原本清晰的法律关系变得模糊起来。

（3）通过为土地承包权与土地经营权确立不同的流转方式，割裂了土地承包经营权流转制度。《农村土地承包法修正案（草案）》在第二章第四节规定了土地承包权的互换和转让，在第二章第五节规定了土地经营权的流转，其中第 35 条规定，"土地经营权可以依法采取出租（转包）、入股或者其他方式流转"，如此就产生了一个疑问，土地经营权可以转让、互换吗？尽管通过解释"或者其他方式"可以将转让、互换包含在土地经营权的流转方式中，但这却与第四节中有关土地承包权的转让和互换规则产生冲突，因为有关土地承包权的转让和互换恰恰是为了排除本集体经济组织农户外的主体作为承包方流转土地承包权的相对方。不管是将土地承包经营权的物权性流转限定于本农村集体经济组织的农户之间，还是有意地回避土地经营权是否能够转让和互换，从《农村土地承包法》（2002 年）和《物权法》中规定的土地承包经营权流转制度来看，都是立法思想的退步。

（二）关于《农村土地承包法修正案（草案）》的修改建议

承包地"三权分置"政策的法律表达，必须既尊重既有法律制度的合理成分，又兼顾农村土地法律制度的发展趋势，以该政策要旨为思想指导，以法律规则逻辑为制度设计工具。据此，对《农村土地承包法修正案（草案）》中土地承包权与土地经营权分设的制度安排应从以下方面予以修改：

1. 关于土地承包经营权。土地承包经营权在《农村土地承包法修正案（草案）》中继续被确认，但是对于该权利不能将关注点放在其含有"承包"之名，而应突出其为"经营"之实，回到《物权法》确认土地承包经营权为用益物权的合理设计，拒绝赋予其具有身份属性，继续保持其作为纯粹财产权的本来面目。

2. 关于土地承包经营权流转。应当与时俱进，解禁土地承包经营权抵押。同时，必须区分债权性流转方式与物权性流转方式，其中债权性流转方式为出租，相对方作为承租人取得的经营承包地的权利为土地租赁权；物权性流转方式以转让为典型，相对方作为受让人取得的经营承包地的权利可以界定为土地经营权。无论是土地承包经营权的出租还是转让，相对方均不应限定为需具有本农村集体经济组织成员的资格。可见，《农村土地承包法修正案（草案）》第二章的第四节和第五节在结构和内容方面应恢复到《农村土地承包法》（2002 年）后予以适当修改。具体而言，农村土地承包关系的稳定取决于土地承包经营权的稳定，土地承包经营权的租赁仅产生债权债务关系，对土地承包经营权的稳定没有影响，但在转让尤其是承包方将全部剩余期限的土地承包经营权转让后，由于我国实行承包地续包制度，承包方的确有丧失下一轮土地承包经营权之虞，但只要参照所有权权能分离理论，明确承包方转让土地承包经营权的实质是在土地承包经营权上为受让方设定土地经营权，则土地承包经营权就是稳定的，农村土地承包关系也自然保持稳定。

3. 关于土地承包权。《农村土地承包法修正案（草案）》第 6 条第 2 款将土地承包权定性为农村集体经济组织成员承包集体土地的资格，该界定是准确的，但应当突出强调土地承包经营权的内容不包含土地承包权，且土地承包权不能在财产权的意义上来使用，所谓的"土地承包权的转让"实质是土地承包经营权的转让。这是厘清土地承包经营权、土地承包权与土地经营权三者关系的关键所在，解开了这个症结，《农村土地承包法修正案（草案）》在土地承包权流转、土地经营权的来源、土地承包经营权的流转方式等制度设计上的疏失均将迎刃而解。将土地承包权法定化，可以使"两权分离"制度中日益消逝的农村集体经济组织成员权利得以彰显，并能够为承包地"三权分置"中"落实集体所有权"的政策目标之实现奠定权利基础。

4. 关于土地经营权。在"两权分离"制度中，承包方和受让方享有的经营承包地的物权性权利均称为土地承包经营权,这使两者享有的经营承包地的权利之来源不明及内容完全等同,导致承包方在第二轮承包期届满后续包原承包地出现法律逻辑上的难题。明确土地经营权为权利用益物权,且土地经营权以土地承包经营权为"母权",既可以区分承包方和受让方享有的经营承包地的权利之来源及内容,也能够参照适用所有权的弹力性原理来保持土地承包经营权的稳定。同时,由于土地经营权是承包方对土地承包经营权进行物权性流转的结果,正与土地租赁权的债权性相对,土地经营权作为物权能够抵押融资,而土地租赁权作为债权能够进行质押融资,这样《农村土地承包法修正案(草案)》第 42 条中宽泛的"向金融机构融资担保"就得以进一步明晰,也与民事权利体系更加融洽。

本章小结

在推动承包地"三权分置"政策入法过程中,众多专家学者积极参与讨论,使得如何在法律中科学表达承包地"三权分置"政策,成为农村土地制度改革及其立(修)法研究的热点和焦点,相关研究成果极为丰富,由此也在农村土地立(修)法方面引发了激烈的争论。

在承包地"三权分置"政策出台之初,对于该政策提出的概念和制度框架能否被直接植入法律制度中,存在截然对立的两种观点:农业经济学界和管理学界对此基本不持疑义,但法学界部分学者表达出否定的态度。随着党和国家大力推行承包地"三权分置"政策,尽快将该政策以法律规则的形式表达出来成为法学界的统一认识,但是,从法学学者在解读该政策时提出的不同理论来看,他们对该政策的制度意蕴的理解仍然存在巨大的分歧。例如,法学学者在设计承包地"三权分置"的农村土地权利结构时,提出了十余种较具代表性的观点。基于对承包地"三权分置"政策的解读而设计的这些农村土地权利结构,除在集体土地所有权制度设计方面争议较少外,在以下方面均存在重大分歧:①土地承包经营权的性质、对土地承包经营权分设为土地承包权和土地经营权的理解、土地承包经营权的主体;②土地承包权的来源及其性质、土地承包权与土地承包经营权的关系;③土地经营权的来源及其性质、土地经营权与土地承包权的关系、土地经营权与土地承包经营权的关系。

分析承包地"三权分置"政策入法过程可知,上述争点产生的主要根源有三:①政策话语之法律表达的选择。在法律术语的选择方面,部分学者过于追求与政策话语的表达保持一致，甚至直接将政策表述照搬到法律制度中，以致其就承包地"三权分置"政策提出的法律表达建议与我国实践中运行的农村土地法律制度体系难以兼容。不过，大多数学者从法律制度的独特性出发，没有受限于政策话语的表达，而是在承包地"三权分置"政策入法过程中突出法律规则设计的逻辑自洽，这种选择无疑更具有合理性。②两大法系财产权结构的取舍。英美法系财产法将财产权理解为"一束权利"，大陆法系物权制度将物权界定为"一个权利"。在我国农村土地法律制度中，将土地承包经营权以"权利束"的财产权观进行构造，会与我国物权体系在制度理念上产生抵牾，并使我国已有农村土地权利结构之法律表达陷入新困境，而且还无谓地增加了制度变迁的成本。因此，我国承包地"三权分置"政策入法时，应当继续坚持继受大陆法系的物权制度模式。③研究视野的体系化思维差异。在探讨承包地"三权分置"政策中的"三权"时，将其置于物权规范体系中进行探讨，并关注到其与相关债法规范群的制度连接，这是民事立法中体系化思维的体现，可促进承包地"三权分置"政策入法时法律表达的科学化。但是，由于上述研究成果较少将承包地"三权分置"政策入法与其他农地权利结合起来进行分析，出现了研究视野的开阔性略显不足的遗憾，以致与构建一个和谐一致的农村土地权利体系的目标还存在一定的差距。

　　在考虑承包地"三权分置"政策入法的法律表达时，应当强调以下三点：①作为用益物权的土地承包经营权是一种纯粹的财产权，不具有身份属性，且该权利是我国农村土地制度改革中稳定土地承包关系的权利载体；以承包地"三权分置"政策入法为契机，对《农村土地承包法》（2002 年）和《物权法》中规定的土地承包经营权流转制度之缺陷加以完善十分必要，同时还应当就制约农村土地承包关系之稳定的制度因素针对性提出应对方案。②从承包地"三权分置"政策的内容来看，土地承包权和土地经营权分设后拟达到的制度目标具有合理性，但从法律层面分析两者由土地承包经营权分设而产生尚未见极具说服力的理由；相反，坚持土地承包权与土地经营权由土地承包经营权分设而产生，加剧了对土地承包经营权的法律属性的误读，也造成了土地承包经营权内容理解上的混乱。③土地承包权具有身份性，是一种获得土地承包经营权的资格，其在性质上属于农村集体经济组织成员权的范畴，应当纳入集体土地所有权主体制度之中；在政策文本中，土地经营权既可以是一种物权，也可以是一种债权，但是，在法律上将土地经营权作为用益物权的一种类型予以设计，不仅有利于农村土地权利体系的协调，也有益于节约制度变迁的成本，还有助于承包地"三权分置"政策的制度目标之实现。

　　《农村土地承包法修正案（草案）》是承包地"三权分置"政策入法时所作法律表达的最初尝试，可谓是我国承包地"三权分置"政策之法律规则设计的重要立法资料，对其进行分析有助于探寻立法者在 2018 年修正《农村土地承包法》时所凭据的制度理念及追求的目标，从而为准确解读现行法律制度中的承包地"三权分置"制度提供参考。从《农村土地承包法修正案（草案）》对承包地"三权分置"政策入法作出的法律表达来看，其主要存在以下缺陷：①立法概念混乱。主要表现为："土地承包权"的概念在两种不同的意义上使用；"土地经营权"与"土地承包经营权"的概念内涵交织在一起难以区分。②法律逻辑错误。对于土地承包经营权如何在流转中变为土地经营权、土地承包经营权流转如何剩下土地承包权、具有身份属性的土地承包权如何转让等问题，该草案不能也无法在法理上作出圆满的回答。③立法思想倒退。主要表现为：土地承包经营权转让规则增加了丧失承包地的风险；土地承包经营权的流转方式模糊了物权性流转与债权性流转的区分；通过为土地承包权与土地经营权确立不同的流转方式，割裂了土地承包经营权流转制度。

　　综上，在《农村土地承包法》（2002 年）和《物权法》规定的基础上，承包地"三权分置"政策入法时的法律规则设计，应当以该政策的制度要旨为指引，在充分尊重既有法律制度的合理成分的同时，兼顾农村土地制度改革及其法律制度发展的趋势，对土地承包经营权及其流转、土地承包权与土地经营权等制度予以全面系统的完善。

第三章　承包地三权分置政策入法的法理检视

承包地"三权分置"政策入法的任务基本已经完成，其主要成果就是 2018 年修正后的《农村土地承包法》和《民法典》颁布。本章将以现行《农村土地承包法》和《民法典》为依据，对承包地"三权分置"政策入法的成果进行法理检视，以便为承包地"三权分置"的农村土地权利结构在实践中顺畅运行提供理论参考。

第一节　承包地三权分置制度设计：以《农村土地承包法》为中心

承包地"三权分置"政策入法是 2018 年《农村土地承包法》修正时的主要内容之一。[1] 2018 年 12 月 29 日，第十三届全国人民代表大会常务委员会第七次会议通过的《全国人民代表大会常务委员会关于修改〈中华人民共和国农村土地承包法〉的决定》共有 46 个条文。该决定将根据实践经验推动承包地"三权分置"政策入法作为重要任务，这是各界的共识。对入法后的承包地"三权分置"的农村土地权利结构进行细致分析，是理解和适用承包地"三权分置"法律制度的基本前提。现行《农村土地承包法》第 9 条规定："承包方承包土地后，享有土地承包经营权，可以自己经营，也可以保留土地承包权，流转其承包地的土地经营权，由他人经营。"该条被认为是关于承包地"三权分置"的规定，[2] 而在该条中出现了"土地承包经营权""土地承包权"和"土地经营权"三种权利，加上产生土地承包经营权的"土地所有权"，这样现行《农村土地承包法》就规定了四种与承包地"三权分置"相关的权利类型，即集体土地所有权、土地承包经营权、土地承包权和土地经营权。以下以现行《农村土地承包

---

〔1〕 参见刘振伟："关于《中华人民共和国农村土地承包法修正案（草案）》的说明——2017 年 10 月 31 日在第十二届全国人民代表大会常务委员会第三十次会议上"，载《中华人民共和国全国人民代表大会常务委员会公报》2019 年第 1 期。

〔2〕 参见杜涛主编：《中华人民共和国农村土地承包法解读》，中国法制出版社 2019 年版，第 50 页；何宝玉主编：《中华人民共和国农村土地承包法释义》，中国民主法制出版社 2019 年版，第 27 页。

法》的规则设计为中心，对与承包地"三权分置"政策入法密切相关的"四权"分别予以探讨。

一、关于"土地所有权"

在"两权分离"的农村土地权利结构产生和制度完善过程中，物权法理论研究在我国刚刚起步，一些民法学者在未对传统物权法理论进行细致梳理，亦未对中国物权立法现状予以深刻反思的基础上，便以大陆法系的物权法理论的发展为工具，发动了对传统所有权理论的批评，提出了物权法理论研究和物权立法应采纳从"归属"到"利用"的指导观念。[1] 这种观念得到了不少学者的认同，并在事实上成为当时民法学界研究物权法理论的主流思想。[2] 由于"农村改革初期，土地承包经营权是按照债权思路设计的，村集体与农户签订承包合同，通过契约明确集体与农户的权利义务关系。为了防止长期形成的'计划体制''公社体制'的惯性影响，当时立法主要是防止所有权侵犯土地承包经营权"，[3] 故从"归属"到"利用"的指导观念被作为防控集体土地所有权滥用的武器来使用。就我国农村土地权利制度的发展状况而言，以从"归属"到"利用"作为解决集体土地问题的指导观念，既不具有可接受性，也不具有可行性，[4] 其在立法实践中造成了极为严重的不良后果，即在"两权分离"的农村土地权利结构中，集体土地所有权制度建构没有得到相应的重视，相关法律规则的制度设计简单而空泛，在实践中难以承担解决疑难问题的重任。

在 2018 年《农村土地承包法》修正过程中，虽然以法律规则明确表达承包地"三权分置"政策是一项重要内容，但受立法目的所限，[5] 此次修正聚焦于

---

〔1〕 参见吕来明："从归属到利用——兼论所有权理论结构的更新"，载《法学研究》1991 年第 6 期。

〔2〕 参见房绍坤、丁海湖、张洪伟："用益物权三论"，载《中国法学》1996 年第 2 期；汤玉枢、金石谷："论现代土地物权的新发展"，载《华侨大学学报（社会科学版）》1996 年第 4 期；史浩明："用益物权制度研究"，载《江苏社会科学》1996 年第 6 期；王兰萍："论我国土地使用权与用益物权"，载《山东师范大学学报（社会科学版）》1997 年第 2 期；郭明瑞："关于我国物权立法的三点思考"，载《中国法学》1998 年第 2 期；杨振山、王萍："我国应制定以用益为中心的物权法"，载《河南省政法管理干部学院学报》2001 年第 3 期；关涛：《我国不动产法律问题专论》，人民法院出版社 2004 年版。

〔3〕 刘振伟、韩俊主编：《中华人民共和国农村土地承包法导读》，中国法制出版社 2019 年版，"绪论"第 4~5 页。

〔4〕 参见高飞：《集体土地所有权主体制度研究》，中国政法大学出版社 2017 年版，第 158~168 页。

〔5〕 现行《农村土地承包法》第 1 条明确了该法的立法目的，即"为了巩固和完善以家庭承包经营为基础、统分结合的双层经营体制，保持农村土地承包关系稳定并长久不变，维护农村土地承包经营当事人的合法权益，促进农业、农村经济发展和农村社会和谐稳定"。

土地承包经营权及以该权利为基础产生的土地承包权和土地经营权的制度建构，有关集体土地所有权的规定却较少变动。根据《全国人民代表大会常务委员会关于修改〈中华人民共和国农村土地承包法〉的决定》的规定在《农村土地承包法》（2002 年）规定的基础上，现行《农村土地承包法》中有关集体土地所有权的规定，主要有三点修改：其一，将第 28 条第 3 项改为第 29 条第 3 项："发包方依法收回和承包方依法、自愿交回的"。其二，增加一条作为第 45 条，其中第 2 款规定："工商企业等社会资本通过流转取得土地经营权的，本集体经济组织可以收取适量管理费用。"其三，增加一条作为第 47 条，其中第 1 款规定："承包方可以用承包地的土地经营权向金融机构融资担保，并向发包方备案。受让方通过流转取得的土地经营权，经承包方书面同意并向发包方备案，可以向金融机构融资担保。"在这三处修改中，第 29 条第 3 项在原条文的基础上增加了"发包方依法收回"承包地的权利，但因《农村土地承包法》（2002 年）第 27 条第 3 款、第 4 款已对发包方依法收回承包地的权利作出了明确规定，故这一修改对于集体土地所有权制度而言不具有创新性。新增的第 47 条是关于土地经营权融资担保的规定，其中土地承包经营权人是否利用土地经营权融资担保由其自己决定，土地经营权人利用土地经营权融资担保须经过承包方同意，但这两种情形均无须经过发包方同意，至于土地承包经营权人或土地经营权人在融资担保时须向发包方备案，也只是便于发包方对土地经营权融资担保的情况有所掌握，[1] 故该规定并不是落实集体土地所有权的具体举措。同时，《农村土地承包法》（2002 年）第 37 条第 1 款规定，"……采取转包、出租、互换或者其他形式流转的，应当报发包方备案"。由此可见，第 47 条第 1 款新增土地承包经营权人或土地经营权人在以经营的土地融资担保时向发包方备案，只是开禁了"融资担保"的流转方式，在承包地流转备案的基本理据上并无不同。

　　然而，2018 年修正的《农村土地承包法》新增第 45 条第 2 款，赋予农村集体经济组织在社会资本通过流转取得土地经营权时有收取管理费用的权利，涉及农村集体经济组织对集体土地上利益的享有，故该规定是否属于助推集体土地所有权落实的重要措施，有必要作出细致剖析。一般认为，该新增条文确认了农村集体经济组织享有收取管理费用的权利，主要是基于如下理由：①农村集体经济组织是发包方，在承包方流转土地经营权时要履行备案职责，赋予其收取适量管理费用的权利具有合理性；②农村集体经济组织非常熟悉集体土地状况，赋予其享有收取适量管理费用的权利，有助于其在承包农户与工商企业等社会资本之间

---

〔1〕　参见杜涛主编：《中华人民共和国农村土地承包法解读》，中国法制出版社 2019 年版，第 274 页。

更好发挥沟通、协调的作用，推动尽快形成土地适度规模经营，实现工商企业等社会资本经营效益的最大化；③在土地经营权流转实践中，工商企业等社会资本多数赞同农村集体经济组织收取适量管理费用，认为此举有利于推动农村集体经济组织开展工作，发挥其作为发包方的主体优势，提升土地流转的规模及效率。[1] 有学者认为该规定较为突兀，表现了立法者强调坚持集体所有权又无处还赋其残缺的收益与处分权能的犹疑态度，其中农村集体经济组织收取"管理费用"行使的是行政权力还是民事权利也面临法律逻辑上的责难：土地承包经营权人流转承包地时，无论是否有工商企业等社会资本进入，流转收益都应由土地承包经营权人享有，农村集体经济组织既不是该承包地流转法律关系的当事人，也不是土地管理的行政主体，其向工商企业等社会资本投入方收取费用的权利或权力的来源存在疑惑；如农村集体经济组织为工商企业进入承包地流转提供了相关服务，其收取一定的服务费用当然具有合理性，但此条款中的"管理费用"显然不是"服务费用"，而该条内容也不能支持此种解读。[2]

其实，在2014年中共中央办公厅、国务院办公厅印发的《关于引导土地经营权流转的意见》中就规定了农村集体经济组织在土地经营权流转中享有收取"费用"的权利，该意见是从"服务费用"的角度作出规定的，[3] 与现行《农村土地承包法》第45条第2款规定的"管理费用"存在本质上的区别。为了进一步明确农村集体经济组织"收取适量管理费用"的行为性质，农业农村部于2021年第1次常务会议审议通过的《农村土地经营权流转管理办法》第31条规定："农村集体经济组织为工商企业等社会资本流转土地经营权提供服务的，可以收取适量管理费用。收取管理费用的金额和方式应当由农村集体经济组织、承包方和工商企业等社会资本三方协商确定。管理费用应当纳入农村集体经济组织会计核算和财务管理，主要用于农田基本建设或者其他公益性支出。"从该条规定的内容可知，农村集体经济组织实际上收取的是"服务费用"，这与其作为集体土地所有权主体的身份无关，加之土地经营权流转的收益归承包方所有且任何组织和个人不得擅自截留、扣缴，[4] 表明了此种情形下农村集体经济组织收取

---

〔1〕 参见黄薇主编：《中华人民共和国农村土地承包法释义》，法律出版社2019年版，第194~195页。

〔2〕 参见陈小君："土地改革之'三权分置'入法及其实现障碍的解除——评《农村土地承包法修正案》"，载《学术月刊》2019年第1期。

〔3〕《关于引导土地经营权流转的意见》中"三、规范引导农村土地经营权有序流转"之"（七）加强土地流转管理和服务"规定："土地流转给非本村（组）集体成员或村（组）集体受农户委托统一组织流转并利用集体资金改良土壤、提高地力的，可向本集体经济组织以外的流入方收取基础设施使用费和土地流转管理服务费，用于农田基本建设或其他公益性支出。"

〔4〕 参见现行《农村土地承包法》第39条。

的费用也不属于分享集体土地上产生的利益。可见，新增的第 45 条第 2 款的规定不是落实集体土地所有权的举措。

从现行《农村土地承包法》所涉集体土地所有权的规定可知，该法在设计承包地"三权分置"入法方案时紧紧围绕其立法目的展开，在"落实集体所有权"方面可以说是无所作为。有学者认为，"原农村土地承包法将集体土地所有权的权利内容界定为发包权、监督权、管理权及法律、法规规定的其他权利。修改后的农村土地承包法，对集体经济组织在土地发包、土地流转、土地用途管制、土地合理利用、土地经营权融资担保管理等方面的权利进一步细化"。[1] 对现行《农村土地承包法》在落实集体土地所有权方面作出此种评价，显然与修法的具体表现不相吻合，而且其中列举的诸多内容完全与集体土地所有权的法律性质相悖，而应当属于国家土地管理权（力）的范畴。因此，有关"落实集体所有权"的法律规则的完备状况，只有结合《民法典》物权编中的集体所有权制度予以考察，才能从中探出端倪。

二、关于"土地承包经营权"

在《农村土地承包法》（2002 年）制定时，土地承包经营权制度的法律构建是最主要的立法成果，该法在坚持土地集体所有的基础上，为切实保障土地承包关系的长期稳定，更好地保护农民的土地承包经营权，并与即将制定的《物权法》相衔接，将土地承包区分为家庭承包和其他形式的承包，其中对家庭承包的土地实行物权保护，对其他形式承包的土地实行债权保护。[2]《农村土地承包法》（2002 年）有关土地承包经营权制度的规定基本被纳入到《物权法》中，因"根据物权的特征和土地承包经营权的实际状况，将土地承包经营权确立为用益物权，更有利于保护土地承包经营权人的利益"，[3] 故《物权法》明确将土地承包经营权界定为用益物权。在法律制度中明确土地承包经营权的用益物权属性，具有一系列重要意义，如稳定承包关系，保护农民利益；赋予排他效力，排斥他人侵害；促进土地流转，提高土地效益；鼓励土地投资，防止耕地流失；规

---

〔1〕刘振伟、韩俊主编：《中华人民共和国农村土地承包法导读》，中国法制出版社 2019 年版，"绪论"第 5 页。

〔2〕参见柳随年："关于《中华人民共和国农村土地承包法（草案）》的说明——2001 年 6 月 26 日在第九届全国人民代表大会常务委员会第二十二次会议上"，载《中华人民共和国全国人民代表大会常务委员会公报》2002 年第 5 期。

〔3〕全国人大常委会法制工作委员会民法室编：《〈中华人民共和国物权法〉条文说明、立法理由及相关规定》，北京大学出版社 2017 年版，第 265 页。

范土地征收，完善征收补偿；保障农村集体经济组织的成员权。[1] 不过，《物权法》中被确认为用益物权的土地承包经营权是受到一定限制的，其仅指以家庭承包方式取得的土地承包经营权。根据《物权法》第133条[2]的规定可知，该法第十一章"土地承包经营权"的规定并不直接适用于以其他形式承包取得的土地承包经营权。

依照《农村土地承包法》（2002年）第41条[3]和《物权法》第128条[4]的规定，在转让家庭承包取得的土地承包经营权时，应当具备如下三个条件：①转让方（原土地承包经营权人）有稳定的非农职业或者有稳定的收入来源；②土地承包经营权转让须经发包方同意；③受让方限定为从事农业生产经营的农户。在社会主义市场经济体制下，这三个限制条件不具有合理性，有学者对此作了较为细致而充分的分析。[5] 但是，需要注意的是，根据上述法律规定，土地承包经营权转让时的受让方并不限于本农村集体经济组织的农户。可见，尽管初始取得土地承包经营权需要具有特定身份，但是继受取得土地承包经营权却不以拥有该农村集体经济组织成员身份为前提，这表明土地承包经营权不仅属于物权的一种，而且是一种不含有身份属性的纯粹财产权。

在承包地"三权分置"政策中，土地承包经营权将被分设为土地承包权和土地经营权，其中所谓的"三权"，是指集体土地所有权、土地承包权、土地经营权，并不包含土地承包经营权，因此，在承包地"三权分置"政策入法后，土地承包经营权的概念是否应当保留成为一个有争议的问题。"按照习近平总书记2016年4月25日在农村改革座谈会上关于'建立土地承包经营权登记制度'的精神，以及与民法总则、物权法、农业法等法律相衔接，草案保留了土地承包经

---

〔1〕 参见王利明：《物权法研究（典藏本，下卷）》，中国人民大学出版社2018年版，第56~59页。

〔2〕《物权法》第133条规定："通过招标、拍卖、公开协商等方式承包荒地等农村土地，依照农村土地承包法等法律和国务院的有关规定，其土地承包经营权可以转让、入股、抵押或者以其他方式流转。"

〔3〕《农村土地承包法》（2002年）第41条规定："承包方有稳定的非农职业或者有稳定的收入来源的，经发包方同意，可以将全部或者部分土地承包经营权转让给其他从事农业生产经营的农户，由该农户同发包方确立新的承包关系，原承包方与发包方在该土地上的承包关系即行终止。"

〔4〕《物权法》第128条规定："土地承包经营权人依照农村土地承包法的规定，有权将土地承包经营权采取转包、互换、转让等方式流转。流转的期限不得超过承包期的剩余期限。未经依法批准，不得将承包地用于非农建设。"

〔5〕 参见高圣平：《中国土地法制的现代化——以土地管理法的修改为中心》，法律出版社2014年版，第128~133页。

营权概念。"〔1〕 然而，为了适应承包地"三权分置"政策入法的需要，现行《农村土地承包法》中的土地承包经营权概念在制度内涵上发生了重大转变，以致于各界对土地承包经营权概念的理解极为混乱，具体表现为：作为纯粹财产权的土地承包经营权在此次修法后到底是否被"塞入"了身份属性，学界对此见解不一。具体而言，尽管以《农村土地承包法》（2002 年）和《物权法》为代表的法律、法规中的土地承包经营权不具有身份属性，但因受到承包地"三权分置"政策表述的影响，土地承包经营权的这一定性在该政策入法后发生了动摇。《关于完善三权分置办法的意见》规定："农村集体土地由作为本集体经济组织成员的农民家庭承包，不论经营权如何流转，集体土地承包权都属于农民家庭。"尽管该意见只是确认了土地承包权的身份属性，并明确土地承包权属于农民家庭且不受承包地流转的影响，但由于承包地"三权分置"政策中的土地承包经营权包含土地承包权的内容，因此，承包地"三权分置"政策入法后的土地承包经营权在一些具体规则方面体现出了强烈的身份属性。

对现行《农村土地承包法》中规定的土地承包经营权制度所涉主要内容进行整理可以发现，修法后的土地承包经营权的身份属性主要体现在以下制度之中：

第一，限定土地承包经营权的初始取得条件。在现行《农村土地承包法》修正前，土地承包经营权初始取得有两种方式，即家庭承包和其他方式的承包。根据《农村土地承包法》（2002 年）第 15 条〔2〕的规定，通过家庭承包取得土地承包经营权的承包方在身份上有明确限制，即承包方只能是本农村集体经济组织内的农户。家庭承包是农村集体经济组织内部人人有份的承包，其主要特点是：①以农村集体经济组织内部的农户家庭为单位承包；②确定每个农户的承包地数量时，采取按人口、劳动力平均分配的方法，农村集体经济组织成员人人有份，体现公平原则，承包地具有强烈的社会保障和福利功能；③家庭承包的土地主要是耕地、林地和草地。〔3〕 其他方式的承包规定在《农村土地承包法》（2002 年）第三章，是指除家庭承包以外，通过招标、拍卖、公开协商等方式承包，其主要特点是：①承包方不限于本农村集体经济组织内部的农户家庭，经本农村集体经济组织成员会议或成员代表会议同意，其他单位和个人也可以承包；②发包方按

---

〔1〕　参见刘振伟："关于《中华人民共和国农村土地承包法修正案（草案）》的说明——2017 年 10 月 31 日在第十二届全国人民代表大会常务委员会第三十次会议上"，载《中华人民共和国全国人民代表大会常务委员会公报》2019 年第 1 期。

〔2〕　《农村土地承包法》（2002 年）第 15 条规定："家庭承包的承包方是本集体经济组织的农户。"

〔3〕　参见何宝玉主编：《〈中华人民共和国农村土地承包法〉释义及实用指南》，中国民主法制出版社 2002 年版，第 108 页。

照"效率优先，兼顾公平"的原则选择承包方，承包的方法不是采取人人有份的平均承包，而是以招标、拍卖或公开协商等市场化方式，由最有经营能力的人承包；③承包的土地是"四荒"（即荒山、荒沟、荒丘、荒滩）等不宜采取家庭承包的农村土地。[1] 虽然现行《农村土地承包法》依然保留了家庭承包和其他形式的承包两种承包方式，但是，这两种承包方式中的承包方享有的土地权利却与《农村土地承包法》（2002 年）中的规定有所不同。根据现行《农村土地承包法》的规定，家庭承包的承包方依然享有土地承包经营权，而以其他方式承包农村土地的承包方享有的权利是土地经营权。因此有学者认为："'土地承包经营权'已经被纯化为只有本集体经济组织的承包农户才能取得和享有的兼具财产属性和保障属性的权利，以实现巩固和完善农村基本经营制度之下'分'的目标。"[2] 可见，在不以具有农村集体经济组织成员资格为基础的其他方式的承包中，承包方不能取得土地承包经营权。现行《农村土地承包法》为了尽力将这个制度逻辑贯彻始终，不仅规定了不具有农村集体经济组织成员资格的主体不能初始取得土地承包经营权，还规定了不具有农村集体经济组织成员资格的主体不能继受取得土地承包经营权。

第二，改变了土地承包经营权转让、互换的制度内涵。在《农村土地承包法》（2002 年）中，承包方可以采取转包、出租、互换、转让或其他方式流转土地承包经营权。根据土地承包经营权流转产生的法律后果，学界将土地承包经营权转让、互换的流转方式称为物权性流转，将土地承包经营权的转包、出租等流转方式称为债权性流转。无论是物权性流转还是债权性流转，土地承包经营权流转的相对方均不以具有本农村集体经济组织成员资格为限，且流转后取得的权利均称为土地承包经营权。当然，根据流转性质的不同，通过流转取得的土地承包经营权在法律性质上存在物权与债权之分。在现行《农村土地承包法》中，只有具有本农村集体经济组织成员资格的主体才能享有土地承包经营权，故该法对土地承包经营权流转的内涵界定与《农村土地承包法》（2002 年）的规定完全不同。根据现行《农村土地承包法》第二章第四节的规定，只能对属于同一农村集体经济组织的土地之土地承包经营权进行互换，[3] 土地承包经营权也只能转让给本农村集体经济组织的其他农户。[4] 也就是说，尽管现行《农村土地承包法》

---

〔1〕 参见何宝玉主编：《〈中华人民共和国农村土地承包法〉释义及实用指南》，中国民主法制出版社 2002 年版，第 108~109 页。

〔2〕 高圣平："农村土地承包法修改后的承包地法权配置"，载《法学研究》2019 年第 5 期。

〔3〕 参见现行《农村土地承包法》第 33 条。

〔4〕 参见现行《农村土地承包法》第 34 条。

保留了土地承包经营权的转让、互换制度，但这两种制度在内容上与《农村土地承包法》（2002 年）中规定的土地承包经营权的物权性流转规则相差甚远，最主要的表现就是，现行《农村土地承包法》对土地承包经营权转让、互换的相对方的身份有严格要求。

第三，取消了土地承包经营权流转制度。承包地流转不是严格的法律术语，在《农村土地承包法》（2002 年）施行之前很少见诸法律文件。承包地流转的概念是在承包地转移现象增加而政策又不允许承包地的经营权出租时，农民和农村基层干部创造的替代"出租"概念的术语。[1] 根据承包地"三权分置"政策的精神，承包地流转的本质就是承包权与经营权的分离，是土地承包经营权人将自己的土地经营权有偿让渡给他人的过程。[2] 尽管《农村土地承包法》（2002 年）中规定的土地承包经营权流转至少包括转包、出租、互换、转让等方式，但以承包地"三权分置"政策中的承包地流转只涉及经营权而与承包权无关观之，承包地"三权分置"背景下的"流转"只能是"出租"。[3] 根据现行《农村土地承包法》的规定，土地承包经营权的转让、互换不发生承包权与经营权的分离，故土地承包经营权的转让、互换不能被称为土地承包经营权的流转，即《农村土地承包法》（2002 年）规定的土地承包经营权的物权性流转在修法后被土地承包经营权的转让、互换制度所取代，且土地承包经营权的转让、互换在现行《农村土地承包法》中不再属于承包地流转的范畴。至于《农村土地承包法》（2002 年）中规定的土地承包经营权的债权性流转制度，则因现行《农村土地承包法》中拟将土地承包经营权的享有主体限定为农村集体经济组织成员而被"土地经营权流转"制度所取代。虽然现行《农村土地承包法》中承包方流转土地经营权的方式除"出租（转包）"外，还可以采取"入股或者其他方式"，[4] 但在解释上，"其他方式"应当指与"出租（转包）、入股"效果相同的流转部分，不包括"转让、互换"等发生土地承包经营权移转效果的流转方式，也不包括"抵押"等发生创设他物权效果的流转方式。[5] 可见，在现行《农村土地承包法》中，《农村土地承包法》（2002 年）确立的土地承包经营权流转制度在实质上被取消。

从上文所述内容可知，在土地承包经营权的取得及享有方面，现行《农村土

〔1〕 参见陈锡文、罗丹、张征：《中国农村改革 40 年》，人民出版社 2018 年版，第 58~59 页。

〔2〕 参见孔祥智："'三权分置'的重点是强化经营权"，载《中国特色社会主义研究》2017 年第 3 期。

〔3〕 参见陈锡文、罗丹、张征：《中国农村改革 40 年》，人民出版社 2018 年版，第 59~60 页。

〔4〕 参见现行《农村土地承包法》第 36 条。

〔5〕 参见高圣平、王天雁、吴昭军：《〈中华人民共和国农村土地承包法〉条文理解与适用》，人民法院出版社 2019 年版，第 216 页。

地承包法》力图将其与农村集体经济组织成员资格结合在一起。不过，从该法中规定的进城落户农户承包地的处理规则来看，这种企图在具体的制度设计中并没有被严格贯彻。

在承包农户全家进城落户后，如何处理该农户拥有的承包地一直都是实践中的疑难问题，《农村土地承包法》（2002 年）第 26 条首次以法律规范形式明确了进城落户农户的承包地处理规则，该条依据进城农户落户于小城镇抑或设区的市而对该农户作出区别保护：①对于前者，尊重进城落户农户的意愿，其可以选择保留土地承包经营权，也可以选择将承包地交回发包方；在保留土地承包经营权时，进城落户农户有权自己经营该承包地，也有权依法将土地承包经营权予以流转。②对于后者，进城落户农户不论是将承包地交回发包方，还是发包方在其不交回时收回承包地，进城落户农户均丧失原本享有的土地承包经营权。同时，根据该条规定，在交回承包地给发包方或发包方依法收回承包地后，进城落户农户无权就丧失土地承包经营权请求发包方给予经济补偿，但其有权就为提高该承包地的土地生产能力作出的投入获得相应的补偿。

对《农村土地承包法》（2002 年）第 26 条的内容进行分析可知，该条确立的进城落户农户的承包地处理规则以实现承包地的社会保障功能为依归，没有彰显出土地承包经营权的财产价值。由于全家迁入设区的市并转为非农业户口后，该农户便丧失了农村集体经济组织成员的资格，其取得土地承包经营权的基础将不复存在；同时，迁入设区的市的农户在城市有一定的就业机会，不需要再通过承包地来提供生活保障，故该农户承包的土地应当被收回。[1] 与之相反，目前许多小城镇没有建立城市居民最低生活保障等社会保障制度，全家迁入小城镇的农户一旦失去非农职业或生活来源，该农户在农村享有的土地承包经营权仍将是其基本的生活保障，[2] 故除非全家迁入小城镇的农户自愿将承包地交回发包方，发包方不得收回该农户的承包地。可见，承包地的社会保障功能在该条中得到了充分体现。尽管土地承包经营权作为一种用益物权有明确的存续期限，剩余承包期限的长短是评估该权利财产价值的重要因素，全家迁入设区的市的农户在将承包地交回发包方或发包方依法收回承包地后，其丧失土地承包经营权的财产损失应当得到弥补，但这一法理在《农村土地承包法》（2002 年）中完全被无视。

不过，《农村土地承包法》（2002 年）第 26 条并没有将其遵循的制度逻辑贯

---

〔1〕　参见王利明：《物权法研究（典藏本，下卷）》，中国人民大学出版社 2018 年版，第 94~95 页。

〔2〕　参见胡康生主编：《中华人民共和国农村土地承包法通俗读本》，法律出版社 2002 年版，第 59 页。

彻到底。进城农户落户于小城镇还是设区的市，对于该农户能否获得较为稳定的社会保障而言的确至关重要，但该农户均应因此而丧失原农村集体经济组织的成员资格。当前，在农村集体经济组织的成员资格之认定规则中，已经较少采以户籍为依据的单一标准，以农村集体经济组织所有的土地作为基本生存保障资源也是一个重要的考虑因素，[1] 但对于具有本农村集体经济组织成员权的土地承包经营权人来说，其将全家的户籍迁出而落户于城镇，可以理解为是一种自愿放弃成员资格的行为。对于不具有成员身份的人员来说，该农村集体经济组织没有以分配承包地为其提供基本生活保障的义务，故规定落户于小城镇的农户有权保留土地承包经营权增加了原农村集体经济组织的义务。而且，进城落户于小城镇的农户是仅在第二轮承包的剩余期限内保留土地承包经营权，还是可以在第二轮承包期限届满后继续保留土地承包经营权，《农村土地承包法》（2002 年）未作出明确规定，从而成为一个制度漏洞。

以《农村土地承包法》（2002 年）第 26 条的规定为基础，现行《农村土地承包法》第 27 条对进城落户农户的承包地处理规则进行了重构，该条的主要内容包括：①不再以迁入小城镇和设区的市为标准对进城农户进行区分，而是对进城落户农户享有的土地承包经营权实行一体保护；②进城落户农户可以选择将承包地交回发包方，也可以选择保留土地承包经营权，但在其不交回承包地时，发包方不得收回承包地；③进城落户农户保留土地承包经营权时，可以将土地承包经营权转让，也可以仅流转土地经营权。由此可知，进城落户农户的承包地处理新规则更加偏重张扬土地承包经营权的财产属性，这也可以从现行《农村土地承包法》第 30 条增加规定承包方自愿交回承包地"可以获得合理补偿"得到进一步佐证。

现行《农村土地承包法》在将承包地"三权分置"政策以法律形式固定下来时，通过对土地承包经营权转让、互换的相对方加以限制，并将承包关系的终止与土地承包经营权转让、互换相联系，"悄悄地"改变了土地承包经营权的概念。[2] 以致有学者认为，土地承包经营权已经成为兼具身份属性的财产权利，只有依家庭承包方式取得的承包地权利才能被称为土地承包经营权。[3] 根据现行《农村土地承包法》第 5 条和第 16 条的规定，具有农村集体经济组织成员资

---

〔1〕　参见高飞：《集体土地所有权主体制度研究》，中国政法大学出版社 2017 年版，第 217～219 页。

〔2〕　参见陈小君："土地改革之'三权分置'入法及其实现障碍的解除——评《农村土地承包法修正案》"，载《学术月刊》2019 年第 1 期。

〔3〕　参见高圣平、王天雁、吴昭军：《〈中华人民共和国农村土地承包法〉条文理解与适用》，人民法院出版社 2019 年版，第 14 页。

格是取得土地承包经营权的前提。可见，正是因为与农村集体经济组织的成员资格纠缠在一起，才导致土地承包经营权产生了所谓的身份属性。然而，如果结合上述有关土地承包经营权的权利性质的认定来解读现行《农村土地承包法》第27条，则该条在理解与适用中将面临以下挑战：

第一，进城落户农户是否仍然保留农村集体经济组织的成员资格？尽管我国现行法律对农村集体经济组织成员资格的认定标准没有作出统一规定，但不少省市在地方立法中对此问题有所涉猎，最高人民法院及部分高级人民法院也对成员资格的认定表明了态度。总体来看，在地方立法中，户籍是各个标准中都未缺少的要素，尚未见到撇开户籍而以其他要素作为成员资格判断标准的规范；[1] 在司法机关发布的文件中，对于成员资格的认定有的强调以"生活状况+户籍+基本社会保障功能"为标准，如最高人民法院《第八次全国法院民事商事审判工作会议（民事部分）纪要》；有的以"户籍+生产、生活"为一般标准，以"基本生活保障"为补偿标准，如天津市高级人民法院《关于农村集体经济组织成员资格确认问题的意见》。从上述认定标准来看，进城落户农户均应当丧失农村集体经济组织的成员资格，此时允许进城落户农户保留土地承包经营权无疑与土地承包经营权只能由农村集体经济组织成员享有的规范相矛盾。

第二，进城落户农户是否仍然有权参与第三轮承包地延包？为了"保持农村土地承包关系稳定并长久不变"的政策精神，现行《农村土地承包法》第21条增加规定了续包权（或延包权）制度，即在第二轮土地承包期限届满后，原土地承包经营权的承包期限再依法延长。由于土地承包经营权是有期限的用益物权，第二轮土地承包期限届满，则该土地承包经营权消灭，故依据该法第21条续期而产生的土地承包合同已经不同于第二轮土地承包时签订的承包合同。尽管续期时重新签订的承包合同与第二轮土地承包时签订的承包合同在内容上相同，但不能简单地将新签订的承包合同认定为原有承包经营关系的继续。[2] 进城落户农户在保留土地承包经营权时，依据现行《农村土地承包法》第21条的规定，可以在第二轮土地承包期限届满后续期，而取得土地承包经营权又必须以具有农村集体经济组织成员资格为条件，那么，丧失成员资格的进城落户农户是否有权参与第三轮土地承包，依据现行《农村土地承包法》予以处理显然面临两难境地。

第三，进城落户农户是否应当向发包方交纳相应的承包费？在实行土地承包

---

〔1〕 参见戴威：《农村集体经济组织成员权制度研究》，法律出版社2016年版，第149页。

〔2〕 参见王利明：《物权法研究（典藏本，下卷）》，中国人民大学出版社2018年版，第72~73页。

经营制度之初，承包方在享有土地承包经营权时需要承担沉重的税费。之后为减轻农民负担，我国 2006 年在全国范围内取消了农业税和农业特产税，同时也取消了村提留和乡统筹。村提留是农村集体经济组织作为集体土地所有权人享有利益的体现，取消后农户享有土地承包经营权则不需要交纳任何费用，因此致使原本应当由农村集体经济组织作为所有权人享有的土地收益通过承包制由土地承包经营权人所分享。也就是说，土地承包经营权人以行使土地承包经营权的名义，在获得基于土地承包经营权的全部收益的同时，还获取了农村集体经济组织成员才有资格分享的基于土地所有权产生的收益。[1] 农户进城落户丧失了原农村集体经济组织的成员资格，即使其享有的土地承包经营权作为用益物权因期限未届满而能够得以保留，但由于享有集体土地所有权产生的收益是农村集体经济组织成员权的内容，故该农户在进城落户后继续无偿享有土地承包经营权没有法律依据。

综上所述，现行《农村土地承包法》中有关土地承包经营权的规定已经不同于《农村土地承包法》（2002 年）的规定：在对土地承包经营权法律性质的界定方面，尽管现行《农村土地承包法》迁就我国相关政策的内容，从兼具身份属性的财产权利角度来设计土地承包经营权制度，但这种观念没有能够在整部法律中一以贯之。《农村土地承包法》（2002 年）第 26 条以承包地具有社会保障性质为由，使土地承包经营权的财产价值被掩盖，现行《农村土地承包法》第 27 条通过强化土地承包经营权的财产属性弥补了这一制度缺憾。不过，在承包地"三权分置"政策入法时，立法者将身份属性嵌入土地承包经营权，使得依据现行《农村土地承包法》第 27 条规定处理进城落户农户的承包地遇到了新的制度困境。

在《农村土地承包法》（2002 年）第 26 条基础上，对进城落户农户的承包地处理规则进行重构，这本身就是承包地"三权分置"政策入法的一个环节。在对以解决农村土地承包经营关系为己任的《农村土地承包法》进行修正时，各界均将关注点放在如何"稳定农户承包权"和"放活土地经营权"方面，致使如何"落实集体所有权"在制度设计时被忽视，故在将进城落户农户的承包地处理规则置于现行《农村土地承包法》的整体规范中予以理解时，出现了制度逻辑的混乱。在 2018 年修正《农村土地承包法》的过程中，立法者认为，"承包方全家迁入城镇落户，纳入城镇住房和社会保障体系，丧失农村集体经济组织成员身

---

〔1〕　参见高飞：《集体土地所有权主体制度研究》，中国政法大学出版社 2017 年版，第 253 页。

份的，支持引导其按照国家有关规定转让土地承包权益"，[1] 结合对现行《农村土地承包法》第 27 条的内容分析可知，立法者的意图是不再具有农村集体经济组织成员资格的进城落户农户仍然保有土地承包经营权。可见，以农村集体经济组织成员身份取得土地承包经营权后，是否在该成员身份丧失时自然不再享有土地承包经营权，相关法律规则之间没有做到无缝衔接。同时，无论是在修正前还是修正后，根据农村土地承包法律制度的规定，非本农村集体经济组织成员一般只能有偿从农村集体经济组织获得经营承包地的权利，这是集体土地所有权的收益权能的体现，但进城落户农户依据现行《农村土地承包法》第 27 条的规定继续享有土地承包经营权时，是否因农村集体经济组织成员身份的丧失而从无偿转变为有偿，法律规则也保持了缄默，从而导致"落实集体所有权"与"稳定农户承包权，放活土地经营权"之间在制度逻辑上出现了不和谐的音符。

三、关于"土地承包权"

"土地承包权"是承包地"三权分置"政策构建的新的农村土地权利结构的重要组成部分，现行《农村土地承包法》第 9 条将其作为正式的法律术语确立下来。不过，"土地承包权"的概念在该法中仅于此条中出现了 1 次。由于"土地承包权"始于政策表述，现行《农村土地承包法》又未明确规定"土地承包权"的性质及内容，致使各界在理解该法第 9 条中规定的"土地承包权"时产生了较为严重的分歧。其中，较具代表性的观点主要有：

第一，土地承包权由土地承包经营权所分置。该观点认为，土地承包经营权和土地承包权均由土地承包合同的承包方享有，只是土地承包权是承包地流转后由土地承包经营权分置而来，而实践中取得土地承包权有两个条件：其一，具有本集体经济组织的成员资格，这反映的是成员属性；其二，与发包方签订了土地承包合同，获得了承包地，这反映的是财产属性。[2] 而且，流转是土地承包权设立的前提，只有在承包地流转的情况下，承包方才拥有土地承包权，此时其只承包不经营，而经营权则流转给了第三方；在承包方与第三方签订的土地流转合同到期后，承包方将仍享有土地承包经营权，故土地承包权权能中的收益权和受限定的处分权（可以收回土地经营权但不能买卖承包地）是现实存在的，不是虚

〔1〕 刘振伟："关于《中华人民共和国农村土地承包法修正案（草案）》的说明——2017 年 10 月 31 日在第十二届全国人民代表大会常务委员会第三十次会议上"，载《中华人民共和国全国人民代表大会常务委员会公报》2019 年第 1 期。

〔2〕 参见李飞、周鹏飞："巩固和完善农村基本经营制度——刘振伟谈农村土地承包法修改"，载《山西农经》2019 年第 1 期。

置的权利。[1] 由此可知，在解读入法后的承包地"三权分置"制度时，该观点严格遵循了承包地"三权分置"政策建立的农村土地权利结构，但以此框定现行《农村土地承包法》第9条中规定的土地承包权，则存在论证不严谨的缺陷。一方面，该观点认为土地承包权是由土地承包经营权流转出土地经营权后分置出来的一种权利，这表明土地承包权与土地承包经营权是两种不同的权利；另一方面，该观点认为取得土地承包权须具备的条件是集体经济组织成员通过承包方式取得承包地，而具备此种条件时承包方获得的权利是土地承包经营权，这又表明取得土地承包权就是取得土地承包经营权，从而暗含着土地承包权与土地承包经营权实质上是同一权利。[2] 可见，在理解入法后的土地承包权时，该观点没有将土地承包权与土地承包经营权清晰地区分开来。鉴于这一观点在法理上难以自圆其说，学界在理解"土地承包权"时并未简单接受这种在形式上完全与承包地"三权分置"政策表达相同的观点，甚至部分直接参与立法的专家也对"土地承包权"的性质作出了与此不同的解释。[3]

第二，土地承包权是流转出土地经营权后的土地承包经营权的简称。该观点认为："在经营方通过流转取得土地经营权后，承包方享有的土地承包经营权的法律性质并未改变，只是承包方行使土地承包经营权的方式发生了改变而已，从直接行使转变为间接行使。"[4] 因此，现行《农村土地承包法》无意将"土地承包权"作为一种新型民事权利对待，法律也没有必要专门设置"土地承包权"来反映承包方流转土地经营权后的剩余权利。尽管该法第9条中出现了"土地承包权"的概念，但该权利只能被理解为土地经营权流转后受到限制的土地承包经营权的便宜称谓。[5] 也就是说，在集体承包土地上，存在承载公有制集体利益的农村集体土地所有权和承载承包农户利益的土地承包经营权，而在承包方于土地承包经营权上流转出土地经营权后，剩下的则是土地承包权意义的土地承包经营权。[6] 有学者对此种意义上的土地承包权的性质作出了更进一步的分析，主张现行《农村土地承包法》第9条中的"土地承包权并非指承包资格，而是指

---

〔1〕 参见李飞、周鹏飞："巩固和完善农村基本经营制度——刘振伟谈农村土地承包法修改"，载《山西农经》2019年第1期。

〔2〕 参见高圣平："农村土地承包法修改后的承包地法权配置"，载《法学研究》2019年第5期。

〔3〕 参见黄薇主编：《中华人民共和国农村土地承包法释义》，法律出版社2019年版，第44~45页。

〔4〕 参见杜涛主编：《中华人民共和国农村土地承包法解读》，中国法制出版社2019年版，第60页。

〔5〕 参见高圣平："农村土地承包法修改后的承包地法权配置"，载《法学研究》2019年第5期。

〔6〕 参见龙卫球："民法典物权编'三权分置'规范的体系设置和适用"，载《比较法研究》2019年第6期。

实际取得承包地的权利，是承包方流转土地经营权后剩余的土地承包经营权的简称或代称，具有用益物权性质，不是成员权性承包权"。[1] 如果对土地承包权的性质作出此种界定，那么，现行《农村土地承包法》第9条规定的"土地承包权"和"土地经营权"就不能由土地承包经营权分解而来。所谓"土地承包权"，只是派生出土地经营权后的土地承包经营权，即土地承包权与土地承包经营权应同义，[2] 是"对承包农户所享有的分离出土地经营权后的土地承包经营权的状态描述"。[3] 可见，该观点没有固守承包地"三权分置"政策中的"土地承包权"的性质，而是使入法后的土地承包权与土地承包经营权成为同一概念。然而，在一部法律中为什么要用土地承包经营权和土地承包权这两个不同的术语来表达同一权利，则是该观点无法解决的疑问。

第三，土地承包权是享有土地承包经营权的农户流转土地经营权后的纯剩余财产。该观点认为，不宜将现行《农村土地承包法》第9条中规定的"土地承包权"等同于"土地承包经营权"，而且"土地承包权"也不包含承包资格的内容；"土地承包权"是以家庭承包方式取得土地承包经营权的农户流转土地经营权后，对承包地享有的剩余财产权能的总和；土地承包权的权能内容包括流转对价获取权、农业用途和地力维持权、处分同意权、添附同意权、转让或互换权、提前收回权、期满收回权（回复权）、征收时的被补偿权、自愿交回承包地时的被补偿权、强制收回情形下的被补偿权、损害赔偿权等；土地承包权不是一种与"土地承包经营权"和"土地经营权"并列的独立权利，不属于不动产登记的对象。[4] 在解读"土地承包权"时，该观点完全与承包地"三权分置"政策的规定相契合，也符合对现行《农村土地承包法》第9条规定的形式化理解，但其所述内容并不能从现行《农村土地承包法》的其他相关法律规则中得到较为充分的证成，是脱离入法后的承包地"三权分置"制度体系而孤立理解现行《农村土地承包法》第9条规定的结果。而且，该观点认为，土地承包权入法在交易活动中有利于顺应社会大众直观化的日常生活语言习惯，在学术研究上有利于强化对农户流转剩余权能的研究并清晰界定承包农户与土地经营者之间的权利

---

[1] 高海："'三权'分置的法构造——以2019年《农村土地承包法》为分析对象"，载《南京农业大学学报（社会科学版）》2019年第1期。

[2] 参见房绍坤："《农村土地承包法修正案》的缺陷及其改进"，载《法学论坛》2019年第5期。

[3] 肖立梅："论'三权分置'下农村承包地上的权利体系配置"，载《法学杂志》2019年第4期。

[4] 参见宋志红："论《农村土地承包法》中的土地承包权"，载《吉林大学社会科学学报》2020年第1期。

义务关系。[1] 然而，以土地承包权表达这种制度实益不符合法律规则的建构法理，现行《农村土地承包法》和《民法典》也均未为此提供进一步的规则支持。

第四，土地承包权是农村集体经济组织成员再次承包农地的物权取得权。该观点认为，土地承包权是取得土地承包经营权的基础，而基于土地承包权取得土地承包经营权时，土地承包权则随之内嵌到土地承包经营权中，使土地承包经营权具有了农村集体经济组织成员的身份属性；抽离经营性权能后，土地承包经营权的名称和物权性质虽然未发生变化，但其法律内涵却已经大不相同，此时其转化为"三权分置"政策所指的"农户承包权"，只承载承包农户的身份属性及保障性权能，承包农户可以凭借保留的"农户承包权"在未来再次分配承包地时取得承包地；作为农村集体经济组织成员再次初始取得承包地的权利时，土地承包权是一种物权取得权，即权利人在将来某种条件下可以取得所有权或其他物权的权利，其权利内容在形态上表现为可期待利益。[2] 该观点明晰了土地承包权与土地承包经营权的生成逻辑，但同样也引发了诸多疑问：土地承包权既然是取得土地承包经营权的基础，在农村集体经济组织成员取得土地承包经营权后，土地承包权的制度使命就已经完成，此时为什么需要将土地承包权内嵌到土地承包经营权之中呢？土地承包经营权在抽离经营性权能后，该权利便转化为具有身份属性的作为物权取得权的土地承包权，此时怎么能够说土地承包经营权的名称没有变化呢？可见，该观点并没有从内容上理清土地承包权与土地承包经营权之间的制度关联。

第五，土地承包权是农村集体经济组织的成员（社员）资格。该观点认为，由于"土地承包权"应当被理解为农村集体经济组织的成员资格，故不必也无法在法律中对其予以界定，这是现行《农村土地承包法》仅仅在第9条中提及该权利而未对其内容加以明确规定的主要原因。[3] 尽管如此，现行《农村土地承包法》在将承包地"三权分置"政策转化为法律规则时，在法律话语的选择方面存有纠结、摇摆、模糊的立法心绪，以致在践行承包地"三权分置"政策的制度意蕴之法律术语使用上芜杂难辨，导致土地承包权是财产权还是承包资格不明

---

〔1〕 参见宋志红："论《农村土地承包法》中的土地承包权"，载《吉林大学社会科学学报》2020年第1期。

〔2〕 参见徐超："承包地'三权分置'中'三权'的权利属性界定"，载《西南民族大学学报（人文社会科学版）》2019年第7期。

〔3〕 参见陈小君："土地改革之'三权分置'入法及其实现障碍的解除——评《农村土地承包法修正案》"，载《学术月刊》2019年第1期。

确、土地承包权与该法第 5 条规定的承包资格如何协调面临困境等缺陷。[1] 可见，该观点虽然重视践行承包地"三权分置"政策的制度精神，但在理解"土地承包权"的性质时却没有拘泥于承包地"三权分置"制度的政策表述，而是考虑了政策上升为法律规则时立法表达的特殊性。由于现行《农村土地承包法》第 9 条将"土地承包权"与承包方"流转其承包地的土地经营权"连接在一起，故该观点是否准确反映了现行《农村土地承包法》第 9 条规定的"土地承包权"的内涵，也受到了些许质疑。

可见，因为现行《农村土地承包法》对"土地承包权"着墨不多，致使各界在界定"土地承包权"的性质与内容时众说纷纭，这种情形不仅对理解土地承包经营权的性质与内涵具有重要影响，也与如何评判承包地"三权分置"政策的法律表达的成效密切相关。因此，应当以承包地"三权分置"政策拟达成的制度目标为基础，对现行《农村土地承包法》中规定的土地承包权制度作出符合农村土地法律制度运行机理的解读，从而使之发挥出预期的制度实效。

四、关于"土地经营权"

承包地"三权分置"政策的核心是以坚持集体土地所有权和稳定土地承包权为前提，放活土地经营权，故在该政策进入现行《农村土地承包法》时，有关集体土地所有权的规范基本没有修改，对于土地承包权也仅有一个条文提及，而对土地经营权制度则作出了较为全面的规范。

从现行《农村土地承包法》的内容来看，土地经营权具有三种形态：一是家庭承包的承包方自其享有的土地承包经营权向他人流转的土地经营权，该种土地经营权就是第二章第五节规定的"土地经营权"；二是家庭承包的承包方用于向金融机构融资担保的承包地的土地经营权，该种土地经营权规定在第 47 条；三是以其他方式承包农村土地取得的土地经营权，该种土地经营权规定在第三章"其他方式的承包"。前两种形态的土地经营权不存在本质区别，两者都来源于承包方以家庭承包方式取得的土地承包经营权，是承包地"三权分置"的农村土地权利结构中的土地经营权，第三种形态的土地经营权与家庭承包的承包方没有直接关系。[2] 因此，此处主要论述前两种形态的"土地经营权"。

〔1〕 参见陈小君："土地改革之'三权分置'入法及其实现障碍的解除——评《农村土地承包法修正案》"，载《学术月刊》2019 年第 1 期。

〔2〕 参见何宝玉主编：《中华人民共和国农村土地承包法释义》，中国民主法制出版社 2019 年版，第 120 页。

对于承包地"三权分置"政策中的土地经营权的法律性质应当如何界定，学界可谓见仁见智，这种讨论并未因现行《农村土地承包法》的颁布施行而平息。有立法部门专家指出，由于各界对土地经营权性质的理解存在较大争议，此次修法以解决实践需要为出发点，只是对土地经营权的运行规则作出了界定，而淡化了对土地经营权性质的界定。[1] 然而，土地经营权是一种具体的民事权利，明晰其权利性质并非无关紧要。"民事主体享有繁复多样的民事权利，民法典针对每种具体的权利分别规定相应的行使规则、效力以及救济途径既不经济也不现实，适宜的做法是在民法体系内，在把握每种民事权利的含义与特征、起源与发展、价值与功能、性质与地位、主体与对象、范围与界限、保障与救济等知识的基础上采取'提取公因式'的方法对各种民事权利进行归纳分类，然后在分类的基础上分别规定相应的行使规则、效力以及救济途径。"[2] 可以说，民事权利的性质与该权利的功能、范围、效力及救济途径等均密切相关，故对民事权利进行类型化处理时不可忽视该权利的性质这一关键因素。当前，"民事权利是一个已经类型化的、为法律所保护的确切利益形态，权利的这种确定性特征不仅为权利主体自己享有权利所带来的利益提供了一个范围，同时也为其他民事主体不侵害该权利提供了一个警戒线，给予民事主体以行动的自由以及不因该自由行为受法律制裁的合理预期，自由行为的可预期性取决于权利的公示性和确定性"。[3] 而且，民事权利在种类上的差异将导致这些不同的民事权利在行使方法方面呈现出区别。[4] 因此，为了确保实践中运行的土地经营权的内容实现具有确定性和可预期性，立法者有意淡化土地经营权性质的策略不值得赞同，而且这种处理方式根本未能阻碍各界对土地经营权法律属性的积极探讨。

对于现行《农村土地承包法》中规定的基于土地承包经营权而产生的土地经营权的法律性质的界定，当前主要有以下四种观点：

第一，债权说。该说认为，土地利用关系既可以被定性为物权，也可以被定性为债权，如何定性完全是一种政策选择；现行《农村土地承包法》第 36 条明确规定了三种产生土地经营权的流转方式，即"出租（转包）、入股或者其他方式"，从体系解释视角出发，将这三种方式产生的土地经营权定性为债权，更符合立法原意。[5] 更重要的是，承包地"三权分置"政策中的土地经营权以"放

---

〔1〕　参见刘振伟："巩固和完善农村基本经营制度"，载《农村经营管理》2019 年第 1 期。
〔2〕　姚辉主编：《民法总则基本理论研究》，中国人民大学出版社 2019 年版，第 184 页。
〔3〕　姚辉主编：《民法总则基本理论研究》，中国人民大学出版社 2019 年版，第 184~185 页。
〔4〕　参见姚瑞光：《民法总则论》，中国政法大学出版社 2011 年版，第 367 页。
〔5〕　参见高圣平："农村土地承包法修改后的承包地法权配置"，载《法学研究》2019 年第 5 期。

活"为导向，而意思自治本身便意味着市民生活中的最大活力和无限可能；相对于物权必须受物权法定主义等原则的束缚，将土地经营权定位为债权更能够契合当事人灵活自主的交易安排，且不会对土地经营权人金融担保的经济需求的满足构成妨碍；此外，现行《农村土地承包法》第 43 条要求受让方在投资改良土壤时须承包方同意，现行《农村土地承包法》第 47 条要求受让方在申请融资担保时，须承包方书面同意并向发包方备案，若将土地经营权定性为物权，则将因约束过多而不合物权原本具有的直接支配属性，而将土地经营权定性为债权则更能兼顾此中意思自治与利益衡平的紧张关系。这既遵循了法理，也切合实际。[1]由于该说与现行《农村土地承包法》第 36 条中规定的内容最为接近，故其在学界的影响也最为广泛。

第二，物权说。该说认为，土地承包经营权具有的身份属性已经成为农地有序流转进而实现农业规模经营的障碍，将土地承包经营权中的身份属性剥离出来，成为我国农村土地权利改革的重要目标；在法律上，土地经营权对应的是以土地承包经营权为基础，去除身份属性、抽离经营性权能而形成的一类新型权利，因其不具有身份属性，故成为一类纯粹的用益物权；土地经营权作为物权，具有承袭农村土地权利发展的历史脉络、明确农村土地权利的权能边界、提升农村土地流转的规范等制度优势。[2] 而且，现行《农村土地承包法》在确立土地经营权后，明确该权利是土地承包经营权通过流转而分离出来的权利，且第 10条[3]又将土地经营权纳入"任何组织和个人不得侵犯"的权利，这正好说明土地经营权在性质上属于物权。[4] 该说主要是从土地承包经营权与土地经营权的关系推演而来，在逻辑上有一定的合理性，但与现行《农村土地承包法》相关条文的内容是否吻合却没有得到充分的论证。

第三，债权物权二元说。该说认为，部分土地经营权属于债权，部分土地经营权属于物权，至于权利人享有的土地经营权是债权还是物权，要根据不同情形进行认定。现行《农村土地承包法》第 47 条成为该说的佐证，因为根据该条规定，承包方或受让方可以用土地经营权向金融机构融资担保，其中"融资担保"

---

〔1〕　参见袁野："土地经营权债权属性之再证成"，载《中国土地科学》2020 年第 7 期。

〔2〕　参见徐超："承包地'三权分置'中'三权'的权利属性界定"，载《西南民族大学学报（人文社会科学版）》2019 年第 7 期。

〔3〕　现行《农村土地承包法》第 10 条规定："国家保护承包方依法、自愿、有偿流转土地经营权，保护土地经营权人的合法权益，任何组织和个人不得侵犯。"

〔4〕　参见龙卫球："民法典物权编'三权分置'规范的体系设置和适用"，载《比较法研究》2019年第 6 期。

包括抵押和质押两种不同的担保方式。这表明该法对土地经营权法律性质的理论分歧采取了折中包容的态度，即有意搁置土地经营权在法律性质上的债权与用益物权之争，为债权和用益物权两种不同性质的土地经营权均预留了制度空间。[1] 不过，到底应当以何种标准为依据来认定一个具体的土地经营权的性质，现行《农村土地承包法》未对此提供明确的判断标准。通过梳理学界的分析可知，对于如何认定土地经营权的债权属性和物权属性，主要存在三种主张：①以享有土地经营权的主体的不同为区分标准。有学者认为，现行《农村土地承包法》第36条规定的土地经营权由当事人以出租（转包）、入股或者其他方式取得，该土地经营权再流转应当经发包方书面同意、以该土地经营权融资担保应当经承包方书面同意，故此种土地经营权的权利属性只能解释为债权，只是经登记可以发生对抗第三人的物权效力；现行《农村土地承包法》第47条规定承包方以享有的"承包地的土地经营权"融资担保，不需要经发包方同意，这表明承包方用以融资担保的土地经营权不具有债权的特性，而且只有将该种土地经营权解释为物权才与法理相通。[2] ②以生成土地经营权的流转方式之不同为区分标准。有学者认为，既然流转是分置土地经营权的法律事实，故可以基于流转方式的不同来确定土地经营权的法律性质：土地承包经营权以出租（转包）和入股农民专业合作社的方式发生债权性流转，派生出的土地经营权为债权性质的权利，土地承包经营权以入股农村集体经济组织和公司的方式发生物权性流转，导致土地承包经营权整体让渡并使承包权人取得股权——分置出股权和用益物权性土地经营权。[3] ③以土地经营权流转期限长短与权利是否公示为区分标准。有参与立法的专家认为，在承包地"三权分置"改革实践中，不同类型的土地经营权人对于土地经营权的需求存在差异，对于当事人取得的土地经营权的性质，法律应当赋予当事人选择权：如果当事人希望获得长期稳定而有保障的土地经营权，则其可以就取得的土地经营权申请登记，登记后的土地经营权能够对抗第三人；如果当事人不希望获得长期的土地经营权，即流转期限5年以下的土地经营权，双方根据合同约定行使权利义务即可，此时的土地经营权就属于债权。[4] 相对于这种委婉的表述，有立法专家明确指出，现行《农村土地承包法》第41条是"关于登记的规

---

〔1〕　参见高海："'三权'分置的法构造——以2019年《农村土地承包法》为分析对象"，载《南京农业大学学报（社会科学版）》2019年第1期。

〔2〕　参见房绍坤："《农村土地承包法修正案》的缺陷及其改进"，载《法学论坛》2019年第5期。

〔3〕　参见高海："'三权'分置的法构造——以2019年《农村土地承包法》为分析对象"，载《南京农业大学学报（社会科学版）》2019年第1期。

〔4〕　参见黄薇主编：《中华人民共和国农村土地承包法释义》，法律出版社2019年版，第179~181页。

定，同时在法律上也是一个关于土地经营权物权效力的表述。"[1] 从上述持债权物权二元说的专家学者的分析来看，该说更多注重于农村土地经营的实践，在解释现行《农村土地承包法》中有关土地经营权制度时，也以满足实践需求为指针。

第四，权利属性不清说。该说认为，既然"放活土地经营权"是践行承包地"三权分置"政策的重点，那么，土地经营权概念能否在现行《农村土地承包法》中得到正确地表达和容纳，是承包地"三权分置"政策入法成功与否的衡量标志；作为一个新概念，在现行《农村土地承包法》的条文设计中，土地经营权的内容与性质与农村土地规则的法律逻辑不相匹配，而且现行《农村土地承包法》对土地经营权的界定及规则设计与原法律制度未能融合，以致产生了似是而非、自说自话的困局，使得土地经营权制度能否将承包地"三权分置"政策的宏大精神落到实处备受质疑，同时也造成原本有效运行的法律规则出现了混乱。[2] 该说主要从规则设计的制度逻辑视角出发，对现行《农村土地承包法》中规定的土地经营权制度作出了深入的探究。尽管这种观点对土地经营权制度是否能够发挥预期效果存有疑问，但就结论而言，其反映出立法者有意淡化土地经营权的性质已经带来了不良后果。

可见，现行《农村土地承包法》非常重视土地经营权制度的建构，在设计具体规则时也尽量以承包地"三权分置"政策赋予土地经营权的制度价值为标杆。不过，立法者有意回避对土地经营权的法律性质作出明确界定，并希望以此来灵活应对复杂的农村土地承包经营实践，但事与愿违，该立法产生的效果并没有沿着立法者的规划发展，从而导致今后如何清晰认定土地经营权的性质以提高相关纠纷处理的可预见性，还需要各界在法律规则的阐释方面付出更多的努力。

第二节　承包地三权分置制度设计：以《民法典》为中心

在现行《农村土地承包法》颁布后，受该法的立法目的所限，集体土地所有权制度在该法中没有得到进一步完善。同时，作为一种典型、基本的用益物权，土地承包经营权只有被置于《民法典》中，才符合民法典编纂的体系化初衷，避免《民法典》被架空；农村土地承包经营制度是事关数亿农民群众的重要制

---

[1]　于浩："农村土地承包法修改：保障农民土地权利不受侵害"，载《中国人大》2019 年第 1 期。
[2]　参见陈小君："土地改革之'三权分置'入法及其实现障碍的解除——评《农村土地承包法修正案》"，载《学术月刊》2019 年第 1 期。

度，也只有将其放在《民法典》中，才能够保持作为民事领域基本法的《民法典》的完整性，保证《民法典》中的制度规则立足并回应中国现实；而且，承包地"三权分置"政策入法不但涉及土地承包权、土地经营权，还涉及集体土地所有权，既涉及物权变动模式、农村土地用益物权、担保物权等物权规范，又涉及农户、农民集体、农村集体经济组织等主体制度，故只有通过体系完备的《民法典》方可实现该政策入法的科学化、体系化。[1] 在编纂《民法典》的过程中，立法者不仅"坚持和完善中国特色社会主义制度的现实需要"，而且"坚持和完善社会主义基本经济制度、推动经济高质量发展的客观要求"，还"完善农村集体产权相关制度，落实农村承包地'三权分置'改革的要求，对土地承包经营权的相关规定作了完善，增加土地经营权的规定，并删除耕地使用权不得抵押的规定，以适应'三权分置'后土地经营权入市的需要"。[2] 因此，对《民法典》中相关规范进行分析，亦为探讨承包地"三权分置"政策入法成效不可缺少的内容。

一、关于"土地所有权"

我国《宪法》第 6 条第 1 款前句规定："中华人民共和国的社会主义经济制度的基础是生产资料的社会主义公有制，即全民所有制和劳动群众集体所有制。"该条中规定的"劳动群众集体所有制"一般被称为"集体所有制"，是我国社会主义公有制经济的组成部分，意指"由集体经济组织内的劳动者共同占有生产资料的一种公有制经济"，[3] 是以生产资料公有制和集体劳动为基础的一种社会主义公有制形式。作为生产关系范畴的所有制的控制力量，必然具有法律形态的反映方式即所有制的实现方式，所有权作为法律权利是所有制的实现方式之一，而且在历史上是基本的、有时甚至是所有制的唯一实现方式。[4] 在我国，集体资产作为广大劳动群众多年来通过辛勤劳动积累的财富，在发展壮大集体经济和推动集体成员共同富裕方面发挥了重要作用。为了加强对劳动群众集体的财产权益之保护，促使集体成员的合法权益得到充分实现，我国法律一直都十分重视集体所有权立法，此次民法典编纂也将此作为一项重要内容，而《民法典》中的集体

---

〔1〕　参见耿卓："承包地'三权分置'政策入法的路径与方案——以《农村土地承包法》的修改为中心"，载《当代法学》2018 年第 6 期。

〔2〕　王晨：《关于〈中华人民共和国民法典（草案）〉的说明——2020 年 5 月 22 日在第十三届全国人民代表大会第三次会议上》。

〔3〕　蔡定剑：《宪法精解》，法律出版社 2006 年版，第 188 页。

〔4〕　参见孙宪忠：《中国物权法总论》，法律出版社 2018 年版，第 154 页。

所有权规范自然成为承包地"三权分置"政策中"落实集体所有权"的制度基础。

(一)《民法典》集体所有权立法的应然目标

立法活动从来不是盲目的,法律制度设计总是追求实现特定的目标,"不知道目的地,选择走哪条路或确定如何走某条路都是无甚意义的;然而,不知道目的地的性质,无论选择哪条路还是确定如何走某条路,却都有可能把我们引向深渊。"[1] 在民法典编纂过程中,集体所有权立法当然致力于实现其所欲达到的制度目标。由于"每一个时代的社会经济生活存在重大差异,以反映社会经济生活基本需求为己任的民法典也就打上了鲜明的时代烙印",[2] 因此,每一个时代的立法都具有自身的特殊追求,我国民法典编纂过程中的集体所有权立法也是如此。

当下我国集体所有权制度建构的现实需求主要是以党和国家政策的形式表达出来的。我国《物权法》于 2007 年颁布施行,该法的制定是"坚持社会主义基本经济制度的需要",其中"通过制定物权法,明确国有财产和集体财产的范围、国家所有权和集体所有权的行使、加强对国有财产和集体财产的保护,有利于巩固和发展公有制经济"。[3] 正是在这种立法思想的引领下,《物权法》对农村集体所有权和城镇集体所有权均作出了明确规定。为了进一步推动集体经济发展,力促集体所有制得以有效实现,党和国家政策根据经济社会改革的时代需求,在《物权法》施行后通过政策的形式持续对集体所有制的完善加以规定,如:党的十七大提出"探索集体经济有效实现形式";党的十七届三中全会要求"发展集体经济、增强集体组织服务功能";党的十八大规定"坚持和完善农村基本经营制度,依法维护农民土地承包经营权、宅基地使用权、集体收益分配权,壮大集体经济实力";党的十八届三中全会强调"坚持农村土地集体所有权,依法维护农民土地承包经营权,发展壮大集体经济";党的十九大进一步强调"深化农村集体产权制度改革,保障农民财产权益,壮大集体经济"。2016 年 11 月 4 日,中共中央、国务院印发的《关于完善产权保护制度依法保护产权的意见》(中发〔2016〕28 号)更是明确指出要"完善农村集体产权确权和保护制度"。此外,

---

[1] 邓正来:《中国法学向何处去——建构"中国法律理想图景"时代的论纲》,商务印书馆 2006 版,第 1 页。

[2] 高圣平:"民法典物权编的发展与展望",载《中国人民大学学报》2020 年第 4 期。

[3] 全国人民代表大会常务委员会副委员长王兆国在第十届全国人民代表大会第五次会议上所作《关于〈中华人民共和国物权法(草案)〉的说明》。

2008 年至今颁布的中央一号文件均致力于"三农"问题的解决，其中对于农村集体所有制的实现也多有涉猎。根据党和国家政策有关集体所有制发展及其有效实现对法律制度供给的需求可知，在《物权法》集体所有权制度基础上，《民法典》集体所有权的立法宗旨主要包括两个方面的内容：

第一，坚持集体所有制，落实集体所有权。"如果说社会主义公有制的存在形式从总体上静态地概括了生产资料的占有性质，那末，社会主义公有制则是从微观上动态地说明了生产资料的运动方式"，而"社会主义公有制的实现形式就是社会主义的公有财产在经济运行过程中的具体经营方式和组织形式"。[1] 在以法律规则明确社会主义公有制的实现形式时，所有权制度无疑是其中最重要的一种法律表达方式。在我国，集体所有制不仅仅具有经济学意义，而且还是国家政权赖以建设之前提的经济基础，故我国除了从经济学视角理解集体所有制外，绝对不能忽视集体所有制具有的政治意义，这也就决定了我国集体所有权立法必须继续坚持并在内容上反映作为社会主义经济制度基础的社会主义公有制。[2] 不过，在集体所有权立法的基本理念方面，民法典编纂与《物权法》制定存在本质区别。在《物权法》制定时，学界主流观点认为，无论是物权法理论研究还是物权立法，都应当以从"归属（所有）"到"利用"的理念为指导，该理念的核心内容可以概括为"弱化所有权、强化和细化利用权"。"两权分离"的农村土地权利结构得到法律确认，便是这种立法理念在农村集体土地所有制实现方面的具体表现。在民法典编纂过程中，集体所有权的立法理念发生了实质变化。2013 年 12 月 23 日，习近平总书记在《在中央农村工作会议上的讲话》中指出："农村土地属于农民集体所有，这是农村最大的制度。农村基本经营制度是农村土地集体所有制的实现形式，农村土地集体所有权是土地承包经营权的基础和本位。坚持农村基本经营制度，就要坚持农村土地集体所有。"[3] 在深化农村土地制度改革进程中，党和国家政策提出了实行承包地"三权分置"和宅基地"三权分置"的举措，其中都明确将"落实集体土地所有权"作为首要目标。这些政策措施在民法典编纂过程中为集体所有权立法指明了方向。

第二，赋予农民更多财产权利。十八届三中全会《决定》明确要求"赋予农民更多财产权利"，并对其主要内容进行了细致的勾勒。从该决定的上述内容

---

〔1〕 唐未兵：《公有制实现形式研究》，湖北人民出版社 1999 年版，第 88～89 页。

〔2〕 参见高飞：《集体土地所有权主体制度研究》，中国政法大学出版社 2017 年版，第 147～148 页。

〔3〕 中共中央文献研究室编：《习近平关于社会主义经济建设论述摘编》，中央文献出版社 2017 年版，第 173 页。

可知，其所谓的"农民"是从农民集体即农村集体经济组织成员的意义上来说的，因而"农民"享有的财产权利均属于农村集体经济组织成员权的范畴。农村集体经济组织成员权在性质上属于社员权，具体包括共益权和自益权。作为农村集体经济组织成员，农民享有的财产权利主要包括集体收益分配请求权、土地承包经营权、宅基地使用权等。我国在党的十八届三中全会后推行农村承包地"三权分置"政策，探索宅基地所有权、资格权、使用权"三权分置"，深入推进农村集体产权制度改革，都是以"赋予农民更多财产权利"的政策精神落地见效为依归。从党和国家政策"赋予农民更多财产权利"的具体内容来看，国家应该通过加强农村集体经济组织成员的自益权制度建构来实现预定目标，但农村集体经济组织成员共益权的行使往往是其自益权实现的前提和基础，故在民法典编纂过程中有必要对农村集体经济组织成员权制度进行体系化建构，使之成为农民享有基于农村集体经济组织而产生的各种财产权利的制度桥梁。

《民法典》中所有权制度的内容极其丰富，作为集体所有制的法律实现形式之一的集体所有权在运行中又面临着种种挑战，故《民法典》的编纂不可能将所有相关问题一劳永逸地加以解决。但是，在坚持集体所有制的基础上如何落实集体所有权，并将"赋予农民更多财产权利"的政策话语以法律规则表达、固定下来，无疑是集体所有权立法的核心内容。

在《民法典》物权编第五章"国家所有权和集体所有权、私人所有权"中，有6个条文是关于集体所有权的规定，即第260条至第265条。这6个条文均承袭自《物权法》，其中除第263条是专门关于城镇集体所有权制度的规范外，其余5个条文均可用来规范集体土地所有权。以《物权法》的规定为基础，民法典编纂时对规范集体所有权的条文作出了相应修改，具体修改情况为：第260条保留了《物权法》第58条的规定；第261条第2款将《物权法》第59条第2款中的"单位"改为了"组织"；第262条在《物权法》第60条第1项、第2项规定的"代表集体行使所有权"之前增加了"依法"二字；第264条将《物权法》第62条中的"集体经济组织"改为了"农村集体经济组织"，并增加规定"集体成员有权查阅、复制相关资料"；第265条将《物权法》第63条第1款规定的"单位和个人"改为了"组织或者个人"，将《物权法》第63条第2款规定的"集体经济组织"改为了"农村集体经济组织"。从法律条文的表述来看，《民法典》对《物权法》中规定的集体所有权制度作出的修改幅度较小，基本以对文字予以适当调整为主，但如果从民法规范的体系化视角深入分析修改内容却不难发现，根据党和国家对集体所有制有效实现的时代追求，《民法典》集体所有权立法提出了诸多有助于"落实集体所有权"的务实举措。

改革开放以来，我国民事立法得以快速发展，但"各单行民事法律制定施行的跨度较大，各种民事法律规范之间难免存在相互重复、不够系统和协调的现象。为适应全面依法治国、完善社会主义法治体系的要求，有必要全面系统整理我国民事法律制度，以法典化的方式提高法律制度建设的体系化水平，提升法律治理效能，促进民事领域国家治理体系和治理能力现代化"。[1] 可见，保留《物权法》中的优势制度、根据国情和经济社会需求对若干制度进行修改和调整，并将《物权法》编订纂修为《民法典》中的一编，[2] 为物权规范的体系化解读和适用奠定了基础，也为承包地"三权分置"政策入法后确保集体土地所有权发挥实效提供了明确的规范依据。

（二）《民法典》中集体所有权的私权属性更加明晰

集体土地所有权是劳动群众集体所有制的法律表现形式，在《民法典》颁布之前，《物权法》第五章"国家所有权和集体所有权、私人所有权"将集体土地所有权作为民事权利加以规范，明确了集体土地所有权的私权属性。然而，法律规范对集体土地所有权的私权属性的确认并没有成为各界的共识，"行动中"的集体土地所有权与"纸上"的集体土地所有权存在巨大落差，加之将集体土地所有权理解为公权在中国由来已久，故主张集体土地所有权具有公权属性的观点在学界还较为流行。对集体土地所有权的权利属性作出与《物权法》的制度设计相脱钩的理解，主要是基于以下原因：

第一，计划经济时期集体土地所有权观念的延续。在 20 世纪 50 年代初期，中国开始实行计划经济，计划经济就本质而言是一种行政经济，这是一种主要依靠各种行政手段直接组织和推行的经济体制，尤其是在"政社合一"的人民公社时期，集体土地所有权的运行受到行政权力的全方位干预，使得该权利的私权属性未能彰显。当时，中国法学理论界以公私法划分为资产阶级法学的分类法和革命导师列宁反对公私法划分为由，不接受公法与私法的分类，认为民法是公法。尽管这种认识是对民法本质的歪曲，但却为国家运用行政手段广泛干预民事活动提供了理论依据。[3] 同时，中国是在公有制的基础上实行计划经济，国家的职能包括组织和管理国民经济，故一般认为"民法不是什么'私人意思自治'的

---

〔1〕 黄薇主编：《中华人民共和国民法典总则编释义》，法律出版社 2020 年版，第 4 页。

〔2〕 参见彭诚信："《民法典》物权编的进步、局限与未来"，载《法制与社会发展》2020 年第 4 期。

〔3〕 参见梁慧星：《民法学说判例与立法研究》，中国政法大学出版社 1993 年版，第 52~53 页。

领域，而渗透了国家权力的作用"。[1] 由于对集体土地所有权性质的理解受到上述观念的影响，计划经济时期的集体土地所有权的运行被以高指标、瞎指挥、浮夸风和"共产风"为主要标志的左倾错误拖累，其制度成效乏善可陈，以致集体土地所有权的制度功能至今都没有得到各界的认真对待。

第二，国家政策主导农村土地制度建构致使集体土地所有权的私权属性萎缩。自从改革开放以来，农村土地制度经过一系列变革后取得了举世瞩目的成就，这些成就的取得完全是以国家政策为主导推动的。我国农村土地立法一直滞后于国家政策，相关法律制度在内容上基本由国家政策转化而来。国家政策在实践中主要以行政手段推行，虽然在社会主义市场经济体制下行政权力的运行与计划经济时代不可同日而语，但"重权力、轻权利"的观念依旧充盈其间，以致集体土地所有权的实现在深受国家政策的制约时，仍不能避免诸多来自行政部门的不当干预。[2] 而且，由于国家政策极为灵活，为解决现实问题又时常变化，实践中集体土地所有权的行使在面临法律规范与国家政策的冲突时，国家政策的规定往往处于更为优先的地位，甚至发生国家政策取代法律具体规定的诡异现象。这种状况使得原本就隐藏在集体土地所有权中的公权色彩更加难以"褪色"。

第三，公有制功能的复杂性导致对集体土地所有权制度属性的误读。基于土地的社会主义公有制的基本经济制度之精神，集体土地所有权在实现集体土地所有制赋予的使命时既具有公共职能，又具有财产职能，其中公共职能表现为集体将其拥有的土地分配给成员以维护他们的基本生产、生活条件，并对成员负担一定的保障义务和安置义务等。这些职能与国家应当履行的公共职能及相关义务相吻合，体现出一定的公权属性，[3] 致使集体土地所有权的权利性质被误读。其实，无论是集体土地所有权的公共职能还是财产职能，对集体土地所有权的私权属性并不造成影响，只是作为私权的集体土地所有权在运行时要将符合其成员利益作为重要考量因素，同时对于集体土地所有权运行所获利益应以符合公共职能的方式予以使用。

正是由于上述原因的存在，中国农村土地立法在改革开放后分离的"两权"中独"厚"土地承包经营权制度，导致"集体公有制既不是一种'共有的、合作的私有产权'，也不是一种纯粹的国家所有权，它是由国家控制但由集体来承

〔1〕 佟柔："中国民法科学在新时期的历史任务"，载陶希晋主编：《民法文集》，山西人民出版社1985年版，第44页。

〔2〕 参见高飞："集体土地征收程序的法理反思与制度重构"，载《云南社会科学》2018年第1期。

〔3〕 参见李凤章："从公私合一到公私分离——论集体土地所有权的使用权化"，载《环球法律评论》2015年第3期。

受其控制结果的一种农村社会主义制度安排"。[1] 这种情形在法律制度上的反映是，受土地公有制的影响，农村集体土地上本来属于私权性质的不少权利内容被赋予政府，从而使基层政府具有了管制土地私权的权力，但这种管制权的存在是不妥当的。[2] 在我国"三农"法制建设中，将集体土地所有权界定为一种公权，已经成为农村土地领域科学立法的最大障碍。

在此次民法典编纂过程中，对集体所有权性质的解读较以往在规则方面发生了变化。具体而言，除集体所有权继续被规定在"所有权"部分外，立法还从三个方面强化了该权利的私权属性：

第一，《民法典》第 207 条将《物权法》第 4 条中规定的"受法律保护"修改为"受法律平等保护"。尽管《民法典》第 207 条和《物权法》第 4 条都被理解为是关于物权平等保护原则的规定，但《民法典》第 207 条更加凸显了法律在保护国家、集体、私人其他权利人的物权时必须遵循"平等"的精神。由于物权平等保护原则是民法平等原则在物权制度中的具体体现，而"平等原则是民法的前提和基础，是国家立法规范民事法律关系的逻辑起点"，[3] 故《民法典》第 207 条的规定使集体所有权的私权属性得以彰显。

第二，《民法典》第 101 条和第 262 条明确规定农村集体所有权由农村集体经济组织依法代表行使，未设立村集体经济组织的，由村民委员会依法代行村集体经济组织的职能。尽管农村集体经济组织和村民委员会都属于特别法人，但前者属于经济组织，功能在于将生产资料归属于农村社区成员集体并采取不同的经营方式来实现集体经济发展，后者属于社会组织，功能在于实现村民自治。[4] 上述规定通过明确农村集体经济组织私权主体的法律品格，为农村集体所有权私权本性的回归提供了助力。

第三，长期以来，国家对集体所有权运行的全面干预致使集体所有权的使用权能、收益权能和处分权能均受到严格限制，从而丧失了作为财产所有权的基本特质，[5] 但《土地管理法》在 2019 年修正时根据改革试点经验确认了集体经营性建设用地入市制度和农村宅基地自愿有偿退出制度，而《民法典》第 361 条和

---

〔1〕　周其仁：《产权与制度变迁——中国改革的经验研究》，北京大学出版社 2004 年版，第 7 页。

〔2〕　参见张广荣：《我国农村集体土地民事立法研究论纲——从保护农民个体土地权利的视角》，中国法制出版社 2007 年版，第 49 页。

〔3〕　黄薇主编：《中华人民共和国民法典总则编释义》，法律出版社 2020 年版，第 22 页。

〔4〕　参见陈甦主编：《民法总则评注》（上册），法律出版社 2017 年版，第 710 页。

〔5〕　参见高飞："落实集体土地所有权的法制路径——以民法典物权编编纂为线索"，载《云南社会科学》2019 年第 1 期。

第 363 条又以转介条款将该两项制度纳入集体所有权制度之中，从而充实了集体所有权的权能，使得集体所有权作为私权的内容更加丰满。

可见，《民法典》集体所有权立法抓住了制度构建的关键性环节，突破了《物权法》制定时的理念攀篱，从多方面昭示了集体所有权的私权属性，为承包地"三权分置"政策中"落实集体所有权"的规则设计作好了扎实的铺垫，也为承包地"三权分置"政策入法后的新农村土地权利结构的理解与应用指明了方向。

（三）《民法典》中集体所有权制度回应了运行环境的转变

任何制度的运行都离不开特定的社会时空环境，集体所有权也是在具体的、当下的情境中运行。在我国，尽管《物权法》制定于社会主义市场经济体制背景下，其规范设计也是为了满足社会主义市场经济秩序的需要，并适应社会主义市场经济发展的基本要求，[1] 但因集体所有权产生于计划经济时期，以致该法的一些条文中仍然带有计划经济时期的遗留痕迹。这种遗留痕迹在条文中的具体表现往往反映在一些概念术语的使用方面，而在条文中保留"单位"的表述就是其中一个最为典型的代表。

在我国，"单位组织是在国家社会主义体制中，国家占有大量社会资源的情况下，所形成的一种特殊的社会组织。这样的社会组织对于个人来说，不是一个单纯的工作场所，也不是一个单纯的收入来源，而是一种特殊的社会组织，这种社会组织通常具有三种社会功能，即政治统治功能、社会资源分配功能以及专业化功能，在国家社会主义社会中构成国家统治的基本结构或工具"。[2] 由于"单位"建立在行政隶属关系的基础之上，故作为一种基本社会组织形式，其与以公有制和计划经济为标志的社会主义社会生产方式相适应。整体主义是"单位"的基本精神。"整体"指的是单位和国家。虽然国家由众多单位集合而成，但在某种意义上，国家也可称为单位。所有社会成员都被组织到单位之中。因为在一个所有社会成员都属于各自单位，所有单位都属于国家的社会结构中，整个社会要处理的利益关系就可以简化为"个人、集体（单位）和国家"三者之间的关系，其遵循的基本精神可以归结为两条，即"个人（单位人）服从集体（单位整体）""下级单位服从上级单位"。整体主义强调整体的利益、意志和秩序，对

---

〔1〕　参见全国人民代表大会常务委员会副委员长王兆国在第十届全国人民代表大会第五次会议上所作《关于〈中华人民共和国物权法（草案）〉的说明》。

〔2〕　李路路、李汉林：《中国的单位组织：资源、权力与交换》，生活书店出版有限公司 2019 年版，第 221 页。

于整体内的所有个体来说，整体必然主张个体的克己与服从。[1] 在这样的社会时空环境下，集体所有权难以作为私权运作，农村集体经济组织成员的自由意愿也不可能得到应有的尊重。

改革开放后，随着中国经济社会的迅速发展，尤其是在实行社会主义市场经济后，单位内含的价值观念和行为规范开始弱化。"单位组织松动，或者单位组织是否还存在的一个重要现象，是自改革以来，个人在单位组织之间几乎可以自由地流动了，尽管这种流动的量和频率可能还非常低，但没有单位组织还可以借助于直接的行政权力来禁止这种流动了。导致这种流动出现的直接原因有两个：第一，在传统的单位体制之外出现了大量新的社会组织类型，如私营企业、民营单位、三资企业等，个人在社会组织的选择上具有了较大的替代性。第二，国家放松了对国有集体单位的控制（这是和体制外的发展同时进行的），不仅大量乡镇集体企业基本上摆脱了统一的集中控制，而且城镇国有集体单位甚至地方政府等，都具有了一定程度的自主权，相应地，个人也具有了一定程度的自主权。在某种意义上可以说，相对于国家行政权力的'财产权力'逐步形成（当然在不同的社会组织中这种财产权力的独立性表现不同）。"[2] 与单位作为民事主体相对应，以组织作为民事主体的构建基础，更加符合当今社会发展的需要，[3] 这一点为我国"法人"制度和"非法人组织"制度所确认。因此，包括《民法典》第 261 条和第 265 条在内的民法规范将条文中的"单位"改为了"组织"，这种修改与《民法典》中民事主体蕴含的价值观念相吻合，是对计划经济时期的法律观念的摒弃，也是对集体所有权制度运行环境改变——社会主义市场经济取代社会主义计划经济——的回应，从而夯实了市场经济的基本精神和价值规律在集体所有权制度运行中的应有地位。

当然，"全面性依赖的弱化不等于依赖关系的解体，依赖关系的松动并不意味着依赖本身的消除"。[4] 在《民法典》规范中以"组织"取代"单位"，有利于集体土地所有权在社会主义市场经济中的正常运行，但法律条文表述的改变不能自动带来对民事主体之主观认识的彻底转变，"组织"蕴含的法律理念在实践

---

〔1〕 参见曹锦清、陈中亚：《走出"理想"城堡——中国"单位"现象研究》，海天出版社 1997 年版，第 81~92 页。

〔2〕 李路路、李汉林：《中国的单位组织：资源、权力与交换》，生活书店出版有限公司 2019 年版，第 35 页。

〔3〕 参见冯珏："作为组织的法人"，载《环球法律评论》2020 年第 2 期。

〔4〕 李路路、李汉林：《中国的单位组织：资源、权力与交换》，生活书店出版有限公司 2019 年版，第 6 页。

中得到践行还需要各界努力、适时推动。

(四)《民法典》中农村集体经济组织成员权的内容得以丰富

农村集体经济组织是我国一种特有的经济组织形式,政策和法律对该种经济组织形式多有规定,但在一个相当长的时期都未明确其民事主体地位。为便利农村集体经济组织从事民事活动,促进农村集体产权制度改革的顺利展开,确保农村集体经济组织成员的财产权利得以实现,《民法总则》第99条首次确认农村集体经济组织为特别法人,这是我国民事主体制度立法的一大创举。在立法过程中,各界对于如何拟订农村集体经济组织成员资格的认定标准没有取得共识,致使《民法总则》在农村集体经济组织成员资格认定规则方面留下空白。成员身份的不明确必将造成农村集体经济组织难以在实践中独立存在及正常运转,确立其为特别法人的制度功能的实现也会大打折扣,以致其继续被村民委员会取代可能成为常态。《民法典》第99条完全保留了《民法总则》第99条的规定,《民法总则》第99条在立法方面表现出的制度创新及缺陷也就都原封不动地体现在《民法典》第99条规定的内容之中。

作为特别法人的农村集体经济组织,是农民集体作为民事主体在法律上的存在形态。[1] 农村集体经济组织的成员是其人格要素,在编纂《民法典》之前,尽管《物权法》第59条第2款和《村民委员会组织法》第24条对于农村集体经济组织成员权有零散规定,但农村集体经济组织成员资格认定标准的法律规制却严重滞后于农村社会实践,全国性统一立法至今付之阙如。由于"成员权是支持集体所有权实体性的要素,缺乏成员权的农村集体经济组织只能沦为独裁者的专制工具或公权组织的附庸",[2] 故我国《民法典》承继《物权法》的规定,规定了农村集体经济组织成员权制度。为了将农村集体经济组织内部的民主管理落到实处,确保农村集体经济得到健康有序发展,加强对广大农民群众合法权益的保护,并让农村集体经济组织在实践中发挥出农村集体所有权主体应有的制度功能,《民法典》第261条基本保留了《物权法》第59条的内容,以便在农村集体所有权与该农村集体经济组织成员之间建立起相应的制度连接,为农村集体经济组织的顺畅运行提供制度保障。[3] 这是《民法典》中有关农村集体经济组织成员权制度运行的基础性规范。

---

〔1〕 参见李适时主编:《中华人民共和国民法总则释义》,法律出版社2017年版,第311~312页;郭明瑞:《民法总则通义》,商务印书馆2018年版,第138页。

〔2〕 戴威:《农村集体经济组织成员权制度研究》,法律出版社2016年版,第90页。

〔3〕 参见孙宪忠、朱广新主编:《民法典评注·物权编》(1),中国法制出版社2020年版,第447页。

同时，《民法典》第 264 条在农民集体财产公开制度中增加了"集体成员有权查阅、复制相关资料"的内容，以此将农村集体经济组织成员查询制度纳入了农民集体财产公开制度的规制范围。根据该条规定，农村集体经济组织成员可以通过查阅、复制与集体财产状况有关的文书、簿记等权利来保证集体成员的知情权得以实现，这是农村集体经济组织成员行使知情权的积极方式，也是对农村集体经济组织成员权内容的丰富和发展。在《物权法》颁布前，《村民委员会组织法》有关村务公开制度的规定涵括了集体财务公开制度。但是，在村务公开过程中，如果基层政府、村务监督机构的监督无力，村民委员会经常会以各种理由拒绝村民查询与村务公开相关的档案资料。为了避免出现村务公开实践中存在的上述弊端，在《民法典》第 264 条适用时需要着力强调，对于应当予以公布的与集体财产状况有关的资料，农村集体经济组织成员不仅有权查阅，而且有权加以复制，农村集体经济组织或村民委员会、村民小组有义务接受农村集体经济组织成员查阅、复制，并应当为农村集体经济组织成员行使查阅、复制的权利提供必要的便利。[1] 在《民法典》中规定农村集体经济组织成员享有查阅、复制与集体财产相关的资料的权利，为保障农村集体经济组织成员知情权的实现明确了制度依据。

总之，《民法典》中集体所有权立法虽然基本维持了《物权法》的原有规定，仅对其中部分内容作出了细微修改。但是，对修改的内容从民法规范体系出发进行分析可以发现，这些修改完善了集体所有权制度的核心内容，实现了该权利内含的重要制度价值的回归。《民法典》较《物权法》在集体所有权制度方面的立法进步，同样是承包地"三权分置"政策入法的重要成果，必将有益于"落实集体所有权"制度目标的达成。

二、关于"土地承包经营权"

在《民法典》中，"土地承包经营权"规定于第二编"物权编"之第三分编"用益物权"中的第十一章。在"土地承包经营权"的界定方面，《民法典》与《物权法》的规定并无不同，即"土地承包经营权人依法对其承包经营的耕地、林地、草地等享有占有、使用和收益的权利，有权从事种植业、林业、畜牧业等农业生产"。[2] 然而，在土地承包经营权制度的内容方面，《民法典》结合现行《农村土地承包法》和相关政策的规定，对《物权法》中的规定作出了修改。

---

〔1〕　参见孙宪忠、朱广新主编：《民法典评注·物权编》（1），中国法制出版社 2020 年版，第 474 页。

〔2〕　《民法典》第 331 条，即《物权法》第 125 条。

由于现行《农村土地承包法》是承包地"三权分置"政策入法的主要制度载体，该法对土地承包经营权制度的修正当然也反映到了《民法典》相关制度的构建过程中。从内容来看，《民法典》对《物权法》中规定的土地承包经营权制度作出了较大修改，主要体现在以下四个方面：

第一，将《物权法》第128条规定的土地承包经营权流转拆分为《民法典》第334条和第339条，其中，第334条是对土地承包经营权的互换、转让作出的规定，第339条是对土地承包经营权人采取"出租、入股或者其他方式"流转土地经营权作出的规定。《民法典》第339条在规定流转方式时，没有像现行《农村土地承包法》第36条那样采用"出租（转包）"的表述。

第二，通过增加第339条[1]和第341条[2]的规定，《民法典》以土地经营权流转取代了原法律法规规定的土地承包经营权的"债权性流转方式"。这两条规定与《民法典》第334条将土地承包经营权的互换、转让的相对方局限于本农村集体经济组织内的农户的规定相衔接。

第三，《民法典》第399条[3]对《物权法》第184条进行修改，删除了原条文第2项中的"耕地"二字，将集体土地上耕地的使用权排除在抵押物的负面清单之外。从立法技术来看，《民法典》第399条第2项中有"但是法律规定可以抵押的除外"一语，而现行《农村土地承包法》第47条的规定即可以被理解为此处的除外情形，故即便不删除该项中的"耕地"二字，对将集体土地上耕地的使用权纳入抵押物的范围也没有影响。[4]《物权法》第184条作出这样的修改

---

〔1〕《民法典》第339条规定："土地承包经营权人可以自主决定依法采取出租、入股或者其他方式向他人流转土地经营权。"

〔2〕《民法典》第341条规定："流转期限为五年以上的土地经营权，自流转合同生效时设立。当事人可以向登记机构申请土地经营权登记；未经登记，不得对抗善意第三人。"

〔3〕《民法典》第399条规定："下列财产不得抵押：（一）土地所有权；（二）宅基地、自留地、自留山等集体所有土地的使用权，但是法律规定可以抵押的除外；（三）学校、幼儿园、医疗机构等为公益目的成立的非营利法人的教育设施、医疗卫生设施和其他公益设施；（四）所有权、使用权不明或者有争议的财产；（五）依法被查封、扣押、监管的财产；（六）法律、行政法规规定不得抵押的其他财产。"

〔4〕参见孙宪忠、朱广新主编：《民法典评注·物权编》（4），中国法制出版社2020年版，第106页。不过，有学者持不同观点，认为"民法典物权编确认'三权分置'之前，《农村土地承包法》关于'三权分置'的制度设定，尚处于低于基本法律的次位阶，这就意味着与民法基本制度比较，只能将之理解为次要制度，这就会带来创制物权的困惑。民法典与《农村土地承包法》尽管都属于法律，但却由于立法主体差异，从形式上看明显属于不同层次，因此不能简单地用一般法和特别法的关系来处理民法基本法律和《农村土地承包法》的关系，而是法律内部的一种上位法（基本法律）和下位法（其他法律）的关系"。龙卫球："民法典物权编'三权分置'规范的体系设置和适用"，载《比较法研究》2019年第6期。如果这种观点能够成立，则《民法典》第399条的修改就极为必要，否则将变成对现行《农村土地承包法》第47条规定内容的否定。

当然使得法律规范体系更为严谨，表现出立法者对开禁耕地的使用权抵押极为重视，不愿为此领域可能产生的争议留下丝毫空间。

第四，鉴于通过招标、拍卖、公开协商等方式承包农村土地取得的土地承包经营权与"承包"所蕴含的农村集体经济组织成员属性不相符，且这种意义上的土地承包经营权属于市场化的权利，脱逸出了主体的身份属性，已经不能由承包地"三权分置"政策下的"土地承包经营权"概念所涵盖，[1] 故《民法典》第 342 条[2]对《物权法》第 133 条[3]进行修改，使其被"土地经营权"概念取代。

可见，尽管土地承包经营权在《民法典》中的界定与《物权法》一样，但该制度的内容已经根据现行《农村土地承包法》的规定被悄悄修改。具体来说，《民法典》第 332 条、第 334 条、第 336 条、第 337 条在条文中使用"依照农村土地承包的法律规定""依照法律规定"或"法律另有规定"的表达，将现行《农村土地承包法》的内容植入到了《民法典》之中，致使在理解《民法典》中规定的土地承包经营权制度时不得不以现行《农村土地承包法》的相关规定进行填补。

三、关于"土地经营权"

现行《农村土地承包法》对土地经营权制度作出了较为细致的规范，并在第 37 条明确规定，"土地经营权人有权在合同约定的期限内占有农村土地，自主开展农业生产经营并取得收益"。《民法典》在以法律规则表达承包地"三权分置"政策时，为对基于土地承包经营权产生的土地经营权进行界定，于第 340 条完全采纳了现行《农村土地承包法》第 37 条的表述。不过，相对于现行《农村土地承包法》的详细规定，《民法典》中有关土地经营权的规定仅有 4 个条文，即第 339 条至 342 条，其中，第 342 条规定的土地经营权不是在土地承包经营权基础上产生的，故不属于此处所说的承包地"三权分置"政策规定的土地经营权。

由于《民法典》对从土地承包经营权派生出来的土地经营权仅作出了简单规定，省去了现行《农村土地承包法》中已经规定的很多内容，而《民法典》第 339 条、第 340 条和第 341 条中又没有出现"依照农村土地承包的法律规定""依照法律规定"或"法律另有规定"之类的表述，且这些均规定在作为用益物

---

〔1〕 参见王利明主编：《民法》（上册），中国人民大学出版社 2022 年版，第 378 页。

〔2〕《民法典》第 342 条规定："通过招标、拍卖、公开协商等方式承包农村土地，经依法登记取得权属证书的，可以依法采取出租、入股、抵押或者其他方式流转土地经营权。"

〔3〕《物权法》第 133 条规定："通过招标、拍卖、公开协商等方式承包荒地等农村土地，依照农村土地承包法等法律和国务院的有关规定，其土地承包经营权可以转让、入股、抵押或者以其他方式流转。"

权的"土地承包经营权"一章，因此，在理解《民法典》中规定的土地经营权时，是否应当与现行《农村土地承包法》中规定的土地经营权在理解上保持一致，引起了一些学者的思考。

在民法典编纂过程中，一些学者就开始从《民法典》视野来探讨土地经营权制度，其中，如何明确《民法典》中规定的土地经营权的属性最受关注。有学者在分析《民法典物权编》（二次审议稿）后提出，该草案没有将土地经营权予以单独规定，而是将其视为土地承包经营权的衍生性权利，"这种立法方式实际上贬低了土地经营权的法律地位，并且在制度供给层面上，对于土地经营权的保护与规范设置也略显单薄。因此，在未来民法典物权编的编纂中，应当将土地经营权作为一项独立的用益物权，设置专门章节予以规定，并在既有的条文基础上，为土地经营权设置更为丰富且更为合理的规则体系，从而使'三权分置'的改革精神以最为合理的方式'入典'，最终以最为直接的方式，将土地经营权构造为一项民法意义上的私权。"〔1〕 有学者在解读《中华人民共和国民法典（草案）》的基础上认为，应当坚守"物债二分"的民事基本理论，"将物权性流转产生的经营使用农村土地的权利界定为土地经营权，而将租赁等债权性流转产生的经营使用土地的权利严格按照债权对待，不纳入土地经营权进行调整，不适用土地经营权的相关规定"〔2〕 还有学者强调，"'三权分置'进入民法典物权编意味着，从制度层面来说，它属于一种基本民事权利层面的物权结构配置，这种权利配置处于基本法律秩序的位阶，因此在全部法律体系中处于具有基础性的受尊重性地位；从法律政治层面而言，国家在农地承包问题上对于人民进行新增土地经营权作出正式确认，作为一种民事基本法层面的规定，类似于国家与人民之间就'三权分置'形成了'物权赋权契约'"〔3〕 可见，在《民法典》中明晰土地经营权的性质，并确立其作为一种新类型的用益物权的地位，是不少学者的期盼。

在《民法典》颁布后，土地经营权这种新增权利的性质应当如何理解，并没有像众多学者期望的那样明晰化。不少学者在解读《民法典》中规定的土地经营权制度时，主要从体系视角出发，表达了将该权利界定为一种新型用益物权的倾向，主张"《民法典》编纂完成，确立了物权和债权区分的财产权体系，规定于

〔1〕 参见谢潇："民法典编纂视野下土地经营权概念及规则的妥当构造"，载《当代法学》2020 年第 1 期。

〔2〕 参见刘锐："《民法典（草案）》的土地经营权规定应实质性修改"，载《行政管理改革》2020 年第 2 期。

〔3〕 参见龙卫球："民法典物权编'三权分置'规范的体系设置和适用"，载《比较法研究》2019 年第 6 期。

《民法典》物权编的'土地经营权'宜被认定为是物权"。[1] 而且，《民法典》第 340 条是关于土地经营权的界定，"基于契约自由原则，当事人可以通过租赁等合同的形式形成债权性的土地经营权，因此，债权性的土地经营权应当在合同编中被规范。由于本条处于《民法典》物权编的位置，因此，本条规范应当主要是针对物权性土地经营权人享有权利的规定"。[2] 还有学者对此作出进一步分析后认为，从《民法典》关于土地经营权的具体规定来看，将流转期限为 5 年以上的土地经营权定性为用益物权具有充分理由：一是从体系结构来看，《民法典》将流转期限为 5 年以上的土地经营权规定于"土地承包经营权"一章，排除了该种土地经营权为债权的可能性，否则《民法典》物权编无需对其加以规定；二是流转期限为 5 年以上的土地经营权更需要稳定的权利预期，需要赋予物权效力加以保护；三是流转期限为 5 年以上的土地经营权的设立方式、登记效力与土地承包经营权、地役权、动产抵押权的相关规定完全相同，按照同一法律中同样表述应当作同样解释的规则，土地经营权应被解释属于物权。[3] 以土地经营权的流转期限来区分该权利的性质，这也是《民法典》颁布后得到强化的一种观点。该观点认为，《民法典》第 341 条是关于流转期限为 5 年以上的土地经营权的设立与登记的规定，其意在根据土地经营权流转期限的长短作出不同的法律安排，而该条具体内容表明：流转期限为 5 年以上的土地经营权的当事人，可以向登记机构申请土地经营权登记，从而使土地经营权取得物权效力。[4] 但是，将土地经营权的流转期限作为判断土地经营权性质的标准并没有得到学者的普遍赞同，因为"单纯以流转期限确定土地经营权性质并非理想的解释方案"，[5] 而"以能否登记来区分物权和债权是用错了标准"。[6] 因此，上述有关《民法典》中规定的土地经营权属于用益物权的论证尚不足以让各界信服。

　　此外，有学者坚持土地经营权是由农地出租、入股等方式产生的债权性土地利用权的表达，并强调《民法典》中规定的土地经营权不宜被理解为是对土地经营权物权属性的民法确认，理由有三：其一，通过对现行《农村土地承包法》进行政策目的、规范解释和法律逻辑的多重分析可知，土地经营权属于债权，而依

〔1〕　李国强："《民法典》中两种'土地经营权'的体系构造"，载《浙江工商大学学报》2020 年第 5 期。

〔2〕　孙宪忠、朱广新主编：《民法典评注·物权编》（3），中国法制出版社 2020 年版，第 117 页。

〔3〕　参见房绍坤："土地经营权入典的时代价值"，载《探索与争鸣》2020 年第 5 期。

〔4〕　参见黄薇主编：《中华人民共和国民法典物权编释义》，法律出版社 2020 年版，第 357~358 页。

〔5〕　郭志京："民法典视野下土地经营权的形成机制与体系结构"，载《法学家》2020 年第 6 期。

〔6〕　李国强："《民法典》中两种'土地经营权'的体系构造"，载《浙江工商大学学报》2020 年第 5 期。

循法律之间的体系协调性，《民法典》不应作出与现行《农村土地承包法》不同的规定。其二，在解释上，《民法典》第 339 条至第 341 条是关于土地承包经营权的债权性处分之法律效果的规定，第 342 条是关于以其他方式承包"四荒地"的法律效果的明示。这些规定在于强调上述情形产生的仅是土地经营权而不再是土地承包经营权。如果认为该规定明确了土地经营权具有用益物权性质，明显缺少立法政策考量。其三，在结构上，《民法典》用益物权分编在物权法定原则下将各用益物权均设置独立的"章"进行规定，但其未设"土地经营权"专章，且土地经营权又不属于土地承包经营权的子类型或下位概念，这表明《民法典》未将土地经营权作为独立的用益物权。[1] 在解读《民法典》中规定的土地经营权规范时，该观点没有脱离现行《农村土地承包法》的规定，故在结论上也更加尊重现行《农村土地承包法》中土地经营权制度的规范意旨。

可见，现行《农村土地承包法》中有关土地经营权性质的规定含糊不清，这种立法状况在《民法典》中也没有得到妥当的解决。而且，《民法典》中有关土地经营权的规定只有简单 4 个条文，在内容上与现行《农村土地承包法》相比极为粗陋。这种内容上的简洁是否为了突显《民法典》中规定的土地经营权制度不同于现行《农村土地承包法》中规定的土地经营权制度，还有待对这两部法律中所涉规范的具体内容进行更加细致而深入的分析。

第三节　承包地三权分置政策之法律表达评判

在对现行《农村土地承包法》和《民法典》中关于承包地"三权分置"政策的法律表达进行了文义上的阐析后，本节将从法理上就这两部法律中的相关条款进行整体性审视，并对承包地"三权分置"政策入法后的农村土地权利结构加以评判，以便为其在实践中得以顺利实现作好铺垫。

一、承包地"三权分置"政策的法律表达困境

在承包地"三权分置"政策进入现行《农村土地承包法》和《民法典》后，各界在分析该政策的法律表达时，主要关注点有两个方面：一是新的农村土地权利结构中的"三权"具体是指哪几种农地权利；二是与承包地"三权分置"政策入法相关的各种农地权利的性质为何。此处对承包地"三权分置"政策的法律表达困境的探究也拟围绕这两个方面展开。

---

[1]　参见吴昭军："土地经营权体系的内部冲突与调适"，载《中国土地科学》2020 年第 7 期。

（一）关于"三权"的种类

根据承包地"三权分置"政策的规定，"三权"应当指集体土地所有权、土地承包权、土地经营权，但政策入法不是将政策话语作为法律话语直接嵌入法律规范之中，因此，在承包地"三权分置"政策入法后，用于表达该政策意蕴的法律术语的"三权"是否就是集体土地所有权、土地承包权、土地经营权，还需要结合具体的法律条款加以甄别。

从现行《农村土地承包法》的规定来看，承包地"三权分置"政策入法后的农村土地权利结构是通过第9条表达出来的，但该条涉及"四权"，即集体土地所有权、土地承包经营权、土地承包权、土地经营权。结合承包地"三权分置"政策的话语表达来看，存在"四权"并非不可思议，因为从农村地区的实践来看，尽管承包地"三权分置"有其必要性，但却不能以"三权分置"完全取代"两权分离"，且当前"两权分离"的农村土地权利结构依然在经营承包地方面居于主流状态。如表3-1所示，在2015~2017年，家庭承包耕地流转总面积和流转出承包地的农户数一直处于增长之中，但是，家庭承包耕地流转总面积相对于家庭承包经营的耕地面积来说却是少数，流转出承包地的农户数相对于家庭承包经营的农户数来说也只是少数。可见，农村土地"两权分离"远没有像部分学者所说的那样"日薄西山"，承包地"三权分置"的现象也不是占有压倒性优势，更不是经营承包地的唯一存在模式。

表3-1　2015~2017年全国农村土地承包经营状况表　　　单位：公顷、户、%

项目	2015年		2016年		2017年	
	数量	比上年增减	数量	比上年增减	数量	比上年增减
家庭承包经营的耕地面积	1 342 367 812	1.0	90 926 184	1.6	92 334 274	1.55
家庭承包经营的农户数	230 573 741	0.2	228 688 419	-0.8	226 882 493	-0.79
家庭承包耕地流转总面积	446 833 652	10.8	31 947 205	7.3	34 140 880	6.87
流转出承包耕地的农户数	63 295 302	8.5	67 889 265	7.3	70 705 578	4.15

资料来源：中华人民共和国农业农村部网站数据中"中国农业农村统计资料2015""中国农业农村统计资料2016""中国农业农村统计资料2017"的综合整理。

　　其实，立法者在此方面还是保持着较为清醒的头脑，他们设计了"两权分离"和"三权分置"并存的农村土地权利结构，其中"两权分离"是承包地处于未流转状态的一组权利，"三权分置"是承包地处于流转状态的一组权利。[1]如果按照立法者对"两权分离"和"三权分置"的理解来设计法律制度中的农村土地权利结构，则"两权分离"的农村土地权利结构是"集体土地所有权——土地承包经营权"，"三权分置"的农村土地权利结构是"集体土地所有权——土地承包权——土地经营权"。

　　现行《农村土地承包法》第9条似乎是上述"两权分离"和"三权分置"两种农村土地权利结构并列导致的结果，但这种看法不符合法律逻辑。在"两权分离"的农村土地权利结构中，土地承包经营权在集体土地所有权上设立，分离后是集体土地所有权与土地承包经营权并存，只是集体土地所有权的权能受到作为用益物权的土地承包经营权的限制；而在承包地"三权分置"的农村土地权利结构中，土地承包经营权再次分离为土地承包权和土地经营权，分离的结果是土地承包权和土地经营权取代了土地承包经营权，即土地承包经营权不复存在。可见，"两权分离"的农村土地权利结构与"三权分置"的农村土地权利结构的形成法理完成不同，前者遵循的是大陆法系物权制度中的权能分离理论，后者采用的是英美法系财产法制度中的"权利束"理论。由于现行《农村土地承包法》建构的理论基础以大陆法系的"物债二分"理论为基础，即便将承包地"三权分置"政策入法后的农村土地权利结构解释为"集体土地所有权——土地承包权——土地经营权"，这种解释也不能很好地和其他法律规范有效地衔接，故现行《农村土地承包法》并没有将政策中确立的承包地"三权分置"农村土地权利结构坚持到底。从现行《农村土地承包法》的规定来看，作为承包地"三权分置"政策中"三权"之一的"土地承包权"可谓是昙花一现，仅在第9条被提及一次，且该法对"土地承包权"的性质与内容均无明确规定，使得将承包地"三权分置"的农村土地权利结构理解为"集体土地所有权——土地承包权——土地经营权"在法理上面临诸多责难。

　　当然，对土地承包权的性质所持的观点不同，决定了对承包地"三权分置"政策入法后的农村土地权利结构中的"三权"界定的差异。例如，将土地承包权解读为流转出土地经营权后的土地承包经营权的剩余权利，而这种剩余权利在法

---

〔1〕　参见刘振伟："关于《中华人民共和国农村土地承包法修正案（草案）》的说明——2017年10月31日在第十二届全国人民代表大会常务委员会第三十次会议上"，载《中华人民共和国全国人民代表大会常务委员会公报》2019年第1期。

律制度中仍然采用土地承包经营权的表述，则承包地"三权分置"政策入法后的农村土地权利结构便是"集体土地所有权——土地承包经营权（土地承包权）——土地经营权"；将土地承包权解读为农村集体经济组织成员享有的承包所属集体土地的资格，并主张该权利在本质上是集体土地所有权主体的组成部分，则承包地"三权分置"政策入法后的农村土地权利结构便应被理解为"集体土地所有权（土地承包权）——土地承包经营权——土地经营权"。

承包地"三权分置"政策入法不仅以现行《农村土地承包法》为载体，其同时也以《民法典》为载体，而"落实集体所有权"的法律规则设计却主要由《民法典》承担，故对《民法典》中承包地"三权分置"农村土地权利结构的法律表达也应当给予关注。从《民法典》物权编"土地承包经营权"章的规定可知，承包地"三权分置"政策入典后以"集体土地所有权——土地承包经营权——土地经营权"的农村土地权利结构呈现出来，因为在《民法典》中根本就没有提及"土地承包权"的概念。而且，如此理解《民法典》中的承包地"三权分置"的农村土地权利结构，与"两权分离"的农村土地权利结构在法理基础上能够吻合，且这两种农村土地权利结构在《民法典》中亦可并存无碍，同时还可以在农村土地权利结构上体现出"三权分置"是"两权分离"的发展。

不过，在承包地"三权分置"农村土地权利结构的法律表达方面，《民法典》与现行《农村土地承包法》的规定显然存在差别。这种差别如何解读以便两者之间在相关制度上实现对接，无疑需要学界在进一步深刻体悟承包地"三权分置"政策精神的基础上，以解释论思路贡献更多的智慧。

（二）关于相关权利的性质

由于承包地"三权分置"政策入法不会取消"两权分离"的农村土地权利结构，而是两种农村土地权利结构在新的制度框架下并存，故该政策入法后涉及的农村土地权利包括存在于这两种农村土地权利结构中的各种权利，即集体土地所有权、土地承包经营权、土地承包权、土地经营权。对于这四种权利的性质的定位，学界均存在争议，这影响到了对各种权利具体内容的确定，也影响到了对各种权利运行规则的理解。

关于集体土地所有权的性质，主要争议在于其属于公权还是私权。尽管我国法律一直将集体土地所有权作为所有权的一种类型加以规定，但认为集体土地所有权属于公权的观点依然有一定的市场，因此，《民法典》为彰显集体土地所有权的私权属性作出了一些努力，只是这些努力的实效尚需接受时间的检验。关于土地承包经营权的性质，主要争议在于该种权利到底是一种纯粹的财产权还是兼具身份属性的财产权利。关于土地承包权的性质，主要争议在于其是否属于一种独立的权利类型，以及其到底是源于土地承包经营权还是源于集体土地所有权。关于土地经营权的性质，主要争议在于设立于土地承包经营权之上的土地经营权是一种债权还是一种物权，抑或既可以是一种债权也可以是一种物权。

上述有关集体土地所有权、土地承包经营权、土地承包权、土地经营权性质的分歧，除集体土地所有权属于公权还是私权与承包地"三权分置"政策入法的法律表达无直接关系外，其他三种权利的性质解读之争议都与承包地"三权分置"政策的法律表达不清晰有关。可以说，正是承包地"三权分置"政策入法时法律表达的含糊使得各界在解读相关条款时各取所需，以致无法取得基本共识。就此而言，承包地"三权分置"政策的法律表达在立法技术上不算成功。

二、承包地"三权分置"政策的法律表达检讨

对于我国农村土地法律制度发展而言，承包地"三权分置"政策入法是一件大事，这是对改革开放以来农村土地权利结构的重大调整，也是对农村土地权利实现规则的重大修改。然而，在承包地"三权分置"政策入法后，无论是现行《农村土地承包法》还是《民法典》，在政策内容的法律表达方面都受到了批评，对于相关规则表达出来的意义的理解也众说纷呈，以致入法后的承包地"三权分置"的农村土地权利体系是否能够很好地完成政策赋予的任务都受到质疑。对承包地"三权分置"政策入法的过程进行分析可以发现，造成这种立法状况的主要原因有以下三个方面：

（一）漠视政策入法的法律表达难度

自我国改革开放以来，党和国家的"三农"政策是推动农村社会进步和农民生活水平逐步提高的重要原因，"十一届三中全会以后，党的政策和国家法律的关系始终离不开国家改革与发展的大局，而法律对改革与发展成果的确认在很大程度上就是对党的政策的体现"。[1] 我国农村土地制度改革的过程也是农村土地法律制度建构的过程，这个过程基本遵循的是"政策先导、立法跟进"的路径。任何一项制度的创新都不是在朝夕之间完成的，必须经历一个发生、发展的过程。在农村土地制度改革出现新生事物时，首先是以灵活的政策方式予以治理，而一些经过实践证明实施良好的农村土地政策则通过立法途径上升为法律，以便

---

〔1〕 周祖成、万方亮："党的政策与国家法律 70 年关系的发展历程"，载《现代法学》2019 年第 6 期。

利用法律的稳定性和权威性补充政策的试验性和可预期性。[1] 由于农村土地法律制度的变化都是以党和国家政策的变化为开端，故农村土地制度的完善具有极强的政策依赖性。在涉农法治领域重视政策的作用，不是我国的特有现象，例如：德国长期实施积极的支持农业的法律政策，[2] 日本在高速经济增长时期也积累了丰富的政策调整经验。[3] 因此，在完善农村土地法律制度时，利用政策的灵活性、渐变性特征对实践中的社会关系进行循序渐进的调整，是完善我国农村土地法制建设不可忽视的重要环节。

当今中国在改革开放中取得巨大成就主要得益于在改革中不断对制度进行优化。其中，"运用正确的方法论对推动认识活动和实践活动的发展都具有积极意义。'一切从实际出发，实事求是'是新时期土地制度'试点试验'的方法论基础。能不能解决实际问题，关键取决于是否能够联系实际，是否善于总结经验，遵从客观事实，一切从实际出发"。[4] 对土地制度的"试点试验"主要是以政策的形式展开，"试点试验"的制度也往往体现在党和国家的政策之中。在我国改革开放后，"土地制度'试点试验'遍地开花，在一系列的'先行先试'实践中取得了一些创新经验成果，为全面深化改革积累经验、探索路子、提供示范，取得一批可复制、可推广的经验，制度创新的空间扩散效应、示范效应已初步显现。国家综合配套改革试验区、农村改革试验区通过大胆试验、创新实践、总结提炼，为深化土地制度改革提供了新鲜经验，储备了理论和政策经验，促进了地方经济、政治、文化、社会的发展"。[5] 土地制度"试点试验"取得的成绩及其对农村土地法律制度构建的贡献有目共睹，但其中也不同程度地存在部门利益主导"试点试验"、地区或行业利益冲突、"试点试验"与法制冲突、"试点试验"程序不规范、试验地区与非试验地区长期不对等、久试不决增加改革成本、"试点试验"的监管评估形式化等问题。[6] 更重要的是，虽然政策与法律的关系极为密切，但两者毕竟是按照不同的规律运行，即便政策的内容在"先行先试"后取得了一些成熟经验，且这一部分内容有必要转化为法律规则，而在立法实践中如

---

〔1〕 参见唐欣瑜、梁亚荣："土地政策与法律治理：我国农村依法治地路径模式博弈"，载《广西社会科学》2017 年第 9 期。

〔2〕 参见林雪梅："德国农业法律政策的特点、经验及启示"，载《社会科学战线》2012 年第 12 期。

〔3〕 参见王志刚、许栩："日本经济高速增长期农业法律与政策调整的经验及其借鉴意义"，载《理论探讨》2012 年第 5 期。

〔4〕 王廷勇、杨遂全、邹联克：《中国土地制度"试点试验"研究》，科学出版社 2018 年版，第 54 页。

〔5〕 王廷勇、杨遂全、邹联克：《中国土地制度"试点试验"研究》，科学出版社 2018 年版，第 114 页。

〔6〕 王廷勇、杨遂全、邹联克：《中国土地制度"试点试验"研究》，科学出版社 2018 年版，第 131 ~138 页。

何以法律语言准确表达这些政策内容，也是一个高难度的动作。

法律语言是法律制度的构成部分，是处理法律问题的工具，"法治要求法律具有明确性、稳定性，是可预期的，法律规则不仅是人们的行为规则，更是法院的裁判规则，在理解、解释和适用上有其独特的规则，在语言风格上要求法言法语"。[1] 这与政策话语的灵活性、模糊性特性相对应。在承包地"三权分置"政策入法过程中，为了在法律制度中精准表达该政策的制度意蕴，出现了将政策表达直接作为法律表达置入法律规则的情形，最主要的表现是《农村土地承包法修正案（草案）》第9条的规定，该条将《农村土地承包法》（2002年）第26条第2款修改为："维护进城务工农民的土地承包经营权，不得以退出土地承包权作为农民进城落户的条件。是否保留土地承包经营权，由农民选择而不代替农民选择。"其中，"是否保留土地承包经营权，由农民选择而不代替农民选择"是尊重农民意愿的表现，有利于维护农民的合法权益，符合法律制度的基本价值，应当以法律规则的形式固定下来，但如果将这种表述直接作为法律语言入法，其妥当性有待思考。在《农村土地承包法修正案（草案）》（二次审议稿）第27条第2款中，"是否保留土地承包经营权，由农民选择而不代替农民选择"被修改为"是否保留土地承包经营权，由农民自主决定"。比较而言，修改后的表述无疑更符合法律表达的要求，尽管该表述最终没有保留下来，但立法者在使用立法语言方面表现出的进步却是显而易见的。

我国的经济学界和管理学界因直接参与了经济方面的各类改革，他们凭借"智囊团"角色将相关学科理论转化为政策，致使这些理论的影响力剧增。[2] 承包地"三权分置"政策正是源于经济学和管理学的相关理论。然而，承包地"三权分置"政策中所提出的土地承包权和土地经营权，是经济学界和管理学界创造出的新概念，其内涵与外延均不清楚，作为政策话语用来对实践进行方向性的指导无可厚非，如果直接将政策中表述的这两种权利作为法律概念使用，引起原有农村土地权利体系的不适也是正常反应。在法学领域，"无论是初学者，还是行家，都喜欢'发明'专业术语，尽管已有的专业术语足以解决问题"。[3] 为完成承包地"三权分置"政策入法的任务，立法者借助经济学界和管理学界创造的政策话语，满足了自己"发明"专业术语的嗜好，但这种轻率地将政策话语

---

〔1〕　耿卓："承包地'三权分置'政策入法的路径与方案——以《农村土地承包法》的修改为中心"，载《当代法学》2018年第6期。

〔2〕　参见吴义龙："'三权分置'论的法律逻辑、政策阐释及制度替代"，载《法学家》2016年第4期。

〔3〕　［德］伯恩·魏德士：《法理学》，丁小春、吴越译，法律出版社2003年版，第96页。

转化为法律概念的做法，漠视了政策话语与法律话语之间的区别，不仅在农村土地权利体系运行中丧失了原有概念本来具有的优势，而且为承包地"三权分置"政策入法后各界解读相关制度规则埋下了争议的"种子"。

（二）无视两大法系财产理论的区隔

当前，世界各国或地区财产法理论主要有两种，一种以大陆法系物权理论为代表，另一种以英美法系财产法理论为代表，这两种财产制度秉持的法律理念具有本质的区别。一般认为，大陆法系物权理论源于罗马法，长于抽象的概念构成，其首先关注物的归属，强调以财产的静态保护为基石，而英美法系财产法理论源于日耳曼法，侧重具体关系的定型化而具有原封不动调整具体关系的特色，其对于一项财产往往首先考虑的是财产的动态利用，强调在使用财产的过程中产生更大的效益。[1] 然而，如果以此认为大陆法系物权理论只是确定静态财产关系，并以之作为加速推动承包地市场化流转的承包地"三权分置"政策法律表达的障碍，则与当今物权制度的发展趋势不符。我国有学者早就指出，认为合同制度直接规范市场经济活动，物权制度不直接规范交易关系而只规定静态财产关系即占有使用财产的关系，这种观点无论在理论上还是实践中都是错误的；在市场经济体制下，物权制度发挥着提供交易前提条件和保障交易安全的作用，其为市场体制提供了最基本的法律条件。[2]《农村土地承包法》（2002 年）中规定了土地承包经营权的转让、互换等物权性流转方式，也表明物权制度同样可以对市场经济活动中的动态财产关系进行调整。

罗马法中的物权对特定物资的全面支配与部分支配是质的差异，日耳曼法中的财产权利对特定物资的全面支配与部分支配仅为量的差异。根据上述法律观念的分歧，罗马法将对物的全面支配置于所有权这种具有弹力性的单一支配权的概念中，将部分使用视为是对所有权暂时限制的支配权，而日耳曼法将各种使用权视为各自相互独立的权利，是对特定物资进行全面支配的一切使用权的集合。[3]受罗马法的影响，大陆法系物权制度中的所有权具有整体性，不能在内容和时间上加以分割，在所有物上设定用益物权或担保物权不是让与部分所有权，而是创设一个新的、独立的物权，此时所有权受到所设立的用益物权或担保物权的限

---

〔1〕　参见史尚宽：《物权法论》，中国政法大学出版社 2000 年版，第 2~4 页；［日］我妻荣：《新订物权法》，罗丽译，中国法制出版社 2008 年版，第 2~3 页。

〔2〕　参见孙宪忠：《中国物权法总论》，法律出版社 2018 年版，第 14~16 页。

〔3〕　参见［日］我妻荣：《新订物权法》，罗丽译，中国法制出版社 2008 年版，第 3 页。

制，但此项限制一旦除去，则所有权即恢复其圆满状态。[1] 在日耳曼法的影响下，英美法系一般将财产界定为"权利束"（a bundle of rights），其由排他权（the right to exclude）、转让权（the right to transfer）、占有使用权（the right to possess and use）等"木条"（sticks）组成，而这些组成"权利束"的"木条"同样是一种独立的财产权利。[2] 在我国承包地"三权分置"政策入法过程中，大陆法系物权制度与英美法系财产法制度的立法理念始终缠绕在一起难解难分。

《农村土地承包法》（2002 年）和《物权法》确立的"两权分离"的农村土地权利结构的理论基础是大陆法系的物权理论，承包地"三权分置"政策中的农村土地权利结构的理论基础则是英美法系财产法中的"权利束"理论。现行《农村土地承包法》第 9 条是承包地"三权分置"政策入法后对该政策作出的最直接的法律表达，其内容正与"权利束"理论相一致。尽管当前我国物权制度在立法中主要采纳了大陆法系的德国法理论，但并没有将大陆法系其他国家或地区以及英美法系的制度"拒之门外"，而是"择其善者而从之"，故英美法系财产法中的"权利束"理论如能以合适的形式进入我国法律制度之中，也不是一件不可接受的选择。但是，在现行《农村土地承包法》接受了"两权分离"的农村土地权利结构与"三权分置"的农村土地权利结构并存的情形下，如果这两种农村土地权利结构分别遵循大陆法系物权制度和英美法系财产法制度的法律理念，则必将给法律制度的理解与适用带来混乱。我国在法律理念上既然已经沿袭了大陆法系的立法传统，就应当继续坚持大陆法系的形式理性，即将法律规范和原则有意识地建立在具有高度逻辑性的抽象思维模式上，使人们能够从预先设定的法律规范和原则的逻辑演绎程序中得出对具体问题的判断。[3] 很多学者认为现行《农村土地承包法》第 9 条中的"土地承包权"是流转了土地经营权后的"土地承包经营权"的简称，其最主要的理由也正在于此。

抽象地讨论大陆法系物权制度与英美法系财产法制度的优劣不具有现实意义。从我国农村土地法律制度体系观之，在承包地"三权分置"政策入法后，应根据我国民事立法已经继受大陆法系的法律概念的事实，接受大陆法系的物权制度理念，以便发挥出大陆法系物权制度的体系效应。我国《民法典》通过放弃"土地承包权"的概念，对在承包地"三权分置"政策入法的法律表达中遵循何

---

〔1〕 参见王泽鉴：《民法物权》，北京大学出版社 2010 年版，第 110 页。

〔2〕 参见［美］约翰·G. 斯普兰克林：《美国财产法精解》，钟书峰译，北京大学出版社 2009 年版，第 4~5 页。

〔3〕 参见关涛：《我国不动产法律问题专论》，人民法院出版社 2004 年版，第 46 页。

种立法理念作出了选择。

（三）轻视"物债二分"的法理价值

民事法律关系的内容是民事主体享有的民事权利和应当承担的民事义务，其中"权利重在其行使与实现，义务也应促其履行与完成，义务的履行通常为权利内容的实现"。[1] 无论是研究民法理论，还是构建民事立法体系，关键点都是对"权利"问题作出妥当处理。

从民法的法技术发展的历史来看，民法规范中使用的基本语言及遵循的制度逻辑主要是依据民事权利体系的发展而形成的，民事权利的基本分类对于民事案件的分析和裁判起着决定性作用。[2] 由于权利在民法规范中具有核心地位，"民法学做得更多的，不是对权利本质进行形而上的思考，而是依据不同标准对民法中的权利进行分类，并且在具体的意义上阐明或者建构不同类别的民事权利的内涵。在民法上，权利分类的意义不限于逻辑上的归类和整理，其实质在于从各个角度深入了解各项民事权利的构成、形式特点、标的区别、作用形式、利益内容、效力范围以及性质、专属限制、主从关系等，从而把握权利体系结构和整体功能。"[3] 在大陆法系的民事法律制度中，物权和债权的二元划分极其重要。

从物权和债权二元区分说的形成来看，法律体系中债法与物法的分离具有决定性的意义，分离的理论始于胡果，经过了海瑟的传播，最后为萨维尼所继承并完善，而 1896 年《德国民法典》颁布则为物权和债权二元区分说的形成迈出了最后一步：一方面，《德国民法典》最终在实证法上确立了债法与物法的分离；另一方面，物权和债权二元区分说的构成要素得到了全面的贯彻。[4] 采纳物权和债权二元区分说，将请求权分为物权请求权和债权请求权并在此基础上构建不同的请求权规则，有助于思维上的清晰严密和法律判断上的统一高效，具体表现为：①能以更清晰、严密的思路来处理纠纷。在面对纠纷时，先审查基于契约关系的请求权，再审查基于物权关系的请求权，可以避免出现检讨某一问题时必须以解决其他问题为前提的情况，从而使思考问题能依序进行，严密而不疏漏。②有助于确定请求权的成立条件。由于不同权利类型的构成要件不同，区分物权和债权之后，可以针对不同的要求审查是否构成不同权利。③不同类型的请求权

---

〔1〕　施启扬：《民法总则》，中国法制出版社 2010 年版，第 37 页。

〔2〕　参见孙宪忠：《权利体系与科学规范：民法典立法笔记》，社会科学文献出版社 2018 年版，第 340 页。

〔3〕　姚辉主编：《民法总则基本理论研究》，中国人民大学出版社 2019 年版，第 209 页。

〔4〕　参见金可可："私法体系中的债权物权区分说——萨维尼的理论贡献"，载《中国社会科学》2006 年第 2 期，第 151 页。

使当事人在处理相互关系时有更多的选择机会。当事人可以依据自己的需要作出不同的选择，而根据当事人的选择，法律将给予不同的保护。④有助于判断及保护不同请求权的先后顺序。将权利分为物权和债权并对其效力作出事先规定，有助于在面临利益冲突时作出合理且统一的裁判。[1] 尽管《德国民法典》与《法国民法典》都是大陆法系国家民事立法的经典范式，各自有自己内在与外在的体系结构，无论依照其中哪个范式作为立法蓝本，均无可厚非，但既然选择了某一立法模式，则应当遵循其体系结构，特别是该种立法例的内在逻辑体系而非外部的皮毛。[2] 因此，在我国民事立法确定以《德国民法典》的内在体系为基础后，又将认识这一体系的基石之一的物权和债权二元区分说撇在一边，在解读一些规范的内涵及适用这些规范时，必将出现理论上的争议及制度之间的不协调甚至矛盾。

我国自改革开放开始，农村土地权利体系建构的过程正是立法实践践行物权和债权二元区分说的过程。无论是《农村土地承包法》（2002 年）还是《物权法》，都是在物权和债权二元区分的基础上构建了农村土地权利体系。时至今日，这一做法都被认为是农村土地法律制度进步和成功的表现，从而得到各界的赞同。在承包地"三权分置"政策入法后，继续保留的"两权分离"的农村土地权利结构基本维持了物权和债权的二元区分原理，但承包地"三权分置"的农村土地权利结构则轻视物权和债权的二元区分的理论价值，在"土地经营权"的性质方面秉持有意模糊的立法立场。从当前学界对土地经营权制度的关注点来看，立法者对土地经营权的性质有意模糊不仅没有带来开放式立法的优势，反而引起了学界对此问题无穷无尽的纷争。有学者指出，土地经营权制度设计"在民事权利体系规范上偏离物债二分的基本逻辑分类，其理论价值和实践意义都是存疑的"。[3] 可见，采用物权和债权二元区分说，对承包地"三权分置"政策入法后的现行《农村土地承包法》及《民法典》中的相关制度进行解读，尤其是对作为"三权"之一的"土地经营权"的法律性质作出合乎我国国情农情的选择，对于落实承包地"三权分置"政策中的"放活土地经营权"将大有裨益。

---

〔1〕 参见郑观、徐伟、熊秉元："为何民法要分物权和债权?"，载《浙江大学学报（人文社会科学版）》2016 年第 6 期。

〔2〕 参见李永军："物权与债权的二元划分对民法内在与外在体系的影响"，载《法学研究》2008 年第 5 期。

〔3〕 陈小君、肖楚钢："农村土地经营权的法律性质及其客体之辨——兼评《民法典》物权编的土地经营权规则"，载《中州学刊》2020 年第 12 期。

本章小结

承包地"三权分置"政策入法的成果已经体现在现行《农村土地承包法》和《民法典》之中，而该政策入法是否取得了成功，应当在对这两部法律中相关制度进行法理检视的基础上加以判断。

从现行《农村土地承包法》中有关承包地"三权分置"农村土地权利结构的制度设计来看，其规定了集体土地所有权、土地承包经营权、土地承包权和土地经营权四种权利，这四种权利的具体制度建构情况表现为：①基于立法目的所限，该法中的集体土地所有权制度只是被简单修改，"落实集体所有权"的重任留给了当时正在编纂的《民法典》；②改变了《农村土地承包法》（2002 年）规定的土地承包经营权的内涵，并试图赋予该权利身份属性，但这一做法与现行《农村土地承包法》第 27 条的规定产生了一定的矛盾，也造成"落实集体所有权"与"稳定农户承包权，放活土地经营权"之间在制度逻辑上出现了不协调；③"土地承包权"的概念仅在该法第 9 条被提及 1 次，且该权利的性质和内容在法律制度中也未加以规定，以致如何理解该权利在学界出现了严重的分歧，而如何结合承包地"三权分置"政策的制度目标对土地承包权进行解读，已经成为该法适用中必须面对的一个难题；④该法中规定的土地经营权的性质含糊不清，这是立法者通过制度设计有意追求的结果，目的是以此灵活应对农村土地承包经营实践中的复杂情形，但这种制度设计的效果却超出了立法者的掌控范围，对实践中土地经营权的实现带来了不利的影响。

《民法典》对承包地"三权分置"政策入法同样作出了一定的贡献，但其只是规定了集体所有权、土地承包经营权和土地经营权。就相关制度设计来看，《民法典》主要在《物权法》规定的基础上作出了如下修改：①《民法典》对承包地"三权分置"政策入法作出的最主要的贡献就是为"落实集体所有权"的政策目标的达成提供了制度依据。为此，《民法典》中集体所有权立法以坚持集体所有制、落实集体所有权、赋予农民更多财产权利为宗旨，强化了集体所有权的私权属性，明确了集体所有权因应运行环境转变的措施，丰富了农村集体经济组织成员权的内容。②尽管《民法典》对于土地承包经营权的界定与《物权法》保持了一致，但现行《农村土地承包法》对土地承包经营权的内容作出的改变却被悄悄植入到《民法典》之中。因此，在理解《民法典》中规定的土地承包经营权制度时，必须结合现行《农村土地承包法》的相关规定进行，对于一些没有规定在《民法典》中的内容甚至需要以现行《农村土地承包法》中的条文加以填补。③现行《农村土地承包法》对土地经营权的性质采取了有意地模糊，这个问题在《民法典》中也没有得到妥当的解决。由于《民法典》中有关土地经营权制度的规定极为粗疏，以致土地经营权的性质与内容是否有别于现行《农村土地承包法》的规定，还有待作出进一步探讨。

现行《农村土地承包法》和《民法典》对承包地"三权分置"政策入法均作出了积极回应，但该政策入法时的法律表达显然遇到了一些困境，如"三权"具体是指哪三种权利或者相关权利是否不仅仅只有三种？在入法后的法律制度中表征承包地"三权分置"政策的各种农地权利的法律性质如何？产生这种情形的主要原因有三：一是漠视政策入法的法律表达难度；二是无视两大法系财产理论的区隔；三是轻视"物债二分"的法理价值。因此，应当明确政策话语与法律话语的本质区别，遵循法律规则设计的制度逻辑，发挥法律制度中原有概念的优势，接受大陆法系的物权制度理念，坚守物权和债权二元区分说，并以此为基础对现行《农村土地承包法》和《民法典》中设计的承包地"三权分置"农村土地权利结构进行阐析，同时对所涉各种农地权利的性质和内容予以界定。

第四章　承包地三权分置制度的法实现路径

"实现"，即"使成为事实"。[1] 法律的生命在于实现，苏联法学家雅维茨指出："只要在社会中存在法，法的实现就一直是并将永远是社会关系的法律形式存在的特殊形式。法的实现是法的存在、作用和法执行主要社会职能的特殊方式。如果法的规定不能在人们和他们的组织的活动中，在社会关系中得到实现的话，那法就什么都不是。"[2] 承包地"三权分置"政策进入现行《农村土地承包法》和《民法典》后，能否达成以法律制度落实该政策的预期目标，是承包地"三权分置"政策的法实现的重要内容。法的实现应当是实现过程与实现结果的统一，是将法律规范中设立的具体的权利与义务转化为现实生活中的权利与义务，而且法的实现需要一个判断标准，这个标准就是能否维护现在合理的社会秩序和社会关系，能否实现法律规范的价值，以及当法律价值发生冲突和矛盾时是否能得到有效的解决。[3] 当前，为推行承包地"三权分置"政策，2018 年已经对《农村土地承包法》作出了修正，《民法典》也正式施行，承包地"三权分置"政策入法的立法任务基本结束，我国民法研究进入了以解释论为主导的时期。对于承包地"三权分置"政策的法实现的探讨，首先需要掌握现行《农村土地承包法》和《民法典》中规定的与承包地"三权分置"农村土地权利结构有关的规范体系，明确相关的农村土地权利的性质及内容，进而判断有待解决的实践难题，并寻找在现有制度框架中弥补法律规范之不足的务实举措。

第一节　落实集体土地所有权的法治路径

承包地"三权分置"政策提出"落实集体所有权，稳定农户承包权，放活土地经营权"后，有承担推行该政策任务的领导认为，此项改革的重要目的是

---

〔1〕　中国社会科学院语言研究所词典编辑室编：《现代汉语词典》，商务印书馆 2016 年版，第 1186 页。

〔2〕　［苏］雅维茨：《法的一般理论——哲学和社会问题》，朱景文译，辽宁人民出版社 1986 年版，第 170 页。

〔3〕　参见潘牧天："法实现的若干问题刍议"，载《求是学刊》2000 年第 4 期。

"更好用活土地经营权，实现土地资源的优化配置，有利于规模经营和现代农业发展"，[1] 有学者将之理解为"进一步体现了物权法从归属到利用的现代发展趋势"。[2] 可见，在立法研究和改革实践中，"落实集体所有权"没有如同"稳定农户承包权，放活土地经营权"一样受到重视。必须正视的是，搁置集体土地所有权制度而希望以完善土地使用权制度作为解决集体土地问题的手段，既不具有可接受性，也不具有可行性。[3] 因此，应当以《民法典》中规定的集体所有权制度为依据，明晰集体土地所有权得以实现的法治路径，以避免承包地"三权分置"改革重蹈"两权分离"制度中"重利用、轻所有"的覆辙，并为"稳定农户承包权，放活土地经营权"打下坚实的制度基础。

一、落实集体土地所有权的时代价值

"两权分离"的农村土地权利结构确立后，土地承包经营权制度得到突飞猛进的发展，而集体土地所有权制度却一直作为一个符号在各种涉农涉土法律中多次重复，有关集体土地所有权的具体规则的建构长期处于停滞状态，以致农村土地权利体系呈现出"重利用、轻所有"的态势。[4] 承包地"三权分置"政策出台后，尽管对于如何理解该政策并将该政策准确地表达为法律规则存在诸多分歧，但在乡村振兴战略实施的新时期针对"两权分离"制度的弊端，将落实集体土地所有权以法律形式固定下来，反映了深化农村土地制度改革的时代需求，具有如下时代价值：

（一）有利于发展农村集体经济

农村集体经济是中国社会主义公有制经济的重要组成部分，党和国家均对发展壮大农村集体经济高度重视。由于人民公社时期的集体经营割裂了劳动者的报酬与生产成果之间的关联，使得平均主义的分配观极为盛行，从而对劳动者的生产积极性造成了重大打击，以致农业生产的效率极低。家庭联产承包责任制的推

---

〔1〕 韩长赋："土地'三权分置'是中国农村改革的又一次重大创新"，载《光明日报》2016 年 1 月 26 日，第 1 版。

〔2〕 高圣平："农地三权分置改革与民法典物权编编纂——兼评《民法典各分编（草案）》物权编"，载《华东政法大学学报》2019 年第 2 期。

〔3〕 参见高飞：《集体土地所有权主体制度研究》，中国政法大学出版社 2017 年版，第 158~168 页。农村土地法律制度完善过程中一直深受"重利用、轻所有"的立法理念的影响，其主要表现为：（在"两权分离"制度中）通过完善土地承包经营权制度或（在承包地"三权分置"政策中）构建土地经营权制度，解决集体土地制度实践存在的问题，至于作为农村土地权利体系之核心的集体土地所有权制度，往往在上述制度完善时被无视或虚化。

〔4〕 参见高飞："农村土地'三权分置'的法理阐释与制度意蕴"，载《法学研究》2016 年第 3 期。

行重塑了中国农地的微观经营主体，并迅速改变了农村经济社会发展的面貌，一举解决了粮食短缺和农民温饱问题。然而，在"以家庭承包经营为基础、统分结合的双层经营体制"中，"分"的功能得到极端强调，"统"的功能却逐渐萎缩。在二轮承包时，不少农民集体因土地之外在历史上所积累的农村集体资产被卖光分光而成为所谓的"空壳村"，以致大多数村庄的集体经济处于崩溃边缘。[1] 农村集体经济实力大为减弱，一方面造成农民集体在发展农村集体经济方面因物质基础匮乏而有心无力，另一方面导致农村社会的公共基础设施和农田水利设施等"公共产品"年久失修而老化现象严重，农民集体因此难以为其成员提供必要的服务。这种状况所带来的最为直接的后果便是农村集体经济在部分农村地区变得有名无实。

根据 2010 年 12 省实地调研，可以发现受访农户对于农村集体经济组织为村民提供一定的"公共产品"有较高的期待，如表 4-1 所示，面对"您希望所在的村集体（集体经济组织）能解决哪些问题（可多选）"这一问题时，分别有89.60%、90.70%、66.40%、89.10%、74.90%和79.60%的受访农户希望村集体能够"为加强道路、水利、饮用水等公益事业建设提供资金""为改善农村文化、教育、环境卫生设施提供资金""适当补贴失地、无地成员（农民）""为集体成员提供社会保障（医疗、养老、失业等）资金""为农户的土地承包经营提供良好服务"和"在本地为集体成员（农民）提供就业机会"，名村和普通村的受访农户对此没有明显差别。然而，如表 4-2 所示，面对"您所在的村集体（集体经济组织）在下列哪些方面发挥作用（可多选）"这一问题时，则分别有98.10%、92.10%、47.00%、76.60%、73.60%、68.80%的受访农户反映村集体在"加强道路、水利、饮用水等公益事业建设""改善农村文化、教育、环境卫生设施""适当补贴失地、无地成员（农民）""提供社会保障（医疗、养老、失业等）资金""为农户的承包经营提供服务""在本地为集体成员（农民）提供就业机会"等方面发挥了作用。其中，名村与普通村在"加强道路、水利、饮用水等公益事业建设"和"为农户的承包经营提供服务"方面的差别较小，但名村的受访农户表示所在村集体在"改善农村文化、教育、环境卫生设施""适当补贴失地、无地成员（农民）""提供社会保障（医疗、养老、失业等）资金"和"在本地为集体成员（农民）提供就业机会"方面发挥了作用的分别有95.70%、57.00%、87.10%和82.80%，而普通村却只分别有 89.40%、39.40%、68.70%和58.10%的受访农户表示所在的村集体在上述四个方面发挥了作用。可

---

〔1〕　参见梁昊："中国农村集体经济发展：问题及对策"，载《财政研究》2016 年第 3 期。

见，由于名村的农村集体经济发展状况优于普通村，故其有足够的经济能力拨出资金为村民提供更多的"公共产品"，这也表明发展壮大农村集体经济对于增强农村集体经济组织的服务功能至关重要。

表4-1   受访农户对村集体提供公共产品期待状况表   单位:%

	名村	普通村	平均值
A. 为加强道路、水利、饮用水等公益事业建设提供资金	89.20	89.80	89.60
B. 为改善农村文化、教育、环境卫生设施提供资金	93.50	88.60	90.70
C. 适当补贴失地、无地成员（农民）	66.50	66.30	66.40
D. 为集体成员提供社会保障（医疗、养老、失业等）资金	88.60	89.40	89.10
E. 为农户的土地承包经营提供良好服务	70.80	78.00	74.90
F. 在本地为集体成员（农民）提供就业机会	81.60	78.00	79.60
G. 其他	11.90	3.70	7.20

资料来源：2010年12省实地调研的调查成果。

表4-2   受访农户所在村集体实际提供公共产品状况表   单位:%

	名村	普通村	平均值
A. 加强道路、水利、饮用水等公益事业建设	98.90	97.60	98.10
B. 改善农村文化、教育、环境卫生设施	95.70	89.40	92.10
C. 适当补贴失地、无地成员（农民）	57.00	39.40	47.00
D. 提供社会保障（医疗、养老、失业等）资金	87.10	68.70	76.60
E. 为农户的承包经营提供服务	75.30	72.40	73.60
F. 在本地为集体成员（农民）提供就业机会	82.80	58.10	68.80
G. 其他	4.30	2.00	3.00

资料来源：2010年12省实地调研的调查成果。

农村集体经济组织尽管拥有的农村集体资产多种多样，有土地、房屋等建筑物和水利设施、公共设施等，一些农村集体经济较为发达的村庄还有企业财产、股权及商标、专利等知识产权，但土地无疑是确保农村集体经济有效实现的最为重要的财产。我国自1978年以来，为追求农村土地产出率撇开集体土地所有权，片面追求土地承包经营权制度的完善。这种状况持续了四十多年，以致以土地承包经营权促进农村经济社会发展的制度红利释放殆尽，直至承包地"三权分置"政策的出台才将完善集体土地所有权制度提上议事日程。2013年12月23日，习近平同志在《在中央农村土地工作会议上的讲话》中指出："农村基本经营制度是农村土地集体所有制的实现形式""坚持农村土地农民集体所有。这是坚持农村基本经营制度的'魂'。"[1] 可见，将落实集体土地所有权的政策精神精确转化为法律规则，可以为夯实农村集体经济提供必要的法制保障。

（二）有助于促进适度规模经营

我国实行家庭联产承包责任制为农村经济社会发展作出了巨大贡献，但在该制度施行初期，由于受人多地少的基本国情制约，不得不强调公平地按人均分承包地，并在均分承包地时实行土地优劣等级搭配，造成土地细碎化问题极为严重。[2] 此后，基于保持农村土地承包关系稳定的需要，国家大力推行"增人不增地，减人不减地"的政策和承包地期限届满后继续延包的制度，导致土地细碎化的现象未能随着农村土地制度的改革而得到改善，以致今日土地细碎化依然是农村土地分散经营的典型表现。承包地均分和土地细碎化使得农户的小规模经营与农业现代化之间产生了尖锐的冲突，而随着工业化建设和城镇化发展的进程加快，我国大量高素质的、年轻的农村劳动力和有经营管理能力的"能人"离开农村从事非农产业，又使得从事农业生产的农村劳动力出现短缺，不少农村地区的耕地被撂荒，"谁来种地"成为保持农业持续发展必须加以解决的急迫问题。

农地的适度规模经营一方面可以因应农业劳动力大量外出缺少高素质劳动力的问题，另一方面又能够加速稀缺的土地资源集中于更有效率的规模经营者，实现农业生产的专业化、规模化、标准化和集约化，从而促进农业和粮食生产稳定发展。[3] 因此，党和国家出台了一系列政策以引导承包地扩大规模有序流转，并致力于加速培育新型农业经营主体，以便填充因高素质农村劳动力日渐减少留下的空间。在此次修正《农村土地承包法》的过程中，立法机关就已经知晓，当时我国农村承包地流转面积已有相当规模。[4] 据原农业部统计，截至 2012 年年底，全国有 2.78 亿亩的家庭承包耕地被流转；[5] 在承包地"三权分置"政策提出后，如表 2-4 所示，2015~2017 年全国家庭承包耕地流转入专业合作社、企业

---

〔1〕　中共中央文献研究室编：《习近平关于社会主义经济建设论述摘编》，中央文献出版社 2017 年版，第 173 页。

〔2〕　参见温铁军：《"三农"问题与制度变迁》，中国经济出版社 2009 年版，第 304 页。

〔3〕　参见张红宇：《新型城镇化与农地制度改革》，中国工人出版社 2014 年版，第 32 页。

〔4〕　参见刘振伟："关于《中华人民共和国农村土地承包法修正案（草案）》的说明——2017 年 10 月 31 日在第十二届全国人民代表大会常务委员会第三十次会议上"，载《中华人民共和国全国人民代表大会常务委员会公报》2019 年第 1 期。

〔5〕　张红宇：《新型城镇化与农地制度改革》，中国工人出版社 2014 年版，第 34 页。

等新型农业经营主体的面积也呈现出逐年上升态势。

根据《关于完善三权分置办法的意见》的指示，承包地"三权分置"政策的制度目标是"有利于促进土地资源合理利用，构建新型农业经营体系，发展多种形式适度规模经营"。通过将承包地流转给新型农业经营主体，使其能够对农村土地进行适度规模经营，这是解决当前土地细碎化严重、农村劳动力短缺和承包地撂荒等突出问题的良策。必须注意的是，集体土地本来既可以由所有权人经营。也可以由非所有权人经营，在改革开放之前我国以所有权人经营为常态，在"两权分离"制度中，农户分散经营取代所有权人经营似乎变得名正言顺，以致农村集体经济组织经营其所有的土地在法律制度上无迹可寻。不过，根据 2010年 12 省实地调研，如表 1-3 所示，尽管采用分散经营的农村集体经济组织占多数，但由作为土地所有权人的集体对其拥有的土地进行统一经营不仅在实践中较为普遍，而且统一经营的效果甚至在一定程度上较分散经营显得更优。因此，在坚持承包地自由流转并维持新型农业经营主体从事适度规模经营的应有地位的情况下，以法律制度确认农村集体经济组织对土地进行统一经营的资格，从而发挥集体土地所有权的制度功能，不失为拓宽农地适度规模经营的另一条可行路径。

（三）有益于实现农民财产权利

集体土地所有权是最主要的农村集体资产，也是发展壮大农村集体经济的物质基础。根据我国法律法规的规定，农民集体是集体土地所有权的主体。《物权法》第 59 条第 1 款进一步明确了农民集体成员在集体土地所有权中的重要地位，并以此"密切农民和集体土地之间的利益关系、切实保护农民利益"。[1] 之后，《物权法》第 59 条第 1 款被《民法典》第 261 条第 1 款全文继受。其实，农民财产权利的范围极其广泛，具体包括三种类型：其一为土地承包经营权、宅基地使用权、自留地（山）使用权等生存型财产权；其二为集体建设用地使用权及农地发展权等发展型财产权；其三为地役权和土地征收补偿权等混合型财产权。[2]这些不同类型的财产权利都是以集体土地所有权为基础而产生的，其中除自留地（山）使用权在不少村庄消失、农地发展权处在理论探讨阶段外，其他各种财产权利基本为 2018 年中央一号文件所确认。

由于农民集体的法律概念内涵模糊及其在实践中缺位，作为其法律主体上的表现形式的农村集体经济组织也仅仅被确认为特别法人，面临着"如何明确其权

---

〔1〕 王利明、周友军："论我国农村土地权利制度的完善"，载《中国法学》2012 年第 1 期。

〔2〕 参见陈小君等：《我国农村集体经济有效实现的法律制度研究：理论奠基与制度构建》，法律出版社 2016 年版，第 128 页。

利义务关系，如何确定其成员资格，如何健全其组织结构、完善其治理机构，哪些财产可以处分，责任如何承担等一系列问题"，[1] 而这些问题的解决均缺乏法律规定。因此，当前法律对作为其成员的农民享有的财产权利予以保护的范围非常狭隘，立法重心基本上将农民分享农民集体财产价值的权利限于土地承包经营权的获得，对于农民享有的其他类型的土地权利的运行，均以行政管制为主。为了防止农户享有的土地承包经营权遭受侵害，法律和政策多次延长承包期限来保持土地承包经营权的稳定，希望以强化土地承包经营权的物权属性来达成上述目标。尽管相对于充斥高指标、瞎指挥和"共产风"的人民公社时期的农村土地制度来说，实行土地承包经营权制度大大提高了保护农村集体经济组织成员之财产权利的法律水准，但将农民财产权利的法律保障仅仅寄托于土地承包经营权制度的完善却极为片面，承包地"三权分置"政策推行中突出"放活土地经营权"也只是对土地承包经营权制度改革的深化，不仅未能反映农村社会实践的真实农情，还对充分保护农民财产权利产生了一定的阻滞。此外，在完善土地承包经营权制度和创设土地经营权制度的同时，将宅基地使用权、地役权、土地征收补偿权等财产权利纳入农民财产权利的保护范围，的确是对落实集体土地所有权的具体形式的丰富，但仍然没有包含农民财产权利的全部内容，同样不是对落实集体土地所有权的法律形式的完整归纳，体现的还是集体土地分散经营时的农民财产权利的实现方式。

前文已经提及，我国不少农村集体经济组织采用统一经营集体土地的方式发展农村集体经济，这些村庄不仅统一经营农用地，而且以所有权人身份统一利用建设用地，取得了极为显著的成效。在农村集体经济组织统一经营集体土地的过程中，农村集体经济组织行使集体土地所有权获得的经济收益应当在实践中落到实处，让每一个相关的成员都能够公平地分享在所属集体的土地上产生的收益，此时的农民财产权利表现为集体利益分配权。可见，我国法律制度尽管在保障农民财产权利方面已经做了许多工作，但在"重利用、轻所有"的农村土地权利体系中所践行的农民财产权利的实现机制仍然是不充分的，应当对落实集体土地所有权的法律方式作出更细致的制度设计，以便丰富农民财产权利的实现渠道。

二、落实集体土地所有权的现实困境

集体土地所有权的制度构建在我国一直未能得到立法者的"青睐"，法律法规对集体土地所有权制度的规定较为零散，在《民法典》颁布之前，该制度的主

---

〔1〕　李适时主编：《中华人民共和国民法总则释义》，法律出版社2017年版，第316页。

要内容反映在 2007 年颁布施行的《物权法》中。通过对集体土地所有权制度的构建过程进行剖析可知，除集体土地所有权的私权属性在《民法典》中有所彰显外，其主要面临以下三个方面的现实困境：

（一）主体制度残缺

根据我国法律的规定，集体土地所有权的主体为农民集体，但何谓"农民集体"却为立法实践所巧妙回避，致使农民集体如何行使集体土地所有权长期以来缺少法律上的依据。农民集体本不是一个严格的法律术语，其作为民事主体在法律内涵、组织形式、运作程序等方面均不明确，且基于其蕴藏着丰富的中国文化特色，在创建时又未能遵循传统民法中的民事主体制度逻辑，从而造成学界对农民集体的理解众说纷纭，以致不少学者抱怨，"农村的'集体'到底是个啥，从来都不清楚";[1] 还有学者悲观地认为，"农民集体"是传统公有制理论在政治经济上的表述，意指全体农民的集合，是一个抽象的、没有法律人格意义的集合群体，并不能成为法律关系的主体。[2] 可见，对农民集体予以法律建构需要解决诸多法理难题。

权利必然归属于一定的主体，否则只能是抽象的权利。作为集体土地所有权主体的农民集体在法律制度中难以界定，在农村社会实践中也难觅其踪迹，这与农民集体的历史发展密切相关。在人民公社制度解体后，不少农村社区保留了专门经营管理农村集体经济事务的组织，该组织与管理村庄治安、计划生育等事务的村民委员会并存，但因后来经营管理农村集体经济事务的组织纷纷倒闭，政府对此现象不闻不问，使得农村集体的经济事务慢慢由村民委员会统一管理。[3] 尽管村民委员会属于农村基层群众性自治组织，但其却因工作需要接受基层政府的"指导、支持和帮助"，从而具有了一定的"行政管理"色彩，这为基层政府对集体土地所有权的运行加以行政干预打开了方便之门。农村土地立法迁就集体土地所有权在实践中的运行现况，以法律形式确认村民委员会是集体土地所有权的代行主体，以致集体土地所有权主体缺位在法律制度中被逐渐固化。而且，根据《物权法》等法律的规定，即便在农村社区建立了农村集体经济组织，该农村集体经济组织也只能代表农民集体行使土地所有权，从而人为地造成集体土地所

---

〔1〕 葛云松："物权法的扯淡与认真——评《物权法草案》第四、五章"，载《中外法学》2006 年第 1 期。

〔2〕 参见胡君、莫守忠："集体土地所有权主体的反思与重构"，载《行政与法（吉林省行政学院学报）》2005 年第 12 期。

〔3〕 参见高飞：《集体土地所有权主体制度研究》，中国政法大学出版社 2017 年版，第 208 页。

有权的主体缺位，以致发生了民事主体"代表"自己行使权利的不符合法律制度逻辑的奇特规则设计。

根据《民法总则》第 99 条的规定，农村集体经济组织为特别法人的一种类型。然而，该条关于农村集体经济组织法人的规定过于简略，实践中农村集体经济组织如何经营管理集体土地，依然在法律规则中无法寻找到妥当的操作规则，集体土地所有权的主体制度残缺问题还是没有能够从根本上得到解决。根据我国国情和农村社会实际情况对农村集体经济组织作出务实而具有可操作性的制度建构，仍然是当务之急。在编纂《民法典》时，《民法总则》第 99 条的规定被《民法典》第 99 条所保留，可见，《民法典》的颁布未能为《民法总则》第 99 条存在的问题提供有效的解决方案。

（二）主体界定不清

集体土地所有权主体究竟是农民集体还是农村集体经济组织，这个问题在学界一直没有共识，法律制度上也未对此作出明确的规定。在《民法总则》颁布后，如何理解农民集体与农村集体经济组织的关系更是纷争不断，争议的焦点在于：农村集体经济组织是否应当被认定为农民集体的组织形式。在理解《民法总则》第 99 条规定的作为特别法人的农村集体经济组织的内涵时，有学者认为其不同于农民集体，强调两者是不同的民事主体，其中"集体土地等集体所有的不动产和动产的所有权主体是农民集体，农村集体经济组织代表农民集体行使所有权，负责农民集体所有财产的经营、管理，在民主管理的机制下，决定经营管理的重大问题"。[1] 不过，也有学者将农民集体与农村集体经济组织等同对待，并认为农村集体经济组织对土地享有所有权是得到宪法确认的。[2] 这两种观点的分歧与《物权法》第 60 条将农村集体经济组织明确规定为集体土地所有权的代表行使主体密切相关。

在《民法总则》制定过程中，时任全国人大常委会法制工作委员会主任李适时于 2016 年 11 月 9 日下午主持召开民法总则座谈会，研究讨论了农村集体经济组织的民事主体地位问题，此次座谈会上讨论了拟规范的两种农村集体经济组织类型：其一，从人民公社时期"三级所有，队为基础"演变而来、以土地集体所有为基础的地区性合作经济组织；其二，随着城镇一体化进程的加快，一些乡镇、村、组在明晰产权归属基础上积极发展的农民股份合作，建立的股份经济合

---

〔1〕 张新宝：《〈中华人民共和国民法总则〉释义》，中国人民大学出版社 2017 年版，第 192 页。另参见秦静云："农村集体成员身份认定标准研究"，载《河北法学》2020 年第 7 期。

〔2〕 参见陈甦主编：《民法总则评注》（上册），法律出版社 2017 年版，第 702 页。

作社等新兴集体经济组织。[1] 这两种农村集体经济组织的资产中均含有土地所有权，可见，它们事实上分别是传统农民集体和改革后在组织形式得到发展的农民集体的表现形式。由此可见，《民法总则》第 99 条对农村集体经济组织作出规范，正是为了解决农民集体在实践中难以作为民事主体参与民事活动的问题。

由于《民法典》第 99 条与《民法总则》第 99 条的内容相同，而农民集体作为所有权人，农村集体经济组织是其在法律主体上的表现形式，[2] 故《民法典》第 99 条中被确立为特别法人的农村集体经济组织应该与农民集体同义。然而，《民法典》第 262 条基本承袭了《物权法》第 60 条的规定，农村集体经济组织在该条中依然被作为集体土地所有权的代表行使主体加以规定。可见，对于《民法典》第 99 条和第 262 条的内容理解产生的矛盾，使得农民集体与农村集体经济组织之间到底是何种关系的争论还会持续下去。

（三）权利内容贫乏

所有权的内容即所有权的权能，我国自《民法通则》第 71 条[3] 开始，就明确规定所有权包括占有、使用、收益和处分四项权能，学界将此界定为所有权的积极权能，并认为这些权能是所有权人支配标的物的依据。《物权法》第 39 条和《民法典》第 240 条[4] 同样明确了所有权的这四种权能。此外，所有权还具有消极权能，即所有权在受到不法妨害时才显现的防御性权能，也就是排除他人非法干涉的权能，具体表现为所有权具有的物权请求权效力。[5] 集体土地所有权属于所有权的一种具体类型，应当具有所有权的共性内容；同时，作为与国家所有权、私人所有权并列的所有权类型，其也应当具有自身的个性内容，故集体土地所有权具有所有权的各项权能为自然之理。然而，我国集体土地所有权的权能却受到了法律和国家政策的过度限制，致使其内容极为贫乏。

所有权是所有权人对其享有的所有物予以全面支配的权利，但该权利并不能被肆意行使。"所有权须受限制，为罗马法以来之一项确定不移的原则。"[6] 对

---

〔1〕　参见《民法总则立法背景与观点全集》编写组汇编：《民法总则立法背景与观点全集》，法律出版社 2017 年版，第 554~555 页。

〔2〕　参见李适时主编：《中华人民共和国民法总则释义》，法律出版社 2017 年版，第 311~312 页。

〔3〕　《民法通则》第 71 条规定："财产所有权是指所有人依法对自己的财产享有占有、使用、收益和处分的权利。"

〔4〕　《民法典》第 240 条（《物权法》第 39 条）规定："所有权人对自己的不动产或者动产，依法享有占有、使用、收益和处分的权利。"

〔5〕　参见尹田：《物权法》，北京大学出版社 2013 年版，第 283~285 页。

〔6〕　梁慧星主编：《中国物权法研究》（上），法律出版社 1998 年版，第 265 页。

所有权的限制，是"受基于人类共同生活与组织化的群体需求而生之限制"。[1] 可见，我国法律对集体土地所有权作出限制符合民事权利运行的基本规律，只是集体土地所有权受到的限制超过了必要的限度：①对使用权能的限制。土地作为最重要的自然资源，具有极其广泛的用途，但我国法律一直实行"城乡分治"的二元土地制度，其中对集体土地所有权进行歧视对待的规则众多，使集体土地所有权不能与国有土地所有权一样具有较为完整的使用权能。当前，在集体农地方面，我国法律仅仅规定了农户分散经营的模式，对农民集体作为所有权人自主统一经营农地的模式没有直接肯认；集体建设用地的利用领域也非常狭隘，尽管现行《土地管理法》删去了原第 43 条、修改了原第 63 条，不再将其限于兴办乡镇企业、村民建设住宅、乡（镇）村公共设施和公益事业建设，并确立了集体经营性建设用地入市制度，但此举是否解决了集体建设用地入市的制度困境、是否能够使集体建设用地和国有建设用地实现"同等入市、同价同权"，依然受到学者的质疑。[2] ②对收益权能的限制。"财产权利最终表达为经济利益，没有经济利益的财产权利是虚假的权利"。[3] 农村集体经济组织因集体土地的使用范围受到严格限制，其享有的收益权能无法得到实现，尤其是为了减轻农民负担，国家在免除农业税费的同时，顺带将土地承包经营权人应当缴纳的承包费也作为农民负担一并取消，从而造成集体土地所有权的收益权能彻底虚化。③对处分权能的限制。所有权的处分权能包括事实上的处分和法律上的处分。现行《土地管理法》第 75 条[4]对集体土地所有权的事实上的处分进行了限制，《宪法》第 10 条第 4款[5]和现行《土地管理法》第 2 条第 3 款前句[6]禁止土地转让的规定对集体土地所有权之法律上的处分进行了限制，但这两种限制都属于合理的限制。不过，对集体土地所有权的处分权能的不合理限制也所在多有，如禁止对期限届满的承包地予以调整、宅基地所有权自由开发利用规则缺失等。

---

〔1〕　［德］鲍尔、施蒂尔纳：《德国物权法》（上册），张双根译，法律出版社 2004 年版，第 516 页。

〔2〕　参见方涧："修法背景下集体经营性建设用地入市改革的困境与出路"，载《河北法学》2020 年第 3 期；陈小君："《土地管理法》修法与新一轮土地改革"，载《中国法律评论》2019 年第 5 期。

〔3〕　孟勤国："论新时代农村土地产权制度"，载《甘肃政法学院学报》2018 年第 1 期。

〔4〕　现行《土地管理法》第 75 条规定："违反本法规定，占用耕地建窑、建坟或者擅自在耕地上建房、挖砂、采石、采矿、取土等，破坏种植条件的，或者因开发土地造成土地荒漠化、盐渍化的，由县级以上人民政府自然资源主管部门、农业农村主管部门等按照职责责令限期改正或者治理，可以并处罚款；构成犯罪的，依法追究刑事责任。"

〔5〕　《宪法》第 10 条第 4 款规定："任何组织或者个人不得侵占、买卖或者以其他形式非法转让土地。土地的使用权可以依照法律的规定转让。"

〔6〕　现行《土地管理法》第 2 条第 3 款前句规定："任何单位和个人不得侵占、买卖或者以其他形式非法转让土地。"

尽管世界各国或地区基于农村土地的社会性和农业生产的特殊性，在法律制度中对农地权利的配置进行必要的干预已经成为常态，但我国对集体土地所有权的内容作出的干预更为全面和严格。这些干预措施使集体土地所有权的内容被慢慢"掏空"，从而丧失了一个财产所有权的基本特质。

三、集体土地所有权制度的理解与适用

针对我国集体土地所有权存在的制度缺陷，应当以《民法典》物权编中规定的集体所有权制度为基础，结合现行《土地管理法》和现行《农村土地承包法》的内容，根据物权法原理对集体土地所有权制度进行探究，以便将落实集体土地所有权的政策精神贯彻到具体的法律规则之中。

（一）强化私权观念

在《物权法》中集体所有权制度的基础上，《民法典》的制度建构进一步彰显了集体土地所有权的私权属性。《民法典》中彰显集体土地所有权私权属性的规范在实践中得到正常运行，需要集体所有权属于私权的观念深入人心，并以此指导集体土地所有权制度的适用。

公权即公法上的权利，指权利主体基于公法规定而享有的权利，如选举权、诉权等；私权即私法上的权利，指权利主体基于私法规定而享有的权利，如物权、债权、人格权等。[1] 因为民法是私法，故民事权利在性质上属于私权。集体土地所有权作为物权的一种，是土地承包经营权、宅基地使用权等用益物权的"母权"。《民法典》对集体土地所有权依照私权的基本原理予以构建，促使其私权品格得以恢复，是农村土地权利体系构建的主要法理依据和规范基础。

从公权视角理解集体土地所有权在我国具有特定的历史缘由，扭转这一制约集体土地所有权落实的不利因素，首先需要在观念上修正社会主义公有制的法律实现形式的传统观点。在中华人民共和国成立后，由于受苏联民法学理论的影响，长期以来未能明晰所有制与所有权的关系，只是一味强调有什么样的所有制就有什么样的所有权，且以社会主义民法中的所有权建立在社会主义公有制基础之上为由质疑所有权的私权性质。[2] 对于这种将所有制与所有权相混淆，抹杀经济制度与法律制度界限的观点，我国已经有学者对此进行了细致的反思。[3]

---

〔1〕 参见邱聪智：《民法总则》（上），三民书局 2005 年版，第 149 页。

〔2〕 参见王利明：《国家所有权研究》，中国人民大学出版社 1991 年版，第 11 页。

〔3〕 参见孙宪忠："确定我国物权种类以及内容的难点"，载《法学研究》2001 年第 1 期；韩松："论物权平等保护原则与所有权类型化之关系"，载《法商研究》2006 年第 6 期。

随着我国社会主义市场经济体制的确立和民法学理论的长足发展，将公有制与公有权一一对应的不妥当性日益凸显，而在所有权立法过程中过多强调公有制的政治性色彩，既对从物权法的视角思考所有权制度构成了妨碍，也对制定符合社会主义市场经济要求的所有权制度构成了妨碍。[1] 其实，社会主义公有制对物权法中的物权主体与物权客体的规范的确存在特别要求，在集体土地所有权方面即表现为对主体形式和客体范围有所限定，[2] 至于集体土地所有权的私权性质却不会因需要贯彻社会主义公有制而发生改变。

促使集体土地所有权的私权本性得以回归的另一个重要举措就是理顺国家政策与法律的关系，防止行政权力借助国家政策对集体土地所有权作出不当干预。在我国，政策在内容上对法律具有重要的影响，但是，"政策，在经立法机关、立法程序予以规范化成为现行法律之前，不具有规范性和国家强制性，不能在法院裁判中引用、作为裁判依据"。[3] 同理，政策在被转化为法律规则之前，不能改变法律的明确规定，即便面对的是"需要推进的改革，将来可以先修改法律规定再推进。"[4] 当前，《民法典》已经正式施行，应当对涉及集体土地所有权制度的政策法规进行清理，对不符合集体土地所有权运行规律的国家政策暂时予以"冻结"，并将有利于落实集体土地所有权的国家政策尽快以法律形式予以规范。同时，必须对与集体土地所有权制度密切相关的土地征收权和土地管理权的核心内容加以明晰，通过法律规范精准界定公共权力的范围，以便造就一个能够使集体土地所有权的私权属性得到充分彰显的制度环境。

（二）健全主体制度

在农村社区，"由于权利主体的缺乏，农村土地的集体所有权成为空中楼阁，无从立足"，[5] 这为法律赋予肩负一定行政任务的村民委员会代行集体土地所有权的资格打开了一扇窗，也为行政权力介入集体土地所有权的运行提供了一条通道。《民法总则》及以其为基础编纂的《民法典》总则编明确规定农村集体经济组织具有法人资格，顺应了集体土地所有权民事实践的正当需求，同时其于农村集体经济组织之外认可了农村的合作经济组织和村民委员会也具有"特别法人"资格，终结了农村集体经济组织与村民委员会、农民专业合作社等之间存在的主

---

〔1〕　参见孙宪忠：《中国物权法总论》，法律出版社 2018 年版，第 158 页。

〔2〕　参见高飞："物权立法过程中的违宪与合宪之争——兼论公有制的法律实现形式"，载刘茂林主编：《公法评论》（第 4 卷），北京大学出版社 2007 年版，第 40～41 页。

〔3〕　梁慧星：《梁慧星谈民法》，人民法院出版社 2017 年版，第 372 页。

〔4〕　习近平：《习近平谈治国理政》（第二卷），外文出版社 2017 年版，第 124 页。

〔5〕　尹田：《民法典总则之理论与立法研究》，法律出版社 2018 年版，第 89 页。

体性质及法律地位的争议。不过，无论是《民法总则》还是《民法典》总则编，有关农村集体经济组织法人的规范也留下诸多制度空白亟待补充，如农村集体经济组织依据何种法律取得法人资格？农村集体经济组织取得法人资格是否需要具备一定条件且应当具备哪些条件？农村集体经济组织作为特别法人的"特别之处"体现在哪些方面？这些均是《农村集体经济组织法》制定时应加以解决的问题。

当前，按照农村土地等资产归属，全国有 60.4 万个村级农民集体和 495.5 万个村民小组农民集体，但仅有 24.4 万个村和 77.4 万个组建立了农村集体经济组织，而且这些农村集体经济组织缺乏统一、规范、具体的名称和组织形式，也难以参与市场经济中的各种活动。[1] 主体制度的残缺必然会成为集体土地所有权制度功能正常发挥的障碍。基于物权制度的财产法特性，在《民法典》物权编中对农村集体经济组织的法律规则进行完整规范不具有可行性，因而《民法典》物权编仅仅结合集体土地所有权制度对其作出了概略规定，以此为集体土地所有权制度运行在主体规则方面提供必要的支撑。由于《民法总则》第 99 条的规定与《物权法》第 60 条中有关集体土地所有权主体规范的规定存在冲突，为了与《民法总则》第 99 条、第 101 条的规定相衔接，在《民法典》物权编中应当对《物权法》第 60 条、第 62 条进行修改，规定农村集体经济组织是集体土地所有权的主体，明确其在行使集体土地所有权时与村民委员会具有不同的法律地位。遗憾的是，《民法典》基本同时保留了《民法总则》第 99 条和《物权法》第 60 条的规范内容，致使丧失了以《民法典》明确农村集体经济组织是集体土地所有权主体的良机。不过，2020 年 11 月 4 日，农业农村部印发了《农村集体经济组织示范章程（试行）》，其中第 4 条第 1 款第 1 项将土地作为农村集体经济组织的资产，间接表明农村集体经济组织是集体土地所有权的主体。这种情形对于未来通过制定《农村集体经济组织法》确立农村集体经济组织的土地所有权主体地位，具有重要的参考作用。

农村集体经济组织属于团体组织，其作为特别法人的设立条件、变更与终止事由、组织形式、治理结构和责任承担等一系列问题有待立法完善。《民法典》物权编的制度构建重心在于农民权利的实现方面，即在农民个体与农村集体经济组织之间创设相应的利益联结机制，使农民集体的利益能够通过该机制输送到农民个体，从而增强农民个体的身份认同，并依靠利益关系促使农村集体经济组织

---

〔1〕　参见李适时主编：《中华人民共和国民法总则释义》，法律出版社 2017 年版，第 309 页。

自我发展及管理的能力得以恢复。[1] 此处所谓的利益联结机制表现为农村集体经济组织成员享有的成员权，该权利是集体土地所有权主体制度的重要组成要素。在《民法总则》制定时，由于各界对如何确定农村集体经济组织成员资格的认定标准存在重大分歧，而一些地方正在进行的改革试点又尚未结束，故《民法总则》没有就农村集体经济组织成员资格的认定标准作出统一规范，[2]《民法典》编纂也未能完成此项立法事业。从当前我国立法趋势来看，有关农村集体经济组织的具体制度构建只能寄希望于《农村集体经济组织法》的制定。如果在该法中增加规定农村集体经济组织成员资格的认定规则，以明确农村集体经济组织成员的范围，从而在此基础上使农村集体经济组织成员通过共益权参与农村集体经济组织事务的处理，通过自益权受领或分享农村集体经济组织获得的财产利益，这样将既补足了落实集体土地所有权的主体制度，也可以确保农民财产权利得到充分实现。

（三）充实权利内容

集体土地所有权的私权属性得以明晰后，在以私权法理和物权规则检视集体土地所有权内容的基础上，结合土地的社会主义公有制之价值要求，可从以下三个方面对集体土地所有权的内容加以充实和完善：

第一，拓展使用权能。我国现行法中集体土地所有权的使用方式极为有限：在农用地方面，仅在法律规则中对土地承包经营制度进行了强调，其"剥夺了农民集体对经营方式的选择权，在实质上架空了农民集体的团体意志，严格限制了农民集体的私法自治的空间"。[3] 该做法的负面效果便是农村集体经济组织统一经营其拥有的农用地在法律上没有规则支持，在实践中也似乎不能"名正言顺"。在非农用地方面，农村集体经济组织对集体土地的商业性使用限于"工业、商业等经营性用途"，[4] 而国有建设用地可使用于"工业、商业、旅游、娱乐和商品住宅等经营性用途"，[5] 可见，集体建设用地和国有建设用地在利用范围方面尚有较大差距。"史的发展之事实昭示吾人，所有权之本质在于物之利用，所有权之观念既不属于理论的范畴，而属于历史的范畴，所有权之本质并非为概念的法

---

〔1〕　参见许中缘、崔雪炜："'三权分置'视域下的农村集体经济组织法人"，载《当代法学》2018年第1期。

〔2〕　参见李适时主编：《中华人民共和国民法总则释义》，法律出版社2017年版，第316页。

〔3〕　祝之舟：《农村集体土地统一经营法律制度研究》，中国政法大学出版社2014年版，第167~168页。

〔4〕　参见《土地管理法》第63条第1款。

〔5〕　参见《民法典》第347条第2款。

律上之力量，而应求诸对物之利用。"[1] 因此，如果《民法典》物权编能够拓展集体土地所有权的使用权能，将农用地的农户分散经营与集体统一经营同等对待，并在"建设用地使用权"一章明确规定"集体建设用地使用权"，强调在不违反土地用途管制和土地利用总体规划的情况下，由农村集体经济组织自主选择集体建设用地的使用方式，必将提升集体建设用地的市场化利用水平。然而，《民法典》第 361 条规定，"集体所有的土地作为建设用地的，应当依照土地管理的法律规定办理"；第 363 条规定，"宅基地使用权的取得、行使和转让，适用土地管理的法律和国家有关规定"。这两个条文将集体经营性建设用地使用权和宅基地使用权的法律调整引向了《土地管理法》及国家有关规定。应当指出的是，将集体经营性建设用地使用权和宅基地使用权规定于《民法典》，还是将其规定于《土地管理法》，这并非一个无关紧要的立法决策，而是涉及该规范在性质上属于公法规定抑或私法规定及具有何种法律效果的问题。[2] 因此，立法者应当对此保持高度警觉而采取极为谨慎的态度。

第二，恢复收益权能。所有权人拥有财产的目的就是获得经济利益并以此满足自身需要。如果所有权人不能基于其享有的所有权获得利益，则该所有权的享有对所有权人来说毫无意义。收益权能的缺失直接导致集体土地所有权存在的正当性面临质疑，有学者指出："由农民个人承包权而获得的非'使用'农地的种种收益，如股份收益、转包农地的出租收益等，均具有地租性质，而且通常属于绝对地租的范畴，即农地新的使用者为获得农地使用权而必须支付给拥有承包权的农地让渡者的价值补偿。当这种具有地租形态的价值补偿在法律上不归属于或不完全归于集体所有时，农地承包权则具有了农地所有权的性质。"[3] 由此可知，明确包括土地承包经营权人在内的非所有权人使用农村集体经济组织的土地必须交纳地租，恢复集体土地所有权的收益权能，是集体土地所有权制度能够延续的制度保障。当前，农村集体经济组织成员承包所属农民集体享有的农村土地，往往不需要支付地租（承包费），这已经为现行《农村土地承包法》和《民法典》所确认，但以其他方式承包农村土地而取得土地经营权的，该土地经营权人有支付承包费（地租）的义务，这在事实上是集体土地所有权的收益权能的体现。在农村集体经济组织统一经营农村土地时，其基于土地获得收益也是集体土

---

〔1〕 ［日］石田文次郎：《土地总有权史论》，印斗如译，台湾地区印制发行 1970 年版，第 213 页。

〔2〕 参见 ［日］美浓部达吉：《公法与私法》，黄冯明译，中国政法大学出版社 2003 年版，第 130~148 页。

〔3〕 邵彦敏："'主体'的虚拟与'权利'的缺失——中国农村集体土地所有权研究"，载《吉林大学社会科学学报》2007 年第 4 期。

地所有权的收益权能实现的结果。

第三，细化处分权能。由于处分权能被认为是决定所有物命运的权能，故有学者将法律对集体土地所有权处分权能的限制局限于该权利不能在市场进行交易方面。[1] 这是对集体土地所有权处分权能的一种极其狭义的理解。在我国，集体土地所有权的事实上的处分被限制，法律上的处分中的土地转让被禁止，这些规定或与土地资源的保护有关，或与土地的社会主义公有制有关，均具有合理性。但是，在集体土地上设立用益物权的处分方式却与上述限制集体土地所有权的处分权能的理由不冲突，故在《民法典》物权编编纂时应当删除《物权法》第 126 条第 2 款的规定，从而在农用地利用方面取消土地承包经营权期限届满后的续包制度，赋予农村集体经济组织在承包期限届满后自行决定由集体统一经营还是由他人经营的权利；同时，在集体建设用地利用方面明确集体建设用地使用权的用益物权属性，使其与国有建设用地使用权"同地同权"。这些措施都是强化集体土地所有权之处分权能的重要内容。但是，《民法典》第 332 条第 2 款只是对《物权法》第 126 条进行了文字上的修改，原制度的规范精神并没有改变；《土地管理法》第 63 条确立了集体经营性建设用地入市制度，而集体建设用地依然不能基于该规范与国有建设用地实现真正的"同地同权"。因此，如何通过对《民法典》中与集体土地所有权制度有关的法律规范进行解读，为集体土地所有权处分权能的细化提供更多的法律依据，是对各界的一个考验，也是未来相关制度建构的方向。

第二节　土地承包经营权的体系定位及其法治保障

土地承包经营权制度的创设是我国农村土地法律制度改革过程中取得的重要成果，为我国农村土地的生产经营和农村社会的发展作出了巨大贡献。当前，在现行《农村土地承包法》和《民法典》中，由于"两权分离"农村土地权利结构与"三权分置"农村土地权利结构并存，而土地承包经营权是"两权分离"制度中的"两权"之一，且与承包地"三权分置"政策中的"三权"均具有紧密联系，故以承包地"三权分置"政策入法后的农村土地权利结构为基础，深入探讨土地承包经营权制度，对明晰该权利在此种农村土地权利结构中所处的地位极为重要。鉴于我国法律制度中的土地承包经营权制度较为成熟，现行《农村土地承包法》和《民法典》又只是根据党和国家政策对之作出了必要的修改，故

---

〔1〕 参见肖方扬："集体土地所有权的缺陷及完善对策"，载《中外法学》1999 年第 4 期。

本节将主要从体系化视角对学界有关现行《农村土地承包法》和《民法典》中规定的土地承包经营权的法律性质的解读进行反思，重新评估土地承包经营权在农村土地权利结构中的地位，并结合对进城落户农户承包地处理问题的分析，明确该权利实现的保障措施。

一、土地承包经营权的法律性质界定

在《农村土地承包法》（2002 年）颁布前，土地承包经营权到底是一种债权还是一种物权，在理论和实务上均存在纷争，但该法制定时强调"对家庭承包的土地实行物权保护"，[1] 此后颁布的《物权法》又进一步确立了土地承包经营权的用益物权地位，从而使土地承包经营权的法律性质之争告一段落。同时，无论是《农村土地承包法》（2002 年）、《物权法》还是《农村土地承包经营权流转管理办法》，均规定了土地承包经营权的物权性流转方式，而且此种流转的相对方不以具有本农村集体经济组织成员身份为限，不过，若本集体经济组织成员为流转相对方时，其在同等条件下享有优先权。根据这些法律法规中有关土地承包经营权之物权性流转规则的规范意旨可以得出如下结论：土地承包经营权是一种纯粹的、不具有身份属性的财产权。

土地承包经营权染上身份色彩源于我国政策的规定，该政策将以转让方式流转土地承包经营权的主体限于本农村集体经济组织成员，[2] 从而在事实上突破了当时法律规范的明确规定。在党和国家政策文件的指导下，现行《农村土地承包法》第 33 条和第 34 条在规定土地承包经营权的互换和转让时，对《农村土地承包法》（2002 年）的相关规定作出了修改，将互换和转让的相对方明确限定在同一农村集体经济组织内的农户，该规定似乎摒弃了《农村土地承包法》（2002年）和《物权法》对土地承包经营权的纯粹财产权定性，而将土地承包经营权的性质作出了新的界定，即该权利是一种具有身份属性的用益物权。[3] 不少学

---

〔1〕 柳随年："关于《中华人民共和国农村土地承包法（草案）》的说明——2001 年 6 月 26 日在第九届全国人民代表大会常务委员会第二十二次会议上"，载《中华人民共和国全国人民代表大会常务委员会公报》2002 年第 5 期。

〔2〕 参见《关于引导土地经营权流转的意见》。

〔3〕 有学者认为，土地承包经营权是一项具有类所有权属性的用益物权，因为土地承包经营权是集体成员利用集体所有土地的一种物权而不能归入他物权的范畴，且土地承包经营权实质上起到了与市场经济发达国家的农地所有权一样的功效。参见孙宪忠、朱广新主编：《民法典评注·物权编》（3），中国法制出版社 2020 年版，第 55~56 页。该观点未能从民事法律制度层面充分认识到农民集体与集体成员属于不同的、各自独立的主体，对土地承包经营权的法律性质的定位是一种纯理论的探讨，故此处对该观点不进行专门的分析。

者正是这样来理解土地承包经营权的法律性质的，并将此称为"土地承包经营权身份属性的确立"。[1] 将土地承包经营权认定为具有身份属性的财产权，这只是一种可能的理解，甚至可能是立法者欲追求的后果，但如果将这个观点仅仅建立在对土地承包经营权的互换和转让制度的理解基础上，却不能无疑义地得出此种结论。需要注意的是，根据现行《农村土地承包法》的规定理解土地承包经营权的权利性质时，似乎只有将土地承包经营权解读为具有身份属性的财产权，才能与土地承包经营权的互换、转让制度相协调，然而，这种理解却不能与现行《农村土地承包法》第 27 条中有关进城落户农户保留原享有的土地承包经营权的规则实现制度对接。

当然，将土地承包经营权认定为是一种纯粹的财产权，也面临如何对现行《农村土地承包法》第 33 条和第 34 条的规定作出合理解释的问题，即为什么土地承包经营权只能在同一农村集体经济组织内的农户之间进行互换和转让？其实，上述规定可以理解为立法者对《农村土地承包法》（2002 年）中规定的土地承包经营权的流转方式进行了更改，即将原来土地承包经营权的物权性流转的相对方限于同一农村集体经济组织内的农户，将基于原来土地承包经营权的债权性流转产生的权利称为土地经营权。尽管从现行《农村土地承包法》中土地承包经营权互换和转让以及土地经营权流转等规则设计方案来看，这种理解存有限制权利人自由流转财产权的制度瑕疵，但其避免了在进城落户农户的承包地处理规则与相关规范之间产生更加重大的制度逻辑冲突；同时，因实践中出租（转包）是最受各方青睐的流转方式，[2] 且现行《农村土地承包法》第 47 条建立了土地经营权融资担保制度，这种理解也不会成为推动农地适度规模经营和疏通承包地融资渠道的障碍。

可见，对土地承包经营权的身份属性的界定依据，主要源于现行《农村土地承包法》的规定，而且这也只是一种可能的理解。从本质上来说，主张土地承包经营权具有身份属性，还是因为没有放弃对该权利含有"土地承包权"内容的政策内涵的坚持。但是，应当强调的是，《民法典》没有将"土地承包权"作为土地承包经营权的内容加以规定。通过法律规则给土地承包经营权套上身份属性的"枷锁"，其弊端是显而易见的。有学者对此持有犹豫态度，因为"从长远来看，剥离土地承包经营权的身份属性，促进其自由流转，应是市场经济背景下优化资源配置的必然选择。但在渐进式的农村土地制度改革政策之下，对土地承包经

---

〔1〕 参见高圣平："农村土地承包法修改后的承包地法权配置"，载《法学研究》2019 年第 5 期。

〔2〕 参见陈小君等：《农村土地问题立法研究》，经济科学出版社 2012 年版，第 82 页。

权身份属性的坚守，就成为维系目前社会经济背景之下农村社会稳定的基本政策工具。"[1]　其实，土地承包关系是否稳定与土地承包经营权是否具有身份属性无关。我国法律已经明确规定土地承包经营权属于用益物权，而根据现行《农村土地承包法》第 21 条第 2 款和《民法典》第 332 条第 2 款的规定，土地承包经营权人在土地承包经营权的承包期限届满后，承包期限"再延长三十年""依照前款规定相应延长"或"继续承包"，这些规范如果得到严格遵循，土地承包关系的稳定性将有足够的保障。可见，剥离土地承包经营权的身份属性对于土地承包经营权的自由流转乃至促进土地要素市场化，具有更深远的意义。

总之，以现行《农村土地承包法》和《民法典》的规定为依据，在对土地承包经营权的法律性质进行界定时必须慎之又慎。将土地承包经营权理解为一种带有身份属性的财产权，不仅使现行《农村土地承包法》中不同规范之间面临着解释上的矛盾，而且也造成现行《农村土地承包法》与《民法典》中相关规范之间产生抵牾现象。相反，将土地承包经营权解读为一种纯粹的财产权，尽管不是一种完美无缺的方案，但却是现行制度环境约束下所能够作出的最优选择，故本书对土地承包经营权的法律性质采此种理解。

二、土地承包经营权在农村土地权利结构中的地位

1978 年以后，我国在农村土地制度方面悄然推动一场变革：农村土地制度从集体统一种植转为农户承包经营，在法律制度上演进的结果便是逐渐确立了"两权分离"的农村土地权利结构，其中所谓"两权"即集体土地所有权和土地承包经营权。党的十八届三中全会后，我国开始大力推行承包地"三权分置"政策，该政策则致力于确立集体土地所有权、土地承包权、土地经营权并置的农村土地权利结构。尽管承包地"三权分置"政策中的土地承包权、土地经营权由土地承包经营权分设而来，但土地承包经营权本身却不属于"三权分置"农村土地权利结构中的"三权"范畴。

为了推进承包地"三权分置"政策入法，我国对《农村土地承包法》（2002年）进行了修正，在编纂《民法典》物权编时，也对《物权法》中"土地承包经营权"章确立的"两权分离"的农村土地权利结构进行了修改，并增加了反映承包地"三权分置"政策的法律规则。党和国家提出并力推承包地"三权分置"政策，主要目的在于解决农业适度规模经营、集约化经营问题，以加快发展

---

[1]　参见高圣平："农村土地承包法修改后的承包地法权配置"，载《法学研究》2019 年第 5 期。

现代农业。[1] 要达成这一目的，需要以满足承包地的经营主体流转承包地的意愿为核心，基本前提是保持农村土地承包关系的稳定。在"两权分离"制度运行中，土地承包经营权的设立以及承包期限的日益长期化，已经为保持农村土地承包关系的稳定提供了制度保障，这一点可谓是社会各界的共识。同时，"农村改革的实践证明，实行家庭承包经营，符合生产关系要适应生产力发展要求的规律，使农户获得了充分的经营自主权，充分调动了亿万农民的生产积极性，极大地解放和发展了农村生产力，实现了我国农业的巨大发展和农村经济的全面繁荣，使广大农民的生活从温饱迈向小康。实行家庭承包经营，符合农业生产的特点，可以使农户根据市场需求和效益原则确定农业生产的品种和结构，使农民成为独立的市场主体。家庭承包经营是集体经济组织内部的一个经营层次，是双层经营体制的基础"。[2] 当前，"两权分离"制度运行的社会环境尚未丧失，尽管土地承包经营权人流转承包地由非承包人经营越来越普遍，也许这对于未来农村土地经营模式的发展来说还是一种趋势，但从整个农村社会的承包地流转和经营的现状来看，非土地承包经营权人经营承包地仍然不是主流。因此，推行承包地"三权分置"政策是对"两权分离"制度进行改革的一种举措，应当在深入研究"两权分离"制度利弊得失的基础上以承包地"三权分置"政策对之加以完善。

为了推动承包地"三权分置"政策落实落地，无视"两权分离"制度在现实中仍然具有的积极价值，试图以承包地"三权分置"政策彻底取代"两权分离"制度，不符合当下我国农村经济社会发展的阶段性特征。习近平总书记从中国农业、农村发展的现实需求和农民意愿出发，指出："家家包地、户户务农，是农村基本经营制度的基本实现形式。家庭承包、专业大户经营，家庭承包、家庭农场经营，家庭承包、集体经营，家庭承包、合作经营，家庭承包、企业经营，是农村基本经营制度新的实现形式。说到底，要以不变应万变，以农村土地集体所有、家庭经营基础性地位、现有土地承包关系的不变，来适应土地经营权流转、农业经营方式的多样化，推动提高农业生产经营集约化、专业化、组织化、社会化，使农村基本经营制度更加充满持久的制度活力。"[3] 可见，对于农村土地经营而言，"三权分置"与"两权分离"是两种不同的农村基本经营制度

---

〔1〕　参见刘振伟、韩俊主编：《中华人民共和国农村土地承包法导读》，中国法制出版社 2019 年版，第 24 页。

〔2〕　全国人大常委会法制工作委员会民法室编：《〈中华人民共和国物权法〉条文说明、立法理由及相关规定》，北京大学出版社 2017 年版，第 262 页。

〔3〕　中共中央党史和文献研究院编：《习近平关于"三农"工作论述摘编》，中央文献出版社 2019 年版，第 53~54 页。

的实现方式，其中"两权分离"制度是基本实现形式的反映，而"三权分置"政策是在"两权分离"制度基础上形成的新的实现形式。自党的十一届三中全会以来，"中国法治运动中所发生的种种改变，不但表明了法律本身的发展，也不同程度地折射出中国社会的变迁、这种变迁所带来的各种问题以及执政党面对挑战时所采取的对策"。[1] 在我国农村地区，随着工业化、城镇化进程的加快，大量农村劳动力进入城镇就业，一部分农户将承包的土地流转给他人经营，不同类型的新型农业经营主体被催生。这些新型农业经营主体经营农村土地时不仅相关权利需要获得充分保护，而且也亟待法律赋予其对未来经营农村土地的在权利有更加稳定的预期，承包地"三权分置"政策便是党和国家为应对该种新形势提出的对策。然而，毕竟只有部分农户离开承包经营的土地进入城镇务工，而且是否流转承包的土地只能由农民自己选择，这就决定了"推进规模经营、发展现代农业，就要把更多精力用在为农业人口转移、农业科技进步、健全农业社会化服务体系等创造条件上，而不能单凭主观意志、采取脱离实际的措施，在不具备条件的情况下，强制小农户离开土地"。[2] 因此，"两权分离"制度和承包地"三权分置"政策必将在农村土地经营实践中长时期并存，即便推进承包地"三权分置"政策入法也无法改变这种状况，立法者不仅认识而且承认了这一点。承包地"三权分置"政策入法后，"两权分离"制度和承包地"三权分置"政策的并存，将体现在农村土地权利结构的设计方面，具体表现为"两权分离"的农村土地权利结构和"三权分置"的农村土地权利结构同时呈现在法律制度之中。

从现行《农村土地承包法》的规定来看，其规定了集体土地所有权、土地承包经营权、土地承包权、土地经营权四种权利，其中表征"两权分离"农村土地权利结构的"两权"是集体土地所有权和土地承包经营权，但表征承包地"三权分置"农村土地权利结构的"三权"为何则存在争议。如果按照承包地"三权分置"政策的直观表述，"三权分置"的农村土地权利结构应该是集体土地所有权、土地承包权和土地经营权并置，而土地承包经营权则属于被分解的一种权利。但是，这种理解不仅在承包地"三权分置"政策入法过程中受到诸多质疑，即便从现行《农村土地承包法》的规范内容来看，也有以下三点难以自洽之处：①从现行《农村土地承包法》和《民法典》的规定来看，将土地承包经营权理解为一种不具有身份属性的、纯粹的财产权较为妥当，此种意义上的土地承包经营权无法分设出具有身份属性的土地承包权。②"两权分离"的农村土地权利结

---

〔1〕 梁治平：《论法治与德治：对中国法律现代化运动的内在观察》，九州出版社 2020 年版，第 12~13 页。

〔2〕 陈锡文、罗丹、张征：《中国农村改革 40 年》，人民出版社 2018 年版，第 57~58 页。

构中集体土地所有权派生出土地承包经营权后，集体土地所有权作为浑然一体的权利没有发生分解，名称也没有发生改变，而在"三权分置"的农村土地权利结构中，如果土地承包经营权分设为土地承包权和土地经营权，则实质是土地承包经营权被土地承包权和土地经营权所取代而不复存在。在此种情形下，两种农村土地权利结构生成的法理逻辑不同，相关权利在制度体系中能否兼容、在实践运行中能否实现有效对接，都是一个未知数。③现行《农村土地承包法》中仅第9条提及"土地承包权"的表述，且该权利的性质和内容在法律制度中均没有作出明确的界定，将"土地承包权"作为"三权"之一是否会不利于承包地"三权分置"政策精神的贯彻落实、是否会不利于集体土地所有权的落实和土地经营权的放活，这同样处于不可知的状态。

在《民法典》编纂的过程中，如何在物权编中呼应承包地"三权分置"政策是一个备受关注的问题。有的地方建议，"对'三权分置'予以确认，明确土地承包权和土地经营权"。[1] 全国人大常委会法制工作委员会民法室在内蒙古自治区调研时，有人建议，"在物权编中专章规定农村集体土地所有权、土地承包权、土地经营权，吸收'三权分置'实践改革成果，指导改革方向，明确三权中各个权利的性质和边界，增加农村集体土地经营权流转规则，并明确三权登记取得规则"。[2] 这些建议基本以承包地"三权分置"政策关于农村土地权利结构的表达为基础，如果影响到《民法典》物权编有关承包地"三权分置"政策入法的法律表达，在农村土地权利结构方面将产生如同现行《农村土地承包法》所作规定一样的结果。然而，在承包地"三权分置"政策入法时的法律表达方面，《民法典》未主动与现行《农村土地承包法》靠拢，而是在深刻体悟该政策制度意蕴的情形下采用了另一条路径，即放弃土地承包权的概念，保留土地经营权的概念，构建集体土地所有权、土地承包经营权、土地经营权三权并置的农村土地权利结构，其中土地承包经营权由集体土地所有权所派生，土地经营权由土地承包经营权所派生。

综合考察《民法典》和现行《农村土地承包法》的制度设计可知，在承包地"三权分置"政策入法后的法律表达方面，《民法典》较现行《农村土地承包法》具有明显的先进性。其具体表现有三：一是《民法典》中规定的农村土地

---

〔1〕《民法典立法背景与观点全集》编写组编：《民法典立法背景与观点全集》，法律出版社2020年版，第145页。

〔2〕《民法典立法背景与观点全集》编写组编：《民法典立法背景与观点全集》，法律出版社2020年版，第198页。

权利体系在权利类型、各种权利的性质和内容等方面界限清晰；二是"两权分离"的农村土地权利结构与"三权分置"的农村土地权利结构生成的法理逻辑相同，这两种农村土地权利结构在《民法典》构建的制度体系中能够协调共存；三是两种农村土地权利结构中均包含集体土地所有权和土地承包经营权，且"三权分置"的农村土地权利结构中的土地经营权由土地承包经营权派生而来，这既是以法律形式对农村基本经营制度的基本实现形式的继续固定，又是对农村基本经营制度的新的实现形式的制度创新和法律确认。

尽管《民法典》与现行《农村土地承包法》对承包地"三权分置"政策入法后的农村土地权利结构在规则设计方面存在一定的差异，以致对这两部法律中相关规则的理解很难保持一致，但是，基于《民法典》有关农村基本经营制度之实现形式的法律规则设计比现行《农村土地承包法》显著优越，同时，"民法典在中国特色社会主义法律体系中具有重要地位，是一部固根本、稳预期、利长远的基础性法律，对推进全面依法治国、加快建设社会主义法治国家，对发展社会主义市场经济、巩固社会主义基本经济制度，对坚持以人民为中心的发展思想、依法维护人民权益、推动我国人权事业发展，对推进国家治理体系和治理能力现代化，都具有重大意义"，[1] 因此，对于承包地"三权分置"政策入法后的农村土地权利结构的理解，应当以《民法典》的规定为准，使土地承包经营权在两种农村土地权利结构中均居于重要地位。

三、土地承包经营权的法治保障措施

无论是现行《农村土地承包法》还是《民法典》，对土地承包经营权制度均作出了一些新规定，但基于立法具有的延续性，原有法律制度中确立的保障土地承包经营权实现的法律举措仍然部分得以保留，故此处不准备对土地承包经营权的法治保障措施进行全面分析，而以整理有关保障土地承包经营权实现的新规则和探讨土地承包经营权实现中的特殊问题为重点。

（一）保障土地承包经营权实现的新规则整理

在我国改革开放后的一个较长时期，土地承包经营权一般被作为债权来理解。《农村土地承包法》（2002 年）对家庭承包取得的土地承包经营权实行物权保护，但没有明确该权利为用益物权。《物权法》根据土地承包经营权在实践中运行的实际状况，将土地承包经营权正式确立为用益物权，并设专章予以规定，

---

〔1〕 习近平："充分认识颁布实施民法典重大意义　依法更好保障人民合法权益"，载《求是》2020年第 12 期。

以便充分保护土地承包经营权人的利益。在承包地"三权分置"政策入法后，《民法典》和现行《农村土地承包法》规定的土地承包经营权制度较原有法律规定已经有所不同，其中在土地承包经营权的实现方面应当注意的新规则主要有：

1. 关于土地承包经营权的初始取得。根据《农村土地承包法》（2002 年）的规定，土地承包经营权的初始取得有两种方式，即家庭承包和其他方式的承包。通过这两种方式取得的土地承包经营权在性质上存在区别，对前者实现物权保护，对后者实现债权保护。在承包地"三权分置"政策入法后，根据现行《农村土地承包法》的规定，只有通过家庭承包的方式才能取得土地承包经营权，以其他方式承包取得的权利不再是土地承包经营权，而是土地经营权，[1] 因为"与家庭承包方式既具有生产经营性质，又具有社会保障性质的特点相比，其他方式的承包不涉及社会保障因素，主体不限于本集体经济组织内部成员，权利性质上也不同于土地承包经营权，应当对此加以区分"。[2] 因此，受承包地"三权分置"政策的制度精神影响，在现行法律制度中土地承包经营权的取得方式被限缩为家庭承包一种方式。

2. 关于土地承包经营权的承包期限。在第一轮土地承包经营权期限届满之前，稳定土地承包关系就已经成为党和国家农村政策的核心内容。根据党和国家政策规定的"在原定的耕地承包期到期之后，再延长三十年不变"[3] 的精神，《农村土地承包法》（2002 年）第 20 条规定，"耕地的承包期为三十年。草地的承包期为三十年至五十年。林地的承包期为三十年至七十年；特殊林木的林地承包期，经国务院林业行政主管部门批准可以延长"。该规定被《物权法》第 126 条第 1 款完全吸纳，而且为鼓励土地承包经营权人在承包期限即将届满时保持对承包地的投入，促进农业、农村经济的持续发展和农村社会的稳定，[4] 《物权法》第 126 条增加一款作为第 2 款，即"前款规定的承包期届满，由土地承包经营权人按照国家有关规定继续承包"。当前，第二轮土地承包经营权期限又面临到期，党的十九大报告明确提出，"巩固和完善农村基本经营制度，深化农村土地制度改革，完善承包地'三权'分置制度。保持土地承包关系稳定并长久不变，第二轮土地承包到期后再延长三十年"。以该政策精神为指导，现行《农村

---

〔1〕　现行《农村土地承包法》第 49 条第一句规定："以其他方式承包农村土地的，应当签订承包合同，承包方取得土地经营权。"

〔2〕　杜涛主编：《中华人民共和国农村土地承包法解读》，中国法制出版社 2019 年版，第 285 页。

〔3〕　1993 年中共中央、国务院发布的《关于当前农业和农村经济发展的若干政策措施》。

〔4〕　参见全国人大常委会法制工作委员会民法室编：《〈中华人民共和国物权法〉条文说明、立法理由及相关规定》，北京大学出版社 2017 年版，第 268 页。

土地承包法》第 21 条在原第 20 条的基础上增加了一款，即"前款规定的耕地承包期届满后再延长三十年，草地、林地承包期届满后依照前款规定相应延长"；《民法典》第 332 条第 2 款则以《物权法》第 126 条第 2 款为基础，作出了与现行《农村土地承包法》第 21 条第 2 款相衔接的修改。[1] 关于土地承包经营权的承包期限规定的修改，是保持土地承包关系稳定的重大举措，也是党和国家给农民的又一颗"定心丸"，稳定了农民的预期，符合广大农民群众的意愿。[2]

3. 关于土地承包经营权人对承包地的流转。《农村土地承包法》（2002 年）第二章"家庭承包"对"土地承包经营权的流转"作出了系统规定。学界以土地承包经营权流转后的法律效果为标准，将土地承包经营权的流转分为物权性流转和债权性流转两种类型，其中物权性流转包括土地承包经营权的互换和转让，债权性流转包括土地承包经营权的转包、出租、代耕等。《物权法》第 128 条[3] 确认了《农村土地承包法》（2002 年）规定的土地承包经营权流转制度，并在第 184 条明确禁止以耕地的土地使用权设立抵押权。承包地"三权分置"政策入法后，现行《农村土地承包法》和《民法典》不再笼统使用"土地承包经营权的流转"的表述，而是对原有法律中规定的"土地承包经营权流转制度"作出了三点修改：一是将原有法律中的土地承包经营权的物权性流转明确表述为"土地承包经营权的互换、转让"，而且互换和转让的相对方限于本农村集体经济组织的其他农户。二是将原有法律中的土地承包经营权的债权性流转修改为"流转土地经营权"，即流转相对方在此种情形下取得的不再是土地承包经营权；同时，现行《农村土地承包法》将出租、转包两种流转方式合并，统称为"出租（转包）"，《民法典》则放弃了转包而仅规定了出租的流转方式。三是开禁土地承包经营权抵押。不过，根据现行《农村土地承包法》第 47 条[4] 的规定，土地承包经营权人用于抵押的财产是土地经营权，土地承包经营权本身仍然不能作为抵

---

〔1〕《民法典》第 332 条第 2 款规定："前款规定的承包期限届满，由土地承包经营权人依照农村土地承包的法律规定继续承包。"因为现行《农村土地承包法》第 21 条第 2 款对土地承包经营权人继续承包作出了明确规定，弥补了《农村土地承包法》（2002 年）第 20 条在该问题上存在的缺失，故《民法典》第 332 条第 2 款将《物权法》第 126 条第 2 款中作为继续承包依据的"国家有关规定"改为了"农村土地承包的法律规定"。

〔2〕参见黄薇主编：《中华人民共和国农村土地承包法释义》，法律出版社 2019 年版，第 95~96 页。

〔3〕《物权法》第 128 条规定："土地承包经营权人依照农村土地承包法的规定，有权将土地承包经营权采取转包、互换、转让等方式流转。流转的期限不得超过承包期的剩余期限。未经依法批准，不得将承包地用于非农建设。"

〔4〕现行《农村土地承包法》第 47 条第 1 款前句规定："承包方可以用承包地的土地经营权向金融机构融资担保，并向发包方备案。"

押的财产。

4. 关于土地承包经营权的享有主体。由于现行《农村土地承包法》对土地承包经营权的初始取得作出了限制，只有农村集体经济组织成员才有资格通过家庭承包方式取得土地承包经营权。同时，从土地承包经营权人处继受取得土地承包经营权的方式仅有互换、转让，且相对人也必须是本农村集体经济组织的农户。可见，承包地"三权分置"政策入法后的土地承包经营权的享有主体必须具有本农村集体经济组织成员资格。不过，"鉴于城乡人口结构的变革是一个较长的历史过程，现阶段农民进城务工、落户的情况也十分复杂，按照中央关于推进农业转移人口市民化的要求，草案规定，维护进城务工农民的土地承包经营权，不得以退出土地承包权作为农民进城落户的条件，是否保留土地承包经营权，由农民选择而不代替农民选择。承包方全家迁入城镇落户，纳入城镇住房和社会保障体系，丧失农村集体经济组织成员身份的，支持引导其按照国家有关规定转让土地承包权益，为政策适时调整留出了空间。"[1] 因此，根据现行《农村土地承包法》第27条的规定，进城落户农户即便丧失农村集体经济组织成员资格，依然享有已经取得的土地承包经营权。当然，进城落户农户享有土地承包经营权是一种特殊情形，其承包地如何处理在实践中备受争议，下文将对此问题进行专门探讨。

（二）进城落户农户承包地处理的新制度路径

农村集体经济组织的成员资格是我国农民参与分享农村集体资产所生利益的基本依据，也是经营管理农村集体资产的制度前提。在农村土地承包经营制度中，不少规则的适用都与农村集体经济组织成员资格的确定密切相关。农户全家进城落户后丧失农村集体经济组织的成员资格，导致其原本享有的以该成员身份的拥有为前提的权利随之消灭，此时探寻保护其已经取得的土地承包经营权的法律路径极为必要。其中，应当重点注意两个方面的问题：

1. 成员资格丧失的法律后果。进城落户农户全部家庭成员丧失农村集体经济组织成员资格后，在其不能以农村集体经济组织成员身份享有的权利中，与土地承包经营权相关的权利主要包括续包权和无偿保留土地承包经营权的权利。以下分别予以分析。

第一，关于进城落户农户的续包权。根据《民法典》第332条第2款和现行

---

〔1〕 刘振伟："关于《中华人民共和国农村土地承包法修正案（草案）》的说明——2017年10月31日在第十二届全国人民代表大会常务委员会第三十次会议上"，载《中华人民共和国全国人民代表大会常务委员会公报》2019年第1期。

《农村土地承包法》第 21 条第 2 款，在第二轮土地承包期限届满后，对于集体土地的同一地块，原土地承包经营权人有权依法继续承包。[1] 由于第三轮承包是在第二轮承包的期限终止后重新签订土地承包合同，且只有农村集体经济组织成员才有签订土地承包合同的资格，而进城落户农户不具有该成员身份，故进城落户农户保留的土地承包经营权在期限届满后消灭，其无权参与第三轮土地承包。

第二，关于进城落户农户无偿保留土地承包经营权的权利。十八届三中全会《决定》提出，"加快构建新型农业经营体系""赋予农民更多财产权利"，此处的农民财产权利不仅指农民个体的权利，也包括农民集体的权利。在我国现阶段，"如果架空农民集体，无视集体利益，很难说是公平合理，更可能无法实现中国式农地制度设立和变革即缩小城乡差距受惠于数亿农民的初衷"。[2] 当集体利益独立存在时，基于集体土地的公有制职能，在农村集体经济组织中，"一个人成为集体的一员，就可以从集体获得一份土地的利用权或者分享集体利益，从而得到集体为其提供的生存保障"。[3] 在家庭承包经营中，农户取得土地承包经营权无需支付相应的承包费，这反映的是农村集体经济组织将成员应当分享的集体收益置于土地承包经营权的享有之中，也就是成员以应当支付的承包费和从集体分享的收益进行了抵销，省去了先交费后从集体分享利益的环节。在农村集体经济组织内的农户公平分享承包地的情形下，这种做法不失为一种公平处理方案。进城落户农户因丧失农村集体经济组织成员身份，不再有资格从集体分享收益，而其应当支付的承包费却不能免除，因此，农户进城落户后虽然不丧失土地承包经营权，但其需要自失去成员身份时向发包方支付相应的承包费。

2. 免交承包费的法理依据及立法回应。由于土地承包经营权是一种用益物权，该权利具有明确的期限，故在标的物存续而期限尚未届满之前，基于土地承包经营权的用益物权属性，进城落户农户有权继续享有该权利。为促进合理利用农地资源，减少承包地闲置，发展多种形式适度规模经营，推动现代农业发展，引导承包农户有偿退出承包地的政策文件相继出台。[4] 现行《农村土地承包法》

---

〔1〕 参见肖鹏："农村土地'三权分置'下的土地承包权初探"，载《中国农业大学学报（社会科学版）》2017 年第 1 期。

〔2〕 参见陈小君等：《农村土地问题立法研究》，经济科学出版社 2012 年版，第 60 页。

〔3〕 韩松："论成员集体与集体成员——集体所有权的主体"，载《法学》2005 年第 8 期。

〔4〕 如《关于完善三权分置办法的意见》指出："在完善'三权分置'办法过程中，要充分维护承包农户使用、流转、抵押、退出承包地等各项权能"；《深化农村改革综合性实施方案》要求："在有条件的地方开展农民土地承包经营权有偿退出试点"；《国务院办公厅关于加快转变农业发展方式的意见》也强调："在坚持农村土地集体所有和充分尊重农民意愿的基础上，在农村改革试验区稳妥开展农户承包地有偿退出试点，引导有稳定非农就业收入、长期在城镇居住生活的农户自愿退出土地承包经营权。"

第 30 条以这些政策为指导，增加规定了承包方自愿交回承包地时有请求补偿的权利，该规定对于进城落户农户当然一体适用。

应当指出的是，不仅土地承包经营权具有财产属性，集体土地所有权的财产属性同样需要得到体现。一般来说，"人们拥有某物，都是为了在物之上获取某种经济利益以满足自己的需要，只有当这种经济利益得到实现后，所有权才是现实的。如果享有所有权对所有人毫无利益，所有人等于一无所有"。[1] 集体土地所有权尽管较私人所有权应当承担更多的公共职能，但不能因此而否定其财产职能实现的重要性，这种财产职能在将土地交由他人使用时表现为有收取租金的权利，在农村土地承包关系中，此处所谓的租金就是承包费。

进城落户农户保留土地承包经营权，且并没有因农村集体经济组织成员身份丧失而向发包方支付承包费，这是现行《农村土地承包法》确立的新规则。为了从法理上对该新规则予以证成，尚需结合农村集体经济组织成员权的退出进行探讨。在集体土地所有制情形下，农民个人的身份具有二重属性，其既是一个独立的个体，又是公有制经济组织的一个成员，而且不一定需要拥有集体资产的所有权来实现自身权益，成员权成为兼顾公有制经济组织和其中个人利益的一种可供选择的法律方式。[2] 由于享有农村集体经济组织成员权便有权参与分享集体资产利益，说明该成员权具有一定的财产价值，而部分成员的退出将使参与分享集体资产利益的人数减少，也就会扩大剩余成员享有的份额，因此，为了保障退出农村集体经济组织的农民的权益不遭受损害，应当建立农村集体经济组织成员权有偿退出制度，使选择退出的成员能够获得相应的补偿。[3] 进城落户农户在退出农村集体经济组织时没有因为成员权的丧失获得相应的补偿，其在继续以非成员身份享有土地承包经营权时也没有支付相应的承包费，在当前阶段应理解为两者相抵销而实现了大致的公平。由此可见，进城落户农户免交承包费具有一定的正当性。

不过，农村集体经济组织成员权的退出与集体土地所有权收益权能的实现超出了《农村土地承包法》的规范领域，故《农村土地承包法》于 2018 年修正时在此问题上留下了制度空白。可喜的是，在《民法总则》明确农村集体经济组织为特别法人之后，农村集体经济组织立法已经被纳入十三届全国人大常委会立法

[1] 参见王利明：《物权法研究（典藏本，上卷）》，中国人民大学出版社 2018 年版，第 386 页。
[2] 参见高飞："农村土地'三权分置'的法理阐释与制度意蕴"，载《法学研究》2016 年第 3 期。
[3] 参见戴威：《农村集体经济组织成员权制度研究》，法律出版社 2016 年版，第 225~226 页；许中缘、崔雪炜："'三权分置'视域下的农村集体经济组织法人"，载《当代法学》2018 年第 1 期。

规划。如果通过阐释《民法典》物权编和现行《农村土地承包法》中的相关规则，确定进城落户农户应当向发包方支付承包费作为其继续保留土地承包经营权的代价，同时在《农村集体经济组织法》制定时明确规定农户进城落户退出原农村集体经济组织应享有补偿请求权，这样就能够使现行《农村土地承包法》第 27 条保护进城落户农户的土地承包经营权所引发的争议问题得到较为妥当的解决。

第三节　农村集体经济组织成员权构建及土地承包权实现

土地承包权是承包地"三权分置"政策确立的"三权"之一，在该政策入法时由现行《农村土地承包法》第 9 条所确认，但这种新型权利形态不仅没有能够在现行《农村土地承包法》中被细致规定，而且《民法典》根本没有提及该种权利。由于土地承包权始于政策表述，现行法律又未明确土地承包权的性质和内容，致使如何实现土地承包权成为理论争点和实践难题。因此，以对现行《农村土地承包法》和《民法典》相关规定的解读为基础，明晰土地承包权的性质，归整土地承包权的内容，必将有助于土地承包权的实现。

一、土地承包权的定性

对于土地承包权的性质界定，决定了对该权利实现的保障措施的选择。梳理并分析学界关于土地承包权性质的理解分歧，并在此基础上结合现行法律制度的规定对土地承包权的性质作出选择，具有十分重要的意义。

（一）土地承包权的性质分歧分析

现行《农村土地承包法》对土地承包权的规定过于简略，使得学界在理解土地承包权时产生了严重的分歧。如前文所述，代表性观点主要有五种：一是土地承包权由土地承包经营权所分置；二是土地承包权是流转了土地经营权后的土地承包经营权的简称；三是土地承包权是享有土地承包经营权的农户流转土地经营权后的纯剩余财产权；四是土地承包权是农村集体经济组织成员再次承包农地的物权取得权；五是土地承包权是农村集体经济组织的成员（社员）资格。

对上述代表性观点进行整理可以发现，它们体现了三种不同的解读思路：①土地承包权是一种独立的权利类型，该权利的内容被包含在土地承包经营权之中。根据该种思路，土地承包权是从土地承包经营权中分离出来的一种新型权利，在土地承包经营权人未流转土地经营权时，土地承包权被土地承包经营权的内容所遮掩。这种思路与承包地"三权分置"政策的话语表述相一致，上述第一种代表性观点便持此种思路，第三种代表性观点与此类似，大致也可以被归入此种思路。②土地承包权不是一种独立的权利类型，而是土地承包经营权的简称。该种思路形成的目的在于：便于和现行制度相衔接，妥适处理"两权"分离和"三权"分置之间的关系；减少修改法律的难度，降低制度变迁成本；与现行法之下对"土地承包经营权"这一术语的通常理解相符合。[1] 依据这种思路，土地承包权所具有的身份属性进入到土地承包经营权之中，从而改变了原有法律中确立的土地承包经营权的法律性质。上述第二种代表性观点持此种思路，第四种代表性观点与此类似，只不过更加关注土地承包经营权人续包权的实现。③土地承包权是农村集体经济组织成员权的组成部分。根据该种思路，具有农村集体经济组织成员资格才能享有土地承包权，而土地承包权实现的结果就是取得土地承包经营权，故土地承包权不是土地承包经营权的内容。上述第五种代表性观点持此种思路。

（二）土地承包权的性质界定探讨

承包地"三权分置"政策入法后，土地承包权的术语没有得到《民法典》的确认，现行《农村土地承包法》对其也仅作出了粗疏规范，这些在一定程度上表现出立法者存有"敷衍"态度。尽管承包地"三权分置"的农村土地权利结构改革由 2014 年中央一号文件首次明确提出，后来党和国家陆续出台了一系列政策来推进该农村土地权利结构的完善，但是，《关于完善三权分置办法的意见》是对承包地"三权分置"政策作出最全面规定的政策文本，也是对土地承包权的内容作出最明确、最完整表达的政策文件。因此，对于界定入法后的土地承包权的性质而言，该意见拟实现的"稳定农户承包权"的制度目标无疑是主要的政策源泉。

《关于完善三权分置办法的意见》明确列举了"严格保护农户承包权"的具体内容，即"农户享有土地承包权是农村基本经营制度的基础，要稳定现有土地承包关系并保持长久不变。土地承包权人对承包土地依法享有占有、使用和收益的权利。农村集体土地由作为本集体经济组织成员的农民家庭承包，不论经营权如何流转，集体土地承包权都属于农民家庭。任何组织和个人都不能取代农民家庭的土地承包地位，都不能非法剥夺和限制农户的土地承包权"。根据上述内容可知，承包地"三权分置"政策中的土地承包权的主要规范意旨有四：①农村基

---

〔1〕 参见高圣平、王天雁、吴昭军：《〈中华人民共和国农村土地承包法〉条文理解与适用》，人民法院出版社 2019 年版，第 43~44 页。

本经营制度以农户承包权为基础。由于土地承包经营权的取得是实行农村基本经营制度的表征，该权利不可能作为农村基本经营制度产生的前提，故农户承包权在土地承包经营权产生之前即已存在。②取得土地承包经营权是农户享有的土地承包权得到实现的结果。因为"对承包土地依法享有占有、使用和收益的权利"正是现行法中规定的土地承包经营权，该权利是土地承包权人在"承包土地"后依法享有的权利，这说明土地承包权没有被包含于土地承包经营权的内容之中。③农村集体经济组织成员的农民家庭才能享有土地承包权，其在流转承包地的土地承包经营权或土地经营权时，农民家庭享有的土地承包权不随之流转。④土地承包权只能由具有特定资格的农民家庭享有，是一种具有专属性的权利。既然土地承包权人的地位不能被取代，土地承包权又不能被非法剥夺和限制，那么，土地承包权就应当专属于土地承包权人而不是土地承包经营权人。

由于政策并不追求概念的精确表达，其内容常常显得较为模糊。《关于完善三权分置办法的意见》中关于土地承包权的规定也不例外，但整体来看，该意见在"土地承包权"方面关注的焦点在于：土地承包经营权人将承包地流转后，仍然享有在本轮承包期限届满后续包承包地的权利。同时，尽管该意见明确提出"将土地承包经营权分为承包权和经营权，实行所有权、承包权、经营权分置并行"，但也强调"农村土地集体所有权是土地承包权的前提，农户享有承包经营权是集体所有的具体实现形式"，可见，其没有将农户承包权等同于土地承包经营权，或将之作为土地承包经营权内容的组成部分。

承包地"三权分置"政策入法后，所涉大多数规范都属于民法规范的范畴。在现行《农村土地承包法》中，尽管只有第9条明确使用了"土地承包权"的概念，但不少学者并没有将研究视野限于该条的文字表述，而是从法律规则体系化阐释出发，认为该法第5条也是关于"土地承包权"的规定。现行《农村土地承包法》第5条[1]的规定是："农村集体经济组织成员有权依法承包由本集体经济组织发包的农村土地。任何组织和个人不得剥夺和非法限制农村集体经济组织成员承包土地的权利。"有立法部门和政府涉农部门的专家在解读该条时强调，"由于每个集体经济组织成员在本集体经济组织中均享有成员权，也由于农村土地是农民的基本生产资料和基本生活保障，因此每个农村集体经济组织的成员都享有土地承包权"。[2]虽然将现行《农村土地承包法》第9条中规定的"土地

---

〔1〕 本条沿袭了《农村土地承包法》（2002年）第5条的规定，此次修正时在内容上没有变化。

〔2〕 刘振伟、韩俊主编：《中华人民共和国农村土地承包法导读》，中国法制出版社2019年版，第12页。另参见黄薇主编：《中华人民共和国农村土地承包法释义》，法律出版社2019年版，第25页。

承包权"理解为该法第 5 条规定的承包农村土地的权利略显别扭，与第 9 条规定的字面理解也存在一定的偏差，但是，这种理解在法理上却能够自洽，只是此时第 9 条规定中的"土地承包权"是土地承包经营权人续包承包地的权利，而第 5 条中规定的"承包土地的权利"则既包含初次承包权，也包含续包权。对入法后的土地承包权作出此种理解，不仅能够确保现行《农村土地承包法》第 9 条和第 5 条实现制度对接，对相关规则在实践中的适用也多有助益，还能够通过法律规则将《关于完善三权分置办法的意见》中规定的土地承包权不因流转土地经营权而丧失的政策意旨固定下来。

可见，入法后的土地承包权在本质上属于农村集体经济组织成员享有的承包资格，此种意义上的土地承包权应当归入农村集体经济组织成员权中的自益权范畴。这就决定了农户不是在取得土地承包经营权后才享有土地承包权，而是在享有土地承包权时才有资格取得土地承包经营权。因此，为明晰土地承包权的性质并确保土地承包权的实现，必须加快构建农村集体经济组织成员权制度的步伐，将土地承包权明确纳入成员权的内容之中。

二、农村集体经济组织成员资格认定的现实困境

我国当前没有关于农村集体经济组织的全国性统一立法，"在国家层面的立法未对农村集体经济组织成员资格的确认和丧失标准进行明确规定的情况下，农民权益极易受到侵害，且司法救济渠道不畅，维权之路艰辛，甚至受到侵害时救济无门"。[1] 为了应对国家相关立法缺位的弊病，提升各自管辖区域的农村社会的治理水平，解决实践中出现的大量有关农村集体经济组织成员资格的纠纷，当前各地主要通过以下三种方式对农村集体经济组织成员资格予以认定：①地方性法规或地方政府规章，如《广东省农村集体经济组织管理规定》[2]《浙江省村经济合作社组织条例》[3] 和《湖北省农村集体经济组织管理办法》[4] 等。还有很多省在制定的实施《农村土地承包法》的相关规定中明确了农村集体经济组织成员资格的认定标准。②最高人民法院和省市高级人民法院制定的指导意见，

---

〔1〕 陈小君："我国农民集体成员权的立法抉择"，载《清华法学》2017 年第 2 期，第 50 页。

〔2〕《广东省农村集体经济组织管理规定》于 2006 年 8 月 9 日广东省人民政府以粤府令第 109 号公布，根据 2013 年 5 月 31 日广东省人民政府令第 189 号修改。

〔3〕《浙江省村经济合作社组织条例》于 1992 年 7 月 25 日浙江省第七届人民代表大会常务委员会第二十九次会议通过，2007 年 9 月 28 日浙江省第十届人民代表大会常务委员会第三十四次会议修订，2020 年 7 月 31 日浙江省第十三届人民代表大会常务委员会第二十二次会议修正。

〔4〕《湖北省农村集体经济组织管理办法》于 1997 年 1 月 17 日以湖北省人民政府令第 114 号公布，根据 1997 年 12 月 30 日湖北省人民政府令第 133 号修正。

如最高人民法院《第八次全国法院民事商事审判工作会议（民事部分）纪要》（2016 年 11 月 21 日）、天津市高级人民法院《关于农村集体经济组织成员资格确认问题的意见》（津高法民一字〔2007〕3 号）、陕西省高级人民法院《关于审理农村集体经济组织收益分配纠纷案件讨论会纪要》、重庆市高级人民法院《关于农村集体经济组织成员资格认定问题的会议纪要》（渝高法〔2009〕160 号）等。③村规民约、村民自治章程以及村民会议或者村民代表会议的决定（以下简称"村规民约"）。例如，有学者对涉及农村集体经济组织成员资格认定的裁判文书进行分析发现，与村规民约有关的案件占到 48%。[1] 可见，国家统一立法的迟滞并不能使农村集体经济组织成员资格纠纷自然"消化"，来自农村社会实践的巨大压力逼着各方主体"各显神通"。然而，细致分析上述相关规范可知，我国农村集体经济组织成员资格认定标准的法律规制面临着如下三个方面的现实困境：

（一）规范效力层次低，缺乏制定依据

根据我国《立法法》的规定，宪法具有最高的法律效力；法律的效力高于行政法规、地方性法规、规章；行政法规的效力高于地方性法规、规章；地方性法规的效力高于本级和下级地方政府规章；省、自治区的人民政府规章的效力高于本行政区域内设区的市、自治州人民政府规章。当前，在农村集体经济组织成员资格的认定标准方面，施行于全国的法律和行政法规均处于缺位状态，现有的规范性文件主要是地方性法规和地方政府规章、最高人民法院出台的民事司法政策和地方法院发布的"司法解释性质文件"，它们的规范效力层次明显很低。更为关键的是，这些规范性文件的出台没有制定的法律依据。

第一，以地方性法规和地方政府规章规定农村集体经济组织成员资格的认定标准超越了立法权限范围。在我国，地方性法规可以作出规定的事项包括三类：其一是为执行法律、行政法规的规定，需要根据本行政区域的实际情况作具体规定的事项；其二为属于地方性事务需要制定地方性法规的事项；其三为在全国人大及其常务委员会专属立法权之外，国家尚未制定法律或行政法规的事项。农村集体经济组织成员资格的认定规则属于民事主体制度的组成部分，该事项应当归入民事基本制度的范畴，[2] 根据《立法法》第 8 条和第 9 条的规定只能制定法律或授权国务院制定行政法规；同时，2017 年中央一号文件要求"抓紧研究制

---

〔1〕 参见管洪彦：《农民集体成员权研究》，中国政法大学出版社 2013 年版，第 135 页。

〔2〕 参见全国人大常委会法制工作委员会国家法室编：《中华人民共和国立法法释义》，法律出版社 2015 年版，第 54 页。

定农村集体经济组织相关法律"，现行《农村土地承包法》第 69 条更是明确规定："确认农村集体经济组织成员身份的原则、程序等，由法律、法规规定。"可见，有关农村集体经济组织成员资格的认定规则不应当被认定为地方性事务。此外，我国尚未针对农村集体经济组织成员资格问题予以立法，现行相关地方性法规也不是为了执行法律或行政法规。因此，当前对农村集体经济组织成员资格予以确认的地方性法规超越了立法权限。地方政府规章与地方性法规不同，地方政府规章的制定必须有上位法依据，而在有关农村集体经济组织成员资格的法律尚未出台的情形下，如以地方政府规章对其进行规范，则立法依据欠缺的更是显而易见。

第二，最高人民法院出台的民事司法政策和地方法院发布的"司法解释性质文件"不具有司法解释的效力。在我国，司法解释权由最高人民法院和最高人民检察院享有。最高人民法院《第八次全国法院民事商事审判工作会议（民事部分）纪要》属于司法政策，尽管对各级法院在处理相关案件时具有一定的指导意义，但不具有司法解释的效力。天津市、陕西省和重庆市高级人民法院发布的处理农村集体经济组织成员资格纠纷的文件，在性质上属于地方法院制定的"司法解释性质文件"。对于地方法院是否能够发布司法解释性质的文件，最高人民法院的态度从最初"不宜制定"转变为"明确赋权"，但最终国家在《立法法》第104 条第 3 款中对此予以坚决否定。[1] 由此可知，当前各级法院制定的确认农村集体经济组织成员资格的规则均超越了各自的权限范围，不具有法律效力。而且，根据最高人民法院审判委员会 2005 年 7 月 29 日发布的意见，"农村集体经济组织成员资格问题事关广大农民的基本民事权利，属于《立法法》第 42 条第 1 项[2]规定的情形，其法律解释权在全国人大常委会，不宜通过司法解释对此重大事项进行规定。因此，应当根据《立法法》第 43 条[3]规定，就农村集体经济组织成员资格问题，建议全国人大常委会作出立法解释或者相关规定"。[4] 可见，即便是最高人民法院，也无权对农村集体经济组织的成员资格认定问题作出司法解释。

（二）社区自治程度高，缺乏有力制约

由于我国农村集体经济组织成员资格认定的统一性法律规则缺失，实践中社

---

〔1〕　参见荣振华："地方法院发布'司法解释性质文件'的生存样态及可能走向"，载《甘肃政法学院学报》2018 年第 4 期。

〔2〕　即 2015 年《立法法》修改后的第 45 条第 2 款第 1 项。

〔3〕　即 2015 年《立法法》修改后的第 46 条。

〔4〕　管洪彦：《农民集体成员权研究》，中国政法大学出版社 2013 年版，第 104 页。

区自治又备受重视，故以村规民约方式确立农村集体经济组织成员资格的认定标准极为普遍。根据《村民委员会组织法》的规定，应当"由村民依法办理自己的事情，发展农村基层民主，维护村民的合法权益"。农村集体经济组织成员资格与农村集体经济组织成员权密切相关，而农村集体经济组织成员权作为一种高位阶的权利，其资格认定因极其重要而超出了"村民自己的事情"的领域，使得以村规民约作为农村集体经济组织成员资格认定标准的规范依据不合时宜，从而需要就此制定法律。[1] 但是，在法律及行政法规对农村集体经济组织成员资格的认定保持"沉默"时，为了解决以成员资格认定为前提的集体土地承包、宅基地分配、征地补偿款分配、集体收益分配以及各种集体利益享有等纠纷，农村集体经济组织以村规民约设定农村集体经济组织成员资格的认定标准，的确有不得已的苦衷，同时也是面对实践难题时的一种合理处置方式。

在村庄资源集体所有的情形下，每一个农村集体经济组织都是一个独立的利益共同体，这个利益共同体能够为自己的成员提供的各种利益有限，因而产生了以村规民约严格认定成员资格的需求。[2] 一些弱势群体在村规民约中被剥夺了农村集体经济组织的成员资格，其中最典型的表现就是"外嫁女"现象。例如，在广东省惠州市惠城区桥东办事处文头岭村38位出嫁女，由于户籍政策等原因出嫁后户口仍在文头岭村，她们承担了应尽的各种义务，但村委会召集了由极少数党员、村民代表参加的村民代表会议，决定出嫁女们不享有集体经济组织的成员待遇。[3] 正因为弱势群体在农村集体经济组织成员的资格享有及利益分配中处于不利地位，最高人民法院在《第八次全国法院民事商事审判工作会议（民事部分）纪要》中指出，要慎重认定农村集体经济组织成员资格的丧失，注重依法保护妇女、儿童以及农民工等群体的合法权益。可见，在经济利益的驱动下，部分村规民约在确立农村集体经济组织的成员资格时，脱离了"不得与宪法、法律、法规和国家的政策相抵触，不得有侵犯村民的人身权利、民主权利和合法财产权利的内容"[4] 的法律制约，变成了"多数人的暴政"，加之国家尚未确立有关农村集体经济组织成员资格认定的统一法定标准，村规民约在该领域的"失

---

〔1〕 参见管洪彦："村规民约认定农民集体成员资格的成因、局限与司法审查"，载《政法论丛》2012年第5期。

〔2〕 参见王雯："公民与村民：身份定义的双重结构"，载张静主编：《身份认同研究：观念、态度、理据》，上海人民出版社2006年版，第158页。

〔3〕 参见陈虹伟："农村土地征用凸现妇女权益问题"，载搜狐新闻，http://news.sohu.com/20070715/n251060837.shtml，最后访问日期：2022年10月14日。

〔4〕 《村民委员会组织法》第27条第2款。

控"至今也未能得到有效扼制。

（三）认定标准不统一，缺乏基本共识

自 18 世纪开始，欧洲大陆各国开始以民法典取代原来散见各地的习惯法、领地法、宗教法等，满足了民事交易的规范需求，其中借此宣示和稳定其统一的、无上的主权具有更为重要的意义。[1] 我国《立法法》第 8 条第 8 项规定"民事基本制度"只能制定法律，也承担着一项重任，即"保证国家经济和社会生活的和谐、有序，维护和促进国内市场的统一"。[2] 农村集体经济组织成员资格的认定是农村集体经济组织法人制度的组成部分，属于民事主体制度范畴，对其作出统一规范符合《立法法》第 8 条第 8 项的规定精神。

然而，当前有关农村集体经济组织成员资格之认定的各种规则大相径庭。在地方性法规和地方政府规章中，《广东省农村集体经济组织管理规定》第 15 条规定以"特定身份+户籍+履行相应义务"为一般标准，以"村民自治确定"为补充标准；《浙江省村经济合作社组织条例》第 17 条确立了"户籍+多因素"的一般标准，第 18 条规定了无户籍人员的保留成员资格标准，第 19 条第 1 款规定了"村民自治确定成员资格或保留成员资格"的标准；《湖北省农村集体经济组织管理办法》第 15 条确立了"户籍+年龄"的单一标准。在各级法院出台的文件中，最高人民法院《第八次全国法院民事商事审判工作会议（民事部分）纪要》强调以"生活状况+户籍+基本社会保障功能"为认定标准；天津市高级人民法院《关于农村集体经济组织成员资格确认问题的意见》则以"户籍+生产、生活"为一般标准，以"基本生活保障"为补充标准；陕西省高级人民法院《关于审理农村集体经济组织收益分配纠纷案件讨论会纪要》除明确"生产生活+户籍+形成权利义务关系"为认定的一般标准外，还明确了"视为具有成员资格"和"丧失成员资格"的条件，其中在"视为具有成员资格"和"丧失成员资格"的认定标准中为村民自治留下了一定的运作空间；重庆市高级人民法院《关于农村集体经济组织成员资格认定问题的会议纪要》以"固定的生产生活+生活保障+户籍"为成员资格认定的基本原则，同时也对成员资格的取得与丧失、几类特殊人员成员资格的认定作出了规定，只是其中没有明确村民自治发挥作用的范围。在以村规民约确认农村集体经济组织成员资格的情形下，各农村集体经济组织之间同样差异明显。例如，对于集体资产起源的认知，有的以劳动贡献为主，

---

〔1〕　参见苏永钦：《寻找新民法》，元照出版有限公司 2008 年版，第 6~7 页。

〔2〕　全国人大常委会法制工作委员会国家法室编：《中华人民共和国立法法释义》，法律出版社 2015 年版，第 54 页。

有的以土地贡献、劳动贡献与村籍为主，有的以天赋村籍为主。[1] 这些农村集体经济组织在对其成员进行股份配置时，潜藏着不同的成员资格认定标准。从上述分析可知，尽管"户籍"在农村集体经济组织成员资格的认定标准确定方面具有显著地位，但"户籍"之外的考量因素却杂乱无序，而且欠缺"户籍"也并不是必然就不能具有农村集体经济组织的成员资格。可见，农村集体经济组织成员资格的认定标准在农村社会实践中缺乏基本共识。

三、农村集体经济组织成员资格认定困境的根源

当前，农村集体经济组织的成员资格认定标准问题，在农村集体经济组织法人制度构建之中可谓至关重要，与保护农村集体经济组织及其成员的合法财产权益也息息相关。就现在实践中践行的各种认定标准来看，各界对农村集体经济组织的成员资格的法定化并没有给予足够的重视，反而对以村规民约确定农村集体经济组织成员资格的规范模式存有较多期待，以致农村集体经济组织的成员资格认定标准在统一化方面一直处于停滞状态。尽管对于何种原因造成我国农村集体经济组织成员资格的认定面临困境，学界尚未取得一致看法，但从农村集体经济组织的立法现状和农村社会所处的时空环境来看，导致其成员资格认定困境的主要根源有三个方面：

（一）集体资产的功能定位不清

农村集体经济组织是一种特殊的民事主体，其资产是通过农业合作化运动由农民个人所有转变为集体所有后逐步积累起来的，其拥有的最重要的资产是土地。尽管作为特别法人的农村集体经济组织的职能较为特殊，但却依然是人的集合体，故其存在基础是成员，而在农民集体这种主体形态之下，作为成员的农民与集体财产尤其是集体土地有着更为特别的关系。[2] 可见，农村集体经济组织成员资格认定标准的确立不能与集体土地所有权制度相分离，而且因土地资产的集体所有是农村集体经济组织产生的主要缘由，故集体土地所有权的制度功能是确立成员资格认定标准的重要考量因素。

作为一种财产，集体土地首先具有经济功能。确认农村集体经济组织法人地位的一个重要目的就是加强其财产权利的保护，发展壮大集体经济，防止在农村集体产权制度改革中因主体缺位而造成集体资产流失，并促使集体资产在市场经

---

〔1〕 参见金文龙："土地产权观念与集体资产股份合作制改革——对'村改居'过程中集体资产处置办法的考察"，载《华中科技大学学报（社会科学版）》2016年第6期。

〔2〕 参见陈甦主编：《民法总则评注》（上册），法律出版社2017年版，第700页。

济中得到有效实现。然而，仅注重土地所有权经济功能的发挥，单方面强调所有权主体的意志与利益，突出所有权主体绝对支配和处分客体物的权利，这是近代民法以主观权利模式构建的所有权制度的体现，忽视了作为权利客体的物应当承担的社会功能。[1] 在我国，农村土地关涉农民生存、农业稳定、粮食安全、生态文明建设等方方面面，其不仅具有经济功能，而且具有政治功能和社会功能，由此也就决定了经营管理农村土地的农村集体经济组织不是一个单纯的经济组织，而是一种综合性组织。我国 1999 年《中华人民共和国宪法修正案》第 15 条对《宪法》第 8 条第 1 款作出修改，规定"农村集体经济组织实行家庭承包经营为基础、统分结合的双层经营体制"，其中"统"是指集体统一经营，即增强农村集体经济组织的生产服务、协调管理、资产积累等功能，尤其强调需增强农村集体经济组织对农户的服务功能，[2] 这种功能定位正是农村集体经济组织作为综合性组织的表现。有学者指出："一旦集体财产所承担着除经济职能外的其他社会职能时，就不能简单的套用市场经济主体行动方式去评价集体经济组织自治行为的合理性。"[3] 可见，《民法总则》将农村集体经济组织定位为"特别法人"的确事出有因，现在《民法典》延续了《民法总则》对农村集体经济组织的这一界定。

我国地域辽阔，农业自然资源在不同地域呈现不均衡分布，"按照农村土地等集体资产归属，农村集体资产在村、组两级分属 60.4 万个村、495.5 万个组的集体经济组织成员集体所有"，[4] 这些村组本身也非千篇一律，而是各具特色。这种状况为以地方立法和村规民约方式因地制宜地确定农村集体经济组织成员资格的认定标准提供了支持。但是，无论是土地的社会主义公有制对其法律实现的要求，还是基于农村集体经济组织拟达成的多元化的制度功能，这些方面在全国农村地区并不会因处于不同的农村集体经济组织而具有不同的表现。而且，农村集体经济组织成员与土地有依附关系，与农民的身份也有依附关系，并与其他法人组织的成员在加入自愿、退出自由方面存在本质区别。[5] 同时，农村集体经济组织的经济功能主要体现为进行集体资产管理和研究集体经济的投资布局，并不是一般化地进入经营环节，这就使得农村集体经济组织原则上不能直接成为完

---

〔1〕　参见陈晓敏：《大陆法系所有权模式历史变迁研究》，中国社会科学出版社 2016 年版，第 154 页。

〔2〕　参见蔡定剑：《宪法精解》，法律出版社 2006 年版，第 192 页。

〔3〕　戴威：《农村集体经济组织成员权制度研究》，法律出版社 2016 年版，第 183 页。

〔4〕　李适时主编：《中华人民共和国民法总则释义》，法律出版社 2017 年版，第 309 页。

〔5〕　参见贾东明主编：《〈中华人民共和国民法总则〉释解与适用》，人民法院出版社 2017 年版，第 255 页。

全意义上的市场主体。[1] 可见，试图将农村集体经济组织完全置于市场经济的"大海"之中，并以区域差异或村组差异为由而任凭地方立法或村规民约来处理农村集体经济组织的成员资格认定，只不过是对农村集体经济组织经济功能的片面强调和过分强化。当然，不能完全漠视农村集体经济组织具有的经济功能，其毕竟要在市场经济中"遨游"，且作为社团法人的一种类型的农村集体经济组织在运作中也不可能与社团自治"绝缘"。因此，在确定农村集体经济组织的成员资格认定标准方面，应当以统一化、法定化为主导，同时辅之以社团自治（村规民约），以便适当凸显不同农村集体经济组织的独特性。

（二）社区自治的组织性质混淆

农村集体经济组织成员资格的国家立法滞后，这意味着"国家一方面通过对土地、自然资源的集体所有的确认将村民们制度性地凝聚在一个小共同体之内，另一方面却又没有进而给这个小共同体提供相关的秩序型构规则"，[2] 故采用社区成员自治的方式解决农村集体经济组织成员资格的认定便成为一种不得已的选择。但在实践中，确认农村集体经济组织成员资格时的社区成员自治并非是农村集体经济组织的成员自治，这是一个不可忽视的基本前提。

农村集体经济组织属于社区性组织，在《民法总则》颁布之前，其民事主体地位长期未定。全国只有 24.4 万个村、77.4 万个组建立了农村集体经济组织，且缺乏统一、规范、具体的名称和组织形式，以致已成立的农村集体经济组织也难以真正从事民事活动。[3] 当前以村规民约形式确定农村集体经济组织成员资格的社区成员自治组织主要是村民自治组织即村民委员会，其法律依据为《村民委员会组织法》，而农村集体经济组织和村民委员会在性质方面存在显著区别。村民自治与家庭联产承包责任制一样，都是农民的自我创造，同样源于包产到户。包产到户后，农村原有的利益格局被新的农地经营体制打破，导致社会秩序激烈动荡，原有秩序中的组织和干部难以支撑新秩序的建立。当时的农村干部在新形势下或者放任不管，或者束手无策，或者无能为力，农民只得为摆脱困境以追求幸福生活而自觉组织起来，村民自治制度于是应运而生，[4] 后该创举在

---

〔1〕 参见陈雪原、孙梦洁："'特别法人，特在哪里'：党建引领下的新型集体经济治理及其评级系统"，载陈雪原等：《中国农村集体经济发展报告（2021）：党建引领新型集体经济治理现代化》，社会科学文献出版社 2021 年版，第 21 页。

〔2〕 刘志刚："民事审判中的村规民约与基本权利"，载《中国人民大学学报》2010 年第 5 期。

〔3〕 参见贾东明主编：《〈中华人民共和国民法总则〉释解与适用》，人民法院出版社 2017 年版，第 252 页。

〔4〕 参见徐勇：《乡村治理与中国政治》，中国社会科学出版社 2003 年版，第 4~5 页。

1987 年由《村民委员会组织法》（试行）以法律形式固定下来。

村民委员会是基层群众性自治组织，其"办理本村的公共事务和公益事业，调解民间纠纷，协助维护社会治安"。在我国农民集体尚未建立农村集体经济组织的村庄，由村民委员会代行集体资产的经营管理职能不仅极为普遍，而且为我国现行法所确认。在 2010 年《村民委员会组织法》修订时，原农业部曾指出全国有 60% 的行政村的村民委员会与村集体经济组织合一。[1] 村民委员会在实践中的确发挥了巨大功效，但毋庸讳言，村民委员会作为群众性自治组织，因各种政府任务的约束致使其"三个自我""四个民主"的制度精神没有被落到实处。[2] 而且，"当村集体的'所有人角色'更多的是为完成政治上职能时，所有者的角色就当然为公法所吞没。"[3] 因此，《民法总则》将农村集体经济组织和村民委员会作为两种不同的特别法人类型予以规范，尽管两者在组织和功能上有一定的重合，但农村集体经济组织是集体土地所有权的主体，而村民委员会承担的是自治职能，只有在农村集体经济组织未建立的农民集体方由村民委员会代行其职能，其中农村集体经济组织职能的实现以经营管理集体资产为基础。可见，实践中以村民自治代替农村集体经济组织的成员自治处理农村集体经济组织成员资格的认定问题，混淆了这两种社区组织自治的法律性质。

（三）利益分配的公平观念不彰

从 1978 年开始，我国农村土地制度改革主要受"重效率、轻公平"的制度理念指导，无论是"两权分离"制度的确立，还是后续大力推行土地承包经营权物权化、"增人不增地，减人不减地"政策和承包地"三权分置"政策等，都可以说是这一制度理念的直接反映。农村集体经济组织是集体土地所有权主体，其成员属于公有制经济组织中的个人，这就要求在拟订其成员资格的认定标准方面，农村集体经济组织具有的公有制经济组织属性应当得到贯彻。

在欠缺统一的法定标准的情形下，利益分配的公平观念淡薄对合理的农村集体经济组织成员资格认定标准的确立具有窒碍作用。在以村规民约确立成员资格的认定标准时，这种作用显得更为突出。公平观念淡薄的主要表现是：

第一，从横向来看，农村社会的弱势群体没有得到公平对待。这主要体现在，农村妇女在农村集体经济组织成员资格的认定过程中处于不利状态。中华人民共和国为实现男女平等做了大量工作，也取得了极为显著的成绩，但农村地区

---

〔1〕　参见李宇：《民法总则要义：规范释论与判解集注》，法律出版社 2017 年版，第 290 页。

〔2〕　参见徐勇：《乡村治理与中国政治》，中国社会科学出版社 2003 年版，第 63 页。

〔3〕　陈小君等：《农村土地法律制度研究——田野调查解读》，中国政法大学出版社 2004 年版，第 9 页。

歧视女性的现象还在一定范围内存在，妇女享有的合法土地权益频遭侵害；与农村妇女一样，上门女婿（入赘男）享有的合法土地权益也没有得到充分保障。[1]不论是对农村妇女的合法土地权益的侵害，还是对上门女婿的合法土地权益的剥夺，以村规民约的形式将他们排除在农村集体经济组织的成员范围之外，在我国不少农村地区是一种常用手段。

第二，从纵向来看，代际公平基本被忽视。这主要体现为不给予新生人口相应的土地权益，虚化其成员权利，或将成员权固化从而将未来人口框定在农村集体经济组织的成员范围之外。对于农村集体经济组织成员而言，分配承包地是其应享有的一项重要财产权利，但在"增人不增地，减人不减地"政策和土地承包经营权到期续包制度背景下，新生人口丧失了分配承包地的机会，从而在一定程度上架空了他们拥有的成员资格的现实价值。还有一些地方在推进农村集体资产股份制改革时，通过实行股权固化的静态管理模式，从根本上扭曲了成员资格的本质。例如，北京市昌平区阳坊镇东贯市村采取"增人不增股，减人不减股"的办法处理特殊群体的股份问题，股份可以继承，但不得对外转让。[2]在这种情况下，新生人口即便取得本村户籍，在本村生产生活，从而取得了农村集体经济组织的成员资格，但其却并非当然享有基于农村集体经济组织成员权所分配的各种财产利益。在新生人口的成员资格与农村集体经济组织的财产利益的分享资格完全脱钩的情况下，他们取得的成员资格与农村集体经济组织的成员资格将存在本质上的不同，细究之下，其反而与《村民委员会组织法》第13条规定的"村民"资格相仿。可见，采用此种认定标准来确认新生人口的农村集体经济组织成员资格，仍然是一种与公平分享农村集体资产的利益相悖。

总之，在确立农村集体经济组织成员资格的认定标准时，寄希望于通过地方立法和村民自治彻底解决成员资格认定的难题不切实际，最为有效的方式就是以国家立法确定统一的成员资格认定标准，为地方立法和村规民约设定必要的边界，也为司法实践明确具体的规则。

四、农村集体经济组织成员资格认定标准的立法设计

农村集体经济组织成员资格的认定，不仅是集体土地所有制实现的主体基础，也是充分保障作为农村集体经济组织成员的农民之合法财产权益的关键。当

---

〔1〕 参见高飞：《集体土地所有权主体制度研究》，中国政法大学出版社2017年版，第139页。

〔2〕 参见国务院发展研究中心农村经济研究部：《集体所有制下的产权重构》，中国发展出版社2015年版，第229页。

前，地方立法和村规民约所拟定的成员资格认定标准"五花八门"，不符合全国经济社会发展"一盘棋"的思路。针对此种现象，应当在国家立法中通过平衡强制与自治理念对认定成员资格的考量因素进行选择，以便加强成员资格认定标准的规范化和统一化。

（一）取得成员资格的认定标准

1. 一般标准。农村集体经济组织是一个具有地域性特色的社会共同体，其由高级农业生产合作社经人民公社时期的"三级所有，队为基础"的组织结构演变而来。在高级农业生产合作社时期，农村集体经济组织的成员仅包括年满 16 岁的劳动农民和能够参加社内劳动的其他劳动者，即成员资格的取得以具有劳动能力为基础；随着 1958 年《中华人民共和国户口登记条例》的施行，农村集体经济组织的成员资格与其户籍挂钩，也就是具有某一农村集体经济组织的户籍的农民即被认定为该农村集体经济组织的成员。[1] 以户籍作为认定农村集体经济组织成员资格的标准延续至今，由于这种认定标准的确具有现实合理性，且简便而易于判断，故在我国现行地方性法规和地方政府规章、最高人民法院司法政策和地方法院发布的司法解释性质文件以及村规民约中，基本上均将户籍作为认定成员资格一般标准时的主要考量因素。

当前，在农村集体经济组织的成员资格认定规则中，已经较少采取以户籍为依据的单一标准，而多采包含户籍在内的复合标准，有的增加了年龄标准，有的要求须具备特定身份，有的强调应履行相应的义务等。为了便宜农村居民理解农村集体经济组织成员资格的认定标准，并增加该标准的可操作性，在立法中以"户籍"这一单一要素作为成员资格认定的一般标准，更为可取。

2. 特殊标准。随着社会经济的不断发展，农村社区发生了翻天覆地的变化，且不同区域、不同村庄均独具特色，以"户籍"作为认定农村集体经济组织成员资格的唯一标准必定滋生弊端，因此有必要对该认定标准作出适当的修正。由于成员资格的认定事关农村集体经济组织的顺畅运行和财产权益的公平分配，故在户籍之外考量哪些因素不可不慎重为之。Scott 在研究东南亚一些地区的农村土地制度时指出，当人均土地资源极少时，农民的理性原则是以生存安全为第一要素，其经济决策以生存伦理而不是经济伦理为基础。[2] 我国有学者也主张：农民集体成员往往以本农民集体的土地为基本生存保障资源，对农村土地采取集体

---

〔1〕 参见高飞：《集体土地所有权主体制度研究》，中国政法大学出版社 2017 年版，第 217 页。

〔2〕 参见王克强：《中国农村集体土地资产化运作与社会保障机制建设研究》，上海财经大学出版社 2005 年版，第 107 页。

所有的形式，目的正是保障每一个农村居民能够平等地获得生存保障资源，这可以说是集体土地所有制的基本功能。[1] 可见，在农村集体经济组织成员资格的认定中引入基本生存保障因素，从而以此对单一的户籍标准进行修正，确立成员资格认定的特殊标准，极具现实意义。由于我国农村人多地少、人地矛盾十分突出，为了避免出现部分农民获得多重保障而妨碍稀缺土地资源公平享有的情况，必须限定一个农民只能是一个农村集体经济组织的成员。从我国当下农村社会的具体情况来看，该特殊标准应当包含以下内容：

第一，取得农村集体经济组织成员资格的特殊规则。以农村集体经济组织所有的土地作为基本生存保障资源，且不具有其他农村集体经济组织成员资格的下列人员，即便暂时不具有本农村集体经济组织的户籍，也应当被认定具有本农村集体经济组织的成员资格：①本农村集体经济组织成员的子女，包括婚生子女、非婚生子女和养子女、形成抚养关系的继子女。在我国农村家庭承包经营责任制实行的初期，承包地强调人人有份，说明农村集体经济组织对其成员的新生子女承担着一定的社会保障职能，这在农村集体经济组织成员资格的认定中应当得到体现。②户籍迁出的在读大学生和服兵役人员。由于在读大学生和连续在读的研究生都属于未落实工作单位的学生，他们没有收入来源，而农村入伍的义务兵和初级士官复员后，政府也不负责安排工作，他们的基本生活保障均须由农村集体经济组织的土地及其他集体资产承担，故应认定他们是本农村集体经济组织的成员。[2] ③原为本农村集体经济组织成员的服刑人员。服刑人员承担的是刑事责任，其应当享有的民事权利没有被依法剥夺，而农村集体经济组织成员权属于一种民事权利，其中一些权利也能够为服刑人员所享有，故服刑人员的成员资格应当保留。④成年农村集体经济组织成员的配偶，包括新娶进的媳妇和"入赘男"。⑤依农村集体经济组织法人章程规定或经农村集体经济组织成员大会的决议接纳为成员的人员。其中第4种、第5种情形中的人员并非当然具有成员资格，他们成为农村集体经济组织的成员应当具备以下条件：其一，如果是其他农村集体经济组织成员的，应当先退出原农村集体经济组织；其二，尊重其意愿，由他们向新的农村集体经济组织提出加入的申请；其三，向新农村集体经济组织出资，因为农村集体经济组织的成员资格与该农村集体经济组织的财产利益的分享密切相关，这部分人员从新的农村集体经济组织无偿取得利益将对其他成员的利益产生重大影响，而且还可能导致该农村集体经济组织人员过度膨胀，因而需要进行一

---

〔1〕　参见韩松、姜战军、张翔：《物权法所有权编》，中国人民大学出版社2007年版，第119页。

〔2〕　参见管洪彦：《农民集体成员权研究》，中国政法大学出版社2013年版，第132页。

定的制约。⑥依据法律规定或者执行国家移民政策接纳的人员。对于这类人员的加入，农村集体经济组织不得拒绝，但农村集体经济组织毕竟不是政府部门，如果其无偿接纳此类人员将对其他成员的利益造成侵害，故此类人员的加入或者由自己或者由负责安置的政府向该农村集体经济组织出资。由于户籍是在一定区域生产生活的共同体表征，其有章可循、有据可查，能够避免很多不必要的纷争，在当今户籍改革抹去农业户口和非农业户口的区别后也是如此，故对于上述人员在具备登记农村集体经济组织的户籍条件时，应当尽快办理相关手续。

第二，排除农村集体经济组织成员资格的特殊规则。在我国各地农村地区，经济社会发展还很不平衡，为了避免一些人基于利益驱动将户籍迁往经济发展水平较高的农村集体经济组织，导致该农村集体经济组织的人口无序增多，从而造成该农村集体经济组织成员的合法权益受到不当损害，故对于部分具有本农村集体经济组织户籍的人员，也应当排除其成员资格。这些人员具体包括：①"空挂户"，即将户籍迁入某农村集体经济组织，但迁入户籍不是为了在此地长久地生产、生活，往往也不依赖该农村集体经济组织的土地作为生存保障资源，而是为了便利子女就学等其他原因。这种现象属于户籍挂靠，一般在户籍迁入之前均与该农村集体经济组织订立有不享有成员权利的协议。②退休回乡人员。退休回乡人员没有丧失或放弃退休人员原本享有的各种社会福利待遇，他们不需要以该农村集体经济组织的土地作为其基本的生存保障资源，[1] 故其户籍的迁入也不是为了享有该农村集体经济组织的成员资格。

（二）成员资格的丧失

农村集体经济组织成员资格的丧失与取得是一体两面。与农村集体经济组织成员资格的取得一样，成员资格是否丧失也应当将户籍和基本生存保障需求结合起来进行考虑。

具体而言，农村集体经济组织中的下列人员丧失成员资格：①成员死亡。农村集体经济组织成员权是一种民事权利，其享有以自然人生存为前提，如果自然人死亡，则该权利丧失。②成员将户籍迁出农村集体经济组织。尽管当前户籍改革使户籍的社会意义发生了改变，但将户籍迁出反映出该成员没有在该农村集体经济组织所在地生产生活的意愿，因而使其丧失成员资格是合理的。不过，对于户籍迁出但未享受城市社会保障或尚未加入另一农村集体经济组织的成员，如果其申请重新取得原农村集体经济组织的成员资格的，原农村集体经济组织不得拒

---

[1]　参见高飞："征地补偿款分配问题研究"，载刘云生主编：《中国不动产法研究》（第17卷），法律出版社2018年版，第13页。

绝。该情形包括因结婚迁出户籍的人员。③自愿放弃成员资格。迁出户籍和自愿放弃成员资格的人员，原本享有以原农村集体经济组织的土地及其他集体资产为基础的基本生存保障，即便他们不再具有原农村集体经济组织的成员资格，但为了解决其退出的后顾之忧，并使他们原来享有的成员权得到公平保护，应当由原农村集体经济组织对他们作出相应的补偿。

五、作为农村集体经济组织成员权的土地承包权的内容

农村集体经济组织成员权的内容十分广泛，土地承包权是农村集体经济组织成员享有的利益分配请求权的一种。为使土地承包权在农村土地权利制度运行过程中得到切实保护，在理解土地承包权的内容时，应当重点强调以下三个方面：

（一）土地承包权是一种资格权

结合现行《农村土地承包法》第5条的规定来看，农村集体经济组织成员享有的土地承包权实质上是一种资格权，也就是与农村集体经济组织成员身份紧密相关的请求农村集体经济组织分配财产利益的权利，[1] 而不是已经实际取得的土地权利。基于这种资格权，在农村集体经济组织"按照规定统一组织承包时，本集体经济组织成员依法平等地行使承包土地的权利，也可以自愿放弃承包土地的权利"，[2] 任何组织和个人都不得违背农村集体经济组织成员的意愿，迫使其放弃承包土地。

可见，农村集体经济组织成员行使土地承包权时能否实际获得土地承包经营权，取决于该集体经济组织的土地分配现状：若集体土地承包工作已经完成，且该集体无预留的机动地或新增耕地可供承包的，则受客观条件限制，未取得土地承包经营权的农村集体经济组织成员即便行使其享有的土地承包权，也无法实际取得土地承包经营权。[3] 现行《农村土地承包法》第29条的规定[4]正是此种制度精神的反映。

在实践中，应当对土地承包权和土地承包经营权加以区分，明确农村集体经济组织成员取得土地承包经营权是其行使土地承包权后转化而来的实体收益权，

---

〔1〕 参见陈小君："我国农民集体成员权的立法抉择"，载《清华法学》2017年第2期。

〔2〕 现行《农村土地承包法》第19条第1项。

〔3〕 参见戴威：《农村集体经济组织成员权制度研究》，法律出版社2016年版，第208页。

〔4〕 现行《农村土地承包法》第29条规定："下列土地应当用于调整承包土地或者承包给新增人口：（一）集体经济组织依法预留的机动地；（二）通过依法开垦等方式增加的；（三）发包方依法收回和承包方依法、自愿交回的。"该条是在《农村土地承包法》（2002年）第28条基础上修改而来，仅在第3项增加了"发包方依法收回"的情形。

而行使土地承包权后是否发生此种转化的法律效果，则受制于诸多主、客观因素。[1] 当然，即便农村集体经济组织成员行使土地承包权后未能取得土地承包经营权，其亦依然享有土地承包权，从而有资格在未来条件具备时通过行使该权利取得土地承包经营权。

（二）土地承包权的类型

从农村土地承包经营实践来看，土地承包权可以分为初次承包权和续包权。初次承包权和续包权都不是严格的法律术语，而是对相关法律条文内容的归纳。

初次承包权指的是农村集体经济组织成员第一次依法承包集体土地从而取得土地承包经营权。参与农村土地第一轮承包的农村集体经济组织成员，其均为通过行使初次承包权取得土地承包经营权。根据现行《农村土地承包法》第29条的规定，新增人口取得土地承包经营权也是行使初次承包权的法律后果。

续包权指的是土地承包经营权人在承包期限届满后，依照农村土地承包的法律规定继续承包的权利。续包权规定于现行《农村土地承包法》第21条第2款和《民法典》第332条第2款。续包权是在原土地承包经营权的承包期限届满之后重新承包原承包地，从而取得土地承包经营权的权利。由于原土地承包经营权因承包期限届满而消灭，原土地承包经营权人必须基于续包权与发包方重新签订土地承包合同，才能再次取得原承包地的土地承包经营权，因此，享有续包权的主体只能是原土地承包经营权人。

然而，续包权是土地承包权的类型之一，享有该权利的主体当然应当具有农村集体经济组织的成员身份，原土地承包经营权人在承包期限届满后是否能够行使续包权，取决于其是否仍然享有农村集体经济组织的成员身份。"家庭内的某个集体经济组织成员在家庭承包土地以后丧失集体经济组织成员资格的，该成员即丧失了再次承包集体土地的权利，但是其家庭已经取得的土地承包经营权，不应因此受到影响。"[2] 可见，续包权的行使须具备两个条件：其一，行使主体是农村集体经济组织成员；其二，行使主体已实际享有土地承包经营权。有观点认为，"只要土地承包经营权人没有明确表示不愿意继续承包，该土地承包经营权人就享有在原土地承包经营权合同期限届满时继续承包土地的权利。"[3] 该观点简单地将续包权赋予土地承包经营权人，而没有明确行使续包权的原土地承包经

〔1〕 参见陈小君："我国农民集体成员权的立法抉择"，载《清华法学》2017年第2期。
〔2〕 何宝玉主编：《中华人民共和国农村土地承包法释义》，中国民主法制出版社2019年版，第21页。
〔3〕 最高人民法院民法典贯彻实施工作领导小组主编：《中华人民共和国民法典物权编理解与适用》（下），人民法院出版社2020年版，第658页。

营权人是否仍具有农村集体经济组织成员资格，不是对现行法律规范的妥当解读。

在实践中，需强调的是，进城落户农户在丧失农村集体经济组织成员身份后，尽管在现有承包期限内依然享有土地承包经营权，但其不应当再享有下一轮承包集体土地的续包权。同时，依据现行《农村土地承包法》第 34 条的规定，承包方将土地承包经营权转让给本集体经济组织的其他农户后，由受让方农户同发包方确立新的承包关系，原承包方与发包方在该土地上的承包关系则相应终止。其中，无论是新的承包关系还是原有的承包关系，都应该理解为存在于本轮承包期限内的承包关系。由此可知，在土地承包经营权转让的情形下，享有被流转的承包地的续包权主体应当是原承包方，而不是该土地承包经营权的受让方。

此外，由于我国现行法律明确规定了土地承包经营权人的续包权，故发包方不能于第二轮土地承包期限届满后收回承包地，然后制订承包方案打乱重新分配承包地，也不能在签订新的土地承包合同时要求承包方支付承包费。[1] 这种做法对于尚未通过行使土地承包权而实际取得土地承包经营权的农村集体经济组织成员来说，显得不太公平，但是，此种法律规范"在实际效果上相当于把土地承包经营权变成了'无期物权'，给农民（含牧民）吃了一颗定心丸，使其不必担心其承包地失去，完全可以放心地对承包地投入，避免短期效应"。[2] 可见，此举是为了保持农村土地承包关系稳定并长久不变，以便改善耕作条件而采取的必要举措。

（三）对"确权确股不确地"的理解

2014 年中央一号文件提出："切实加强组织领导，抓紧抓实农村土地承包经营权确权登记颁证工作，充分依靠农民群众自主协商解决工作中遇到的矛盾和问题，可以确权确地，也可以确权确股不确地……" 2015 年中央一号文件要求："对土地等资源性资产，重点是抓紧抓实土地承包经营权确权登记颁证工作，扩大整省推进试点范围，总体上要确地到户，从严掌握确权确股不确地的范围"。2015 年 1 月，原农业部、中央农村工作领导小组办公室等六部门联合印发《关于认真做好农村土地承包经营权确权登记颁证工作的意见》（农经发〔2015〕2号）强调："实行确权确股不确地的，也要向承包方颁发土地承包经营权证书，并注明确权方式为确权确股；承包方有意愿要求的，发包方可以向承包方颁发农

---

〔1〕 参见高圣平、王天雁、吴昭军：《〈中华人民共和国农村土地承包法〉条文理解与适用》，人民法院出版社 2019 年版，第 102 页。

〔2〕 崔建远：《中国民法典释评·物权编》（下卷），中国人民大学出版社 2020 年版，第 101 页。

村集体的土地股权证。"这些政策文件将"以家庭承包经营为基础、统分结合的双层经营体制"在实践中的运作模式区分为两种形态，一种是"确权确地"，一种是"确权确股不确地"。

所谓"确权确地"，是指在农村集体经济组织统一组织集体土地发包时，通过家庭承包方式将集体土地分配给承包方经营，并由承包方享有该承包地的土地承包经营权。所谓"确权确股不确地"，是指将农村集体经济组织成员应当通过家庭承包方式取得的土地承包经营权转换为股权，该农村集体经济组织成员行使土地承包权的法律后果便是拥有该股权，同时其不再实际取得承包地进行经营。在实践中，农村集体经济组织成员行使土地承包权后，其行使后果通常表现为"确权确地"，"确权确股不确地"只是"确权确地"的一种变通形式。根据我国政策的规定，"土地承包经营权确权，要坚持确权确地为主，总体上要确地到户，从严掌握确权确股不确地的范围，坚持农地农用。对农村土地已经承包到户的，都要确权到户到地。实行确权确股不确地的条件和程序，由省级人民政府有关部门作出规定，切实保障农民土地承包权益。不得违背农民意愿，行政推动确权确股不确地，也不得简单地以少数服从多数的名义，强迫不愿确股的农民确股。"[1] 可见，以"确权确股不确地"模式来实现土地承包权具有严格的限制，在实践中不可盲目推行该种模式。

尽管"确权确股不确地"所涉法律关系"较确权确地"更为复杂，但既然党和国家政策的关注点是土地承包经营权的确权颁证，且认可其是家庭承包的一种特殊形式，那么，完全可以从土地承包经营权入股视角来理解"确权确股不确地"的法律关系。首先，以农村集体经济组织成员享有的土地承包权为基础，确定各成员可实际获得的土地承包经营权，该土地承包经营权便是各成员用来入股的财产；其次，将农村集体经济组织成员拥有的土地承包经营权折价，确定各成员入股到该农村集体经济组织后的股份份额；最后，由农村集体经济组织统一经营管理该土地，所获收益由入股的农村集体经济组织成员按照股份份额分配。其中，由于股份是土地承包经营权价值的变形，而确定股份又是农村土地家庭承包的特殊形式，故只有农村集体经济组织成员才有资格取得该种股份。同时，农村集体经济组织成员拥有此种股份应当受到 30 年承包期限的制约，在承包期限届满时享有股权的农村集体经济组织成员也需要通过行使续包权方能继续享有股份份额。

---

〔1〕　原农业部、中央农村工作领导小组办公室等六部门联合印发《关于认真做好农村土地承包经营权确权登记颁证工作的意见》（农经发〔2015〕2 号）。

第四节　土地经营权性质界定及其实现方式

土地经营权在现行法律制度中被确立，这是承包地"三权分置"政策入法取得的最为重要的制度成果。土地经营权制度主要规定于现行《农村土地承包法》，但该法在修正时有意模糊了土地经营权的性质。《民法典》在现行《农村土地承包法》规定的土地经营权制度的基础上，"选择"规定了其中部分内容，并在规则设计时采用了不同的法律表达方式，这种处理方式对土地经营权的性质界定及土地经营权制度的运作具有何种意义，值得认真探讨。需说明的是，以其他方式的承包取得的土地经营权直接派生于集体土地所有权，该种土地经营权制度的建构仅为承包地"三权分置"政策入法的间接内容，故本节的分析不包含该种类型的土地经营权制度。

一、土地经营权性质的体系化解读

由于现行《农村土地承包法》和《民法典》均对土地经营权制度作出了较为系统的规定，因而对土地经营权性质的分析必须结合这两部法律的具体条文展开。

（一）从现行《农村土地承包法》的规定看土地经营权的性质

根据现行《农村土地承包法》第 36 条的规定，土地经营权由土地承包经营权人以出租（转包）、入股或者其他方式流转而产生。对上述产生土地经营权的流转方式进行梳理可知，这些流转方式不包括互换和转让，它们都是原法律规定中被学者称为债权性流转的流转方式，且流转的后果应当是相对方取得债权性的土地经营权。有学者认为，"经营权人对承包人所承包土地的支配本身，无需通过土地经营权的'物权'性质来塑造"，[1] 从而对将土地经营权定性为债权给予了一定支持。

然而，也有学者以现行《农村土地承包法》第 41 条的规定为依据，质疑土地经营权的债权说。现行《农村土地承包法》第 41 条规定，"土地经营权流转期限为五年以上的，当事人可以向登记机构申请土地经营权登记。未经登记，不得对抗善意第三人"。但是，无论是"流转期限为五年以上"还是登记，都不足以证成此种情形下的土地经营权属于一种物权。有学者指出，以 5 年为界限划分

---

〔1〕　张翔："论地役权的物权法律技术——兼论《民法典》上居住权、土地经营权的物权性质"，载《西北大学学报（哲学社会科学版）》2021 年第 2 期。

土地经营权的物权性和债权性欠缺法律依据，以登记与否划分土地经营权的物权性和债权性也存在缺陷，现行《农村土地承包法》第 41 条的规定不是为了明确区分土地经营权属于物权还是债权的标准，而是为了限制部分土地经营权的登记能力，从而在土地经营权登记中发挥分流和引导作用。[1] 这种观点有一定的道理，但其同样不能证成土地经营权仅具有债权属性，如果结合该法中有关土地经营权融资担保的规则来看，主张土地经营权只能为债权的结论似乎更欠妥当。

土地经营权融资担保规则规定于现行《农村土地承包法》第 47 条，根据该条规定，不仅土地承包经营权人可以用承包地的土地经营权向金融机构融资担保，而且土地经营权人也可以用通过流转取得的土地经营权向金融机构融资担保。由于现行《农村土地承包法》第 47 条的表述是"融资担保"，致使从中无法知悉用土地经营权融资具体采用的是何种担保方式。此次修法没有明确土地经营权融资担保的具体形式，原因在于实践中承包地担保融资的情况复杂，操作方式多种多样，而不同性质的土地经营权又并存，故使用"融资担保"的表述可以涵盖抵押和质押等各种情形。[2] 尽管我国《民法典》同时规定了权利抵押制度和权利质押制度，且没有明确规定用于抵押或质押的财产权利的具体性质，但一般认为，权利抵押权可以单独设立于不动产用益物权之上，[3] 而权利质权的客体则是所有权和用益物权以外的具有可让与性的财产权利。[4] 由此可知，土地承包经营权人或土地经营权人在以土地经营权向金融机构融资担保时，到底是设立抵押权还是设立质权，取决于作为担保客体的土地经营权的性质，立法者对此持开放的态度。

可见，虽然现行《农村土地承包法》在土地经营权性质的界定上有意模糊处理，但因实践中不同性质的土地经营权的运行规则存在差异，在权利的存续期限和土地被征收后的补偿等法律效果方面也有所不同，[5] 而法律规则的模糊无助于土地经营权制度的顺畅运作以及相应法律效果的准确判断，故各界对土地经营权性质的探讨至今没有终结。立法者对土地经营权的性质界定采取模糊态度，说明其对土地经营权属于物权还是债权未持特定立场，现行《农村土地承包法》第

〔1〕 参见吴昭军："土地经营权体系的内部冲突与调适"，载《中国土地科学》2020 年第 7 期。

〔2〕 参见黄薇主编：《中华人民共和国农村土地承包法释义》，法律出版社 2019 年版，第 201 页。

〔3〕 参见邹海林："抵押权"，载王利明主编：《物权法名家讲坛》，中国人民大学出版社 2008 年版，第 381 页。

〔4〕 参见郭明瑞："质权"，载王利明主编：《物权法名家讲坛》，中国人民大学出版社 2008 年版，第 429 页。

〔5〕 参见谢鸿飞："《民法典》中土地经营权的赋权逻辑与法律性质"，载《广东社会科学》2021 年第 1 期。

47 条的规定又为土地经营权性质的物权和债权二元性认定留下了解释空间。因此，有关土地经营权性质的进一步明晰化，只能借助于体系化解读相关规则来完成，而《民法典》无疑是其中可资利用的最为重要的立法素材。

（二）从《民法典》的规定看土地经营权的性质

《民法典》第 339 条至第 341 条对以土地承包经营权为基础而产生的土地经营权作出了规定，这 3 个条文分别源于现行《农村土地承包法》第 36 条、第 37 条和第 41 条，除《民法典》第 340 条与现行《农村土地承包法》第 37 条的内容相同外，《民法典》第 339 条、第 341 条与现行《农村土地承包法》第 36 条、第 41 条的内容均存在差异。

《民法典》第 339 条与现行《农村土地承包法》第 36 条在内容上存在三点不同之处：一是现行《农村土地承包法》第 36 条中规定的"承包方"在《民法典》第 339 条中表述为"土地承包经营权人"；二是现行《农村土地承包法》第 36 条规定的"出租（转包）"的流转方式在《民法典》第 339 条只保留了"出租"的流转方式；三是现行《农村土地承包法》第 36 条规定流转须"向发包方备案"，《民法典》第 339 条未规定这一要求。前两点差异主要是表达方式的不同，对条文的内容没有实质性影响；第三点不同与土地经营权流转中的备案制度具有紧密联系。由于备案不是审批或者审核，也不是征得农村集体经济组织的同意，法律规定承包方流转土地经营权应当向发包方备案，是为了确保发包方实现其作为土地所有权人享有的知情权、监督权，[1] 故这两个条文的差别与界定土地经营权的性质没有直接的关联。

现行《农村土地承包法》第 41 条的主要内容包括三个方面：其一，流转期限 5 年以上的土地经营权才具有登记能力；其二，具有登记能力的土地经营权是否登记由当事人自由选择；其三，未登记的土地经营权不得对抗善意第三人。对于这些内容，《民法典》第 341 条均予以认可，并增加规定了一项重要内容，即具有登记能力的土地经营权"自流转合同生效时设立"。

由于我国《民法典》确立了物权和债权二分的财产权体系，而"土地经营权"又规定于《民法典》物权编，故有学者主张应当将土地经营权认定为一种物权。[2] 这是对《民法典》第 341 条进行体系解释得出的结论。虽然将土地经营权认定为物权，"有利于实现农村土地私权体系的完备性与科学性""有利于

---

〔1〕 参见黄薇主编：《中华人民共和国农村土地承包法释义》，法律出版社 2019 年版，第 153 页。

〔2〕 参见李国强："《民法典》中两种'土地经营权'的体系构造"，载《浙江工商大学学报》2020 年第 5 期。

保障农村土地市场交易的规范性和安全性""有利于强化农村土地抵押融资担保的可操作性""有利于实现农村土地'三权分置'的改革目标""有利于兼顾农村土地政策目标的实现与农村社会保障的落实",[1] 但法律体系仅仅是法律的外在形式,在解释法律时如果机械地运用体系解释方法,过分拘泥于形式而忽视法律的实质目的,则将难以得出妥适的结论,因此,以体系解释方法解释法律时须认识到该方法具有的局限性,并同时参酌其他解释因素来决定解释结论。[2] 其实,通过体系解释来理解《民法典》中规定的土地经营权的性质是否合理,完全可以利用文义解释探求《民法典》第341条的含义加以印证。《民法典》第341条新增规定了"自流转合同生效时设立",这表明该条规定的土地经营权是在土地承包经营权基础上"设立"的,而"'设立'是一个典型的表述物权性土地权利产生的术语"。[3] 王泽鉴教授曾经指出,"设定抵押权之'约定',与抵押权之'设定'(或设定抵押权),在概念上应严予区别,前者为债权契约(负担行为),后者为物权契约(物权行为,处分行为)"。[4] 尽管王泽鉴教授是对设定抵押权作出的分析,但对理解《民法典》第341条中规定的"设立"的内涵颇有启发,即"流转期限为五年以上的土地经营权,自流转合同生效时设立"意味着,流转期限为五年以上的土地经营权属于物权。由于"文义是法律解释的开始,也是法律解释的终点……尊重文义,为法律解释正当性的基础,旨在维持法律尊严及其适用之安定性",[5] 故对《民法典》第341条中表述的"设立"的文义作出解释,可以强化上述体系解释得出的结论,即《民法典》规定的土地经营权属于物权而不是债权。

而且,将《民法典》中规定的土地经营权界定为物权,与现行《农村土地承包法》对土地经营权的规定不存在冲突,只是使现行《农村土地承包法》规定的土地经营权的性质变得明晰。当前,规制土地经营权制度是现行《农村土地承包法》和《民法典》的共同任务,只有结合两部法律的规定,才能够对土地

---

〔1〕 陈小君、肖楚钢:"农村土地经营权的法律性质及其客体之辨——兼评《民法典》物权编的土地经营权规则",载《中州学刊》2020年第12期。

〔2〕 参见梁慧星:《民法解释学》,法律出版社2015年版,第221页;杨仁寿:《法学方法论》,中国政法大学出版社2013年版,第144页。

〔3〕 孙宪忠、朱广新主编:《民法典评注·物权编》(3),中国法制出版社2020年版,第121页。不过,也有观点认为,《民法典》第341条"主要是关于土地经营权设立时间和登记对抗效力的规定,并不涉及土地经营权性质之规定内容。"最高人民法院民法典贯彻实施工作领导小组主编:《中华人民共和国民法典物权编理解与适用》(下),人民法院出版社2020年版,第711页。

〔4〕 王泽鉴:《民法学说与判例研究·第五册》,北京大学出版社2009年版,第81页。

〔5〕 王泽鉴:《民法思维:请求权基础理论体系》,北京大学出版社2009年版,第173页。

经营权的性质作出准确的理解。

二、土地经营权的取得方式及其权利类型

承包地"三权分置"改革以确立土地经营权这一新型权利为支撑点，故承包地"三权分置"政策入法的重心在于土地经营权的形成（产生），从而使土地经营权的形成机制成为理解和认识土地经营权规范构造的关键。[1] 根据现行《农村土地承包法》和《民法典》的规定，土地经营权的取得（形成）有"流转"和"设立"两种方式。

（一）通过"流转"取得土地经营权

根据现行《农村土地承包法》第 36 条的规定，承包方（即土地承包经营权人）可以向他人流转土地经营权。由此可知，流转是自土地承包经营权人取得土地经营权的一种方式。不过，该条规定的"流转"与《农村土地承包法》（2002年）第 32 条规定的"流转"在含义上存在区别，不同点主要表现在两个方面：其一，流转对象不同。《农村土地承包法》（2002 年）中规定的流转对象是土地承包经营权；现行《农村土地承包法》第 36 条中规定的流转对象是土地经营权。其二，流转的方式不同。《农村土地承包法》（2002 年）规定的流转方式包括"转包、出租、互换、转让或者其他方式"；现行《农村土地承包法》第 36 条中规定的流转方式是指"出租（转包）、入股或者其他方式"，至于土地承包经营权的互换、转让则被排除在该条规定的流转方式之外，而且，土地承包经营权互换、转让的相对人仅限于本农村集体经济组织的其他农户。根据现行《农村土地承包法》第 40 条第 3 款、第 47 条第 1 款前句的规定，第 36 条中规定的其他流转方式应当包括代耕和担保。

由于立法者在现行《农村土地承包法》中对土地经营权的性质的确定采取了有意的含糊，致使无法仅仅根据该法的规定来认定流转相对人取得的土地经营权的性质。但是，现行《农村土地承包法》第 47 条使用的"融资担保"的表述表明，立法者认可既存在物权性的土地经营权，也存在债权性的经营权。为了避免法律规范出现"体系违反"，有学者主张，"新《农村土地承包法》在第二章和第三章分别规定了两类土地经营权，这种体例设计是按照不同设立方式进行的划分，在立法并未明确规定二者权利性质不同的情形下，原则上应对土地经营权的概念和权利性质作统一的解释，且在民事立法上，未见何者具体权利既有债权又

---

［1］ 参见郭志京："民法典视野下土地经营权的形成机制与体系结构"，载《法学家》2020 年第 6 期。

有物权的分类"。[1] 该观点的出发点值得赞同，但其无视了一个事实：《农村土地承包法》（2002 年）第二章和第三章分别规定了两种类型的土地承包经营权，而这两种类型的土地承包经营权在法律性质上是不同的，其中第二章规定的土地承包经营权属于物权，第三章规定的土地承包经营权属于债权。可见，用"土地经营权"这一法律术语表达两种不同性质的权利，从立法技术而言可能是一个糟糕的现象，但在我国农村土地法律制度构建中有前例可资参照。2018 年《农村土地承包法》修正时，立法者也没有努力去克服这一立法技术上的弊端，故仅凭对法律规则进行逻辑推演来否认这一做法的存在不足取，而且所获得的结论也不可靠。因此，通过土地承包经营权人流转而取得的土地经营权既可以是一种物权，也可以是一种债权，其具体属于何种性质的权利，应当根据《民法典》第341 条的规定来加以识别。

（二）通过"设立"取得土地经营权

《民法典》第 341 条对通过"设立"取得土地经营权的规则作出了规定，该条内容与现行《农村土地承包法》第 36 条和第 41 条具有密切关系。由于《全国人民代表大会常务委员会关于修改〈中华人民共和国农村土地承包法〉的决定》在 2018 年 12 月 29 日通过，故在 2018 年 9 月《民法典各分编（草案）》中未规定该内容，而 2019 年 4 月《民法典物权编（草案）》（二次审议稿）第 134 条之三才首次作出该条规定，此后在立法过程中未再予以修改。然而，《民法典》第 341 条规定的通过"设立"取得土地经营权与现行《农村土地承包法》规定的通过"流转"取得土地经营权之间到底存在何种关系，是一个困扰学界的疑难问题。

在《民法典》颁布之前，有学者认为，现行《农村土地承包法》第 36 条规定的流转土地经营权的"其他方式"，应当主要指通过登记来设立土地经营权的方式，而此种土地经营权为设立在土地承包经营权之上的新型次级用益物权。[2] 但是，对现行《农村土地承包法》第 36 条规定的"其他方式"作出此种解读，与对该条的通常理解相去甚远。从现行《农村土地承包法》第 36 条的规定可知，"其他方式"是已经在该条中明确的出租（转包）、入股之外的流转方式，有学者认为包括向金融机构融资担保的方式；[3] 也有学者认为是指与出租（转包）、

〔1〕　参见吴昭军："土地经营权体系的内部冲突与调适"，载《中国土地科学》2020 年第 7 期。

〔2〕　参见于飞："从农村土地承包法到民法典物权编：'三权分置'法律表达的完善"，载《法学杂志》2020 年第 2 期。

〔3〕　参见黄薇主编：《中华人民共和国农村土地承包法释义》，法律出版社 2019 年版，第 152 页。

入股效果相同的流转方式，但不包括抵押等产生创设他物权效果的流转方式。[1]尽管学界对现行《农村土地承包法》第 36 条中规定的"其他方式"的理解没有共识，甚至还存在一定的冲突和矛盾，但均不认为通过登记设立土地经营权的方式属于该条中规定的"其他方式"之一。

其实，《民法典》第 341 条并没有将"设立"作为土地经营权产生的方式予以规定，甚至该条中所谓的"设立"都不是一种独立的取得土地经营权的方式，其只是赋予了"流转"取得土地经营权一种新的内涵，即现有土地承包经营权人流转土地经营权给他人时采用的各种流转方式均可以认定为受让人通过"设立"取得土地经营权，只要符合"流转期限为 5 年以上"的构成条件。因此，即便土地承包经营权人是通过出租、入股等方式向他人流转土地经营权，如果双方当事人约定的流转期限是 5 年以上，则受让人享有的土地经营权即属于通过"设立"取得，而通过"设立"取得的土地经营权均属于用益物权。可见，有学者提出的"未经登记的'土地经营权'，无论其期限长短，实质上就是土地租赁权"[2] 的建言，在《民法典》编纂过程中未被采纳。

同样，根据《民法典》第 341 条的规定，通过"设立"取得的土地经营权在立法模式上属于意思主义，即只要流转合同生效，物权性的土地经营权便设立。在该种用益物权的登记效力上，《民法典》第 341 条与现行《农村土地承包法》第 41 条保持了一致，两者均采取登记对抗主义，若当事人未向登记机构申请登记的，不影响该土地经营权的物权属性，只是该权利不得对抗善意第三人。

综上，将通过登记设立土地经营权作为土地经营权产生的"其他方式"不是妥当的解释。不过，《民法典》第 341 条将通过"设立"取得的土地经营权确立为物权，使现行《农村土地承包法》中规定的土地经营权的性质得以明晰，这对于实践中土地经营权制度的顺畅运行必将有极大的助益。

三、土地经营权的内容及其实现路径

根据现行《农村土地承包法》和《民法典》的规定，土地经营权人享有的权利主要有：占有农村土地；自主开展农业生产经营并取得收益；改良土壤、建设农业生产附属和配套设施；再流转土地经营权；以土地经营权融资担保等。同

---

　　[1] 参见高圣平、王天雁、吴昭军：《〈中华人民共和国农村土地承包法〉条文理解与适用》，人民法院出版社 2019 年版，第 216 页。

　　[2] 于飞："从农村土地承包法到民法典物权编：'三权分置'法律表达的完善"，载《法学杂志》2020 年第 2 期。

时，土地经营权人应承担的主要义务有：向土地承包经营权人支付流转土地经营权的对价；不改变土地的农业用途；不破坏农业综合生产能力和农业生态环境；不弃耕抛荒连续两年以上等。其中，确保土地经营权实现应明确以下权利的行使规则：

（一）改良土壤、建设农业生产附属和配套设施的权利

2018 年中央一号文件为"提升农业发展质量，培育乡村发展新动能"，要求"大规模推进农村土地整治和高标准农田建设，稳步提升耕地质量，强化监督考核和地方政府责任"。2019 年中央一号文件为"夯实农业基础，保障重要农产品有效供给"，提出完成高标准农田建设任务，要求"加强资金整合，创新投融资模式，建立多元筹资机制。实施区域化整体建设，推进田水林路电综合配套，同步发展高效节水灌溉"，强调"进一步加强农田水利建设。推进大中型灌区续建配套节水改造与现代化建设"。以上述政策精神为指导，现行《土地管理法》第 36 条规定，"各级人民政府应当采取措施，引导因地制宜轮作休耕，改良土壤，提高地力，维护排灌工程设施，防止土地荒漠化、盐渍化、水土流失和土壤污染"。该规定目的在于明确各级人民政府在保护耕地、提升农业发展质量方面承担的职责。

在经营农村土地过程中，改良土壤可以防止土地退化，恢复和提高土地生产力，提高地力是从养分条件和环境条件方面供应和协调农作物生产的能力，而通过改良土壤、提高地力就能够提高农作物的单产，发挥耕地的最大效益。[1] 同时，"农村基础设施建设是农村各项事业发展的基础，也是农村经济系统的一个重要组成部分，只有与农村经济发展相协调，才能更好地发挥其积极作用，推动农村基础设施建设的提档升级，对于农民增收大有裨益"。[2] 可见，改良土壤、加强农村基础设施建设不仅是各级人民政府的职责，农村土地的实际经营人也需要积极参与并有所作为。实践中，"许多情况下，受让人流转取得土地经营权后实行规模经营，需要平整土地、改良土壤，提升地力，特别是工商企业流转土地经营权，为适应规模化工业化生产的需要，通常还要修建一些农业生产设施以及农业生产的附属、配套设施"。[3] 现行《农村土地承包法》第 43 条规定，"经承包方同意，受让方可以依法投资改良土壤，建设农业生产附属、配套设施，并

〔1〕参见杨合庆主编：《中华人民共和国土地管理法释义》，法律出版社 2020 年版，第 66 页。

〔2〕孔祥智等：《乡村振兴的九个维度》，广东人民出版社 2018 年版，第 168 页。

〔3〕何宝玉主编：《中华人民共和国农村土地承包法释义》，中国民主法制出版社 2019 年版，第 110 页。

按照合同约定对其投资部分获得合理补偿"。该规定表明，现行《农村土地承包法》以法律形式对土地经营权人享有的改良土壤、建设农业生产附属和配套设施的权利进行了确认。

不过，土地经营权人行使改良土壤、建设农业生产附属和配套设施的权利受到以下限制：①须取得土地承包经营权人的同意。土地承包经营权人流转土地经营权给他人后，其享有的承包土地权益仍应得到尊重和保护，故土地经营权人对承包地进行投资改良、建设相应设施等，需要征得土地承包经营权人的同意；[1]同时，在流转期限届满后，土地承包经营权人要收回承包地自己耕种或再将土地经营权流转给他人，土地经营权人投资改良土壤、建设相关设施都可能影响到承包地的利用，从而损害土地承包经营权人的权益，故土地经营权人理应取得土地承包经营权人的同意。[2]②依法投资改良土壤、建设农业生产附属和配套设施。土地经营权人是承包地的实际耕种者，其投资改良土壤、建设农业生产附属和配套设施是符合自身利益追求的理性选择，但是，土地经营权人不得因此损害他人利益、破坏土壤生态环境，也不得以此为名擅自改变农地用途，故土地经营权人在承包地上的投资必须符合法律的规定。③须与土地承包经营权人约定补偿事宜。土地经营权人在承包地上投资是为了提高自身的经营效益，但该行为客观上也增加了承包地的价值，在流转期限届满后，对土地承包经营权人来说可能仍余有利益。考虑到土地经营权人投资改良土壤、提升地力的实际效果很难评估，建设的农业生产附属及配套设施的投资数额、流转期限届满后设施的归属、处理和补偿等问题的解决均极为复杂，故由土地经营权人与土地承包经营权人事先就此作出约定，有利于避免纠纷的发生。[3]

（二）再流转土地经营权的权利

土地承包经营权人向他人流转土地经营权后，土地经营权人取得的土地经营权无论是物权还是债权，均可以在市场中进行再流转，这是由土地经营权人享有的财产权的处分权能决定的。土地经营权人流转享有的土地经营权早就为承包地"三权分置"政策所大力推动，如《关于完善三权分置办法的意见》规定："经营主体再流转土地经营权或依法依规设定抵押，须经承包农户或其委托代理人书

---

〔1〕　参见黄薇主编：《中华人民共和国农村土地承包法释义》，法律出版社 2019 年版，第 188~189 页。

〔2〕　参见何宝玉主编：《中华人民共和国农村土地承包法释义》，中国民主法制出版社 2019 年版，第 110 页。

〔3〕　参见何宝玉主编：《中华人民共和国农村土地承包法释义》，中国民主法制出版社 2019 年版，第 110 页。

面同意，并向农民集体书面备案。"该政策规定被现行《农村土地承包法》第46条[1]所吸收，此举正是"加快放活土地经营权"的一项重要措施。

基于土地承包经营权人的流转取得土地经营权后，土地经营权人从其经营承包地的实际需求出发，可以再次流转土地经营权，这是对新型农业经营主体的经营自主权的尊重，也在客观上有助于形成适度规模经营和推动农业发展，而且有益于土地经营权人实现经营效益的最大化。[2] 可见，承认土地经营权人有权再流转土地经营权，是一个可以实现多方主体共赢的法律制度方案。土地经营权可能是物权，也可能是债权，《民法典》和现行《农村土地承包法》均未明确土地经营权人再流转土地经营权的具体规则，故应根据土地经营权的不同性质而分别参照债权转让和物权流转的规范予以处理。其中需注意三点：

第一，土地经营权再流转的方式不限于现行《农村土地承包法》第36条规定的流转方式。"再流转"的本质仍是"流转"。一般而言，法律规范使用同一概念时，原则上对这一概念应作出同一解释，以维护法律适用的安定性。[3] 因此，"再流转"与现行《农村土地承包法》第36条规定的"流转"应当作同一理解，即不包括互换、转让的流转方式。部分学者正是持此种观点。[4] 然而，"即使以定义方式来确定制定法的语言用法，也仍然不能始终确保相关术语在制定法的每个地方都能被作相同的理解"，[5] 这一现实对理解现行《农村土地承包法》第46条规定的"再流转"和第36条规定的"流转"的含义极有启发。现行《农村土地承包法》第36条规定的流转排除了该法第33条和第34条规定的互换、转让方式，因为该法原则上不允许本农村集体经济组织成员以外的主体享有土地承包经营权，但是，土地经营权的享有主体在身份上没有限制，[6] 故将"互换""转让"等流转方式纳入土地经营权再流转的方式之中，符合债权人或物权人对自身享有的权利进行处分的制度内涵。

第二，土地经营权人再流转土地经营权，应当经土地承包经营权人书面同意，并须向承包地所属的农村集体经济组织备案。土地承包经营权人流转土地经

---

〔1〕　现行《农村土地承包法》第46条规定："经承包方书面同意，并向本集体经济组织备案，受让方可以再流转土地经营权。"

〔2〕　参见杜涛主编：《中华人民共和国农村土地承包法解读》，中国法制出版社2019年版，第267~268页。

〔3〕　参见王泽鉴：《民法思维：请求权基础理论体系》，北京大学出版社2009年版，第174页。

〔4〕　参见黄薇主编：《中华人民共和国农村土地承包法释义》，法律出版社2019年版，第198页。

〔5〕　［德］卡尔·拉伦茨：《法学方法论》，黄家镇译，商务印书馆2020年版，第405页。

〔6〕　现行《农村土地承包法》第38条第4项规定，"受让方须有农业经营能力或者资质"。由该规定可知，土地经营权的享有主体并非没有任何限制，但这种限制与土地经营权人是否具有本农村集体经济组织成员资格无关。

营权后，将不再实际经营承包地，但根据现行《农村土地承包法》第 21 条第 2 款和《民法典》第 332 条第 2 款的规定，其享有续包权，也就是在本轮承包期限届满后有权继续承包原承包地。续包权的享有使土地承包经营权人与土地经营权人占有、使用的承包地具有紧密的利益连接。同时，基于土地经营权流转合同，土地经营权人取代了土地承包经营权人在土地承包合同中所处的法律地位，承担了维持土地的农业用途、依法保护和合理利用土地等义务，而这些义务的履行关涉作为土地所有权人的农村集体经济组织的利益。因此，尽管农村集体经济组织不得对土地经营权的再流转予以不当干预，但作为该承包地的所有权人，其需要从整体上掌握由其发包的土地的状况，以便对土地经营权人承担的义务的履行进行监督。在土地经营权人再流转土地经营权时，为了避免此举损害土地承包经营权人和集体土地所有权人的利益，现行《农村土地承包法》第 46 条明确规定再流转土地经营权应当取得土地承包经营权人的书面同意，并须向农村集体经济组织备案。取得土地承包经营权人的书面同意，是土地经营权人再流转其土地经营权的前提条件；向农村集体经济组织备案，则是为了对土地经营权人再流转土地经营权进行监管，且备案的目的是以备查询。即便土地经营权人再流转土地经营权时未向农村集体经济组织备案，对再流转合同的效力也不产生影响。[1]

第三，土地经营权人再流转土地经营权是否办理转移登记以及登记的效力，依据再流转时土地经营权性质的不同而区别处理。根据《民法典》第 341 条规定设立的土地经营权是一种用益物权，且该种权利的取得采取登记对抗主义，即未登记不得对抗善意第三人。对于作为用益物权的土地经营权，再流转后的新土地经营权人亦可向登记机构申请土地经营权登记，从而取得对抗善意第三人的效力。不符合《民法典》第 341 条设立条件的土地经营权属于债权，该权利人再流转这种土地经营权时，新土地经营权人仍只能取得债权性的土地经营权，且取得的土地经营权不具有登记能力。

（三）以土地经营权融资担保的权利

根据现行《农村土地承包法》第 47 条的规定，土地经营权人经承包方书面同意并向发包方备案，可以向金融机构融资担保，这是对土地经营权人享有的以土地经营权融资担保的权利的确认。由于开禁集体土地上耕地的使用权担保融资是落实承包地"三权分置"政策的重要目标，而以土地经营权担保融资的权利除土地经营权人享有外，土地承包经营权人亦享有。既然都是以承包地上的土地经

---

〔1〕　参见高圣平、王天雁、吴昭军：《〈中华人民共和国农村土地承包法〉条文理解与适用》，人民法院出版社 2019 年版，第 302 页。

营权作为担保物，那么，土地承包经营权人与土地经营权人以土地经营权融资担保的规则有必要一并分析，故此处不再赘述，而由下文专门就此问题加以讨论。

四、土地经营权融资担保规则的阐释及其运行

金融支持是农村农业发展的重要保障和有力支撑，而传统金融机构的营利性定位和农村金融市场的较大不确定性，导致"三农"领域的金融服务成本高、风险大，使得传统金融机构如"抽水机"一样将农村闲散富余资金输送到城镇非农产业，"三农"领域的资金需求反而未能得到满足。[1] 同时，根据《农村土地承包法》（2002 年）第 49 条[2]、《物权法》第 180 条第 1 款第 3 项[3]和第 184 条第 2 项的规定，以家庭承包方式取得的耕地的土地承包经营权不能抵押，这在一定程度上限缩了我国农业农村发展过程中的投融资渠道。为了拓宽资金筹集渠道，2014 年 4 月 22 日，国务院办公厅发布的《关于金融服务"三农"发展的若干意见》（国办发〔2014〕17 号）提出，"创新农村抵（质）押担保方式。制定农村土地承包经营权抵押贷款试点管理办法，在经批准的地区开展试点"。2015 年 8 月 24 日，国务院发布《关于开展农村承包土地的经营权和农民住房财产权抵押贷款试点的指导意见》；2015 年 12 月 27 日，十二届全国人民代表大会常务委员会第十八次会议通过决定，授权国务院在 232 个试点县（市、区）开展农村土地经营权抵押贷款试点工作。2016 年 3 月 15 日，中国人民银行等五部门《关于印发〈农村承包土地的经营权抵押贷款试点暂行办法〉的通知》（银发〔2016〕79 号），对贷款对象、贷款管理、风险补偿、配套支持措施、试点监测评估等方面作出了明确规定。截至 2018 年 9 月末，全国 232 个试点地区农地抵押贷款余额 520 亿元，同比增长 76.3%，累计发放 964 亿元；试点进一步盘活了农村资源资产，推动土地流转规模明显增加，促进农业经营由分散的小农生产逐步向适度规模经营转变；而且，试点以来，融资额度显著提高，效率有效提升，成本逐步下降，推动缓解了"三农"领域融资难、融资贵的问题；同时，通过"两权"抵押贷款，新型农业经营主体融资可得性明显提升，对普通农户的带动作用持续

〔1〕　参见孔祥智等：《乡村振兴的九个维度》，广东人民出版社 2018 年版，第 282 页。

〔2〕　《农村土地承包法》（2002 年）第 49 条规定："通过招标、拍卖、公开协商等方式承包农村土地，经依法登记取得土地承包经营权证或者林权证等证书的，其土地承包经营权可以依法采取转让、出租、入股、抵押或者其他方式流转。"

〔3〕　《物权法》第 180 条第 1 款规定："债务人或者第三人有权处分的下列财产可以抵押：（一）建筑物和其他土地附着物；（二）建设用地使用权；（三）以招标、拍卖、公开协商等方式取得的荒地等土地承包经营权；（四）生产设备、原材料、半成品、产品；（五）正在建造的建筑物、船舶、航空器；（六）交通运输工具；（七）法律、行政法规未禁止抵押的其他财产。"

增强。[1]

疏通土地经营权抵押融资渠道，本就是承包地"三权分置"政策中"放活土地经营权"的一个重要环节。《关于完善三权分置办法的意见》明确提出，"支持新型经营主体提升地力、改善农业生产条件、依法依规开展土地经营权抵押融资"。国务院总结农村土地经营权抵押贷款试点工作时也认为："农村土地所有权、承包权、经营权'三权分置'改革的推进使农地抵押贷款前置条件已经具备，农地抵押贷款业务形成了包括确权颁证、交易流转、抵押物价值评估和处置等在内的完整闭环，农地抵押贷款全面推开条件已经成熟。"[2] 因此，现行《农村土地承包法》第47条确立了土地经营权担保融资制度，《民法典》第399条也删除了不允许以集体土地上耕地的使用权设定抵押权的禁止性规定。

现行《农村土地承包法》对土地经营权担保融资的规定较为笼统，《民法典》又没有专门对土地经营权担保融资问题进行规范，故土地经营权融资担保规则的内容及其运行机理应当结合现行《农村土地承包法》第47条和《民法典》中有关担保物权的规定予以阐释。具体而言，其主要内容包括：

第一，担保财产范围。土地经营权融资担保的财产有两种，即土地承包经营权人享有的承包地的土地经营权、土地经营权人通过流转取得的土地经营权。土地承包经营权人以享有的承包地的土地经营权担保融资，其性质属于初次流转土地经营权；土地经营权人以流转或设立取得的土地经营权担保融资，其性质则属于土地经营权的再流转。以这两种财产设立担保权，应当遵循不同的条件：在前者情形下，土地承包经营权人须向农村集体经济组织备案；在后者情形下，土地经营权人须经土地承包经营权人书面同意并向农村集体经济组织备案。

第二，担保融资法律关系的当事人。法律明确规定以土地经营权融资时的担保权人是金融机构，担保人为土地承包经营权人或土地经营权人。对于法律将融资担保权人限定为金融机构是否妥当，在理论上存有争议，实践探索也相互有别。[3] 日常生活中的融资对象不一定都是金融机构，而且小额融资在金融机构

〔1〕 参见"国务院关于全国农村承包土地的经营权和农民住房财产权抵押贷款试点情况的总结报告——2018年12月23日在第十三届全国人民代表大会常务委员会第七次会议上"，载《中华人民共和国全国人民代表大会常务委员会公报》2019年第1期。

〔2〕 "国务院关于全国农村承包土地的经营权和农民住房财产权抵押贷款试点情况的总结报告——2018年12月23日在第十三届全国人民代表大会常务委员会第七次会议上"，载《中华人民共和国全国人民代表大会常务委员会公报》2019年第1期。

〔3〕 参见高圣平、王天雁、吴昭军：《〈中华人民共和国农村土地承包法〉条文理解与适用》，人民法院出版社2019年版，第307～308页。

办理的成本较高，以致金融机构不一定能够得到土地承包经营权人或土地经营权人的"青睐"，因此，现行法律对担保融资权人作出此种限定难谓合理。

第三，融资担保的具体形式。在 2018 年修订《农村土地承包法》时，"由于各方面对继受取得的土地经营权是物权还是债权有争议，是作为用益物权设定抵押，还是作为收益权进行权利质押，分歧很大。立法不陷入争论，以服务实践为目的，使用了土地经营权融资担保概念，这是抵押、质押的上位概念，将两种情形都包含进去，既保持与相关民法的一致性，又避免因性质之争影响立法进程。"[1] 然而，在实践中没有抽象的"融资担保"，无论是土地承包经营权人还是土地经营权人，在向金融机构融资担保时，都必须选择具体的担保方式，或是抵押或是质押。尽管我国曾经在《民法通则》中采用过抵押与质押不分的制度设计，但此种情形已经随着《担保法》的颁布而被扭转。[2] 可见，土地经营权融资担保的含糊表述加快了立法速度，但诱发了诸多理论争议和实践乱象。当然，之所以采用"融资担保"的表述，与立法上未明确"土地经营权"的性质有关，因为承包地上的土地经营权"可能构成用益物权，也可能只是一种债权，因此，称为土地经营权融资担保更为适宜"。[3] 也有学者认为，土地经营权的性质明确，其属于债权，但这种债权是一种不动产权利，在该权利上设定担保之后，土地经营权人并没有丧失对土地的利用权，且在担保期间仍然行使着土地经营权，故土地经营权担保在体系定位上应当属于抵押权的范畴。[4] 在立法上将土地经营权融资担保确立为抵押还是质押，是一种政策选择，但不同的选择涉及相关制度的衔接和法律适用。将土地经营权融资担保全部纳入抵押权制度予以处理，就该制度局部而言并非不可行，但一定会对整个担保物权制度理论和规范体系造成

---

〔1〕 李飞、周鹏飞："巩固和完善农村基本经营制度——刘振伟谈农村土地承包法修改（三）"，载《山西农经》2019 年第 3 期。

〔2〕《民法通则》第 89 条第 2 项规定："债务人或者第三人可以提供一定的财产作为抵押物。债务人不履行债务的，债权人有权依照法律的规定以抵押物折价或者以变卖抵押物的价款优先得到偿还。"由于本条对于债的担保方式仅规定了保证、抵押权、定金、留置权四种形式，对第 2 项中规定的抵押一般认为是包含了质押的内容，因为"抵押品可以移转给债权人占有，也可以不移转给债权人"，而抵押品移转给债权人占有的抵押实际上是质押。参见顾昂然等：《中华人民共和国民法通则讲座》，中国法制出版社 2000 年版，第 187 页。1995 年 6 月 30 日，第八届全国人民代表大会常务委员会第十四次会议通过《担保法》，该法明确区分了抵押与质押，并分别规定在第三章"抵押"和第四章"质押"，自此，《民法通则》第 89 条第 2 项采用的抵押与质押统称为"抵押"的立法模式，退出了我国的民事法律制度体系。

〔3〕 何宝玉主编：《中华人民共和国农村土地承包法释义》，中国民主法制出版社 2019 年版，第 117 页。

〔4〕 参见高圣平、王天雁、吴昭军：《〈中华人民共和国农村土地承包法〉条文理解与适用》，人民法院出版社 2019 年版，第 310~311 页。另参见单平基："土地经营权融资担保的法实现——以《农村土地承包法》为中心"，载《江西社会科学》2020 年第 2 期。

"震荡"，在《民法典》第 341 条明确了物权性土地经营权的设立条件，并以此确立了土地经营权的物权属性和债权属性的区分标准后，对"融资担保"作出"抵押"的单一化处理更显得不合时宜。因此，回归我国自《担保法》以来确立的担保物权制度逻辑，明确在物权性土地经营权上设立抵押权，在债权性土地经营权上设立质权，从而既能够确保实践的合理性，又有利于维护担保理论和制度体系的和谐统一。

本章小结

在 2018 年《农村土地承包法》修正和 2020 年《民法典》颁布后，承包地"三权分置"政策的入法工作在立法程序上得以完成。但是，对现行《农村土地承包法》和《民法典》中贯彻承包地"三权分置"政策精神的具体规范进行解读，明晰其中与该政策相关的农村土地权利的性质及内容，探寻实践中有待解决的疑难问题，才能真正促使承包地"三权分置"法律制度得到有效实现。

在乡村振兴战略实施的新时期，针对"两权分离"制度的弊端，将承包地"三权分置"政策中落实集体土地所有权的制度意蕴以法律形式固定下来，有利于发展农村集体经济，有助于促进适度规模经营，有益于实现农民财产权利。当前，完善集体土地所有权制度的任务主要由《民法典》承担。从《民法典》中集体所有权立法来看，除该权利的私权属性得到彰显外，承包地"三权分置"政策入法后的集体土地所有权仍然面临主体制度残缺、主体界定不清、权利内容贫乏等现实困境。为了在实践中践行《民法典》中彰显集体土地所有权的私权属性的规则，并克服集体所有权制度存在的上述缺陷，在落实集体土地所有权过程中应当强化其私权观念，健全其主体制度，并充实其权利内容。

为适应承包地"三权分置"政策入法的要求，现行《农村土地承包法》和《民法典》对土地承包经营权制度均作出了修改。根据《农村土地承包法》（2002 年）和《物权法》的规定，土地承包经营权是一种纯粹的财产权。现行《农村土地承包法》为照应承包地"三权分置"政策，对土地承包经营权重新作出了界定，从而产生了将该权利理解为一种具有身份属性的用益物权的可能，但这种理解使现行《农村土地承包法》中不同规范在内涵上难以协调，也造成现行《农村土地承包法》与《民法典》中相关规范在衔接上出现障碍，故继续坚持将土地承包经营权界定为一种纯粹的财产权更为合理。在承包地"三权分置"政策的法律表达方面，《民法典》的制度设计显然优于现行《农村土地承包法》，故对于入法后的承包地"三权分置"农村土地权利结构的理解，应当以《民法典》的规定为依据。其中，土地承包经营权不仅是"两权分离"农村土地权利结构中的一种权利，也是承包地"三权分置"农村土地权利结构中的一种权利。在保障土地承包经营权实现时，应当注意到现行《农村土地承包法》和《民法典》在该权利的初始取得、承包期限、承包地流转、权利享有主体和进城落户农户承包地处理等方面制定的新规则，对这些新规则进行体系化解读是其准确适用的重要前提。

土地承包权是承包地"三权分置"政策确立的权利类型，但在该政策入法后，土地承包权应当被界定为农村集体经济组织成员的承包资格，在性质上属于农村集体经济组织成员权。我国现行法律法规没有对农村集体经济组织成员权作出规范，为应对农村集体经济组织成员资格的国家立法滞后于社会实践的难题，当前主要通过地方性规范文件、司法实践部门的"司法解释性质文件"和村规民约确立农村集体经济组织成员资格的认定标准，这造成了规范效力层次低且缺乏制定依据、社区自治程度高而缺乏有力制约、认定标准不统一而缺乏基本共识的困境。农村集体经济组织成员资格认定困境的主要根源在于集体资产的功能定位不清、社区自治的组织性质混淆和利益分配的公平观念不彰。为构建科学的农村集体经济组织成员权制度，我国应当以强制与自治理念的平衡为指导，在国家立法中确立以户籍为原则、以基本生存保障为补充的农村集体经济组织成员资格的取得与丧失标准；同时，明确作为农村集体经济组织成员权的土地承包权是一种资格权，可以分为初次承包权和续包权两种类型，并强调"确权确地"和"确权确股不确地"是家庭承包制度在实践中的不同运作模式。

在现行《农村土地承包法》和《民法典》中确立土地经营权是承包地"三权分置"政策入法取得的最重要的制度成果。立法者在现行《农村土地承包法》中有意模糊土地经营权的性质，对土地经营权制度的运行造成了消极影响。《民法典》中规定的土地经营权制度比现行《农村土地承包法》规定的内容简单，但其在具体规则中采用了不同的法律表达方式，从而明晰了土地经营权的物权属性与债权属性的区分标准。根据现行《农村土地承包法》和《民法典》的规定，土地经营权人享有相应的权利和承担相应的义务，其中法律对改良土壤及建设农业生产附属和配套设施的权利、再流转土地经营权的权利、以土地经营权融资担保的权利作出了更为细致的规定，而土地经营权人行使这些权利时需要特别重视相关的法律规制规则。

第五章　承包地三权分置制度实施风险及其防范

承包地"三权分置"政策是为弥补"两权分离"制度不足而推行的农村土地制度改革。这种改革和其他土地制度改革一样具有试错的性质，在信息不对称的情形下，即便有"两权分离"制度的实践总结和部分地区试点经验为参考，相关制度设计也无法穷尽全部复杂因素的可能作用。因此，自党和国家确立承包地"三权分置"政策开始，对该政策在实施中可能产生的风险及如何对这些风险加以防范就备受关注。当前，承包地"三权分置"政策已经正式入法，相关领域改革成果也得到了法律的认可，但其制度实施风险并未因此而销声匿迹，故结合现行《农村土地承包法》和《民法典》中相关规则，对承包地"三权分置"制度的实施风险进行探讨，探寻其制度实施风险的生成根源，对于防范该制度实施风险的发生并促使承包地"三权分置"制度落地见效具有重要现实意义。

第一节　承包地三权分置制度实施风险类型

当前，承包地"三权分置"政策的主要内容已经上升为法律规则。从承包地"三权分置"政策入法后引发的诸多纷争来看，这些法律规则的实施能否达成预期效果尚未可知，其存在的潜在风险需要尽早考虑并探寻针对性的防范措施。所谓制度实施风险，在本质上属于制度异化，即实施中的制度割裂了制度的本意，扭曲了制度的本质，以致该制度的目标和功能发生异化，使得其变成社会和人发展的桎梏。[1] 具体而言，就是指"尽管制度的内在结构完整、基本原则与实施方案匹配，但其自身被预期的功能仍发生偏差而出现不确定性"。[2] 本节将结合现行《农村土地承包法》和《民法典》的规定，仅仅对承包地"三权分置"制度实施过程中可能与预期目标或功能出现偏差的风险进行分析。尽管现行《农村

---

〔1〕　参见辛鸣：《制度论——关于制度哲学的理论建构》，人民出版社 2005 年版，第 133 页。

〔2〕　李文祥："论制度风险"，载《长春市委党校学报》2008 年第 5 期。

土地承包法》第 45 条第 1 款[1]对承包地"三权分置"制度实施风险有所预见并作出了相应的规制，但该制度实施中可能产生的风险却不限于该条款规定的范围。从农村土地承包经营实践来看，承包地"三权分置"制度实施风险主要表现在以下三个方面。

一、农民集体主体错位风险

农民集体是集体土地所有权的主体，在法律上的表现形式是农村集体经济组织。在 2017 年颁布的《民法总则》中，农村集体经济组织的民事主体地位首次被明确规定下来，该规定在《民法典》中得以完全保留。在法律上明晰农村集体经济组织的法律地位，使得集体土地所有权主体缺位问题在形式上得到了法律回应，且集体所有权的私法属性在《民法典》中也受到诸多重视。但是，从承包地"三权分置"制度实施来看，作为集体土地所有权主体的农村集体经济组织在实践中的运行仍然存在错位的风险。

集体土地所有权是一种民事权利，作为其主体的农村集体经济组织应当属于私主体，这就决定了农村集体经济组织在承包地"三权分置"制度中行使的权利须源于集体土地所有权。现行《农村土地承包法》第 14 条[2]、第 15 条[3]规定的内容，就是农村集体经济组织作为土地所有权主体应当享有的权利和承担的义务，而且其中很多权利和义务都是发挥"统分结合的双层经营体制"中"统"的职能，如监督承包方依照承包合同约定的用途合理利用和保护土地；制止承包方损害承包地和农业资源的行为；尊重承包方的生产经营自主权，不得干涉承包方依法进行正常的生产经营活动；依照承包合同约定为承包方提供生产、技术、信息等服务；等等。

不过，在承包地"三权分置"制度实施中，农村集体经济组织的私主体定位并没有被贯彻到底。现行《农村土地承包法》第 45 条第 2 款规定，"工商企业等

---

[1]　现行《农村土地承包法》第 45 条第 1 款规定："县级以上地方人民政府应当建立工商企业等社会资本通过流转取得土地经营权的资格审查、项目审核和风险防范制度。"

[2]　现行《农村土地承包法》第 14 条规定："发包方享有下列权利：（一）发包本集体所有的或者国家所有依法由本集体使用的农村土地；（二）监督承包方依照承包合同约定的用途合理利用和保护土地；（三）制止承包方损害承包地和农业资源的行为；（四）法律、行政法规规定的其他权利。"

[3]　现行《农村土地承包法》第 15 条规定："发包方承担下列义务：（一）维护承包方的土地承包经营权，不得非法变更、解除承包合同；（二）尊重承包方的生产经营自主权，不得干涉承包方依法进行正常的生产经营活动；（三）依照承包合同约定为承包方提供生产、技术、信息等服务；（四）执行县、乡（镇）土地利用总体规划，组织本集体经济组织内的农业基础设施建设；（五）法律、行政法规规定的其他义务。"

社会资本通过流转取得土地经营权的，本集体经济组织可以收取适量管理费用"，该条款所谓的管理费用是何种性质的费用就存在不少疑问。因为"在土地承包经营权人流转承包地时，无论是否工商企业等社会资本进入，流转的收益都应由土地承包经营权人享有，农村集体经济组织既不是这一承包地流转法律关系的当事人，也非土地管理的行政权力主体，其何来权利或权力向工商企业等社会资本投入方收取费用"。[1] 可见，法律赋予农村集体经济组织对进入农村土地市场的工商企业收取管理费用的权利（抑或权力），无论收取的这些费用是否适量，都与其作为集体土地所有权主体的法律地位不相符合，而且还可能增加工商企业等社会资本经营农村土地的成本，从而间接挤压土地承包经营权人流转土地经营权获取收益的空间。

此外，现行《农村土地承包法》第 64 条规定，"土地经营权人擅自改变土地的农业用途、弃耕抛荒连续两年以上、给土地造成严重损害或者严重破坏土地生态环境，承包方在合理期限内不解除土地经营权流转合同的，发包方有权要求终止土地经营权流转合同。土地经营权人对土地和土地生态环境造成的损害应当予以赔偿"。该条赋予了农村集体经济组织对土地经营权流转合同的终止权。在大陆法系债法体系中，终止就是使合同关系或因合同所产生的法律关系终止，是以使合同的效力向将来消灭为内容的单方意思表示；合同终止权，是指依一方当事人的行为而使法律关系消灭的权利，该权利在性质上属于形成权。[2] 合同终止权与合同解除权不同，终止权消灭的合同关系以继续性合同关系为限，且合同的终止仅使合同嗣后失去效力，不发生回复原状的问题。[3] 现行《农村土地承包法》第 64 条规定的合同终止权同样与合同解除权有别。基于合同相对性原理，合同的效力原则上不及于第三人，而第三人也无权干预合同当事人之间的合同关系，故第三人对他人之间的合同关系不应当享有终止权。[4] 土地经营权流转合同的当事人是土地承包经营权人和土地经营权人，农村集体经济组织是该合同关系的第三人，法律赋予农村集体经济组织享有合同终止权，目的在于保护土地经营权人经营的承包地。如果土地经营权人擅自改变土地农业用途、弃耕抛荒连续两年以上、给土地造成严重损害或者严重破坏土地生态环境，而土地承包经营权人怠于解除合同时，极可能会给农村土地造成进一步的破坏，甚至损害发包方的

---

[1] 陈小君："土地改革之'三权分置'入法及其实现障碍的解除——评《农村土地承包法修正案》"，载《学术月刊》2019 年第 1 期。

[2] 参见史尚宽：《债法总论》，中国政法大学出版社 2000 年版，第 572 页。

[3] 参见孙森焱：《民法债编总论》（下册），法律出版社 2006 年版，第 658~659 页。

[4] 参见王洪平："发包方土地经营权流转合同终止权研究"，载《法学论坛》2019 年第 5 期。

利益。[1] 因此，现行《农村土地承包法》第64条赋予农村集体经济组织终止土地经营权流转合同的权利，在实践中具有正当性。

然而，农村集体经济组织如何行使此种合同终止权，其在行使此种权利的过程中处于何种法律地位，则是一个需要进一步思考的问题。[2] 作为一种形成权，合同的终止与合同的解除相同，都是依照当事人一方的意思表示即可产生相应的法律效果，无需相对人的承诺。[3] 农村集体经济组织不是土地经营权流转合同的当事人，如果不能对其行使土地经营权流转合同的终止权的行为作出准确定性，则农村集体经济组织将因其行为越位而面临主体错位的风险。

二、流转主体利益受损风险

承包地"三权分置"政策乃因应承包地市场化而生，该政策入法时现行《农村土地承包法》为此设计了较为完善的规则体系，《民法典》物权编也对相关制度进行了修改，以便和现行《农村土地承包法》中规定的承包地"三权分置"制度相呼应。但是，从现行《农村土地承包法》及相关法规的规定来看，入法后的土地经营权流转制度实施存在流转主体利益受损的风险。

（一）土地承包经营权人的失地风险

《农村土地承包法》（2002年）制定时，其立法目的之一就是"要把党在农村的基本政策用法律的形式固定下来，并贯彻落实到农村土地承包工作中，保证土地承包关系的长期稳定，让广大农民吃上'定心丸'"。[4] 在这部法律中，保持土地承包关系的长期稳定，是为了"更好地保护农民的土地承包经营权，并与即将制定的物权法相衔接"。[5] 可见，"两权分离"制度以强化土地承包经营权的保护为核心内容，"农民的土地承包经营权集中体现在农民对所承包的土地有了经营自主权、收益权和土地承包经营权流转的权利上"。[6] 在这一时期，土地承包经营权人享有的利益主要来自自主经营，故保障其不丧失承包地是法律规

---

〔1〕 参见黄薇主编：《中华人民共和国农村土地承包法释义》，法律出版社2019年版，第268~269页。

〔2〕 参见王洪平："发包方土地经营权流转合同终止权研究"，载《法学论坛》2019年第5期。

〔3〕 参见史尚宽：《债法总论》，中国政法大学出版社2000年版，第572页。

〔4〕 何宝玉主编：《〈中华人民共和国农村土地承包法〉释义及实用指南》，中国民主法制出版社2002年版，第41~42页。

〔5〕 柳随年："关于《中华人民共和国农村土地承包法（草案）》的说明——2001年6月26日在第九届全国人民代表大会常务委员会第二十二次会议上"，载《中华人民共和国全国人民代表大会常务委员会公报》2002年第5期。

〔6〕 胡康生主编：《中华人民共和国农村土地承包法通俗读本》，法律出版社2002年版，第4页。

制的重点。

承包地"三权分置"政策同样强调土地承包关系的稳定，只是将实现稳定的载体称为"农户承包权"，且明确规定"农户享有土地承包权是农村基本经营制度的基础"，"不论经营权如何流转，集体土地承包权都属于农民家庭"。[1] 对承包地"三权分置"政策中所说的"农户承包权"或"土地承包权"的内容进行分析可知，其承载着"耕者有其田"的成员权功能，只有本农村集体经济组织成员才享有土地承包权，农户享有的土地承包权不因土地经营权的流转而丧失；从实证法的角度来看，此种意义上的土地承包权与以家庭承包方式设立的土地承包经营权大致相当，是承包农户依法对其承包经营的耕地、林地、草地等享有的从事种植业、林业、畜牧业等农业生产的用益物权。[2] 可见，承包地"三权分置"政策与"两权分离"制度一样重视保护农民的土地承包经营权，故该政策在入法时仍然强调，"稳定农村土地承包关系并保持长久不变，有利于坚持和完善农村基本经营制度，坚持农村土地集体所有，坚持家庭经营基础性地位，坚持土地承包关系稳定，核心是维护农民土地权益"。[3] 不过，与"两权分离"制度不同的是，承包地"三权分置"政策对于土地承包经营权（或称为农户承包权、土地承包权）的保护，目的在于使土地承包经营权人不丧失已经获得的承包地的继续承包资格，这样就可以使土地承包经营权人将承包地流转给他人经营时无后顾之忧。[4]

然而，现行《农村土地承包法》第34条规定，"经发包方同意，承包方可以将全部或者部分的土地承包经营权转让给本集体经济组织的其他农户，由该农户同发包方确立新的承包关系，原承包方与发包方在该土地上的承包关系即行终止"。按照立法部门专家的解读，该条表明："承包人转让的土地承包经营权，可以是全部，也可以是部分，对于已经转让的，不论是全部转让还是部分转让，受让方都应与发包人确立新的承包关系；对于未转让的部分，原承包人与发包人应

---

〔1〕《关于完善三权分置办法的意见》。

〔2〕参见高圣平："农地三权分置视野下土地承包权的重构"，载《法学家》2017 年第 5 期。

〔3〕刘振伟："关于《中华人民共和国农村土地承包法修正案（草案）》的说明——2017 年 10 月 31 日在第十二届全国人民代表大会常务委员会第三十次会议上"，载《中华人民共和国全国人民代表大会常务委员会公报》2019 年第 1 期。

〔4〕其实，"两权分离"制度也非常重视推动承包地的流转，规范土地承包经营权流转本身就是《农村土地承包法》（2002 年）的立法任务之一，这从该法第二章"家庭承包"第五节"土地承包经营权的流转"中的规则设计即可知晓。相比较而言，承包地"三权分置"政策将承包地流转提升到了一个新高度，而且为此专门确立了一种新型权利——土地经营权——来承担这一重任。

重新确立承包关系，变更原有的承包合同。"[1] 甚至有学者明确指出："依照物权转让的一般法理，土地承包经营权转让的法律效果实为'原土地承包经营权人的土地承包经营权相应消灭'。"[2] 需要注意的是，为了维护土地承包关系的稳定，现行《农村土地承包法》第21条第2款和《民法典》第332条第2款规定，土地承包经营权人在承包期限届满后有权继续承包，而土地承包经营权人转让土地承包经营权将导致该权利的丧失，即土地承包经营权人转让土地承包经营权后将不再享有承包期限届满后继续承包的权利，从而也就意味着土地承包经营权人转让土地承包经营权面临失去土地的风险。虽然现行《农村土地承包法》规定土地承包经营权只能在本农村集体经济组织的农户之间转让，但该种制度设计只是试图确保土地承包经营权须由具有本农村集体经济组织成员资格的人员享有，并不能改变土地承包经营权转让给转让方带来的失地风险。

（二）土地经营权人的利益受损风险

根据现行《农村土地承包法》的规定，土地承包经营权人在流转土地经营权时，应当与相对方（即土地经营权人）依法、自愿签订书面流转合同，将双方当事人享有的权利和承担的义务确定下来，其中流转价款是主要内容之一。由于土地经营权流转合同是当事人双方基于自由意志签订的，"个人是自己利益最佳的维护者，契约既因当事人自由意思的合致而订立，其内容的妥当性原则上固可因此而获得保障"，[3] 故在一般情形下，土地承包经营权人与土地经营权人在流转合同中约定的权利和义务往往符合合同正义的要求。

由于我国工业化、信息化、城镇化和农业现代化进程的加快，农业劳动力大量转向非农就业岗位，进入农地经营的工商企业等社会资本越来越多。工商企业等社会资本参与农地经营，有利于增加农业投入，在一定程度上缓解农业农村发展面临的资金短缺问题；有利于带动农户发展农业产业化经营，提高农民的组织化程度和抗风险能力，促进农业规模经营，增加农民的收入；有利于把工商业采用的现代经营管理理念、方法和经验引入农业农村，提高劳动生产力和生产经营效率；有利于推动农村一二三产业协调发展，促进生产要素的城乡交流，改善农村基础设施和村容村貌，加速城乡融合发展。[4] 因此，党和国家采用多种措施

---

[1] 黄薇主编：《中华人民共和国农村土地承包法释义》，法律出版社2019年版，第146~147页。

[2] 高圣平、王天雁、吴昭军：《〈中华人民共和国农村土地承包法〉条文理解与适用》，人民法院出版社2019年版，第190页。

[3] 王泽鉴：《债法原理》，北京大学出版社2013年版，第110页。

[4] 参见何宝玉主编：《中华人民共和国农村土地承包法释义》，中国民主法制出版社2019年版，第112页。

对工商企业等社会资本进入农业生产领域进行管理和引导。

在土地经营权流转过程中，与工商企业等社会资本相比，土地承包经营权人往往处于弱势地位，其相关权益更容易受到侵害：有的地方基层政府和农村集体经济组织随意变更或撤销土地承包合同，强迫承包农户集中流转；有的地方基层政府不顾客观实际情况，把鼓励引导变成行政干预，强行推进农村土地流转，严重损害了农民利益；有个别农村集体经济组织忽视农民土地流转收益主体地位，截留、挪用土地流转收益；一些工商资本通过农村集体经济组织租赁农民承包地，存在面积过大、租期过长、流转合同不规范、风险防范机制缺乏等问题。[1] 由于承包地流转过程中农户利益的保护一直都是党和国家关心的重点问题，故对于上述这些可能造成土地承包经营权人的合法权益遭受损害的行为，现行《农村土地承包法》基本上都规定了相应的保障措施。

表 5-1 农业生产的土地成本：全国三种粮食平均

年度/年	流转地租金（元/亩）	自营地折租（元/亩）	合计土地成本（元/亩）
2005	5.80	56.22	62.02
2006	6.64	61.61	68.25
2007	7.91	73.73	81.64
2008	10.09	89.53	99.62
2009	11.31	103.31	114.62
2010	15.37	117.91	133.28
2011	17.75	132.00	149.75
2012	21.81	144.38	166.19
2005~2012 年累计增长	276%	157%	168%
2005~2012 年均增长	20.8%	14.4%	15.1%

资料来源：叶兴庆："从'两权分离'到'三权分离'——我国农地产权制度的过去与未来"，载《中国党政干部论坛》2014 年第 6 期。

相反，在保护作为流转相对人的土地经营权人的利益方面，现行《农村土地承包法》和《民法典》的规定却存在着明显的制度缺漏。在土地经营权流转时，土地经营权人可能处于优势地位，如果土地经营权人是工商企业等社会资本则更是如此，但这种优势地位是相对的，不能保证其始终处于优势地位。由于农业生

---

[1] 参见张红宇：《新型城镇化与农地制度改革》，中国工人出版社 2014 年版，第 35 页。

产投资大、收益周期长、比较效益低且具有明显的季节性，同时又存在诸多无法预见和避免的自然风险，故土地经营权人在生产经营中能否获利受到很多种不利因素的干扰。而且，土地经营权人还可能面临租金侵蚀利润的不利后果。有学者通过研究发现，"随着土地有偿流转现象增多，农业生产的土地成本概念逐渐清晰，租地经营实际支付的土地成本和承包户自营土地的机会成本都在上涨，共同推动农业生产的土地成本快速上涨"。[1] 以全国水稻、小麦、玉米三种粮食为例，如表5-1、表5-2所示，2005~2012年期间，土地成本年均上涨了15.1%，其中流转地租金年均上涨20.8%，自营地折租年均上涨是14.4%；同期，土地成本占产值的比重从11.33%上升到15.04%，利润占产值的比重从22.38%下降到15.24%。可见，地租侵蚀利润的趋势极为明显。[2] 工商企业等社会资本经营农地同样受到这些不利因素的影响，由于其经营农地的规模较大，一旦其经营农地的收益率得不到保障，更有可能会出现资金链断裂，从而损害自身发展，并累及土地承包经营权人的利益。

表5-2 地租侵蚀利润：全国三种粮食平均

年度/年	亩产值（元）	亩土地成本（元）	亩净利润（元）	土地成本占产值比重（%）	净利润占产值比重（%）
2005	547.6	62.02	122.58	11.33	22.38
2006	599.86	68.25	154.96	11.38	25.83
2007	666.24	81.64	185.18	12.25	27.79
2008	748.81	99.62	186.39	13.30	24.89
2009	792.76	114.62	192.35	14.46	24.26
2010	899.84	133.28	227.16	14.81	25.24
2011	1041.92	149.75	250.76	14.37	24.07
2012	1104.82	166.19	158.4	15.04	15.24

资料来源：叶兴庆："从'两权分离'到'三权分离'——我国农地产权制度的过去与未来"，载《中国党政干部论坛》2014年第6期。

此外，根据现行《农村土地承包法》第46条的规定，土地经营权人可以再

---

〔1〕 叶兴庆："从'两权分离'到'三权分离'——我国农地产权制度的过去与未来"，载《中国党政干部论坛》2014年第6期。

〔2〕 参见叶兴庆："从'两权分离'到'三权分离'——我国农地产权制度的过去与未来"，载《中国党政干部论坛》2014年第6期。

流转土地经营权。由于土地经营权是一种财产权，再流转土地经营权在法律上没有流转次数的限制，但每一次流转都将压缩后续土地经营权人的盈利空间，这也是典型的租金侵蚀利润的体现。可见，土地经营权的流转和再流转的制度设计，是承包地"三权分置"政策中"放活土地经营权"的具体落实，但在实践中却可能产生事与愿违的后果，这应该也是制度设计者所不希望看到的现象。

三、耕地"非农化""非粮化"风险

在我国，"发展适度规模经营，既要鼓励一部分有经营能力的承包农户积极扩大经营规模，发展家庭农场和专业大户；也要鼓励农民合作社、龙头企业和农业产业化服务组织通过多种方式组织农户、带动农户；还要支持和引导工商企业进入农业，流转取得农户的土地经营权，通过工业化的方式开展农业经营"。[1]为了加快培育新型农业经营主体，鼓励发展适合企业化经营的现代种养业，《关于引导土地经营权流转的意见》规定，"鼓励农业产业化龙头企业等涉农企业重点从事农产品加工流通和农业社会化服务，带动农户和农民合作社发展规模经营。引导工商资本发展良种种苗繁育、高标准设施农业、规模化养殖等适合企业化经营的现代种养业，开发农村'四荒'资源发展多种经营。支持农业企业与农户、农民合作社建立紧密的利益联结机制，实现合理分工、互利共赢。支持经济发达地区通过农业示范园区引导各类经营主体共同出资、相互持股，发展多种形式的农业混合所有制经济"。而且，党和国家在出台的其他政策中也明确了加大扶持新型农业经营主体的力度。受到这些政策措施的鼓励，工商企业等社会资本进入农业生产领域的规模越来越大，促进了农业技术的推广应用和农业增效。

然而，工商企业等社会资本经营农村土地也带来了一些新问题。在实践中，有的工商企业取得土地经营权后，擅自将耕地用于非粮食生产，甚至改变承包地的农业用途；有的工商企业取得土地经营权是为了套取政府补贴资金，其在流转期限内弃耕抛荒，损害农民利益。[2]无论是擅自改变承包地的农业用途，还是将耕地用于非粮食生产或弃耕抛荒，均导致了农村土地的非粮化、非农化的恶果。在承包地"三权分置"政策推行之初，这些问题就受到了党和国家的关注，《关于引导土地经营权流转的意见》强调，"坚持最严格的耕地保护制度，切实

---

〔1〕　何宝玉主编：《中华人民共和国农村土地承包法释义》，中国民主法制出版社 2019 年版，第 112页。

〔2〕　参见何宝玉主编：《中华人民共和国农村土地承包法释义》，中国民主法制出版社 2019 年版，第 112~113 页。

保护基本农田。严禁借土地流转之名违规搞非农建设。严禁在流转农地上建设或变相建设旅游度假村、高尔夫球场、别墅、私人会所等。严禁占用基本农田挖塘栽树及其他毁坏种植条件的行为。严禁破坏、污染、圈占闲置耕地和损毁农田基础设施。坚决查处通过'以租代征'违法违规进行非农建设的行为，坚决禁止擅自将耕地'非农化'。利用规划和标准引导设施农业发展，强化设施农用地的用途监管。采取措施保证流转土地用于农业生产，可以通过停发粮食直接补贴、良种补贴、农资综合补贴等办法遏制撂荒耕地的行为。在粮食主产区、粮食生产功能区、高产创建项目实施区，不符合产业规划的经营行为不再享受相关农业生产扶持政策。合理引导粮田流转价格，降低粮食生产成本，稳定粮食种植面积"。而且，该意见还专门对"加强对工商企业租赁农户承包地的监管和风险防范"作出了规定。[1] 可见，党和国家对此始终保持着清晰的认识。

由于我国是世界人口最多的国家，粮食安全问题一直受到各界关注，20世纪90年代美国世界观察研究所的莱斯特·R.布朗认为，中国耕地资源的短缺将导致粮食生产能力缩小，粮食供需会出现巨大缺口，从而直接威胁世界的粮食安全。[2] 尽管布朗担心的粮食危机在中国没有出现，但因严重的耕地"非粮化"的确已经在一些地区发生，故党和国家一刻也没有放松对粮食安全的担忧。[3] 有学者乐观地认为，城镇化与保障粮食安全不仅目标兼容，且在农地政策调整得当时，中国人不但能够养活自己，还能够为全世界的粮食安全作出贡献，其还提出耕地保护以发挥耕地生产力比较优势为原则、农地政策调整以农业规模化经营为目的的建议。[4] 但是，这种乐观结果的出现依然需要有足够的耕地资源且这些耕地被用于种植粮食为前提，否则粮食危机在我国就有可能从理论探讨变成残酷现实。

---

〔1〕《关于引导土地经营权流转的意见》规定："加强对工商企业租赁农户承包地的监管和风险防范。各地对工商企业长时间、大面积租赁农户承包地要有明确的上限控制，建立健全资格审查、项目审核、风险保障金制度，对租地条件、经营范围和违规处罚等作出规定。工商企业租赁农户承包地要按面积实行分级备案，严格准入门槛，加强事中事后监管，防止浪费农地资源、损害农民土地权益，防范承包农户因流入方违约或经营不善遭受损失。定期对租赁土地企业的农业经营能力、土地用途和风险防范能力等开展监督检查，查验土地利用、合同履行等情况，及时查处纠正违法违规行为，对符合要求的可给予政策扶持。有关部门要抓紧制定管理办法，并加强对各地落实情况的监督检查。"

〔2〕参见[美]莱斯特·R.布朗："谁来养活中国？——中国未来的粮食危机"，贡光禹摘译，载《未来与发展》1995年第2期。

〔3〕参见张红宇：《新型城镇化与农地制度改革》，中国工人出版社2014年版，第38页。

〔4〕参见罗翔、曾菊新、朱媛媛、张路："谁来养活中国：耕地压力在粮食安全中的作用及解释"，载《地理研究》2016年第12期。

第二节　承包地三权分置政策实施风险的生成根源

农民集体主体错位、流转主体利益受损、耕地非农化非粮化是我国承包地"三权分置"制度实施中存在的主要风险。对于这些风险的生成根源，各界存有不同看法。不过，从承包地"三权分置"政策提出直至入法后的法律文本来看，导致上述制度实施风险的根源主要有以下三个方面。

一、制度内容的立法表述存在瑕疵

从党的十八届三中全会开始至《农村土地承包法》于 2018 年被修正，承包地"三权分置"政策入法可谓"神速"。尽管对于承包地"三权分置"政策入法时应当如何表达，经过了各界较为充分的讨论，但对于讨论中产生的诸多分歧至今都没有达成基本共识。这种情形使得现行《农村土地承包法》和《民法典》中相关制度在表述方面出现了些微瑕疵，从而对承包地"三权分置"制度的顺畅实施产生了不良的影响。

十八届四中全会《决定》指出，"法律是治国之重器，良法是善治之前提。建设中国特色社会主义法治体系，必须坚持立法先行，发挥立法的引领和推动作用，抓住提高立法质量这个关键"。党的十九大报告进一步强调："以良法促进发展、保障善治。"当前，对良法的判断主要从立法视角出发，目标在于确保产出高质量的法律文本，即力争依照法定程序制定出法律形式正义与实质正义有机统一的实在法。[1] 然而，"对于法律语言来说，清楚、准确地传达立法意志，让人们非歧义地正确理解，这是最根本的要求，一切有悖于明确表意的手段和方法都在摒除之列"。[2] 而且，"严谨规范也是法律语言的主要风格之一。由于立法语言以准确为生命。因此表达时必须字斟句酌，力求周详严密，无懈可击"。[3] 从对法律语言的要求来看，承包地"三权分置"政策在现行《农村土地承包法》和《民法典》中的表达均存在不足之处，农村集体经济组织的定位是其中最为典型的一个问题。

前文已述，《民法典》第 99 条确立了农村集体经济组织的特别法人地位，且立法目的在于解决集体土地所有权主体缺位问题，故农村集体经济组织应当属于

---

〔1〕　参见江必新、程琥："论良法善治原则在法治政府评估中的应用"，载《中外法学》2018 年第 6 期。
〔2〕　孙潮：《立法技术学》，浙江人民出版社 1993 年版，第 65 页。
〔3〕　孙潮：《立法技术学》，浙江人民出版社 1993 年版，第 68 页。

集体土地所有权的主体；同时，《民法典》承袭了《物权法》第 60 条的规定，将农村集体经济组织定位为集体土地所有权的代表行使主体。由于集体土地所有权的代表行使主体与集体土地所有权的主体不能等同，可见，《民法典》在农村集体经济组织的定位上出现了冲突。如果能够确定农村集体经济组织是集体土地所有权的主体，而集体土地所有权是民事权利，那么，农村集体经济组织的民事主体地位将得以明晰；如果将农村集体经济组织认定为集体土地所有权的代表行使主体，其职能就未必仅限于代表行使集体土地所有权，这从作为特别法人的村民委员会同样能够成为集体土地所有权的代表行使主体即可得知。加之特别法人除了与营利法人和非营利法人不同之外，它们相互之间也没有统一的区分标准，以致《民法典》只能以列举的方式指明特别法人的具体类型。[1]

有学者认为特别法人具有共同的"特殊性"，这就是"此类法人具有行使公权力的职能"。[2] 从理论上来看，这种解读既能够使农村集体经济组织依法完成行使集体土地所有权的私主体职责，又为其参与管理某些公共事务预留了制度空间。现行《农村土地承包法》第 45 条第 2 款明确规定，农村集体经济组织能够向工商企业等社会资本收取适量管理费用，第 64 条规定作为第三人的农村集体经济组织有土地经营权流转合同的终止权，这些规则似乎正好佐证了农村集体经济组织享有一定的"行使公权力的职能"。然而，此种理解在实证法意义上却不能成立，因为暂且不论作为特别法人的农村集体经济组织是否能够"行使公权力的职能"，其不具有管理土地的行政权（力）却是不容置疑的。因此，《民法典》和现行《农村土地承包法》中涉及农村集体经济组织的法律规则均存在表达瑕疵，这种瑕疵在承包地"三权分置"制度实施过程中造成了农村集体经济组织的运行错位，以致在"落实集体所有权"时出现了制度上的缺陷。

此外，现行《农村土地承包法》第 34 条规定，在土地承包经营权转让后，"原承包方与发包方在该土地上的承包关系即行终止"。如何理解该条中所说的土地承包关系终止的效力，相关表述也存在不明确之处。例如：土地承包经营权转让后，土地承包关系在何时终止？土地承包经营权转让导致土地承包关系终止的，原土地承包经营权人是否不再享有继续承包该承包地的权利？可见，现行《农村土地承包法》第 34 条关于"终止"的法律效力的含糊表述，直接关系到土地承包经营权人失地风险是否会成为现实，因而在实践中也需要认真对待该制度。

---

〔1〕 参见陈甦主编：《民法总则评注》（上册），法律出版社 2017 年版，第 687 页。

〔2〕 张新宝：《〈中华人民共和国民法总则〉释义》，中国人民大学出版社 2017 年版，第 186 页。

二、农村土地流转的过度市场化

我国的改革开放从农村开始，而且在农村很早就出现了市场因素的萌芽。1984 年中央一号文件为"鼓励农民增加投资，培养地力，实行集约经营"，规定了社员有条件转包承包地的制度。1985 年中央一号文件（即《中共中央、国务院关于进一步活跃农村经济的十项政策》）指出："在打破集体经济中的'大锅饭'之后，还必须进一步改革农村经济管理体制，在国家计划指导下，扩大市场调节，使农业生产适应市场的需求，促进农村产业结构的合理化，进一步把农村经济搞活。……扩大市场调节，进一步放活经济之后，农民将从过去主要按国家计划生产转变到面向市场需求生产，国家对农业的计划管理，将从过去主要依靠行政领导转变到主要依靠经济手段。"在确立社会主义市场经济体制后，农村土地作为一种资源和生产要素，更需要通过合理流动予以优化配置。"在稳定家庭承包经营制度的基础上允许土地承包经营权流转，是农业发展的客观需要……通过立法规范土地承包经营权流转，有利于推动农业产业化经营和农业与农村经济结构调整，也有利于维护农村土地承包关系的长期稳定。"[1] 因此，《农村土地承包法》（2002 年）是从法律制度上对"两权分离"制度的总结，该法对土地承包经营权流转作出了较为系统的规定，从而为农村土地进入市场提供了较为充分的法制保障；《物权法》进一步明晰了土地承包经营权的用益物权性质，强化了土地承包经营权流转制度的基础。

2013 年 11 月 12 日，十八届三中全会《决定》正式提出"使市场在资源配置中起决定性作用"的新思想。习近平总书记在对该决定所作的说明中指出："经过 20 多年实践，我国社会主义市场经济体制已经初步建立，但仍存在不少问题，主要是市场秩序不规范，以不正当手段谋取经济利益的现象广泛存在；生产要素市场发展滞后，要素闲置和大量有效需求得不到满足并存；市场规则不统一，部门保护主义和地方保护主义大量存在；市场竞争不充分，阻碍优胜劣汰和结构调整，等等。这些问题不解决好，完善的社会主义市场经济体制是难以形成的。"[2] 在主持十八届中央政治局第十五次集体学习时，习近平总书记再次强调："党的十八届三中全会提出，经济体制改革是全面深化改革的重点，核心问题是处理好政府和市场的关系，使市场在资源配置中起决定性作用，更好发挥政

---

[1] 何宝玉主编：《〈中华人民共和国农村土地承包法〉释义及实用指南》，中国民主法制出版社 2002 年版，第 90 页。

[2] 习近平：《习近平谈治国理政》，外文出版社 2014 年版，第 76 页。

府作用。提出使市场在资源配置中起决定性作用，是我们党对中国特色社会主义建设规律认识的一个新突破，是马克思主义中国化的一个新的成果，标志着社会主义市场经济发展进入了一个新阶段。"[1] 承包地"三权分置"政策正是在社会主义市场经济发展进入这样一个新阶段时推出的，该政策比"两权分离"制度更加强调市场的作用和意义，还专门确立了一种新型民事权利即土地经营权，并使之承担加速农村土地要素市场化的使命。

在现阶段，农村土地市场化流转已经成为一种潮流。承包地"三权分置"政策入法时，有关土地经营权流转的法律规则尽显自由本色，农村土地要素的配置完全奉市场机制为圭臬。尽管实践中承包地流转总面积还不到全部承包地总面积的一半，但这种实践似乎代表了一种无条件的政治正确，甚至个别地方的基层政府工作人员将承包地流转作为政绩来追求。其实，市场机制是人为建构之物，特定国家或特定国家集团的人在建构市场机制时，总是根据自己的需要去建构符合自己的利益诉求、意识形态和价值观立场的某种特定的市场模式。[2] 在市场中，自由从来不是不受限制的。在我国，"农业兴，百业兴；农业稳，全局稳。农业的发展健康与否，直接关系到与之相联系的各行各业的兴衰，也直接决定了经济繁荣、社会稳定和人民安居乐业是否能够真正实现"；[3] 而且，农村土地的经营与农村生态保护具有密切关系，"长期以来，为解决农产品总量不足的矛盾，我国拼资源拼环境拼消耗，农业发展方式粗放、资源过度开发利用，农业农村生态系统服务和功能发生退化，一些区位重要的农村地区的生产生活生态受到严重影响"；[4] 同时，虽然随着我国农业农村发展，承包地的社会保障功能弱化而财产功能增强，但承包地承担的外出务工农民遇到困难时回乡就业保障的功能在短期内不会改变。可见，农村土地不仅是承包农户享有的土地承包经营权的客体，还是一系列公共利益的载体，因此，由土地承包经营权人与土地经营权人完全依照市场规律流转，不给公权力介入协调留下制度缝隙，其妥当性不无疑问。

此外，"经过改革开放 40 年的努力，我国农业和农村经济快速发展，农民生活水平不断提高，东部发达地区已率先基本实现脱贫，中西部地区贫困人口也全面下降"。[5] 但是，整体而言，农业生产的比较效益低，这在我国仍然是一个众所周知的事实，这说明在耕地上从事农业生产的产出极其有限。在土地经营权流

---

〔1〕 习近平：《习近平谈治国理政》，外文出版社 2014 年版，第 116 页。
〔2〕 参见薛军：《批判民法学的理论建构》，北京大学出版社 2012 年版，第 18 页。
〔3〕 韩长赋主编：《新中国农业发展 70 年·政策成就卷》，中国农业出版社 2019 年版，第 1 页。
〔4〕 韩俊主编：《实施乡村振兴战略五十题》，人民出版社 2018 年版，第 116 页。
〔5〕 韩长赋主编：《新中国农业发展 70 年·政策成就卷》，中国农业出版社 2019 年版，第 81 页。

转时，双方当事人应当就相互之间的权利和义务进行合理分配，以实现合同正义。市场经济中以合同方式明晰当事人的权利和义务的结果如何，取决于各方当事人的谈判能力。在农业生产比较效益低的情形下，当事人双方分享利益的空间有限，致使利益冲突显性化，这种情况在工商企业等社会资本为一方当事人时尤甚。在土地经营权流转过程中，如果包含工商企业等社会资本在内的土地经营权人处于优势地位，则流转价款将较低而伤农；如果土地承包经营权人处于优势地位，则流转价款会较高，此时又可能使包含工商企业等社会资本在内的土地经营权人获得的经营利润较低甚至亏损，以致出现破产的后果。由于我国户均耕地面积较少，只有 8 亩左右，要实现 100 亩左右的适度经营规模，则经营的农地中需要支付地租的部分占到 90% 以上，工商企业等社会资本经营农地几乎 100% 要支付地租，在此种情形下，种粮食作物很难盈利，使得规模经营与"非粮化"相伴而生。[1] 当前，对于工商企业等社会资本处于优势地位可能造成的恶果，各界都有清醒的认识，[2] 对于土地承包经营权人可能处于优势地位带来的不良反应，还没有得到各界应有的关注和重视，但就平衡土地承包经营权人与土地经营权人之间的权利和义务而言，对双方当事人在签订土地经营权流转合同时的自由进行适当限制，具有现实的必要性。

三、土地利用受经济效益畸形驱动

长期以来，我国的农村发展远远落后于城市，农村的人才、土地、资金等要素流向城镇，致使乡村处于"失血""贫血"状态。由于工商企业等社会资本在资金、技术和管理等方面具有较大的优势，故在推行承包地"三权分置"政策的过程中，党和国家通过政策形式提出了多种鼓励工商企业等社会资本参与农村土地经营的措施，并将之作为实施乡村振兴战略的重要一环。

工商企业等社会资本进入农业生产领域，在本质上属于一种投资。尽管工商企业等社会资本投资到农业生产领域的目的多种多样，但最基本的目的是盈利，也就是通过该项投资增加收入。[3] 因此，对资本下乡经营农村土地的行为应当

---

[1]　参见叶兴庆："从'两权分离'到'三权分离'——我国农地产权制度的过去与未来"，载《中国党政干部论坛》2014 年第 6 期。

[2]　如有学者指出："我国农户呈小规模原子化状态，与工商企业相比居于弱势地位，在信息不对称、服务不到位的情况下，利益容易受到侵害。即使是在工商资本不直接流转土地，而是通过入股经营的模式下，由于企业与农户地位的不对等，在企业出现经营风险的情况下也可能对农户利益造成损害。"张红宇：《新型城镇化与农地制度改革》，中国工人出版社 2014 年版，第 38～39 页。

[3]　参见厉以宁：《经济学的伦理问题》，生活·读书·新知三联书店 1995 年版，第 156 页。

保持清醒的认识，即便该行为可能会带来较为可观的社会效益，也不能改变其作为一种商业运作行为的本质。既然是商业行为，追求效率最大化就是不言而喻的，"通常所说的效率增长表现为劳动生产率提高或资金利润率提高，这也是有道理的，因为劳动生产率提高指的是一定的劳动投入有较多的产出，而资金利润率提高指的是一定的资金投入有较多的纯收入"。[1] 工商企业等社会资本通过流转取得土地经营权，目的也是获取更多收益。为了发展农业生产力，应当容许并且鼓励工商企业等社会资本通过投资进入农业生产领域，同时也需承认他们投资盈利具有正当性，否则就在事实上禁止了这种投资行为，从而会阻碍农业生产力的提高和现代农业的发展。

当前，我国农业发展面临严峻挑战，主要表现在五个方面：①部分地区粮食生产由微利转为亏损，粮食安全受到严重威胁；②农业生产要素比较优势下滑，使优势农产品出口受到严重威胁；③多数农产品国内外价格倒挂，使产业安全受到严重威胁；④WTO 低关税配额制向自由贸易区零关税转化，农业竞争力受到严重威胁；⑤由部分投入品残留转为农业立体式污染，使农产品质量安全受到严重威胁。[2] 在这种情形下，工商企业等社会资本参与农业生产经营也是步履维艰，其希望在投资中获益更是变得困难重重。

同时，在农村社会发展过程中，为了加快解决粮食短缺和农民温饱问题，我国自改革开放以来都非常强调提高农村土地生产率，"两权分离"制度演进过程就是其中最为典型的体现。[3] 工商企业等社会资本参与农业土地经营，甚至直接进行粮食生产，对于农村土地生产率的提高有极大的帮助。有学者在分析官方数据后得出三点结论：其一，按照官方成本核算，粮食生产的成本利润率极高。因为官方核算压低了农户家庭用工的工价，而家庭用工又是农产品成本的主要部分，故粮食生产的成本利润率严重虚高。如果以市场雇工价格计算家庭用工费用，粮食生产只是微利甚至无利。其二，与大宗非粮食作物相比，在成本利润率和亩净收入或亩利润方面，粮食生产均大大低于蔬菜和水果。而且，从生产成本利润率的变异程度即效益风险来看，粮食也远远大于蔬菜和水果。其三，粮农家庭实际用工的工日报酬，在 2004 年以前普遍低于雇工工价，2004～2010 年期间普遍高于雇工工价，但自 2010 年以来又低于雇工工价；粮农工日报酬普遍低于农民工日均工资。值得注意的是，2010 年以来粮农工日报酬低于雇工工价和农

---

〔1〕　厉以宁：《经济学的伦理问题》，生活·读书·新知三联书店 1995 年版，第 2 页。

〔2〕　参见万宝瑞："新形势下我国农业发展战略思考"，载《农业经济问题》2017 年第 1 期。

〔3〕　参见高飞："农村土地'三权分置'的法理阐释与制度意蕴"，载《法学研究》2016 年第 3 期。

民工日均工资的幅度在加大。[1] 然而，中国粮食生产效益低的主要原因在于粮农的就业不充分，具体有两个方面：一是劳动时间上的不充分就业，表现为获取工日报酬的天数较少；二是劳动空间上的不充分就业，表现为粮农的土地经营规模不够大。因此，形成大规模的粮食生产者十分必要，这样就能够以粮食生产的规模优势来抗衡高价值经济作物的单位效益优势。[2] 尽管工商企业等社会资本经营农村土地生产粮食，相较于小农户经营可能会获得更高的利润率，但如果工商企业等社会资本在该耕地上从事高价值经济作物的生产或从事非农建设，获得的土地利润率无疑会更高。可见，为了获得高额利润率，放弃粮食生产，将农业用地转为高产出的非农用地，这是工商企业等社会资本在经营农村土地时的理性选择。

从农村土地流转的实践来看，资本下乡参与农村土地经营的确加剧了"非农化""非粮化"现象。工商企业等社会资本在经营农村土地时，往往以发展高附加值的经济作物或设施农业为主，而较少从事粮食生产。据原农业部统计，截至2012年年底，我国农户流转出的承包耕地中，仅有55.8%的流转耕地用于种植粮食作物，而工商企业等社会资本正是流转耕地"非粮化"的重要推手；在极端情况下，一些工商企业等社会资本擅自改变土地用途，导致了流转耕地的"非农化"。[3] 因此，正视工商企业等社会资本参与农村土地经营获取收益的正当追求，并将这种纯粹经济上的追求引导到合法的轨道上来，有助于克服耕地"非农化""非粮化"风险。

第三节　承包地三权分置制度实施风险的防范措施

针对承包地"三权分置"制度的实施风险，可以从多个角度探寻防范举措。但是，无论是"铺路架桥"的政策落实，还是"保驾护航"的制度调整，承包地"三权分置"政策入法后制度实施风险的防范都离不开法治的跟进，这是承包地"三权分置"制度落地见效的逻辑必然，更是我国土地法治改革的功能与价值所在。[4] 本节主要从现行《农村土地承包法》和《民法典》相关规则的适用视

---

〔1〕参见李首涵、何秀荣、杨树果："中国粮食生产比较效益低吗？"，载《中国农村经济》2015年第5期。

〔2〕参见李首涵、何秀荣、杨树果："中国粮食生产比较效益低吗？"，载《中国农村经济》2015年第5期。

〔3〕参见张红宇：《新型城镇化与农地制度改革》，中国工人出版社2014年版，第38页。

〔4〕参见聂婴智、韩学平："农地'三权分置'的风险与法治防范"，载《学术交流》2016年第10期。

角出发，对承包地"三权分置"制度实施风险的防范措施进行探讨。

一、妥当解释法律规范

承包地"三权分置"政策如期入法，这是我国农村土地法律制度发展取得的重大成绩，但该政策的法律表达出现的些许瑕疵，极有可能在具体实施中带来风险，对此绝不可掉以轻心，故"要考虑的问题是，我们如何操作即将呈现在我们面前的不尽如人意的修改法"。[1] 为了适用法律，必然需要对法律进行解释，"法律用语的意涵须加阐明。不确定的法律概念或概括条款，须加具体化。法规的冲突，更须加以调和"。[2] 在解释法律的过程中，究竟应当以立法者制定法律规范时的主观意识为目标，还是应当追求存在于法律规范的客观意思，学界一直纷争不止，现今我国理论通说和实践倾向采用客观说。该说认为，"法律一经制定，即从立法者分离，成为一种客观存在。立法者于立法当时赋予法律的意义、观念及期待，并不具有拘束力；具有拘束力的，是作为独立存在的法律内部的合理意义"。[3] 对于现行《农村土地承包法》和《民法典》中承包地"三权分置"制度的表述瑕疵，在解释适用时也有必要坚持客观说的立场。

（一）关于农村集体经济组织的法律定位的解释

对于农村集体经济组织与农民集体的关系，《民法典》第99条和第262条的规定存在相悖之处，前者将农村集体经济组织规定为集体土地所有权的主体，后者将农村集体经济组织规定为集体土地所有权的代表行使主体，无论采用何种理解，这两个条文之间存在的冲突都难以消解。有学者认为，"《民法典》第262条的代表行使规定并不能成为否定农村集体经济组织属于集体土地所有权主体的依据，……承认农村集体经济组织的土地所有权主体地位，既能体现我国集体土地所有权归属制度的延续性，维护不同法律规定之间的和谐一致性，也可以实现农民集体成员对农村集体经济组织行为的直接控制，更有利于集体土地产权制度的明晰和农民权益的保护，同时还可以有效解决农村集体产权制度改革中农村集体经济组织成员和资产来源的难题，是兼顾历史与现实并能充分回应改革目标的选择"。[4] 可见，将农村集体经济组织解释为集体土地所有权的主体，既符合该

〔1〕 ［日］大村敦志：《从三个纬度看日本民法研究——30 年、60 年、120 年》，渠涛等译，中国法制出版社 2015 年版，第 176 页。

〔2〕 王泽鉴：《民法思维：请求权基础理论体系》，北京大学出版社 2009 年版，第 160 页。

〔3〕 梁慧星：《民法解释学》，法律出版社 2015 年版，第 209 页。

〔4〕 宋志红："论农民集体与农村集体经济组织的关系"，载《中国法学》2021 年第 3 期。

制度建构的初始使命，又能够满足该制度运行的实践需求，具有明显的合理性。对于该问题，本书第四章第一节"落实集体土地所有权的法治路径"部分已有较为细致的分析，此处不再赘述。

既然农村集体经济组织是集体土地所有权的主体，而集体土地所有权又是一种民事权利，这就决定了在行使集体土地所有权时，农村集体经济组织不具有公权力主体的职能。因此，将现行《农村土地承包法》第45条第2款中农村集体经济组织向工商企业等社会资本收取管理费用的行为，理解为是其行使公权力的表现，显然与农村集体经济组织作为集体土地所有权主体的法律定位不相符。在立法过程中，对于是否应当赋予农村集体经济组织收取适量管理费用的权利（力），有两种对立的观点：一种观点认为，农村集体经济组织在流转土地经营权时未提供具体服务，不宜赋予其收取管理费用的权利，且该种权利的赋予容易滋生其他问题，"适量"的标准也不好把握；另一种观点认为，农村集体经济组织是发包方，在土地承包经营权人（承包方）流转土地经营权时要履行备案职责，赋予其收取适量管理费用具有合理性，而且，该种权利的赋予有助于提高农村集体经济组织开展工作的积极性，推动尽快形成土地适度规模经营，实现第三方经营主体的效益最大化。[1] 显而易见，现行《农村土地承包法》第45条第2款采纳了第二种观点。然而，如果对这两种观点的具体内容细致分析可知，它们都表达了一个共同的意思，即在工商企业等社会资本通过流转取得土地经营权的过程中，农村集体经济组织可以为其提供一定的服务，这种服务在性质上符合"统分结合的双层经营体制"中"统"的方面对农村集体经济组织的要求。因此，对于该条款中农村集体经济组织收取的"适量管理费用"，应当解释为"适量服务费用"，而且农村集体经济组织只有在为工商企业等社会资本提供了相关服务时才有权收取该费用。"为了规范农村土地经营权流转行为，保障流转当事人合法权益，加快农业农村现代化，维护农村社会和谐稳定"[2]，农业农村部2021年第1次常务会议审议通过了《农村土地经营权流转管理办法》，该办法第31条以部门规章的形式明确了"适量管理费用"的服务费用性质。

此外，现行《农村土地承包法》第64条规定农村集体经济组织享有终止土地经营权流转合同的权利，对该权利的性质也应当作出妥当的解释，以便其与作为集体土地所有权主体的农村集体经济组织的法律地位相符。基于合同相对性原则及各国（或地区）的立法例可知，合同终止权与合同解除权在权利主体上具有

---

〔1〕 参见黄薇主编：《中华人民共和国农村土地承包法释义》，法律出版社2019年版，第194~195页。
〔2〕 《农村土地经营权流转管理办法》第1条。

相同的特点，即只有合同当事人才能享有这一权利。[1] 根据现行《农村土地承包法》第42条的规定，"承包方不得单方解除土地经营权流转合同，但受让方有下列情形之一的除外：（一）擅自改变土地的农业用途；（二）弃耕抛荒连续两年以上；（三）给土地造成严重损害或者严重破坏土地生态环境；（四）其他严重违约行为"。农村集体经济组织享有的终止权便是以土地承包经营权人不行使此种法定的合同解除权为前提的。依照农村集体经济组织与土地承包经营权人之间的土地承包合同，土地承包经营权人应当承担维护土地的农业用途、依法保护和合理利用土地等义务，且该土地承包合同在土地经营权流转后并不消灭，故作为土地经营权流转合同当事人的土地经营权人存在现行《农村土地承包法》第42条规定的解除合同情形时，土地承包经营权人在合理期限内行使法定解除权，相对于土地经营权人来说是一种权利，而相对于农村集体经济组织来说则是一种义务。[2] 有学者认为，农村集体经济组织享有的终止权是现行《农村土地承包法》创设的一项法定代位权，该法定代位权既不是债权人代位权的一种，也不是程序性的代位诉讼权，而是代位求偿权意义上的代位解除权。[3] 将农村集体经济组织终止土地经营权流转合同的权利解释为代位解除权值得赞同，该权利源于土地承包合同，农村集体经济组织行使该权利则是出于履行集体土地所有权人依法负有的保护土地资源和生态环境的义务。

（二）关于土地承包经营权与土地承包权关系的解释

在承包地"三权分置"政策入法后，为了对现行《农村土地承包法》中相关制度作出不偏离该政策的理解，从而出现了土地承包权就是土地承包经营权或土地承包权是土地承包经营权的内容之一的说法，由此将土地承包经营权界定为一种具有身份属性的用益物权。对土地承包经营权作出这样的界定，正好与现行《农村土地承包法》设计的土地承包经营权互换、转让制度在观念上相契合。

不过，《农村土地承包法》（2002年）和《物权法》中的土地承包经营权是一种纯粹的财产权，该权利不具有身份属性，如果将现行《农村土地承包法》中规定的土地承包经营权作出具有身份属性的财产权的界定，不仅是立法观念上的倒退，而且与现行《农村土地承包法》第27条有关进城落户农户的承包地处理存在规范冲突。同时，将土地承包经营权界定为具有身份属性，意指该权利包含土地承包权的因素，而因土地承包权是承包集体土地的资格，且这种资格包括初

---

〔1〕　参见林诚二：《民法债编总论——体系化解说》，中国人民大学出版社2003年版，第458~459页。

〔2〕　参见黄薇主编：《中华人民共和国农村土地承包法释义》，法律出版社2019年版，第268页。

〔3〕　参见王洪平："发包方土地经营权流转合同终止权研究"，载《法学论坛》2019年第5期。

次承包资格和继续承包资格，那么，根据这种理解，在土地承包经营权转让时，原土地承包经营权人将基于土地承包关系终止而丧失继续承包原承包地的资格。也就是说，土地承包经营权人转让土地承包经营权后将产生丧失承包地的后果，这种情形与赋予土地承包经营权身份属性在立法观念上正好相矛盾，也违背了承包地"三权分置"政策再三强调的"稳定农户承包权"的意旨。

因此，在解释现行《农村土地承包法》中的土地承包经营权制度时，应继续坚持土地承包经营权是一种纯粹的财产权，该权利不具有身份属性。由于土地承包经营权是具有一定期限的用益物权，土地承包经营权人转让土地承包经营权时，不得超过承包期限的剩余期限。此外，因为土地承包经营权不具有身份属性，土地承包经营权人也不会因转让土地承包经营权而丧失继续承包的权利，那么，在土地承包经营权转让后期限届满时，原土地承包经营权人基于继续承包的权利，对原承包地享有新一轮的土地承包经营权。

（三）关于土地经营权再流转方式的解释

现行《农村土地承包法》第46条确认了土地经营权再流转制度。从制度逻辑上来看，由于土地经营权的享有主体在身份上没有限制，故土地经营权再流转方式应当比该法第36条规定的流转方式更加广泛。具体来说，土地经营权再流转应当包括被第36条排除在外的"互换""转让"等流转方式，这种理解符合债权人或物权人对自身享有的权利进行处分的制度内涵。需要指出的是，对土地经营权再流转方式作出宽泛的理解，可能会产生一定的弊端，这就是可能在承包地上催生一些食利阶层。食利阶层的出现不利于农业生产力的发展，因为食利阶层不以自己劳动为基础，故对发展财富的生产十分不利。[1] 如果土地经营权再流转的方式以及再流转的次数不受限制，一切都由流转合同的双方当事人自由决定，则可能在一块承包地上存在多重债权债务关系，而每一个转出方当事人都会通过流转土地经营权获得一定的收益。在粮食生产微利甚至亏损、农业生产比较效益低的情况下，种植环节的低利润根本无法维持多个食利阶层同时存在，[2] 其结果就是地租侵蚀利润，从而迫使实际耕作者作出"非农化""非粮化"的选择。

在实践中，适用现行《农村土地承包法》第46条时，对该条规定的土地经营权再流转作出适当的限制极其必要，这种限制主要是为了避免原土地经营权人

---

〔1〕 参见李松龄："农村土地'三权分置'改革的理论依据和现实意义"，载《湖南社会科学》2018年第1期。

〔2〕 参见陈义媛："资本下乡：农业中的隐蔽雇佣关系与资本积累"，载《开放时代》2016年第5期。

不付出劳动而纯粹在承包地上"食利",从而以地租侵蚀利润。为了达到该目标,可以考虑对流转方式作出限缩解释,即原土地经营权人只能采用将流转出的承包地上的权利和义务一并转移给新土地经营权人的方式。实践中鼓励采用转让、互换等流转方式对土地经营权进行再流转,这既可以减少承包地上的"食利者",也能够防止在承包地上产生多重债权债务关系,人为导致法律关系的复杂化。

二、及时完善配套制度

承包地"三权分置"政策入法并不表明与政策相关的制度体系已经完全建成,故根据现行《农村土地承包法》和《民法典》的实施情况和实践需要,在今后一段时间还需要对一些规范的细节和配套制度予以完善。"完善法律体系要求注重对现有体系的拾遗补缺。不断发展的现实要求不断完善的立法。只有法律体系不断完善,才能确保立法始终适应社会各个方面的客观需要。许多重点领域还需加强立法,个别尚处于'立法真空'的领域其立法要求更为迫切。"[1] 为了应对承包地"三权分置"制度实施的风险,必须尽快对该制度体系予以有针对性地拾遗补阙,而以下两个方面的制度因为已经得到立法授权,故依照承包地"三权分置"制度的实践需求对其予以建构,具有显著的现实意义。

(一) 制定农村集体经济组织成员认定规则

明确农村集体经济组织成员的资格,直接关系到农村集体经济组织的运行,也是家庭承包工作开展的基础。根据《民法典》第 261 条第 2 款[2]和现行《农村土地承包法》第 20 条[3]的规定,农村集体经济组织成员有权参与农村土地承包方案的决定及相关事项;根据现行《农村土地承包法》第 5 条第 1 款、第 21 条第 2 款和《民法典》第 332 条第 2 款的规定,农村集体经济组织成员有权承包由本农村集体经济组织发包的农村土地,并有权在承包期限届满时继续承包原承包地。

---

〔1〕 最高人民法院中国特色社会主义法治理论研究中心编写:《法治中国:学习习近平总书记关于法治的重要论述》,人民法院出版社 2017 年版,第 107 页。

〔2〕《民法典》第 261 条第 2 款规定:"下列事项应当依照法定程序经本集体成员决定:(一) 土地承包方案以及将土地发包给本集体以外的组织或者个人承包;(二) 个别土地承包经营权人之间承包地的调整;(三) 土地补偿费等费用的使用、分配办法;(四) 集体出资的企业的所有权变动等事项;(五) 法律规定的其他事项。"

〔3〕 现行《农村土地承包法》第 20 条规定:"土地承包应当按照以下程序进行:(一) 本集体经济组织成员的村民会议选举产生承包工作小组;(二) 承包工作小组依照法律、法规的规定拟订并公布承包方案;(三) 依法召开本集体经济组织成员的村民会议,讨论通过承包方案;(四) 公开组织实施承包方案;(五) 签订承包合同。"

《农村土地承包法》（2002 年）在起草时，为了保持第二轮承包形成的土地承包关系的稳定，避免因立法造成实际工作的困难和混乱，如法律规定农村集体经济组织成员资格认定条件后，不能照顾到各种特殊情况，造成部分成员重新要求承包土地或调整承包地，从而影响到已经形成的土地承包关系的稳定，故该法最后没有明确规定农村集体经济组织成员的资格条件。[1] 但是，此种立法决策只是在土地承包权行使方面延缓了相关问题爆发的时间，却不能从根本上解决实践中存在的农村集体经济组织成员资格认定纠纷。

近年来，农村社会出现了许多新情况、新变化，与农村集体经济组织成员资格认定相关的纠纷越来越多，在法律没有对农村集体经济组织成员资格的认定标准作出统一规定的情况下，不少地方性规范文件、司法实践部门的"司法解释性质文件"和村规民约成为解决该纠纷的主要依据。由于农村集体经济组织成员资格的认定关乎公民的基本权利，不宜由地方性规范文件、司法实践部门的"司法解释性质文件"和村规民约来决定，故现行《农村土地承包法》第 69 条明确规定，我国应当制定法律或法规对确认农村集体经济组织成员身份的原则、程序等进行规范。当前，《农村集体经济组织法》的制定已经被纳入十三届全国人民代表大会常务委员会立法规划，该法在制定中必将系统规定农村集体经济组织的成立、治理机构、农村集体经济组织成员的取得与丧失等制度。如果《农村集体经济组织法》得以颁布，在承包地"三权分置"制度实施时，"土地承包权"适用的法律依据就会更加丰富，该权利所涉法律关系也会更加明晰。

（二）制定工商企业等社会资本取得土地经营权的管理办法

承包地"三权分置"政策对工商企业等社会资本参与农业生产采取了鼓励、扶持和引导的态度，但从该政策确立的原则和要求来看，需要在不同当事人之间做好利益平衡，防止过于强调一方当事人的权利而损害他方当事人的权利，尤其是工商企业等社会资本具有较强的逐利性特征，在其通过流转取得土地经营权时，更有必要对其介入承包地流转可能带来的风险加以防范。[2] 现行《农村土地承包法》第 45 条第 3 款特别授权国务院农业农村、林业和草原主管部门制定工商企业等社会资本通过流转取得土地经营权的资格审查、项目审核和风险防范制度的具体办法。

有学者对我国有关工商企业等社会资本经营农村土地的政策进行细致分析后

---

〔1〕　参见何宝玉主编：《中华人民共和国农村土地承包法释义》，中国民主法制出版社 2019 年版，第 164 页。

〔2〕　参见黄薇主编：《中华人民共和国农村土地承包法释义》，法律出版社 2019 年版，第 192 页。

提出，"在土地经营权流转中，既要加大政策扶持力度，鼓励创新农业经营体制机制，又要因地制宜，循序渐进。坚持以保障国家粮食安全、促进农业增效和农民增收为目标；坚持依法自愿有偿，尊重农民主体地位，发挥市场配置功能，强化政府扶持引导；坚持经营规模适度和农地农用，避免片面追求超大规模经营。要加强工商资本租赁农地监管和风险防范，对工商资本租赁农地实行分级备案，严格准入门槛，探索建立程序规范、便民高效的工商资本租赁农地资格审查、项目审核制度，健全多方参与、管理规范的风险保障金制度。加强事中事后监管，防止出现一些工商资本到农村流转土地后搞非农建设、影响耕地保护和粮食生产等问题，确保不损害农民权益、不改变土地用途、不破坏农业综合生产能力和农业生态环境"。[1] 这些措施以工商企业等社会资本在土地经营权流转中处于优势地位为出发点，对于防止工商企业等社会资本经营农村土地可能产生的弊端具有积极意义，故国务院农业农村、林业和草原主管部门根据授权制定具体办法时，应当尽量将它们吸纳到规则之中。

然而，对于工商企业等社会资本在经营农村土地过程中可能遇到的困境也不能无动于衷。工商企业等社会资本集中农村土地进行适度规模经营，改变了农户小规模家庭经营的状况，也使自然风险和市场风险都相对聚集。[2] 同时，由于工商企业等社会资本在参与农村土地经营时前期投入较大，如果片面强调对处于弱势地位的土地承包经营权人加以保护，也可能会使地租侵蚀利润大行其道。因为"一旦工商企业在经营过程中出现风险，则不仅会影响到企业自身，还会影响到参与农地流转的大量农户，存在引发社会风险的可能性"。[3] 因此，在制定具体办法时，对工商企业等社会资本的利益也应当给予足够的重视。此时，"'政府'不再是中立的旁观者，必须扮演积极的角色，通过立法及法律的解释适用，使契约自由及契约正义两项原则，获得最大的调和及实现"。[4] 具体而言，应当在具体办法中建立土地经营权流转价格评估制度，并明确评估价格为流转土地经营权的指导价格，避免任意一方当事人漫天要价或极力压低价格，以实现平衡土地经营权流转合同双方当事人利益的目标。

令人欣慰的是，以现行《农村土地承包法》第 45 条第 1 款为依据，农业农村部制定的《农村土地经营权流转管理办法》对工商企业等社会资本通过流转取

---

〔1〕　高圣平、王天雁、吴昭军：《〈中华人民共和国农村土地承包法〉条文理解与适用》，人民法院出版社 2019 年版，第 295 页。

〔2〕　参见张红宇：《新型城镇化与农地制度改革》，中国工人出版社 2014 年版，第 40 页。

〔3〕　张红宇：《新型城镇化与农地制度改革》，中国工人出版社 2014 年版，第 41 页。

〔4〕　王泽鉴：《债法原理》，北京大学出版社 2013 年版，第 111 页。

得土地经营权的资格审查、项目审核和风险防范制度进行了细化，其主要内容包括：①规定县级以上地方人民政府依法建立资格审查和项目审核制度，明确了审查审核的一般程序；[1] ②规定县级以上地方人民政府依法建立风险防范制度，强调加强监督和及时查处违法违规行为，并明确了若干具体风险防范措施；[2] ③要求县级以上地方人民政府结合本行政区域实际制定实施细则。[3] 尽管上述规定对于规制工商企业等社会资本通过流转取得土地经营权的资格审查、项目审核和风险防范等具有积极作用，但毋庸讳言，其将诸多操作规则的建构重任交给县级以上地方人民政府承担，暂且不论县级以上地方人民政府是否具有与该制度建构相应的知识水平和规范性文件草拟能力，这些操作规则在一段时间内仍然存在制度空白则是不可避免的。

三、全面推进严格执法

法律一旦制定并颁布，必须保障该法实施、实现，发挥其调整社会关系的作用，促进符合立法目的的法律秩序得以建立。[4] 因此，承包地"三权分置"制度实施风险的防范，还应当寄希望于相关国家法律、法规的严格执行。由于我国农村土地法律制度的变迁基本以党和国家政策为先导，实践中政策在很多方面能够比法律发挥更大的作用，且法律规则的内容也深受相关政策的影响，甚至部分

---

〔1〕《农村土地经营权流转管理办法》第29条规定："县级以上地方人民政府对工商企业等社会资本流转土地经营权，依法建立分级资格审查和项目审核制度。审查审核的一般程序如下：（一）受让主体与承包方就流转面积、期限、价款等进行协商并签订流转意向协议书。涉及未承包到户集体土地等集体资源的，应当按照法定程序经本集体经济组织成员的村民会议三分之二以上成员或者三分之二以上村民代表的同意，并与集体经济组织签订流转意向协议书。（二）受让主体按照分级审查审核规定，分别向乡（镇）人民政府农村土地承包管理部门或者县级以上地方人民政府农业农村主管（农村经营管理）部门提出申请，并提交流转意向协议书、农业经营能力或者资质证明、流转项目规划等相关材料。（三）县级以上地方人民政府或者乡（镇）人民政府应当依法组织相关职能部门、农村集体经济组织代表、农民代表、专家等就土地用途、受让主体农业经营能力，以及经营项目是否符合粮食生产等产业规划等进行审查审核，并于受理之日起20个工作日内作出审查审核意见。（四）审查审核通过的，受让主体与承包方签订土地经营权流转合同。未按规定提交审查审核申请或者审查审核未通过的，不得开展土地经营权流转活动。"

〔2〕《农村土地经营权流转管理办法》第30条规定："县级以上地方人民政府依法建立工商企业等社会资本通过流转取得土地经营权的风险防范制度，加强事中事后监管，及时查处纠正违法违规行为。鼓励承包方和受让方在土地经营权流转市场或者农村产权交易市场公开交易。对整村（组）土地经营权流转面积较大、涉及农户较多、经营风险较高的项目，流转双方可以协商设立风险保障金。鼓励保险机构为土地经营权流转提供流转履约保证保险等多种形式保险服务。"

〔3〕《农村土地经营权流转管理办法》第32条规定："县级以上地方人民政府可以根据本办法，结合本行政区域实际，制定工商企业等社会资本通过流转取得土地经营权的资格审查、项目审核和风险防范实施细则。"

〔4〕 参见刘金国："论法的实现"，载《政法论坛》1992年第1期。

法律表述直接源于政策话语,[1] 故承包地"三权分置"制度实施中风险的防范,也不可忽视相关部门对政策的有效落实。

（一）对国家法律、法规的严格执行

"作为一定经济基础之上的法律上层建筑，构成其体系的各个法律部门和法律规范，必然在总的和基本的方面反映该经济基础及其统一的要求，共同的经济基础及其对法的统一要求必然形成各个法律部门和法律规范之间的相互协调与和谐一致"。[2] 因此，对于承包地"三权分置"制度实施中产生的农民集体主体错位、流转主体利益受损、耕地"非农化""非粮化"等风险的法律规制，不仅仅是现行《农村土地承包法》和《民法典》的任务。

当前，《土地管理法》《农业法》《土地管理法实施条例》和《农村土地经营权流转管理办法》等，对耕地保护、农用地转用、农业生产经营体制、农业生产、农业投入、农业资源与农业环境保护、土地经营权流转管理制度以及土地违法应承担的法律责任等，作出了较为系统的规范，这些规范都与承包地"三权分置"制度实施有着或直接或间接的关联。"严格执法是法治的关键环节"，[3] 如果我国与承包地"三权分置"制度有关的现行法律法规能够在实践中得到严格执行，对于防范承包地"三权分置"制度实施风险将极有助益。

（二）确保党和国家政策落地见效

由于党和国家对"三农"问题极为重视，出台了诸多涉农政策，这些政策中的大多数都在农村土地制度改革中发挥了巨大作用，但也有极少数政策在执行中偏离了预设目标。

在当前众多的涉农政策中，粮食直补政策与土地经营权流转时协调双方当事人利益具有密切关系。我国自 2004 年开始在全国全面实施粮食直补政策，该政策对提高农民种粮积极性、保障国家粮食安全具有重要意义。但是，许多地方在执行粮食直补政策时，采取按照土地面积而不是种粮面积进行补贴的方法，没有真正做到对实际种粮者进行补贴；随着大量农村劳动力转移，外出务工人员的承包田有相当一部分已经转租，而很多地方仍然将种粮补贴款直接拨付给承包农

〔1〕 参见高飞：《集体土地所有权主体制度研究》，中国政法大学出版社 2017 年版，第 110 页注释 1。
〔2〕 李龙主编：《法理学》，武汉大学出版社 1996 年版，第 325 页。
〔3〕 最高人民法院中国特色社会主义法治理论研究中心编写：《法治中国：学习习近平总书记关于法治的重要论述》，人民法院出版社 2017 年版，第 111 页。

户，这就出现了实际种粮者得不到补贴、得到补贴者并不种粮的怪异情况。[1]
如果这种情形得到改变，确保实际种粮的土地经营权人获得粮食补贴，从而有效
防范农业补贴政策的激励效应减退，[2] 必然有利于降低农村土地"非农化"
"非粮化"风险。

当然，除了粮食直补政策外，还有大量涉农政策的落实有助于防范承包地
"三权分置"制度实施风险，在此不再一一列举。但是，必须强调的是，这些政
策的落实应当以不违反现行法律法规为前提，即便是进一步推行相关试点改革也
需要于法有据。

本章小结

在承包地"三权分置"政策入法后，为确保承包地"三权分置"法律制度
在实践中真正得到落实，有必要对现行《农村土地承包法》和《民法典》中相
关规则在实施时可能产生的风险及其生成根源进行探讨，以便为预先防范这些制
度实施风险提出具有实操性的对策建议。

从本质上来看，承包地"三权分置"制度实施的风险是该制度异化的结果，
这就是制度实施的实际效果与预期的制度目标之间可能出现偏差。就我国农村土
地承包经营实践而言，现行《农村土地承包法》和《民法典》规定的承包地
"三权分置"制度规则在实施中面临的主要风险有三，即农民集体主体错位风险、
流转主体利益受损风险和耕地"非农化""非粮化"风险。

对于入法后的承包地"三权分置"制度实施风险的生成根源，当前各界的看
法存在较大分歧，本书认为其主要包括：①制度内容的立法表述存在瑕疵。《民
法典》在沿袭《民法总则》第 99 条和《物权法》第 60 条时，未能对这两个条
文在理解上已经存在的争议加以协调，以致对于农村集体经济组织是集体土地所
有权的主体抑或代表行使主体这个问题，在实践中依然难有定论。现行《农村土
地承包法》第 34 条规定了土地承包经营权人转让土地承包经营权后在承包地上
的承包关系终止的具体效力，但法律规则中没有作出清晰的表达。②农村土地流
转的过度市场化。承包地"三权分置"政策入法是为了给土地经营权流转提供法

---

〔1〕 参见辛翔飞、张怡、王济民："我国粮食补贴政策实施状况、问题和对策"，载《农业经济》
2016 年第 9 期。

〔2〕 参见叶兴庆："从'两权分离'到'三权分离'——我国农地产权制度的过去与未来"，载
《中国党政干部论坛》2014 年第 6 期。

律路径，以"使市场在资源配置中起决定性作用"得到遵循，但"更好发挥政府作用"却没有得到应有的重视，从而使得土地承包经营权人与土地经营权人之间的权利和义务出现了失衡的可能。③土地利益受经济利益畸形驱动。由于我国农业发展面临严峻挑战，粮食生产效益又很低，为了获得高额利润率，在从事农村土地经营时放弃粮食生产而种植高价值经济作物，或者将农业用地转为高产出的非农用地，成为资本下乡时的理性选择，但此举将加剧"非农化""非粮化"的恶果。

从规则适用视角分析现行《农村土地承包法》和《民法典》可知，承包地"三权分置"制度实施的风险可从三个方面予以防范：①妥当解释法律规范。对《民法典》第99条和第262条的内涵应当进行系统阐释，明确农村集体经济组织为集体土地所有权的主体而不是代表行使主体。在资本下乡过程中，农村集体经济组织如果为工商企业等社会资本提供了相应服务的，可以适量收取服务性质的"管理费用"。现行《农村土地承包法》第64条规定农村集体经济组织作为发包方享有终止土地经营权流转合同的权利具有正当性，但该权利应当被解释为代位解除权。对于土地承包经营权的性质，应当将其界定为一种不具有身份属性的纯粹财产权，这样才能保障土地承包经营权人不因转让土地承包经营权而丧失期限届满后的续包权。土地经营权人再流转土地经营权是"放活土地经营权"的具体表现，但为了避免原土地经营权人不付出劳动而纯粹在承包地上"食利"，从而出现以地租侵蚀利润的现象，应当对再流转方式作出限缩解释。②及时完善配套制度。为了应对承包地"三权分置"制度实施风险，需要及时对该制度体系进行有针对性的拾遗补阙，其中根据立法授权制定法律法规对农村集体经济组织成员的认定规则加以明确是当务之急；同时，在农业农村部制定的《农村土地经营权流转管理办法》对工商企业等社会资本取得土地经营权的资格审查、项目审核和风险防范制度已作出细化的基础上，应当进一步指导县级以上地方人民政府结合本行政区域实际制定实施细则。③全面推进严格执法。法律一旦制定并颁布实施，必须确保该法中的规则得到实现。在我国，党和国家政策对农村土地法律制度的制定和实施均有深远的影响，因此，在加强对国家法律、法规的严格执行工作的同时，也应当认真落实相关的党和国家政策，从而对承包地"三权分置"制度实施风险加以防范。

结束语

从 1978 年我国在农村地区推行家庭联产承包责任制算起，在承包地"三权分置"政策进入现行《农村土地承包法》之前，"两权分离"制度在我国农村地区已经实行了整整 40 年。十八届三中全会后，承包地"三权分置"政策的推行，是为了在"两权分离"制度基础上进一步深化农村土地法律制度的改革，以适应家庭承包耕地流转规模日益勃兴的趋势。

在 2018 年修正《农村土地承包法》，尤其是 2020 年《民法典》颁布后，我国从国家立法层面完成了承包地"三权分置"政策入法工作。然而，由于承包地"三权分置"政策提出的时间较短，所涉问题极为复杂，而各界对"两权分离"制度利弊的总结又较为仓促，承包地"三权分置"的农村土地权利结构与"两权分离"的农村土地权利结构的优劣也没有得到全面的归整，以致在该政策入法前引发了诸多纷争，且围绕该政策产生的部分争议在入法后的法律表达中得到了体现，从而将入法前政策的制度意蕴之争变成了入法后法律的规则阐释之争。

本书以实施乡村振兴战略为制度背景，坚持解释论的立场，在对承包地"三权分置"政策的演进予以细致考察的基础上，深入分析了承包地"三权分置"政策入法的争点，并对承包地"三权分置"政策入法后的制度设计进行了法理检视，明晰了入法后承包地"三权分置"制度中各项相关权利的法实现路径，整理了承包地"三权分置"制度实施中可能产生的主要风险，针对性地提出了具体的风险防范措施，从而为承包地"三权分置"制度在实践中顺畅运行提供了理论支撑。

现行《农村土地承包法》和《民法典》是承包地"三权分置"政策入法后法律表达的主要载体，但是，这两部法律所设计的相关规则不仅在各自内部出现了冲突，而且这两部法律设计的部分相同规则也采用了不同的法律表达方式。上述规则设计上的缺陷使得在承包地"三权分置"法律制度的理解与适用方面异见纷呈，而试图准确阐释这些法律规则既需要阐释者付出巨大努力，也需要阐释者富有冒险精神。

本书在承包地"三权分置"制度法实现及制度实施风险之防范方面的研究结

论，是以现行《农村土地承包法》和《民法典》中的相关具体规则为分析对象，对两部法律中所涉具体规则进行体系化阐释后，在极其纠结、犹豫的心态下作出的一种选择。尽管有些解释结论未必能体现出大家期待的新意，也可能无法完全消除相关法律条文之间的逻辑矛盾，但是，这是以实现承包地"三权分置"政策的制度意蕴为目标导向，在遵循法理逻辑的多种可供选择的解释结论中，以"两害相权取其轻、两利相权取其重"的方法为指导，反复权衡后所作选择的结果。当然，这种选择的成功与否则留待公正的时间来检验。

参考文献

一、中文著作

1. 蔡定剑：《宪法精解》，法律出版社 2006 年版。

2. 曹锦清、陈中亚：《走出"理想"城堡——中国"单位"现象研究》，海天出版社 1997 年版。

3. 陈甦主编：《民法总则评注》（上册），法律出版社 2017 年版。

4. 陈锡文、罗丹、张征：《中国农村改革 40 年》，人民出版社 2018 年版。

5. 陈晓敏：《大陆法系所有权模式历史变迁研究》，中国社会科学出版社 2016 年版。

6. 陈小君等：《农村土地法律制度研究——田野调查解读》，中国政法大学出版社 2004 年版。

7. 陈小君等：《农村土地问题立法研究》，经济科学出版社 2012 年版。

8. 陈小君等：《田野、实证与法理——中国农村土地制度体系构建》，北京大学出版社 2012 年版。

9. 陈小君等：《我国农村集体经济有效实现的法律制度研究：理论奠基与制度构建》，法律出版社 2016 年版。

10. 陈昕主编：《社会主义经济的制度结构——上海三联书店 1992 年经济学论文选》，上海三联书店 1993 年版。

11. 陈雪原等：《中国农村集体经济发展报告（2021）：党建引领新型集体经济治理现代化》，社会科学文献出版社 2021 年版。

12. 崔建远：《中国民法典释评·物权编》（下卷），中国人民大学出版社 2020 年版。

13. 戴威：《农村集体经济组织成员权制度研究》，法律出版社 2016 年版。

14. 邓正来：《中国法学向何处去——建构"中国法律理想图景"时代的论纲》，商务印书馆 2006 版。

15. 杜涛主编：《中华人民共和国农村土地承包法解读》，中国法制出版社 2019 年版。

16. 樊纲等：《公有制宏观经济理论大纲》，上海三联书店、上海人民出版社 1999 年版。

17. 房绍坤主编：《承包地"三权分置"的法律表达与实效考察》，中国人民大学出版社 2018 年版。

18. 高飞：《集体土地所有权主体制度研究》，中国政法大学出版社 2017 年版。

19. 高海：《农用地"三权分置"研究》，法律出版社 2017 年版。

20. 高圣平：《中国土地法制的现代化——以土地管理法的修改为中心》，法律出版社 2014 年版。

21. 高圣平、王天雁、吴昭军：《〈中华人民共和国农村土地承包法〉条文理解与适用》，人民法院出版社 2019 年版。

22. 高兆明：《政治正义：中国问题意识》，人民出版社 2014 年版。

23. 顾昂然等：《中华人民共和国民法通则讲座》，中国法制出版社 2000 年版。

24. 关涛：《我国不动产法律问题专论》，人民法院出版社 2004 年版。

25. 管洪彦：《农民集体成员权研究》，中国政法大学出版社 2013 年版。

26. 郭明瑞：《民法总则通义》，商务印书馆 2018 年版。

27. 国务院发展研究中心农村经济研究部：《集体所有制下的产权重构》，中国发展出版社 2015 年版。

28. 韩长赋主编：《新中国农业发展 70 年·政策成就卷》，中国农业出版社 2019 年版。

29. 韩俊主编：《实施乡村振兴战略五十题》，人民出版社 2018 年版。

30. 韩松、姜战军、张翔：《物权法所有权编》，中国人民大学出版社 2007 年版。

31. 何宝玉主编：《中华人民共和国农村土地承包法释义》，中国民主法制出版社 2019 年版。

32. 何毅亭主编：《以习近平同志为核心的党中央治国理政新理念新思想新战略》，人民出版社 2017 年版。

33. 胡康生主编：《中华人民共和国农村土地承包法通俗读本》，法律出版社 2002 年版。

34. 黄风：《罗马私法导论》，中国政法大学出版社 2003 年版。

35. 黄季焜等：《中国的农地制度、农地流转和农地投资》，格致出版社、上海三联书店、上海人民出版社 2012 年版。

36. 黄薇主编：《中华人民共和国农村土地承包法释义》，法律出版社 2019

年版。

37. 黄宗智：《中国的隐性农业革命》，法律出版社 2010 年版。

38. 贾东明主编：《〈中华人民共和国民法总则〉释解与适用》，人民法院出版社 2017 年版。

39. 孔祥智等：《乡村振兴的九个维度》，广东人民出版社 2018 年版。

40. 赖涪林：《过剩人口与农村土地制度变迁——基于"过密化"与全球化视角的历史反思》，立信会计出版社 2010 年版。

31. 李龙主编：《法理学》，武汉大学出版社 1996 年版。

42. 李路路、李汉林：《中国的单位组织：资源、权力与交换》，生活书店出版有限公司 2019 年版。

43. 李适时主编：《中华人民共和国民法总则释义》，法律出版社 2017 年版。

44. 李宜琛：《民法总则》，中国方正出版社 2004 年版。

45. 李宇：《民法总则要义：规范释论与判解集注》，法律出版社 2017 年版。

46. 厉以宁：《经济学的伦理问题》，生活·读书·新知三联书店 1995 年版。

47. 廖洪乐：《中国农村土地制度六十年——回顾与展望》，中国财政经济出版社 2008 年版。

48. 梁慧星：《梁慧星谈民法》，人民法院出版社 2017 年版。

49. 梁慧星：《民法解释学》，法律出版社 2015 年版。

50. 梁慧星：《民法学说判例与立法研究》，中国政法大学出版社 1993 年版。

51. 梁慧星主编：《中国物权法研究》（上），法律出版社 1998 年版。

52. 梁治平：《论法治与德治：对中国法律现代化运动的内在观察》，九州出版社 2020 年版。

53. 林诚二：《民法债编总论——体系化解说》，中国人民大学出版社 2003 年版。

54. 林诚二：《民法总则》（上册），瑞兴图书股份有限公司 2005 年版。

55. 刘恒科：《承包地"三权分置"的权利结构和法律表达研究》，中国政法大学出版社 2018 年版。

56. 刘江主编：《21 世纪初中国农业发展战略》，中国农业出版社 2000 年版。

57. 刘茂林主编：《公法评论》（第 4 卷），北京大学出版社 2007 年版。

58. 刘云生主编：《中国不动产法研究》（第 17 卷），法律出版社 2018 年版。

59. 刘振伟、韩俊主编：《中华人民共和国农村土地承包法导读》，中国法制出版社 2020 年版。

60. 卢代富主编：《农村土地"三权分置"法治保障研究》，法律出版社 2018 年版。

61. 罗罡辉：《深圳市合法外土地的管理政策变迁研究》，海天出版社 2014 年版。

62. 《民法总则立法背景与观点全集》编写组汇编：《民法总则立法背景与观点全集》，法律出版社 2017 年版。

63. 彭诚信：《主体性与私权制度研究——以财产、契约的历史考察为基础》，中国人民大学出版社 2005 年版。

64. 彭新万：《我国"三农"制度变迁中的政府作用研究（1949～2007 年）》，中国财政经济出版社 2009 年版。

65. 邱聪智：《民法总则》（上），三民书局 2005 年版。

66. 渠涛：《民法理论与制度比较研究》，中国政法大学出版社 2004 年版。

67. 全国人大常委会法制工作委员会国家法室编：《中华人民共和国立法法释义》，法律出版社 2015 年版。

68. 全国人大常委会法制工作委员会民法室编：《〈中华人民共和国物权法〉条文说明、立法理由及相关规定》，北京大学出版社 2017 年版。

69. 石磊：《中国农业组织的结构性变迁》，山西经济出版社 1999 年版。

70. 史尚宽：《物权法论》，中国政法大学出版社 2000 年版。

71. 史尚宽：《债法总论》，中国政法大学出版社 2000 年版。

72. 史卫民：《"政策主导型"的渐进式改革：改革开放以来中国政治发展的因素分析》，中国社会科学出版社 2011 年版。

73. 施启扬：《民法总则》，中国法制出版社 2010 年版。

74. 舒国滢、王夏昊、梁迎修等：《法学方法论问题研究》，中国政法大学出版社 2007 年版。

75. 苏力：《道路通向城市：转型中国的法治》，法律出版社 2004 年版。

76. 苏力：《法治及其本土资源》，中国政法大学出版社 1996 年版。

77. 苏永钦：《寻找新民法》，元照出版有限公司 2008 年版。

78. 孙潮：《立法技术学》，浙江人民出版社 1993 年版。

79. 孙森焱：《民法债编总论》（下册），法律出版社 2006 年版。

80. 孙小礼主编：《科学方法中的十大关系》，学林出版社 2004 年版。

81. 孙宪忠：《德国当代物权法》，法律出版社 1997 年版。

82. 孙宪忠：《权利体系与科学规范：民法典立法笔记》，社会科学文献出版社 2018 年版。

83. 孙宪忠:《中国物权法总论》,法律出版社 2018 年版。

84. 孙宪忠、朱广新主编:《民法典评注·物权编》,中国法制出版社 2020 年版。

85. 陶希晋:《民法文集》,山西人民出版社 1985 年版。

86. 唐未兵:《公有制实现形式研究》,湖北人民出版社 1999 年版。

87. 王洪平:《违法建筑的私法问题研究》,法律出版社 2014 年版。

88. 王克强:《中国农村集体土地资产化运作与社会保障机制建设研究》,上海财经大学出版社 2005 年版。

89. 王利明:《国家所有权研究》,中国人民大学出版社 1991 年版。

90. 王利明:《物权法研究》(典藏本),中国人民大学出版社 2018 年版。

91. 王利明主编:《民法》(上册),中国人民大学出版社 2022 年版。

82. 王利明主编:《物权法名家讲坛》,中国人民大学出版社 2008 年版。

93. 王廷勇、杨遂全、邹联克:《中国土地制度"试点试验"研究》,科学出版社 2018 年版。

94. 王卫国:《中国土地权利研究》,中国政法大学出版社 1997 年版。

95. 王泽鉴:《民法物权》,北京大学出版社 2010 年版。

96. 王泽鉴:《民法思维:请求权基础理论体系》,北京大学出版社 2009 年版。

97. 王泽鉴:《民法学说与判例研究·第五册》,北京大学出版社 2009 年版。

98. 王泽鉴:《民法总则》,北京大学出版社 2009 年版。

99. 王泽鉴:《债法原理》,北京大学出版社 2013 年版。

100. 王琢、许浜:《中国农村土地产权制度论》,经济管理出版社 1996 年版。

101. 温铁军:《"三农"问题与制度变迁》,中国经济出版社 2009 年版。

102. 习近平:《论坚持全面依法治国》,中央文献出版社 2020 年版。

103. 习近平:《习近平谈治国理政》,外文出版社 2014 年版。

104. 习近平:《习近平谈治国理政》(第二卷),外文出版社 2017 年版。

105. 谢怀栻:《民法总则讲要》,北京大学出版社 2007 年版。

106. 谢鹏程:《基本法律价值》,山东人民出版社 2000 年版。

107. 谢在全:《民法物权论》(上册),中国政法大学出版社 2011 年版。

108. 辛鸣:《制度论——关于制度哲学的理论建构》,人民出版社 2005 年版。

109. 徐勇:《乡村治理与中国政治》,中国社会科学出版社 2003 年版。

110. 许中缘:《体系化的民法与法学方法》,法律出版社 2007 年版。

111. 薛军：《批判民法学的理论建构》，北京大学出版社 2012 年版。

112. 姚辉主编：《民法总则基本理论研究》，中国人民大学出版社 2019 年版。

113. 姚瑞光：《民法总则论》，中国政法大学出版社 2011 年版。

114. 杨合庆主编：《中华人民共和国土地管理法释义》，法律出版社 2020 年版。

115. 杨仁寿：《法学方法论》，中国政法大学出版社 2013 年版。

116. 尹田：《民法典总则之理论与立法研究》，法律出版社 2018 年版。

117. 尹田：《物权法》，北京大学出版社 2013 年版。

118. 赵阳：《共有与私用：中国农地产权制度的经济学分析》，生活·读书·新知三联书店 2007 年版。

119. 张广荣：《我国农村集体土地民事立法研究论纲——从保护农民个体土地权利的视角》，中国法制出版社 2007 年版。

120. 张红宇：《新型城镇化与农地制度改革》，中国工人出版社 2014 年版。

121. 张静主编：《身份认同研究：观念、态度、理据》，上海人民出版社 2006 年版。

122. 张路雄：《耕者有其田：中国耕地制度的现实与逻辑》，中国政法大学出版社 2012 年版。

123. 张新宝：《〈中华人民共和国民法总则〉释义》，中国人民大学出版社 2017 年版。

124. 周其仁：《产权与制度变迁——中国改革的经验研究》，北京大学出版社 2004 年版。

125. 周其仁：《收入是一连串事件》，北京大学出版社 2006 年版。

126. 中共中央文献研究室编：《习近平关于全面依法治国论述摘编》，中央文献出版社 2015 年版。

127. 中共中央党史和文献研究院编：《习近平关于"三农"工作论述摘编》，中央文献出版社 2019 年版。

128. 中共中央文献研究室编：《习近平关于社会主义经济建设论述摘编》，中央文献出版社 2017 年版。

129. 中国（海南）改革发展研究院编：《中国农村土地制度的变革与创新》，南海出版公司 1999 年版。

130. 朱庆育：《民法总论》，北京大学出版社 2016 年版。

131. 祝之舟：《农村集体土地统一经营法律制度研究》，中国政法大学出版社 2014 年版。

132. 庄斌：《土地承包权与经营权分置制度研究：改革逻辑与立法选择》，中国社会科学出版社 2018 年版。

133. 最高人民法院民法典贯彻实施工作领导小组主编：《中华人民共和国民法典物权编理解与适用》（下），人民法院出版社 2020 年版。

134. 最高人民法院中国特色社会主义法治理论研究中心编写：《法治中国：学习习近平总书记关于法治的重要论述》，人民法院出版社 2017 年版。

二、中文译著

135. ［德］鲍尔、施蒂尔纳：《德国物权法》（上册），张双根译，法律出版社 2004 年版。

136. ［德］伯恩·魏德士：《法理学》，丁小春、吴越译，法律出版社 2003 年版。

137. ［日］大村敦志：《从三个纬度看日本民法研究：30 年、60 年、120 年》，渠涛等译，中国法制出版社 2015 年版。

138. ［英］卡尔·波普尔：《猜想与反驳——科学知识的增长》，傅季重等译，上海译文出版社 2005 年版。

139. ［德］卡尔·拉伦茨：《法学方法论》，黄家镇译，商务印书馆 2020 年版。

140. ［美］莱斯特·R. 布朗："谁来养活中国？——中国未来的粮食危机"，贡光禹摘译，载《未来与发展》1995 年第 2 期。

141. ［日］美浓部达吉：《公法与私法》，黄冯明译，中国政法大学出版社 2003 年版。

142. ［日］石田文次郎：《土地总有权史论》，印斗如译，台湾地区印制发行 1970 年版。

143. ［日］我妻荣：《新订物权法》，罗丽译，中国法制出版社 2008 年版。

144. ［苏］雅维茨：《法的一般理论——哲学和社会问题》，朱景文译，辽宁人民出版社 1986 年版。

145. ［美］约翰·G. 斯普兰克林：《美国财产法精解》，钟书峰译，北京大学出版社 2009 年版。

三、中文论文

146. 蔡立东、姜楠："承包权与经营权分置的法构造"，载《法学研究》2015 年第 3 期。

147. 蔡立东、姜楠："农地三权分置的法实现"，载《中国社会科学》2017 年第 5 期。

148. 陈小君："'三权分置'与中国农地法制变革"，载《甘肃政法学院学报》2018年第1期。

149. 陈小君："《土地管理法》修法与新一轮土地改革"，载《中国法律评论》2019年第5期。

150. 陈小君："土地改革之'三权分置'入法及其实现障碍的解除——评《农村土地承包法修正案》"，载《学术月刊》2019年第1期。

151. 陈小君："我国农村土地法律制度变革的思路与框架——十八届三中全会〈决定〉相关内容解读"，载《法学研究》2014年第4期。

152. 陈小君："我国农民集体成员权的立法抉择"，载《清华法学》2017年第2期。

153. 陈小君、蒋省三："宅基地使用权制度：规范解析、实践挑战及其立法回应"，载《管理世界》2010年第10期。

154. 陈小君、肖楚钢："农村土地经营权的法律性质及其客体之辨——兼评《民法典》物权编的土地经营权规则"，载《中州学刊》2020年第12期。

155. 陈义媛："资本下乡：农业中的隐蔽雇佣关系与资本积累"，载《开放时代》2016年第5期。

156. 丁文："论'三权分置'中的土地承包权"，载《法商研究》2017年第3期。

157. 丁文："论'三权分置'中的土地经营权"，载《清华法学》2018年第1期。

158. 丁文："论土地承包权与土地承包经营权的分离"，载《中国法学》2015年第3期。

159. 方涧："修法背景下集体经营性建设用地入市改革的困境与出路"，载《河北法学》2020年第3期。

160. 房绍坤："农村集体经营性建设用地入市的几个法律问题"，载《烟台大学学报（哲学社会科学版）》2015年第3期。

161. 房绍坤："《农村土地承包法修正案》的缺陷及其改进"，载《法学论坛》2019年第5期。

162. 房绍坤："土地经营权入典的时代价值"，载《探索与争鸣》2020年第5期。

163. 房绍坤、丁海湖、张洪伟："用益物权三论"，载《中国法学》1996年第2期。

164. 冯珏："作为组织的法人"，载《环球法律评论》2020 年第 2 期。

165. 冯玉华、张文方："论农村土地的'三权分离'"，载《经济纵横》1992 年第 9 期。

166. 高飞："集体土地征收程序的法理反思与制度重构"，载《云南社会科学》2018 年第 1 期。

167. 高飞："土地承包经营权流转的困境与对策探析"，载《烟台大学学报（哲学社会科学版）》2015 年第 4 期。

168. 高海："论农用地'三权分置'中经营权的法律性质"，载《法学家》2016 年第 4 期。

169. 高海："论'三权分置'与集体土地所有权的坚持"，载《中国农村观察》2019 年第 3 期。

170. 高海："'三权'分置的法构造——以 2019 年《农村土地承包法》为分析对象"，载《南京农业大学学报（社会科学版）》2019 年第 1 期。

171. 高圣平、严之："从'长期稳定'到'长久不变'：土地承包经营权性质的再认识"，载《云南大学学报（法学版）》2009 年第 4 期。

172. 高圣平："农地三权分置视野下土地承包权的重构"，载《法学家》2017 年第 5 期。

173. 高圣平："农地三权分置改革与民法典物权编编纂——兼评《民法典各分编（草案）》物权编"，载《华东政法大学学报》2019 年第 2 期。

174. 高圣平："论农村土地权利结构的重构——以《农村土地承包法》的修改为中心"，载《法学》2018 年第 2 期。

175. 高圣平："民法典物权编的发展与展望"，载《中国人民大学学报》2020 年第 4 期。

176. 高圣平："新型农业经营体系下农地产权结构的法律逻辑"，载《法学研究》2014 年第 4 期。

177. 葛云松："物权法的扯淡与认真——评《物权法草案》第四、五章"，载《中外法学》2006 年第 1 期。

178. 耿卓："比较法视野下的我国乡村地役权及其立法"，载《当代法学》2011 年第 5 期。

179. 耿卓："承包地'三权分置'政策入法的路径与方案——以《农村土地承包法》的修改为中心"，载《当代法学》2018 年第 6 期。

180. 耿卓："农民土地财产权保护的观念转变及其立法回应——以农村集体

经济有效实现为视角"，载《法学研究》2014 年第 5 期。

181. 管洪彦："村规民约认定农民集体成员资格的成因、局限与司法审查"，载《政法论丛》2012 年第 5 期。

182. 管洪彦、孔祥智：" '三权分置'下集体土地所有权的立法表达"，载《西北农林科技大学学报（社会科学版）》2019 年第 2 期。

183. 郭明瑞："关于我国物权立法的三点思考"，载《中国法学》1998 年第 2 期。

184. 郭志京："民法典视野下土地经营权的形成机制与体系结构"，载《法学家》2020 年第 6 期。

185. 韩松："论成员集体与集体成员——集体所有权的主体"，载《法学》2005 年第 8 期。

186. 韩松："论农村集体经营性建设用地使用权"，载《苏州大学学报（哲学社会科学版）》2014 年第 3 期。

187. 韩松："论物权平等保护原则与所有权类型化之关系"，载《法商研究》2006 年第 6 期。

188. 胡君、莫守忠："集体土地所有权主体的反思与重构"，载《行政与法（吉林省行政学院学报）》2005 年第 12 期。

189. 江必新、程琥："论良法善治原则在法治政府评估中的应用"，载《中外法学》2018 年第 6 期。

190. 金可可："私法体系中的债权物权区分说——萨维尼的理论贡献"，载《中国社会科学》2006 年第 2 期。

191. 金文龙："土地产权观念与集体资产股份合作制改革——对'村改居'过程中集体资产处置办法的考察"，载《华中科技大学学报（社会科学版）》2016 年第 6 期。

192. 孔祥智：" '三权分置'的重点是强化经营权"，载《中国特色社会主义研究》2017 年第 3 期。

193. 赖丽华："基于'三权分置'的农村土地经营权二元法律制度构造"，载《西南民族大学学报（人文社会科学版）》2016 年第 11 期。

194. 李飞、周鹏飞："巩固和完善农村基本经营制度——刘振伟谈农村土地承包法修改"，载《山西农经》2019 年第 1 期。

195. 李飞、周鹏飞："巩固和完善农村基本经营制度——刘振伟谈农村土地承包法修改（三）"，载《山西农经》2019 年第 3 期。

196. 李凤章："从公私合一到公私分离——论集体土地所有权的使用权化"，载《环球法律评论》2015 年第 3 期。

197. 李戈："'三权分置'下集体土地所有权的运行困境与完善"，载《经济问题》2018 年第 8 期。

198. 李国强："《民法典》中两种'土地经营权'的体系构造"，载《浙江工商大学学报》2020 年第 5 期。

199. 李国强："论农地流转中'三权分置'的法律关系"，载《法律科学（西北政法大学学报）》2015 年第 6 期。

200. 李俊："罗马法上的农地永久租赁及其双重影响"，载《环球法律评论》2017 年第 4 期。

201. 李胜兰、于凤瑞："农民财产权收入的土地财产权结构新探——权利束的法经济学观点"，载《广东商学院学报》2011 年第 4 期。

202. 李首涵、何秀荣、杨树果："中国粮食生产比较效益低吗?"，载《中国农村经济》2015 年第 5 期。

203. 李松龄："农村土地'三权分置'改革的理论依据和现实意义"，载《湖南社会科学》2018 年第 1 期。

204. 李伟伟："'三权分置'中土地经营权的性质及权能"，载《中国党政干部论坛》2016 年第 5 期。

205. 李文祥："论制度风险"，载《长春市委党校学报》2008 年第 5 期。

206. 李显冬、倪淑颖："'典权入典'与农地流转'三权分置'之契合"，载《中国青岛市委党校（青岛行政学院学报）》2016 年第 4 期。

207. 李永军："物权与债权的二元划分对民法内在与外在体系的影响"，载《法学研究》2008 年第 5 期。

208. 梁昊："中国农村集体经济发展：问题及对策"，载《财政研究》2016 年第 3 期。

209. 刘金国："论法的实现"，载《政法论坛》1992 年第 1 期。

210. 刘锐："《民法典（草案）》的土地经营权规定应实质性修改"，载《行政管理改革》2020 年第 2 期。

211. 刘守英："农村土地法律制度改革再出发——聚焦《中共中央关于全面深化改革若干重大问题的决定》"，载《法商研究》2014 年第 2 期。

212. 刘先春、王小鹏："十八届三中全会以来关于全面深化改革研究的综述"，载《探索》2014 年第 6 期。

213. 刘振伟："巩固和完善农村基本经营制度"，载《农村经营管理》2019年第1期。

214. 刘志刚："民事审判中的村规民约与基本权利"，载《中国人民大学学报》2010年第5期。

215. 林雪梅："德国农业法律政策的特点、经验及启示"，载《社会科学战线》2012年第12期。

216. 楼建波："农户承包经营的农地流转的三权分置——一个功能主义的分析路径"，载《南开学报（哲学社会科学版）》2016年第4期。

217. 龙卫球："民法典物权编'三权分置'规范的体系设置和适用"，载《比较法研究》2019年第6期。

218. 罗翔、曾菊新、朱媛媛、张路："谁来养活中国：耕地压力在粮食安全中的作用及解释"，载《地理研究》2016年第12期。

219. 吕来明："从归属到利用——兼论所有权理论结构的更新"，载《法学研究》1991年第6期。

220. 马俊驹、丁晓强："农村集体土地所有权的分解与保留——论农地'三权分置'的法律构造"，载《法律科学（西北政法大学学报）》2017年第3期。

221. 孟勤国："论新时代农村土地产权制度"，载《甘肃政法学院学报》2018年第1期。

222. 聂婴智、韩学平："农地'三权分置'的风险与法治防范"，载《学术交流》2016年第10期。

223. 潘牧天："法实现的若干问题刍议"，载《求是学刊》2000年第4期。

224. 彭诚信："《民法典》物权编的进步、局限与未来"，载《法制与社会发展》2020年第4期。

225. 秦静云："农村集体成员身份认定标准研究"，载《河北法学》2020年第7期。

226. 荣振华："地方法院发布'司法解释性质文件'的生存样态及可能走向"，载《甘肃政法学院学报》2018年第4期。

227. 邵彦敏："'主体'的虚拟与'权利'的缺失——中国农村集体土地所有权研究"，载《吉林大学社会科学学报》2007年第4期。

228. 单平基："'三权分置'理论反思与土地承包经营权困境的解决路径"，载《法学》2016年第9期。

229. 单平基："土地经营权融资担保的法实现——以《农村土地承包法》为

中心"，载《江西社会科学》2020 年第 2 期。

230. 申惠文："法学视角中的农村土地三权分离改革"，载《中国土地科学》2015 年第 3 期。

231. 申慧文："农地三权分离改革的法学反思与批判"，载《河北法学》2015 年第 4 期。

232. 史浩明："用益物权制度研究"，载《江苏社会科学》1996 年第 6 期。

233. 石佑启："论立法与改革决策关系的演进与定位"，载《法学评论》2016 年第 1 期。

234. 隋福民："规模经营对中国现阶段的农业发展重要吗?"，载《毛泽东邓小平理论研究》2017 年第 5 期。

235. 宋志红："论《农村土地承包法》中的土地承包权"，载《吉林大学社会科学学报》2020 年第 1 期。

236. 宋志红："论农民集体与农村集体经济组织的关系"，载《中国法学》2021 年第 3 期。

237. 孙宪忠："确定我国物权种类以及内容的难点"，载《法学研究》2001 年第 1 期。

238. 孙宪忠："推进农地三权分置经营模式的立法研究"，载《中国社会科学》2016 年第 7 期。

239. 唐欣瑜、梁亚荣："土地政策与法律治理：我国农村依法治地路径模式博弈"，载《广西社会科学》2017 年第 9 期。

240. 汤玉枢、金石谷："论现代土地物权的新发展"，载《华侨大学学报（社会科学版）》1996 年第 4 期。

241. 田杨、崔桂莲："农村劳动力流动和新农村建设问题探析"，载《东岳论丛》2015 年第 8 期。

242. 田则林、余义之、杨世友："三权分离：农地代营——完善土地承包制、促进土地流转的新途径"，载《中国农村经济》1990 年第 2 期。

243. 万宝瑞："新形势下我国农业发展战略思考"，载《农业经济问题》2017 年第 1 期。

244. 王常柱、武杰："试论现阶段公平对于效率的优先性——对'效率优先、兼顾公平'原则的反思"，载《伦理学研究》2010 年第 1 期。

245. 王洪平："发包方土地经营权流转合同终止权研究"，载《法学论坛》2019 年第 5 期。

246. 王兰萍："论我国土地使用权与用益物权"，载《山东师范大学学报（社会科学版）》1997 年第 2 期。

247. 王利明、周友军："论我国农村土地权利制度的完善"，载《中国法学》2012 年第 1 期。

248. 王新国、陈晓峰："从顺城村的实践看'三权分离'"，载《湖北社会科学》1990 年第 10 期。

249. 王志刚、许树："日本经济高速增长期农业法律与政策调整的经验及其借鉴意义"，载《理论探讨》2012 年第 5 期。

250. 汪洋："明清时期地权秩序的构造及其启示"，载《法学研究》2017 年第 5 期。

251. 温世扬、吴昊："集体土地'三权分置'的法律意蕴与制度供给"，载《华东政法大学学报》2017 年第 3 期。

252. 吴义龙："'三权分置'论的法律逻辑、政策阐释及制度替代"，载《法学家》2016 年第 4 期。

253. 吴肇光、刘祖军、陈泽镕："强化乡村振兴制度性供给研究"，载《福建论坛（人文社会科学版）》2018 年第 4 期。

254. 吴昭军："土地经营权体系的内部冲突与调适"，载《中国土地科学》2020 年第 7 期。

255. 习近平："充分认识颁布实施民法典重大意义　依法更好保障人民合法权益"，载《求是》2020 年第 12 期。

256. 席志国："民法典编纂中的土地权利体系再构造——'三权分置'理论的逻辑展开"，载《暨南学报（哲学社会科学版）》2019 年第 6 期。

257. 夏振坤："再论农村的改革与发展"，载《中国农村经济》1989 年第 8 期。

258. 肖方扬："集体土地所有权的缺陷及完善对策"，载《中外法学》1999 年第 4 期。

259. 肖立梅："论'三权分置'下农村承包地上的权利体系配置"，载《法学杂志》2019 年第 4 期。

260. 肖鹏："农村土地'三权分置'下的土地承包权初探"，载《中国农业大学学报（社会科学版）》2017 年第 1 期。

261. 谢鸿飞："《民法典》中土地经营权的赋权逻辑与法律性质"，载《广东社会科学》2021 年第 1 期。

262. 谢潇："民法典编纂视野下土地经营权概念及规则的妥当构造"，载

《当代法学》2020 年第 1 期。

263. 辛翔飞、张怡、王济民："我国粮食补贴政策实施状况、问题和对策"，载《农业经济》2016 年第 9 期。

264. 徐超："承包地'三权分置'中'三权'的权利属性界定"，载《西南民族大学学报（人文社会科学版）》2019 年第 7 期。

265. 徐祥临："深化农业改革，谁来种地，如何种好地——培育新型农业经营主体之理念与对策"，载《人民论坛》2017 年第 3 期。

266. 许中缘、崔雪炜："'三权分置'视域下的农村集体经济组织法人"，载《当代法学》2018 年第 1 期。

267. 杨振山、王萍："我国应制定以用益为中心的物权法"，载《河南省政法管理干部学院学报》2001 年第 3 期。

268. 叶兴庆："从'两权分离'到'三权分离'——我国农地产权制度的过去与未来"，载《中国党政干部论坛》2014 年第 6 期。

269. 于飞："从农村土地承包法到民法典物权编：'三权分置'法律表达的完善"，载《法学杂志》2020 年第 2 期。

270. 于浩："农村土地承包法修改：保障农民土地权利不受侵害"，载《中国人大》2019 年第 1 期。

271. 袁野："土地经营权债权属性之再证成"，载《中国土地科学》2020 年第 7 期。

272. 张翔："论地役权的物权法律技术——兼论《民法典》上居住权、土地经营权的物权性质"，载《西北大学学报（哲学社会科学版）》2021 年第 2 期。

273. 张毅、张红、毕宝德："农地的'三权分置'及改革问题：政策轨迹、文本分析与产权重构"，载《中国软科学》2016 年第 3 期。

274. 郑观、徐伟、熊秉元："为何民法要分物权和债权"，载《浙江大学学报（人文社会科学版）》2016 年第 6 期。

275. 郑志峰："当前我国农村土地承包权与经营权再分离的法制框架创新研究——以 2014 年中央一号文件为指导"，载《求实》2014 年第 10 期。

276. 周祖成、万方亮："党的政策与国家法律 70 年关系的发展历程"，载《现代法学》2019 年第 6 期。

277. 朱广新："土地承包权与经营权分离的政策意蕴与法制完善"，载《法学》2015 年第 11 期。

278. 朱继胜："'三权分置'下土地经营权的物权塑造"，载《北方法学》

2017 年第 2 期。

四、报刊文章

279. 党国英："农地'三权分置'改革究竟是什么意思?"，载《新京报》2016 年 6 月 9 日，第 A02 版。

280. 冯海发："为全面解决'三农'问题夯实基础——对十八届三中全会《决定》有关农村改革几个重大问题的理解"，载《农民日报》2013 年 11 月 18 日，第 1 版。

281. 冯华、陈仁泽："农村土地制度改革，底线不能突破——专访中央农村工作领导小组副组长、办公室主任陈锡文"，载《人民日报》2013 年 12 月 5 日，第 2 版。

282. 韩长赋："土地'三权分置'是中国农村改革的又一次重大创新"，载《光明日报》2016 年 1 月 26 日，第 1 版。

283. 李慧："让土地流转和规模经营健康发展——农业部部长韩长赋就《关于引导农村土地经营权有序流转发展农业适度规模经营的意见》答记者问"，载《光明日报》2014 年 10 月 18 日，第 2 版。

284. 张红宇："从'两权分离'到'三权分离'——我国农业生产关系变化的新趋势"，载《人民日报》2014 年 1 月 14 日，第 7 版。

五、外文论著

285. Amnon Lehavi, *The Construction of Property*：*Norms*, *Institutions*, Challenges, Cambrige University Press, 2013.

286. Ernest J. Weinrib, *The Idea of Private Law*, Oxford University Press, 2012.

287. Robert R. Wright & Morton Gitelman, *Land Use*, West Group, 2000.

288. Robin Paul Malloy & Michael Diamond, *The Public Nature of Private Property*, Ashgate Publishing Limited, 2011.

致谢（代后记）

本书是由我主持的司法部国家法治与法学理论研究课题"农村土地三权分置的制度内容与风险防范"的结项成果修改而来。

自 1999 开始，我进入农村土地法律制度研究领域。之后的一个较长时期内，我都是以集体土地所有权制度为重点研究对象。不过，在这期间我也保持着对农村土地承包制度的思考。这个课题的申报及其研究正是我前期对农村土地承包制度所作思考的延续。在课题立项时，《农村土地承包法》处于修正过程中，当时的研究目的是希望能够针对此次修法所涉承包地三权分置问题提出一孔之见，故申报时拟主要采用立法论思路展开研究。然而，结项之前，《农村土地承包法》的修法工作已经结束，承包地三权分置政策入法后的法律表达模式的选择以及相关制度内容的法律规则设计也已成定局，继续采用立法论思路来研究承包地三权分置制度多少有些不合时宜，因而只得变立法论思路为解释论思路，将这个课题的研究重点放在对入法后的承包地三权分置制度进行解读方面。

其实，在 2018 年 12 月 29 日第十三届全国人大常委会第七次会议通过《农村土地承包法》修法决定后，对于是否还有必要按照课题申报要求撰写这样一本书，我曾经十分纠结。在这之前，我对承包地三权分置政策入法所涉问题的思考基本上通过文章的形式表达了，自认为能够想到的差不多都说了，因而对这个课题的研究产生了懈怠。后来考虑到这个课题立项于我而言不容易，我应当有始有终；而且，在研究承包地三权分置制度时，到底是采用立法论思路还是采用解释论思路，并不是单纯的研究视角的转变，而是两个迥异的学术天地，其中解释论思路更加尊重现行法的具体规定，可以说是"戴着镣铐跳舞"。因此，本书在前期偏重承包地三权分置政策入法后制度建构探讨的成果基础上，坚守承包地三权分置制度解读中法律逻辑的自洽和规则适用的体系化思维，对乡村振兴战略背景下承包地三权分置制度的法实现路径和制度实施风险及其防范进行探讨，尤其是就承包地三权分置制度在实践中应当如何理解与适用提出了一些粗浅看法，以此作为此前思考农村土地承包制度的一个阶段性总结。

感谢广东外语外贸大学土地法制研究院陈小君教授，陈老师一直关注课题的进展，并时常给予针对性的指导和提醒，让我能够持续专注于这个课题的思考和研究，这才使得本书的写作没有半途而废。感谢吉林大学法学院房绍坤教授，房老师长期关心和支持我个人的发展，此次还欣然为本书作序，其中对本书的肯定和期许都是给我的极大鼓励。

感谢广东外语外贸大学法学院耿卓教授承担的"乡村振兴战略的法治保障研究"科研创新团队项目为本书的出版提供了部分资金支持，从而使本书的出版免于拖延更长的时间。感谢广东外语外贸大学土地法制研究院研究团队，作为这样一个充满朝气和蓬勃向上的研究团队的一员，时时都能够感受到这个研究团队的良好学术氛围和进取精神，让我从不缺少一路前行的动力。感谢中国政法大学出版社李闯编辑和艾文婷编辑为本书的出版所付出的艰辛劳动，没有他们认真细致的工作，本书不可能这么早展现在读者面前。本书的完成与出版还得到了很多其他师友的帮助和支持，这里就不再一一列举。在此对他们表示诚挚的谢意！

最后，我要感谢我的父母、妻子和儿子，没有他们的默默付出和对我较少操心家庭事务的宽容，我也不可能无后顾之忧地静心思考和舒心工作。感谢他们一如既往地理解和支持我！

作者　高飞

2022 年 10 月 17 日